예배와 오르간

오르간 예배 음악 연주법

예배와 오르간

오르간 예배 음악 연주법

초판 1쇄 발행 2017년 5월 17일
초판 2쇄 발행 2018년 11월 12일
초판 3쇄 발행 2022년 4월 20일

지 은 이 김춘해
펴 낸 이 신일희
펴 낸 곳 계명대학교 출판부
출판등록 제347-1998-1호(1970. 9. 1)
주 소 대구광역시 달서구 달구벌대로 1095
대표전화 053-580-6233
팩 스 053-580-6235
홈페이지 www.kmupress.com

ISBN 978-89-7585-774-4 93670 정가 19,000원

이 도서의 국립중앙도서관 출판예정도서목록(CIP)은 서지정보유통지원시스템 홈페이지(http://seoji.nl.go.kr)와 국가자료공동목록시스템(http://www.nl.go.kr/kolisnet)에서 이용하실 수 있습니다.(CIP제어번호: CIP2017010625)

예배와 오르간

오르간 예배 음악 연주법

김춘해 지음

계명대학교 출판부

추천의 글

한 교수 오르가니스트의 신앙고백과도 같은 책

내가 이 책의 저자인 김춘해 교수와 그의 남편 이석형 박사를 알게 된 것은, 이 박사가 서울로 진학, 내가 지도하던 서울중앙교회 대학부와 관련을 맺으면서부터다. 인상적이었던 것은 두 분의 결혼식 때 주례를 맡은 김철현 박사가 두 사람을 걸상에 앉히고 거의 한 시간 이상 주례사를 했던 것이다. 그 뒤 두 분은 미국 오하이오 주립대학으로 유학을 떠났고 나 또한 얼마 뒤 프린스턴에 방문교수로 가게 되어 교차방문을 했는데, 두 분이 프린스턴을 방문했을 때 함께 온 어린 딸 재원의 활발했던 모습이 매우 인상적이었다. 학위를 마치고 귀국한 두 분과는 대구로 가기까지 서울에서 교제했고 지금까지도 빈번하게 소식을 주고받는다. 음악이라곤 60여년 전 시골 교회에서 '풍금'을 조금 배웠고, 교회 성가대에서 베이스 파트로 봉사한 것 밖에 없는 내가 이 책의 추천서를 쓰게 된 것은 이런 인연 때문이다.

『예배와 오르간 - 오르간 예배 음악 연주법』은 제목 그대로, 그리스도교회의 예배에서 오르간을 어떻게 연주해야 할 것인가를 다룬 전문 분야의 저술이다. 저자는 먼저 예배에 대해서 "예배란 하나님을 경배하며 칭송하는 것"이고, "자신을 내려놓고 하나님 앞에 완전히 굴복하면서 하나님을 섬기고 기리는 것"이며, 성도에게 예배만큼 중요한 것이 없다고 지적한다. 또 공중 예배에서 찬송·기도·말씀을 통해 하나님의 임재하심을 느끼게 되는데 그 중 회중이 함께 부르는 찬송은 "예배 중의 예배"라고 지적하며, "회중이 함께 부르기 때문에 오르간은 성가대 반주보다 더 다양하고 장엄하면서 웅장하다"고 지적한다. 때문에 오르가니스트는 매순간 깨어 있으면서 영적·예술적으로 하나님께 온전한 오르간 찬양을 드리기 위해 늘 연구하고 연습하면서 더 나은 오르간 찬송이 되도록 힘써야 한다는 것이다. 이 책이 신앙적 관점에서 특별히 오르가니스트를 위해 쓰인 이유가 여기에 있다.

이 책은 평생 '하나님의 음악인'으로 교회와 대학을 섬겼던 김 교수가 예배와 교회 음악, 오르간에 대해 쌓은 지식·경험 및 주장을 정리한 것이다. 저자의 말을 빌리면, "지식은 그동안 읽은 교회 음악과 예배 및 성경과 기독교 관련 책들에서 나온 것이며, 경험은 주로 연주에 관한 구체적인 연주법으로서 자세하게 설명하였으며, 주장은 하나님의 말씀인 성경에 근거하여 원리와 원칙을 제시한" 것이다. 이는 계명대학교 교수로서, 대학과 교회, 오르가니스트를 위한 세미나 등에서 교회 음악의 이론과 실제에 관해 강의하고 글로 발표한 내용을 이 책에 담았다는 뜻이다. 이 책은 목차에서 보이는 바와 같이, 예배 음악·오르간·오르간 연주법·찬송가 편곡·오르가니스트로서 소명과 준비 등 저자의 오랜 식견과 경험을 정리한 것이지만, 저자가 정작 독자에게 주고자 하는 것은 이 책이 지식과 테크닉만 다루는 것이 아니고, 오히려 독자의 심령을 움직이는 것이 결국 하나님이시라는 것을 알리는 데에 있다고 강조한다.

내가 이 책에서 크게 감동 받은 것은, 저자가 35년간 교회 오르가니스트로 미국과 한국에서 활동한 것이나 26년간 계명대학교의 오르간 교수로서 활동한 경력보다는, 그가 하나님께 예배드리는 것을 가장 중요시하는 믿음의 사람이라는 것이다. 그의 오르가니스트로서의 자세는 예배와 분리되지 않았고, 따라서 이 책은 '음악 목회'에 뜻을 두었던 저자의 신앙고백과도 같다는 것이다. 나는 내 백 마디 말보다 저자의 다음 말이 이 책의 핵심이며 강력한 추천의 말임을 고백하면서 이 글을 끝맺고자 한다. "나는 매주일 예배를 위해 기본적인 연습 이외에 하는 일이 있다. 주일 예배 전에 금요일, 혹은 토요일에 주일에 드릴 예배 순서에 따라 모든 음악을 다 넣어서 예배를 먼저 점검하고 각 순서를 가능한 한 실제로 해본다. 교독문과 성경을 읽고, 찬송가를 연주할 때는 직접 찬송가를 소리 내어 불러 보기도 한다. 부분적으로 각 순서를 다 연습한 후에 전주곡부터 성가대 축도송까지 순서대로 연주를 한다."

2017년 4월 7일

이만열 (숙명여대 명예교수, 전 국사편찬위원회 위원장)

Introit

글을 쓰면서

나는 지금까지 35년 교회 오르가니스트로 하나님 앞에 서 있다. 1981년 9월 내가 처음 교회 오르가니스트로 섬김을 시작한 미국 오하이오 컬럼버스 북연합감리교회(*North United Methodist Church*)는 하나님께서 인도하신 축복의 첫걸음이었다. 이제 35년이 지나 계명대학교 대학교회 오르가니스트로서, 지금도 늘 주일만 되면 나에게는 긴장과 감사가 함께 한다. 하나님께 오르간을 연주하면서 예배드리는 것은 참으로 축복이며 영광이다. 예배에서 내 자신이 오르간으로 하나님을 경배하고 또 하나님을 만날 수 있으며, 나아가 성도님들도 그렇게 되도록 도울 수 있다는 것은 나로서는 무한한 기쁨으로 늘 감사하는 마음이다. 이러한 축복 속에 살면서 하나님의 극진한 사랑과 은혜에 머리 숙일 수밖에 없는 나를 늘 돌아본다.

1980년 7월, 36년 전 하나님께서는 나를 미국으로 보내셔서 교회 음악과 오르간을 공부하게 하셨다. 대학 시절 나는 피아노를 전공하고 있었지만 교회 음악에 관심이 많아 시간 나는 대로 교회 음악을 들었다. 당시 가장 좋아하던 작곡가는 바흐(*Johann Sebastian Bach*)였으며 지금도 바흐는 다른 어느 작곡가보다도 나에게 감동과 배움을 주는 음악가이다.

대학을 졸업하였을 때 나는 교회 음악을 공부하고 싶다는 마음뿐이었고 이후에 하나님께서 어떻게 쓰실 지에 대해서는 별로 관심이 없었던 것 같다. 미국 오하이오 주립대학교(*The Ohio State University*)에서 교회 음악으로 석사 과정을 시작하면서 점점 음악 목회(*Music Ministry*)에 관심이 생기기 시작하였고 귀국하면 음악 목회를 하리라 마음을 먹었다. 오르간 지도 교수의 권유로 교회 음악 전공에서 오르간 연주 전공으로 옮겨 공부한 후, 석사 학위를 받고 이어서 북텍사스 주립대학교(*University of North Texas*)에서 오르간으로 박사 과정에서 공부하는 동안 음악 목회에 관심을 가지고 개인적으로 공부하면서 세미나와 워크샵(*workshop*) 참석, 그리고 교회에서 현장 실습 등으로 음악 목회를 나름 충실히 준비했었다. 미국에서 9년 공부하는 동안, 여러 한인 교회와 미국 교회의 오르가니스트와 성가대원으로 활동하면서 음악 목회의 다양한 현장을 공부하고 체험한 시간은 참으로 귀중한 것이었다.

내가 미국에서 교회 음악인으로 활동한 교회는, 한인 교회로서는 피아니스트로 감리 교회 1년과 순복음 교회 1년, 그리고 오르가니스트로서 순복음 교회 1년과 침례 교회 3년이다. 또한 미국 교회 오르가니스트로서는 감리 교회 2년과 성공회 교회 5년이며, 1년 동안 장로 교회와 성공회 교회의 임시 오르가니스트로 필요할 때 연주하였다. 그리고 음악 목회 현장을 공부하기 위하여 미국 교회 중에서 교회 음악 프로그램이 내가 살던 곳(*Dallas, Texas*)에서 가장 우수했던 두 교회에 성가대원으로 다녔었는데 장로 교회로 Highland Park Presbyterian Church 3년, 감리 교회로 First United Methodist Church 6개월이다. 그리하여 나는 대학교 때까지 장로 교회에서 자란 사람이지만 미국에서 개신교의 대표적 교단들인 장로교, 감리교, 침례교, 순복음, 성공회를 고루 공부한 셈이 된다. 루터 교회의 경험이 없는 것이 아쉽기는 하지만, 이런 다양한 교단의 경험은 사실 내가 의도한 것이 아니었다. 시간이 흐르면서 하나님의 계획하심과 인도하심을 깨닫게 되면서 나 자신도 스스로 놀라게 되었다. 하나님께서는 그의 역사하심 가운데서 계획하시고 부족한 나를 이렇게 훈련시키신 것이다.

내가 섬기고 공부한 다양한 교단의 각 교회 음악 목회 현장은 참으로 다르면서 특별하였다. 나는 어느 기간 동안에는 한 주일(일요일)에 세 교회를 나간 적이 있었다. 아침 일찍 미국 장로 교회의 성가대원으로, 미국 성공회 교회의 오르가니스트로, 그리고 오후 한인 침례 교회의 오르가니스트로 예배드렸던 시기가 있었다. 이렇게 하면서도 나는 크게 피곤한 줄 몰랐으며 그러고도 저녁이면 오르간을 연습하러 학교 갔었던 그 시절, 나는 배우는 학생 그 자체였다.

배움의 자세는 평생 가져야 되는 것이지만 지금 가르치는 사람으로 내가 여기 계명대학교로 하나님의 부르심을 받은 지 26년이 되었다. 준비해 왔던 음악 목회를 1990년 귀국 후 경기도 과천 새서울교회에서 8개월 정도 하고, 나는 1991년 3월 계명대학교로 오게 되었다. 하고 있던 음악 목회를 그만두고 여기 계명대학교로 오면서 그 당시 하나님께서 왜 내가 원했던 교회 전임 음악 목회의 길을 막으시고 대학교로 보내시는지 이유를 몰랐으며 사실 지금도 잘 모른다. 그러나 여기로 오는 과정 모든 일에서 하나님께서 보내셨다는 확신이 있었기에 하나님의 이끄심에 기이함과 감사하는 마음으로 왔다.

대학교수가 되고자 하는 사람은 많다. 그리고 그런 자질을 가진 사람도 많다. 내가 아니더라도 계명대학교의 좋은 오르간 교수가 될 수 있는 사람은 우리나라에 많이 있다. 하지만 교회에서 전임 음악 목회를 하고자 하는 사람은 아주 드물 뿐만 아니라 거기에 합당한 훈련을 받은 사람은 더 드물다. 내가 자격이 있다고 자랑하는 것은 아니다. 사실 나의 석사와 박사 학위 전공은 오르간 연주이다. 하지만 나는 미국에서 교회 음악 전공으로 공부를 시작하였으며 교회 음악과 관련된 찬송가학, 예배 음악, 음악 목회, 교회 음악사, 그레고리안 챤트 등등을 공부하였다, 그리고 9년 동안 여러 미국 교회에서의 음악 목회의 산 경험과, 찾아다니며 들었던 교회 음악 관련 세미나, 워크샵 등… 이런 것들은 전임 교회 음악 목회를 위함이었다. 물론 이런 귀한 공부와 경험들은 내가 계명대학교에 왔을 때 당시 교회음악과의 오르가니스트로서 필요한 과목들을 가르칠 때 귀중한 자산이 된 것은 사실이지만 정작 내가 하고 싶었던 것은 음악 목회였다.

계명대학교에 온 지 26년. 지금까지 나는 교회에서 전임 음악 목회를 하지 못하고, 대학에서 가르치는 사람으로 있으면서 아직도 하나님께서 왜 그 길을 걷지 않게 하셨는지 그 이유를 모른다. 한국 교회는 전임 교회 음악 목회자가 절실하게 필요하다. 한국 교회 음악은 전임 음악 목회자가 없어, 잎은 무성하지만 열매가 없고 성장이 없는 불쌍하게 생긴 나무 같다.

교회 음악 목회를 하지 못하는 대신 계명대학교에서 나만이 할 수 있었던 일이 무엇인지 모른다. 사실 이 책을 쓰면서 그 답을 발견하기를 바라는 마음이다. 해 놓은 일도 없고 그 결과도 무엇인지를 모르는 채 26년이 흘렀다. 오히려 계명대학교에서 가르치기 시작한 교회음악과는 오르간과로 바뀌었고 이제는 그 오르간과도 계명대학교에서 사라지고 있다. 씨는 열심히 뿌렸지만 열매는 무엇인지, 열매가 언제 맺히기는 하는지도 모른다. 아브라함이 앞 길을 모른 채 하나님의 명령을 순종하여 그 아비 집을 떠났으며 살아있는 동안 하나님의 약속을 눈으로 보지 못하면서 살았다. 시간이 흐르면서 조금씩 느끼는 것은, 지금은 나는 음악 목회를 하고 있는 것 같다는 것이다. 이것이 교회에서 전임이 아니라는 것일 뿐, 내가 현재 하고 있는 음악 목회는 교회 안에서가 아니라 계명대학교 그리고 이 세상을 포함하라는 하나님의 뜻인지도 모르겠다. 만약 하나님께서 원하시는 것이 이것이라면 하나님의 역사와 섭리, 그리고 인도하심에 황송할 뿐이다.

1999년 계명대학교 아담스 채플에 오르간이 건축되었을 때 나는 부끄럽게도 이 일을 위하여 구체적으로 기도한 적이 없었다. 물론 학교를 위해, 오르간과를 위해, 그 당시는 교회음악과를 위하여 기도하고 있었지만 악기에 대한 구체적인 기도는 아니었다. 1992년 우리나라 최초의 오르간 제작 장인(*Orgelmeister*) 구영갑 선생님이 졸업 작품으로 만드신 8개 스탑의 파이프 오르간을 개인적으로 구입하였으며 그것으로 학생과 어떻게 함께 사용할 것만 생각하는 그런 때였다. 그런데 하나님께서는 하나님 나라를 위하여 이 귀한 악기를 학교 가장 높은 곳에 우뚝 세우셨다. 지금도 생각하면 놀라울 뿐이다. 그리고는 지금까지 여기서 하나님의 나라가, 하나님의 음악이 선포되어 왔고, 많은 오르가니스트들이 키워져 나갔다.

이 책에는 내가 평생 하나님의 음악인으로 교회를 섬기면서 예배와 교회 음악 그리고 오르간에 대한 나의 지식과 경험, 그리고 주장이 들어있다. 지식은 그동안 읽은 교회 음악과 예배 및 성경과 기독교 관련 책들에서 나온 것이며, 경험은 주로 연주에 관한 구체적인 연주법으로서 자세하게 설명을 하였다. 주장은 다소 주관적인 면이 있을 수 있으나 하나님의 말씀인 성경에 근거하여 원리와 원칙을 제시하려고 노력하였다. 글의 내용은 계명대학교 교수로서 했던 강의와, 교회 초청으로 교회 음악과 예배 음악 강의 및 성가대 세미나 강의, 그리고 하나님과 모든 사람의 천국인 바로 이 아담스 채플에 파이프 오르간이 1999년 들어온 후 지금까지 가져왔던 오르가니스트를 위한 세미나에서 강의한 것들을 중심으로 엮어져 있다.

아담스 채플에 파이프 오르간이 들어온 지 13년이 지난 2012년 여름 방학 7월과 8월, 학교의 배려로 오르간 전체 점검과 추가 공사가 8주 동안 진행되었다. 나는 이 작업을 위하여 매일 음악대학 연구실이 아닌 채플로 출근하면서 고요한 채플 2층 연구실에서 이 책을 쓰기 시작하였다. 이렇게 시작하게 된 책은 4년이라는 세월을 거치게 되었다. 나로서는 책을 쓸 수 있는 유일한 기간이 여름 방학이기 때문에 이제 이 책을 이번 여름 방학 동안 다시 펼쳐서 마무리할 수 있게 되어 하나님께 무한한 감사를 드린다. 이 책이 한국의 교회 오르가니스트와 성가대 지휘자, 그리고 목회자에게 유익한 자료가 되기를 바라며, 지금의 이 아름답고 성스러운 성전과 파이프 오르간을 있게 하신 하나님께 감사하며 이 책을 내가 의지하고 사랑하는 하나님께 드린다.

2016. 8. 31
글쓴이

앞을 알지 못하고 달려온 26년,
하나님의 축복의 약속을 눈으로 보지는 못하고 있지만
그러나 언제나,
나의 하나님! 제 잔이 넘칩니다.

Contents

차례

Contents

표 차례

Contents

악보 차례

제1장

예배와 예배 음악

1. 예배의 본질과 의미

2. 예배 음악의 내용

제1장

예배와 예배 음악

1. 예배의 본질과 의미

예배란 무엇인가? 우리가 매주일 교회에서 하는(드리는) 예배에서 예배의 본질을 늘 기억하는 것은 쉽지 않다. 교회 오르가니스트를 비롯한 모든 교회 음악인은 예배의 본질에 대하여 명확한 개념이 정립되어 있어야 한다. 교회 음악인은 대체로 오랫동안 교회에 다닌 사람으로 말씀을 통해 예배에 대한 기본적인 개념이 있을 것으로 기대한다. 하지만 실제로 예배에 대한 이해가 부족한 사람을 드물지 않게 본다. 더욱이 믿은 지가 얼마 되지 않은 사람인 경우는 더 심각하다. 예배가 무엇인지 모르면서 예배에서 음악을 담당하는 사람들이 현재 한국 교회에 많이 있다.

예배란 하나님을 경배하며 칭송하는 것이다. 예배는 자신을 내려놓고 하나님 앞에 완전히 굴복하면서 하나님을 섬기고 하나님을 기리는 것이다. 예배의 대상은 하나님 외에는 어느 누구도, 또한 어떤 것도 될 수 없다. 오직 하나님 한 분만이 예배를 받으시는 분이시고 이 분께 예배를 드리는 것이 성도들에게 예배의 유일한 목표다.

종종 예배를 통해 뭔가를 얻으려는 성도들이 있다. 이것은 예배의 본질에 어긋난 것이다. 예배는 드리는(하는) 것이지 받는 것이 아니다. 하나님의 말씀이 선포되는 것은 말씀을 듣는 것이라는 점에서 받는 것으로 오해될 수 있다. 하지만 설교는 하나님 말씀을 듣는 것이지만 받는 것이 궁극적 목적이 아니라 말씀을 들음으로써 하나님께 감사하게 되고 깨닫게 되고, 그리하여 하나님을 더 사랑하게 되어 하나님께 헌신하고, 나아가 이 세상에서 자신의 소명을 발견하는 것이 설교의 목적으로, 이것은 예배의 결과이기도 하다.

예배의 의미는 매우 넓기 때문에 여기서는 예배를 기독교의 공식 예배식인 교회의 주일 예배로 제한하여 설명하겠다. 주일 예배는 일주일 중에 예수님께서 부활하신 일요일이라는 하루를 정해 놓고 기독교인이 예배당이라는 한 장소에 모여서 하나님께 드리는 공적 예배이다. 이 예배는 교회마다 각 교단의 전통적인 특징에 따라 형식과 순서를 갖추고 있다. 일주일 동안 평소 각자의 삶에서 하나님과 교제하면서 지내다가, 주일이 되어 성도가 한 곳에 다함께 모여 하나님께 예배를 드린다는 것은 자신이 일주일 살았던 것을 점검하는 순간이면서 동시에 일주일의 결론을 다함께 맺는다는 점에서 한 주간의 결산이라는 의미도 된다. 혹은 역으로, 이 주일 예배는 한 주의 첫 날에 일주일을 어떻게 살아가겠다는 다짐을 하는 순간으로 일주일의 시작의 의미도 있다. 그리하여, 주일 예배를 잘 드릴 때 한 주를 잘 살게 되고, 한 주를 잘 산 사람이 또한 이 예배를 잘 드리게 되는 것이다. 최시원 교수(*1937-1990*)는 주일 예배는 자신의 '일주일 삶의 절정'이라고 하였는데 교회 음악인으로서 이보다 더 감동적인 고백을 아직까지 보지 못했다.[01] 또한 역으로, 십일조 헌금이 자신의 모든 것이 하나님의 것이라는 믿음의 고백이듯이, 주일 예배의 모습이 일주일 그의 모든 삶에서 그대로 나타닐 때 자신의 삶의 십일조로서 그 예배는 진정한 예배의 모습이라 할 수 있다.

주일 예배는 교회의 임무에서 선교와 교육 및 봉사를 능가하는, 어떻게 보면 가장 중요한 것이다. 하나님을 예배하는 것만큼 성도에게 중요한 일은 없다. 예배가 없는 선교와 교육 및 봉사는 그 자체가 무의미하다. 예배가 없이는 이 모든 것들이 하나님의 일이 아니라 세상의 일이 될 수 있다. 주일 예배 참석은 성도의 신앙의 기준이며 척도이다. 특히 기독교의 공적 예배인 주일 예배는 일주일 동안 흩어져 살던 한 교회의 성도가 한 곳에 모여 함께 하나님께 예배드린다는 점에서 교회 사역자들은 이 일을 위해 많은 시간과 재정과 마음을 들여 예배를 준비한다.

현대 사회의 교회에서 주일 오전 예배는 많은 성도들에게 일주일 동안의 유일한 예배가 되기도 한다. 왜냐하면 교회의 반 이상의 성도가 대체로 한 주에 한 번 주일 오전 예배에 참석하는 경우가 많기 때문이다. 교회 성도 모두가 함께 한 곳에 모여 예배

---

01 | 최시원, 오직 하나님의 영광을 위하여, 도서출판 엠마오, 1991, 276-277쪽 "주일 대예배에서 '오직 하나님의 영광을 위하여' 찬양을 드리는 그 순간이 나의 일주일 삶의 절정(climax)이다. 그리고 그 순간을 위하여 일주일을 산다".

를 드린다는 것은 하나님께서 보실 때 귀한 모습일 것이다. 그러기에 목회자를 비롯한 예배를 준비하는 사람들은 일주일 동안 이 예배를 위하여 기도하고 계획하면서 구체적인 준비를 한다. 그리고 일주일 동안 준비한 순서에 의하여, 주일 예배당에서 모든 성도들은 함께 하나님을 예배하면서 개인적으로, 그리고 성도 다함께 하나님을 만나는 시간을 가지게 되는 것이다.

주일 예배는 공동 예배이면서도 개인적인 예배일 수 있다. 함께 찬송하고 기도하며 말씀을 듣는 가운에 성도 다함께 하나님의 임재하심을 느끼기도 하며 동시에 옆의 성도가 느끼지 못하는 감동을 자신은 또 느낄 수 있는 것이 주일 예배이기도 하다. 특히 말씀보다 음악은 더욱 그렇다. 찬송을 부르고 듣는 사람 각자의 영적, 지적, 정서적 상태에 따라 호소하는 바가 더 강하게도 약하게도, 그리고 다양하게 나타난다. 이것은 각자 다른 감성으로 느낄 수 있는 것이 바로 음악이기 때문이다. 이렇게 예배에서 하나님은 회중 전체에게 나타나시기도 하지만 성도 개인으로도 찾아오신다. 한 주 동안 몸과 마음과 영에서 지친 현대인들에게 하나님의 평안과 위로는, 간절함으로 하나님을 찾는 예배자에게 하나님께서 내리시는 선물이다. 이것은 구하는 자가 찾을 것이라는 예수님의 말씀 그대로이다.[02]

이렇게 성심으로 드리는 예배가 되기 위해서는 예배의 모든 순서 하나하나가 다 예배가 되어야 함은 말할 필요가 없다. 성심으로 드리는 예배란 어떤 것일까? 예배 시간에는 다른 어떤 것도 생각하지 않고 하나님께만 집중하는 것, 이것이다. 예배의 모든 것이 하나님께 집중되어 있고 하나님을 생각나게 하는 것이다. 이렇게 되기 위하여 예배당 안의 모든 것, 즉 예배당 안의 실내 환경, 예배 순서를 맡은 사람들, 예배를 드리는 성도들, 예배 음악과 이 음악을 담당하는 사람들, 이들 모두가 하나님을 생각나게 해야 하고 하나님을 향하도록, 하나님을 찬양하고 예배하도록 이끄는 것이어야 한다.

빌리 그레이엄(*Billy Graham, 1918-*) 목사는 그의 매일 성경 묵상을 위한 책 "Unto the Hills"에서 하나님의 음성을 듣고 하나님과 교통하려면 하나님께 "주파수가 맞추어(*tuned*)" 있어야 한다고 말씀하고 있다.[03] 라디오가 그 미세한 채널 주파수에 정확히 맞추어질 때 듣고 싶은 방송이 전파를 타고 깨끗하게 나오듯이, 예배와 관련된 모든

02 | 마태복음 7장 7절 "구하여라, 그리하면 하나님께서 너희에게 주실 것이다…"(표준새번역 개정판)

03 | Billy Graham, Unto the Hills, Word Books Publisher, 1986, p. 307(November 27)

것, 예배하는 사람이 하나님의 주파수에, 즉 하나님께서 원하시는 바대로 정확히 맞추어질 때, 그리고 하나님께 온전히 집중될 때 우리는 하나님의 음성을 들을 수 있다는 것이다. 뿐만 아니라 이렇게 될 때 우리의 예배는 온전히 하나님께 전달될 것이다. 다른 어떠한 전파의 방해를 받든지, 혹은 주파수가 정확히 맞지 않으면 방송이 깨끗이 전달될 수 없을 것이다.

하나님께로 향하는 것을 방해할 만한 요소들이 예배 안에 있다면, 그리고 우리가 하나님께 온전히 집중하지 않고 하나님께 초점을 맞추지 않을 때는 하나님의 음성을, 하나님의 임재하심을 느끼기 힘들 것이다. 세상적이고 인간적인 것은 예배에서 다 물러나야 한다. 이러한 것들은 모두 하나님과 성도들의 온전한 교통을 방해하는 것들이다.

초기 교회와 중세 시대 교회 역사에서 예배당 안은 어떤 세속적인 것도, 즉 세속적인 물건이나 세상의 음악 등이 들어 올 수 없도록 차단되어 있었다. 특히 중세 시대의 교회 음악을 살펴보면, 교회 밖에서 부르는 음악은 교회에 들어 올 수 없었으며, 찬송의 가사는 평신도가 작시할 수 없었을 뿐만 아니라 허용된 찬송 가사는 성경의 가사와 예배 책에 있는 가사만으로 제한되었다. 교회 밖에서 부르는 음악, 즉 세속 선율은 교회 안에서 엄격히 금지되었으며 그런 선율이 감히 하나님을 찬양하는 데 쓰일 수 없다는 것이 당시 교회 지도자들의 생각이었다.

지금은 세상의 많은 음악이 예배 안에 들어옴으로써 예배자가 하나님께 집중하고 하나님만 생각하는 것을 방해하고 있다. 즉 세상 음악이 성도들에게 세상에서 즐기던 마음을 예배 시간에 주면서 예배에 틈을 열어 준 것이다. 이것은 노래를 부르고 들으면서 정작 예배를 드려야 할 성도들이 예배를 즐기는, 즉 하나님을 위한 예배에 집중하기보다 예배를 인간을 위한 위로연 성격의 의식으로 변질시키고 있다. 이러한 현상은 많은 현대 교회에서 일어나고 있는 것으로 예배의 본질에서 심각히 변질된 상태라 할 수 있다.

예배를 바로 세워야 한다. 현대 예배는 여러 면에서 세상적으로 변질했다. 성경 어디에 이 세상을 따라서 하라고 말한 구절이 있는가? 성경 어디를 보아도 하나님은 늘 우리가 세상에서 구별되라고 하시고 세상을 본받지 말라고 말씀하신다.[04] 그리고 하

---

04 | 로마서 12장 2절 "여러분은 이 시대의 풍조를 본받지 말고, 마음을 새롭게 함으로 변화를 받아

나님은 그에게 드리는 예배는 세상 사람들이 이방신을 섬기는 그런 식으로 예배를 드리지 말라고 말씀하신다.[05] 그런데 현대 교회는 너무 세상을 따라간다. 그것도 별 거리낌 없이, 어떤 때는 즐겁게 따라가는 듯이 보인다. 세상을 따라간다는 것은 하나님과 멀어져 가고 있다는 의미를 교회는 생각해야 한다. 예배는 세상 것에서 떨어지고 하나님께로 더 가까이 가는 행위로 예배는 다시 정비되어야 한다는 것을 많은 목회자들이 공감하고 있다.

현대 교회 안에는 십자가도 없으며, 하나님도 예배당에 안 계시고 사람만이 가득한 경우가 허다하다. 사람을 위한 위로와 축복 집회(*meeting*, 사람의 모임)가 거대하게 팽창하고 있으며 그 안의 목회자나 음악인들은 위로와 축복을 원하는 사람들을 위한 이벤트(*event*)를 준비하고 실행하는 기획사 사람들과 연예인들처럼 보인다.

예배당 안에는 전통적으로 하나님 말씀과 하나님과 관련된 것 이외에는 아무 것도 두지 않았다. 특히 예배당 앞쪽은 더 중요하다. 전례를 지키는 교회의 예배당 앞 부분은 거룩한 곳으로 성경과 예수님을 상징하는 촛불, 그리고 십자가와 그 아래에 예수님의 몸과 피를 상징하는 성찬 성물이 보관되어 있다. 한국의 대부분 개신교 교회는 이런 예배당과 다른 개념을 가지고 있다고 하더라도, 여전히 예배당은 하나님께 예배드리는 장소임에 틀림이 없다. 그렇다면 예배당에 대한 경건한 마음과 귀하게 여기는 마음, 그리고 조심스러운 행동은 성도들에게 필요한 것이다. 현대인은 점점 예의가 없어져 간다. 특히 교회에서 지켜야 할 예의는 더 그렇다. 교회는 이것을 가르치지도 않는 것 같다. 하나님께 예배하는 예배당은 세상과 구별되는 장소라는 의식이 있어야 한다.

예전의 모습을 대부분 보존하고 있는 유럽의 많은 예배당 안에서는 세상 것을 볼 수가 없다. 모든 것은 하나님과 성경 말씀에 집중되어 있다. 세상의 빛도 교회로 바로 들어올 수 없으며 기독교 성화를 그린 색유리(*stained glass*)를 통해서만 빛이 들어올 수 있다. 우리나라에도 이런 색유리가 있는 교회가 가끔 있다. 계명대학교의 아담스 채플에도 햇빛이 비칠 때면 아름다운 색유리를 통해 천국의 찬란한 빛을 전해준다.

서…"(표준새번역 개정판)

05 | 신명기 12장 4절과 31절, "그러나 당신들은 주 당신들의 하나님을 섬길 때에 이방 민족들이 그들의 신들을 섬기는 방식으로 섬겨서는 안됩니다…. 당신들은 주 당신들의 하나님을 섬길 때에 이방 민족들이 그들의 신들을 섬기는 방식으로 섬겨서는 안됩니다. 주님께서는 그들이 신들을 섬길 때 사용하는 모든 의식을 싫어하시고 역겨워 하십니다"(표준새번역 개정판)

현대 사회의 극단적 이기주의와 놀이 문화가 교회를 변질시키고 있는 것을 걱정하는 사람들이 많다. 이것은 예배 음악에서 특히 많이 나타나고 있다. 예배를 바로 세우는 것은 음악부터 시작할 수 있다. 사람을 위한 음악이 아니라 하나님께 드리는 음악을 하는 것이다. 자신이 기분이 좋다고 하나님도 좋아하실 거라고 생각하는 것은 착각이며 예배자의 자세가 아니다. 현대 교회의 많은 목회자들이 "하나님께서는 우리가 행복한 것을 원하신다", "우리는 하나님을 즐거워함이 마땅하다"라는 말로 찬양을 한다. 이 말은 심각한 의미를 가지고 있다. 하나님은 우리가 행복한 것을 원하시지만 그 행복이 어떤 행복이냐는 것이며 또한 그 상황이 하나님께 드리는 공적 예배 상황인지 아닌지는 중요하다. 우리에게 좋은 것이 하나님께도 좋으신 것이라고 하면서 자기가 하고 싶은 것만 하는 사람이 있다면 이 얼마나 철없는 성도인가? 누구를 예배하며 왜 예배하는지를 깊이 생각해야 한다. 모든 것이 자기를 위해서 존재해야 한다고 생각하는 현대인들이 음악도 예배도 다 그들을 위해서 존재하는 것으로 만들고 있는 이 시대를 우리는 직시해야 한다.

하나님의 마음을 생각하는 사람이 있을까? 입으로만 하나님을 사랑한다고 하지 않고, 자신이 하고 싶은 것을 하나님을 위해 포기하는 사람이 하나님을 진정으로 사랑하는 것이다. 입으로 그렇게 말하고 행동을 하지 않는 것은 거짓이다. 사랑은 사랑하는 사람의 마음을 생각하는 것이다. 고린도전서 13장의 사랑의 정의를 되새길 필요가 있다.[06] 우리는 하나님을 어떻게 사랑하는가. 하나님께서 무엇을 좋아하시는지를 생각하고 연구해야 한다. 말씀을 읽고 하나님의 속성과 하나님의 마음이 무엇인지 배워야 한다.

예배의 모든 것은 하나님의 성품과 하나님의 속성에 맞는 것이어야 한다. 우리가 완전무결할 수는 없지만 순전하고 깨끗하고 흠이 없는("*without defect*")[07] 것을 드리는 자세가 중요하다. 말씀과 음악으로 예배를 준비하는 사람은 내가 좋아하는 것이 아니라 하나님께서 성도들에게 무엇을 주기를 원하시는지, 무슨 말씀을 하시기를 원하시는지, 그리고 하나님 자신은 무엇을 원하시는지, 하나님께서 좋아하시는 것이 무엇

06 | 고린도전서 13장 5절 "사랑은…. 자기의 이익을 구하지 않으며…"(표준새번역 개정판)

07 | 레위기 1장 3절 "바치는 제물이 소를 번제물로 바치는 것이면, 흠 없는 수컷을 골라서…"(표준새번역 개정판)

인지를 고민하면서 예배를 준비하는 자세가 필요하다. 성도들이 좋아할 것에 맞추어 예배를 준비하는 것은, 이미 그 예배는 예배가 아니라 사람을 위한 모임일 뿐이다.

2. 예배 음악의 내용

예배 음악은 하나님께 드리는 음악이다. 그렇기 때문에 예배 중 연주되는 음악은 그 자체가 바로 예배이다. 그런데 예배에서 음악은 하나의 수단으로 오해되는 경우가 많다. 예배에서 음악은 있을 수도 있고 없을 수도 있다고 생각하는 사람들이 있다. 물론 교단 중에 예배에서 음악이 없는 교단이 있다. 이 경우는 그 교회 예배 자체의 특성인 경우이다. 하지만 예배에서 사람 마음대로 음악이 필요하다고 생각되면 음악을 넣었다가 필요 없다고 생각되면 음악을 뺀다는 것은 다른 경우이다. 후자의 경우는 인간의 기준과 인간의 필요에 의해서 음악을 사용한다는 의미이다. 이러한 예배에서는 음악의 주인이 사람이 되는 것이다.

예배의 모든 순서는 사람의 필요에 의해서 정해지는 것이 아니다. 하나님께 드리는 예배가 온전한 모습을 갖추기 위해 예배의 매 순간들이 하나의 큰 예배식 틀 안에서 유기적인 관계성을 가지면서 모여 있는 것이 주일 예배다. 그래서 예배에서 모든 순서는 다 예배다. 성경 읽는 것, 기도하는 것, 말씀 듣는 것, 묵상, 그리고 찬양, 이 모든 것이 예배다. 더구나 음악은 예배에서 가장 적극적인 행위로 나타나는 것으로 음악은 예배 중의 예배라고 할 수 있다. 이런 예배 음악을 수단과 도구로 사용하는 것은 이치적으로도 맞지 않을 뿐 아니라 예배의 유일한 대상인 하나님께 무례한 일이며 사람으로서는 어리석은 일이다.

예배 음악에는 성악곡과 기악곡이 있다. 대부분의 성도들은 하나님의 말씀으로 가사가 있는 성악곡만이 교회 음악 내지 예배 음악이라고 생각할 것이다. 하지만 역사적으로 살펴보면 교회 음악에서 기악곡이 차지하는 부분은 상당히 크다. 가사도 없이 악기로만 하는 곡이 무슨 찬양이나 예배 음악이 될까 생각할 수 있다. 가사가 있어야만 찬양이고 가사가 없으면 찬양이 아니라는 것은 음악의 기본 특성을 모르는 오해이다. 이런 오해는 칼빈(*John Calvin, 1509-1564*)도 했었다. 물론 칼빈은 이것뿐만 아니라 가사가 없는 음악이 사람의 마음을 감성적으로 흔들어 하나님으로부터 멀리 가게 할 수 있다는 것을 우려했었다. 칼빈이 이렇게 기악 음악에 대해 가사가 없다는 이유로 반대한 것은, 역설적으로 바로 음악에는 무언의 능력이 있다는 것을 인정한 것이다. 가사가 없이도 음악은 사람에게 영향을 줄 수 있다. 그렇다면 하나님께 찬양하는 것은 더 말할 필요가 없지 않을까.

이와 같이 음악은 가사가 있어야만 사람의 마음을 나타내고 표현하는 것이 아니다. 가사가 없이도 얼마든지 사람의 마음과 감정을 표현할 수 있다. 실제로 클래식 음악에는 성악곡보다 기악곡이 더 많다. 가사가 없는 기악곡도 우리에게 감동을 주는 것은 그것은 음악이 가사의 유무에 있지 않기 때문이다. 베토벤(*Ludwig van Beethoven, 1770-1827*)의 교향곡이나 모차르트(*Wolfgang Amadeus Mozart, 1756-1791*)의 피아노 곡을 들어보라. 가사가 없어서 감동이 덜하다고 누가 말하겠는가. 가사의 유무에 관계없이 음악은 사람의 마음을 움직인다. 하물며 신이신 하나님은 인간이 말로 표현할 수 없는 그 심정을 기악을 통해 음악에 담은 그 마음을 왜 모르실까. 어떤 의미에서는 가사라는 제한된 내용을 뛰어 넘어 무한한 상상력과 정신 세계를 담을 수 있는 기악곡이 하나님께 더 나은 예배 음악이 될 수 있지 않을까.

예배 음악은 기독교 역사상 다양하게 발전해 왔다. 초기 교회부터 현대까지 예배를 살펴보면 예배 음악은 늘 존재해 왔으며 다양한 모습을 가지고 있다. 각 시대마다 교회 지도자들은 하나님의 말씀과 교회의 전통을 중심으로 그 시대의 문화적 상황에 따라 예배 음악의 모습을 만들어왔다. 교회의 칙령이나 여러 규정을 교회 음악인은 지켜야 했었고 어겼을 때에는 그에 따른 제재도 있었다. 이런 교회의 제도로 인한 제한은 옳고 그름을 떠나서, 교회 음악을 세상 음악과 구별하는 중요한 역할을 하였다. 그리하여 혼탁해져 가는 세상에서 교회를 거룩하게 지키고자 했던 그들의 노력은 예배 음악에 그대로 반영되었으며 이것은 예배의 본질에서 볼 때 의미가 크다.

16세기로 들어와서 가톨릭 교회에서 개신교가 분리되면서 기독교는 현재 세계적으로 많은 교단과 교파가 있으며 이에 따른 예배 음악도 다양하다. 이 다양한 교회의 모습과 예배 음악에도 불구하고 공교회(*universal church*)로서 세계 교회를 하나로 만드는 것은 교단과 교파를 초월하는 예배 음악이다. 하나님을 찬양하는 이것만큼은 지구상에 흩어져 있는 모든 교회가 한 교회(*one church*)로서, 한 믿음(*one faith*) 안에서, 한 성경(*one bible*)을 믿으며, 한 구원(*one salvation*)을 받고, 한 하나님(*one God*)을 섬긴

다는 것을 의미한다.[08]

1) 회중 찬송가

예배 음악의 중심은 회중 찬송가이다. 회중 찬송가는 예배 음악에서 가장 중요한 음악으로 모든 성도가 함께 찬양한다는 것이 핵심이다. 찬송가는 성도가 개인적으로, 또한 다 함께 할 수 있는 찬양이다. 그래서 더욱 의미가 있다. 예배 음악에 대한 큰 오해 중의 하나가 바로 이 회중 찬송가의 의미이다. 목회자와 성도들 대부분은 예배에서 제일 중요한 음악은 성가대 찬양이라고 생각한다. 그래서 성가대 찬양을 위한 예산과 시간적 노력은 상당 부분 투입하면서도 정작 가장 중요한 찬송가는 어떻게 불러야 하는지 관심이 없다. 이것은 잘못된 생각이다. 찬송가는 평범하게 생각하면서, 좀 더 전문적으로 보이는 성가대 찬양을 더 중시한다는 것은 교회와 성도들이 예배를 얼마나 세상적이고 인간 중심으로 생각하는지를 반영하는 것이다.

찬송가는 늘 부르는 찬송이며, 연습하지 않아도 부를 수 있는 곡으로 잘 부르지 못하는 사람도 같이 부를 수 있는 쉬운 곡으로 생각하여, 찬송가는 하나님께는 평범한 것이라고 오해한다. 대신 성가대 찬양은 연습을 많이 해서 부르는 것이고, 또한 전문가들의 세련되고 숙련된 형태로 하는 것으로서 수준 높은 음악이라고 더 중요하게 생각한다. 그래서 하나님은 성가대의 찬양을 특별히 관심을 두시고 찬송가보다 더 좋아하실 것이라 생각한다. 찬송가는 "그냥" 찬송가이며 성가대가 부르는 곡은 "성가" 혹은 "찬양"이라 부른다. 그리고 독창은 더 나아가 "특송"이라고 하여 "특"자를 붙인다. 이것은 순전히 사람의 입장에서 만든 등급 같은 명칭이다. 찬송에는 등급이 있을 수 없지만, 만약 등급을 하자면 하나님 보시기에는 찬송가가 그야말로 "특송" 일 것이다.

회중 찬송가가 평범하게 된 것에는 교회 음악인들의 책임이 많다. 회중 찬송가는 평범한 음악이 아니다. 이것은 한 선율로만 부르기 때문에 쉽게 보일 수 있으나 쉬운

---

08 | 찬송가 600장(Samuel John Stone, 1839-1900, 가사) 2절 "온 세계 모든 교회 한 몸을 이루어 한 주님 섬기면서 한 믿음 가지네 한 이름 찬송하고 한 성경 읽으며 다 같은(한) 소망 품고 늘 은혜 받도다"

찬양이 아니다. 더구나 찬송가를 연주하는 오르가니스트에게는 전혀 쉬운 것이 아니다. 우리나라의 경우 찬송가를 너무나 평범하게 대하기 때문에 성가대 찬양이 더 세련되게 보여 예배에서 제일 중요하다고 생각하게 되었을 수도 있다. 하지만 기독교 역사가 오래된 서양의 회중 찬송가는 그렇지 않다. 평범한 찬양이 아니라 어떤 점에서는 성가대 찬양보다 더 음악적으로 뛰어나고 풍부하다. 회중이 함께 부르기 때문에, 연주하는 오르간은 성가대 반주보다 더 다양하고 장엄하면서 웅장하게 연주한다. 그리고 성도에게는 성가대를 통한 간접적인 찬양보다는 성도 모두가 함께 하나님께 직접 하는 찬양이 더 감동적일 수 있으며 또 그렇게 되어야 한다. 이런 감동의 찬양을 통해 하나님의 은혜가 함께 임하신다.

하나님은 우리의 테크닉으로 우리를 판단하시는 분이 아니시다. 예배 음악을 연주하는 입장에서 보면 하나님은 우리가 부족하지만, 잘 부르지 못하지만, 마음을 다해 진심으로 부르는 찬양을 귀하게 여기신다. 그리고 하나님은 성도들이 다 함께 한 목소리로 하나님을 찬양하는 것을 보실 때 감동하신다. 성경에서 하나님께서는 "내 생각은 너희의 생각과 다르다"[09]라고 하셨다. 그래서 성도는 찬송가를 정말 성심으로 잘 불러야 하며 오르가니스트는 찬송가를 잘 준비하고 잘 연주하여야 한다. 회중 찬송가를 어떻게 잘 부를 수 있을지는 감리교의 창시자 존 웨슬리(*John Wesley, 1703-1791*)의 〈선율이 있는 찬송가 (*Sacred Melody: with Tunes Annext*(*1761*))〉 서문에 잘 나타나 있다. 웨슬리가 찬송의 의미를 얼마나 강력하게 말하고 있는지를 좀 더 직접적으로 느낄 수 있게 하기 위해 첫 문구는 영어도 함께 싣는다. 글씨체가 다른 것은 원문에 나온 그대로 옮긴 것이며 웨슬리가 특별한 의미를 부여한 것으로 보인다.[10]

1. Learn ***these tunes*** before you learn any others

   다른 어떤 노래를 배우기 전에 **이 찬송가**를 먼저 배우십시오. 그 후에는 여러분이 배우고 싶은 만큼 많이 배우십시오.

---

09 | 이사야서 55장 8-9절 "나의 생각은 너희의 생각과 다르며, 너희의 길은 나의 길과 다르다. 주님께서 하신 말씀이다. 하늘이 땅보다 높듯이, 나의 길은 너희의 길보다 높으며, 나의 생각은 너희의 생각보다 높다."(표준새번역 개정판)

10 | William J. Reynolds, A Joyful Sound, Christian Hymnody, Holt, Rinehart and Winston, 1978, p. 49

2. Sing them exactly as they are printed here

찬송가는 이 책에 쓰인 그대로 정확히 부르십시오. 이 선율을 변경하거나 고치면서 부르지 마십시오. 만약 여러분이 다르게 배웠다면 가능한 한 빨리 잊으십시오.

3. Sing ***all***

여러분 모두 같이 부르십시오. 여러분은 가능한 한 더 자주 성도들과 함께 찬송을 하십시오. 어떤 조금의 부족함이나 지겨움이 여러분이 찬송하는 것을 방해하지 않도록 하십시오. 만약 찬송이 여러분에게 십자가라면 그 십자가를 지십시오. 그러면 여러분은 그것이 축복임을 발견할 것입니다.

4. Sing ***lustily*** and with a good courage

용기를 가지고 **열정적**으로 부르십시오. 혹시 여러분이 정신이 나갔는지, 혹은 졸리는지 정신을 차리고 힘 있게 여러분의 목소리를 높여서 찬송하십시오. 이제는 여러분의 목소리를 더 이상 겁내지 말고, 다른 사람이 듣는 것을 부끄러워하지 마십시오. 그것은 사탄의 노래를 부를 때 그런 것입니다.

5 Sing ***modestly***

겸손하게 찬송하십시오. 다른 성도들로부터 튀지 않게 하고 드러나지 않게 부르십시오. 그렇게 부르면 여러분은 전체 균형을 깰 수가 있기 때문입니다. 하나의 깨끗한 선율을 만들도록 여러분의 목소리들을 하나로 만드십시오.

6. Sing ***in time***

박자에 맞게 부르십시오. 박자가 어떻든지 그 박자를 지키도록 하십시오. 앞에서 달려가거나 뒤에 처지지 마십시오. 이끌어 가는 전체 소리를 잘 들으면서 가능한 한 그 소리에 잘 따라가십시오. **너무 느리게** 부르지 않도록 유의하십시오. 이렇게 느리게 부르는 것은 자연스럽게 사람을 게으르게 만들 수 있습니다. 찬송은 이런 것들을 우리 가운데에서 몰아내는 귀한 시간입니다. 우리의 찬송을 우리가 시작한 그 속도대로 다 함께 찬송하십시다.

7. Above all sing ***spiritually***

무엇보다도 우리 모두 **영으로** 찬송하십시오. 우리가 찬송하는 모든 단어 하나하나에 하나님께 눈을 향하십시요. 여러분 자신보다도 그리고 다른 어떤 피조물보다도 하나님을 기쁘시게 하는 데 목표를 두십시오. 이렇게 하기 위해서는 여러분이 무엇을 부르고 있는지를 철저히 잘 따라가면서 여러분의 **마음**이 그 소리에 빼기지 않고 하나님께 항상 바쳐지도록 하십시오. 그렇게 되면 여러분의 찬송은 주님께서 이 땅에서 인정하실 뿐만 아니라 그가 하늘의 구름 가운데서 오실 때 여러분에게 상을 주실 것입니다.

필자는 찬송을 부르는 자세에 대하여 이보다 더 좋은 권유문을 아직 듣지 못했다. 실로 웨슬리는 대단한 신앙인이라는 사실을 실감나게 하는 글이다. 그의 찬송의 자세를 살펴보면서 우리는 찬송가를 이렇게 부르는지 다시금 반성해야 한다. 또한 이렇게 찬송을 부를 수 있도록 성도들을 교육하고 격려할 위치에 있는 사람들도 책임을 깊이 느껴야 한다. 유럽이나 미국에서 예배를 드리면 그들의 예배 음악에서 찬송가의 중요성은 우리나라에서보다 훨씬 드러나 보인다. 일단 그들의 오르간 찬송가 연주는 우리나라의 찬송가 연주와 비교할 수 없을 정도로 음악적으로 우수하다. 그들의 찬송가 연주는 찬송가가 평범한 음악이라는 우리나라 성도의 인식을 완전히 뒤바꾼다. 우리나라의 찬송가 연주는 모든 절을 똑같이 반복하는 연주다. 하지만 각 절을 다양하게 연주하면서 찬송가를 하나의 예술 작품으로 만들어 내는 그들의 찬송가 연주는 우리나라의 오르가니스트뿐만 아니라 목회자와 성가대 지휘자가 많이 배우고 연구해야 할 부분이다.

"예배는 동사다(*Worship is a Verb*)"[11]에서 웨버(*Robert E. Webber, 1933-2007*)는 예배에서 하나님은 우리에게 말씀하시고 우리에게 오시는 분이며 성도는 이런 하나님께 다시 행위로 하나님과 교통하는 시간이 예배라고 말한다. 하나님께서는 성도의 예배를 기뻐하신다. 하지만 예배는 가만히 앉아 듣기만 하는 것이 아니다. 직접 찬양하고 기도하면서 하나님을 즐거워하고 경배하는 것이다. 여기에서 회중 찬송가는 모든 성도가 함께 하는 찬송으로 제일 의미가 있다.

모든 성도가 기술적으로 좋은 소리를 만들어 내지는 못하더라도 준비된 전문가, 즉 오르가니스트의 손에서 좋은 찬송가가 연주될 때 찬송은 살아있는 예술 작품이 되어 하나님께 올라 갈 것이다. 이것은 예술적으로 뛰어나야만 좋은 예배 음악이라는 의미가 아니다. 성가대가 열심히 연습하여 좋은 찬양을 올리는 것 못지않게, 단순해 보이는 찬송가도 일반 성도들이 드리는 것이지만 성도들의 적극적인 찬양과 좋은 찬

---

11 | Robert E. Webber, Worship is a Verb, Word Books Publisher, 1985

송가 오르간 연주를 통하면 성도들의 찬양이 평범한 것이 아니라 더욱 살아있고 예술적이면서 영적인 찬양이 될 수 있다는 의미이다. 하나님께서 원하시는 공교한(*skillful*, 전문적인 기술이 있는, 시편*33:3*) 찬양은 성가대뿐만 아니라 회중 찬송가에서도 마찬가지이다. 매주일 감격과 감동이 있는 살아있는 예배, 살아있는 찬송가 찬양을 통해 하나님께 예배하는 한국 교회가 진정한 예배의 정신으로 되돌아 갈 것을 희망한다.

2) 성가대 찬양

성가대 찬양은 회중 찬송가 다음으로 중요한 예배 음악이다. 이 찬양은 작품 자체에서 예술적인 모양을 갖춘 음악으로, 성도 가운데서 구별되어 따로 모여진 사람들이 예배 전에 미리 연습하고 준비하여 드리는 찬양이다. 성가대는 각 교회의 전통과 여건에 따라 아주 다양한 모습이다. 성가대는 한두 곡의 준비된 찬양 이외에 대체로 짧은 송영 내지 응답송을 부른다.

성가대 찬양은 구약 성서에서 하나님께서 제정한 성전 음악의 제도이다. 성전 예배는 레위 지파 제사장이 이스라엘 회중을 대신하여 하나님께 드리는 예배였으며, 희생제사가 필수로서 예배의 가장 중요한 부분이었다. 예배의 모든 것은 레위인이라는 예배 전문가들에 의해 이루어졌으며 음악 또한 레위 지파 족속의 사람들에 의해 이루어졌다. 이들은 세대 대대로 성전 음악인 직을 물려받으면서 훈련된 예배 음악 전문가였다. 당시는 예배에서 회중들의 역할은 없었으며 제사장과 전문 음악인들이 회중을 대신하여 모든 것을 행했던 예배였다. 시편의 찬양도 실제로 전체 회중이 함께 찬양하는 시는 많지 않으며, 개인 찬양이든지 성가대를 위한 찬양시가 대부분을 차지한다. 성전 예배에서 전체 회중이 찬양하는 것은 짧은 화답송 이외에는 예외적인 일로 보인다. 하지만 예수 그리스도 이후 예배에서는 성도가 예배의 주체가 된다. 이것이 바로 모든 성도가 직접 하나님께 제사를 드리는 것으로서, 회중 찬송가의 중요성이다. 회중 찬송은 중세 교회 동안 금지되어 있었지만 성가대 찬양은 구약 시대부터 초기 교회를 지나 중세 교회로 들어오면서 확립된 교회의 오래된 전통이다.

중세 교회의 성가대는 성전 예배와 같이 전문가들로 구성되었다. 중세 교회의 음악인은 레위인과 같은 세습은 아니었으나 음악적으로 훈련된 성직자 혹은 음악 전문가들이었다. 바로크 시기까지는 이런 전문인들에 의한 성가대로서 교회 성가대의 찬양은 예술적으로 뛰어났다. 하지만 이후 교회의 경제력이 약화되면서 교회 성가대는 서서히 전문가들이 아닌 성도 중에서 자원하는 사람들로 교체되기 시작한다. 그리고는 지금의 교회 성가대는 대부분 비전문가들로 구성되어 있다. 그렇기 때문에 중세나 바로크 시기의 교회만큼의 예술적 수준에는 못 미친다. 현대 교회에서 이런 성가대를 가진다는 것은 재정적으로 힘들며, 유럽의 대성당에서 가끔 이런 전통을 유지하고 있는 정도다. 그러나 이런 제도는 모든 성도들에게 줄 수 있는 성가대 찬양의 기회를 특별한 몇 사람으로 제한하는 것으로서 바람직하지 않을 수도 있다. 하지만 당시 최고의 예술 작품의 연주를 하나님께서 들으셨던 것을 생각하면 현대에 와서 하나님의 귀가 많이 힘드시지 않을까 반성한다. 기술을 원하시는 하나님이 아니시기는 하지만 그렇다고 우리의 관심과 노력이 이 세상 일로 나뉘어져서 예전처럼 좋은 예술 작품으로 하나님께 찬양을 올리지 못하는 것이 자랑스러운 일은 아니지 않는가?

예배에서 성가대 찬양과 회중 찬송은 다 각각의 의미가 있다. 하지만 교파에 따라 성가대를 없애고 전체 회중 찬송만을 강조하는 교회가 있는 반면 성도는 아무것도 하지 않고 가만히 있으면서 성가대가 대신 모든 것을 해주는 교회도 있다. 열린 예배 의식을 주창하는 교회가 점차 성가대의 필요성을 무시하는 경우가 있는 것도 그리 바람직하지 않다. 회중 찬송이 중요한 만큼 성가대 찬양도 중요하다. 성가대가 기술적으로 준비한 좋은 찬양을, 성도는 자신이 직접 부르지는 못하지만 성가대와 함께 마음으로 하나님께 드릴 수 있다. 성가대는 하나님께서 제정하신 교회 음악 제도이며, 또한 성가대의 수준 높은 합창 음악이 있을 때 교회 음악이 전문 영역으로 발전할 수 있다. 교회 음악의 발전을 위해서 전문적인 영역은 있어야 한다. 교회 음악이 발전한다는 것은 하나님의 나라가 이 세상에서 발전하고 성장한다는 의미로서 하나님께 귀한 일이다.

성도들 중에 성가대 찬양이 회중을 위한 음악으로 착각하는 사람들이 있다. 이것은 큰 오해이며 하나님께는 불경죄를 짓는 것이다. 하나님의 것을 감히 가로채는 것이기 때문이다. 그러기에 성가대가 찬양할 때는 성도는 함께 찬양하는 자세가 필요하다. 얼마나 잘 연주하는가 하면서 성가대의 연주를 듣는, 평가하는, 혹은 감상하는 자세는 좋은 자세가 아니다. 기도하는 마음으로 성가대와 함께 찬양하는 마음을 가져야 한다. 그러기에 성도는 성가대의 찬양을 평가하고 비평할 자격이 없다. 이것은 하나님의 영역이다. 오히려 우리의 판단과 완전히 다른 평가를 하나님은 하실 수 있다는 것을 기억해야 한다.

3) 오르간 음악과 그 외의 예배 음악

예배 음악으로 회중 찬송과 성가대 찬양 이외에, 회중의 짧은 응답송과 중창 혹은 독창이 있다. 그리고 예배 음악 중 기악곡으로 많은 부분 오르간 음악이 있다. 성악곡은 사람의 직접적인 호흡으로 하는 음악이라 호소력이 가장 크다. 이것은 하나님께도 성도에게도 같다. 물론 하나님은 사람의 마음 중심을 보시기에 더욱 그렇다. 초기 교회에서는 성도가 제대로 찬양하기가 힘들었을 때에 찬양 인도자가 있어 선창을 담당하였다. 찬양 선창자는 예배에서 오랫동안 중요한 역할을 하였으며, 예배 인도자 혹은 집례자도 이 일을 함께 담당하게 되었다.

현대 개신교의 중창 혹은 독창 찬양은 이런 성격과는 다른 의미로서, 오히려 성가대 찬양의 성격으로 가끔은 성가대를 대신하여 혹은 성가대 역할을 나눈 것으로 볼 수 있다. 이 찬양은 예배 음악을 더 다양하고 신선하게 해 줄 수 있는 반면 사람이 드러나는 위험도 있다. 이것은 다수의 인원이 아닌 한 사람 혹은 소수의 사람이라는 점에서 성도들의 인간적인 관심을 불러일으킬 수 있기 때문에 신중하게 접근해야 하는 어려움이 있다.

예배 중 짧은 응답송 혹은 화답송은 지금은 대체로 성가대가 찬양하고 있으나 역사적으로 보면 이것은 회중이 했던 찬양이다. 대표적인 회중의 화답송으로는 "할렐루야", "아멘", "하나님을 찬양합니다"(할렐루야와 같은 뜻), "하나님께 감사드립니다" 등이 있다. 선창자가 앞에서 중요한 구절을 찬송할 때, 혹은 기도를 하거나 성경을 읽을 때 그 끝에 이렇게 회중이 함께 화답한 것이다. 구약 시대와 중세 기독교의 예배에서 이 화답송은 회중의 유일한 찬양일 때도 있었다. 화답송은, 특히 기도송이나 축복송은, 현대 교회에서 얼마든지 성도들의 찬양으로 되돌려 성도들의 예배 참여를 더 높일 수 있다.

이렇게 목소리로 찬양하는 회중 찬송가와 성가대 곡 그리고 그 외 성악곡 이외에, 악기만으로 찬양하는 교회 음악이 있다. 여기서 가장 대표적인 것이 바로 오르간 음악이다. 유럽이나 미국의 전통 교파 교회에서는 주일 예배에서 오르간이 기악 음악의 대부분을 차지한다. 교회의 특별한 축일에 관현악 등 다른 악기들과 오르간이 함께 연주하는 경우가 있지만 대부분의 주일 예배는 오르간만으로 예배를 드린다. 예배에서 오르간이 회중 찬송가 연주와 성가대 찬양 반주 외에 독주로 연주될 수 있는 부분은 많다. 여기에는 예배 전주곡과 후주곡, 헌금 봉헌곡, 예배 사이사이의 짧은 간주곡,

그리고 성찬 묵상곡 등이 대표적이다.

하나님을 찬양하는 가사가 없는 기악곡이 예배 음악이 될 수 있다는 것은 악기의 순수성에 있다. 악기는 그 본래 상태로는 중성이다. 그러나 그 악기가 어떻게 쓰이느냐에 따라 예배 악기가 될 수도 있고 사탄의 도구가 될 수도 있다. 이 점에서 칼빈이 악기를 예배에서 금지시킨 의도를 조금이나마 이해할 수 있다. 초기 교회와 중세의 대부분, 그리고 칼빈의 교회가 왜 악기를 예배에서 제한한 것인지 현대 교회는 심각하게 고민해야 한다.

클래식 음악의 뿌리가 교회 음악인 것을 생각하면 예배에서 클래식 악기로 기악 찬양은 대체로 좋다. 구약 성경의 성전에는 수금과 트럼펫 등 전문 기악 연주자가 있었다. 이들은 공교히 연주하라는 하나님의 명령으로 자신의 기량을 높이는데 평생을 보냈을 것이다. 예배에서 하나님께 목소리로 가사가 있는 찬양을 드릴 수도 있지만, 가사가 없는 악기 연주의 찬양은 침묵 혹은 묵상의 기도를 통하여 하나님께 올리는 제사로서 가사가 없는 무언의 음악을 통해 오히려 하나님의 음성을 들을 수 있는 가능성은 더 높아질 수도 있다.

하나님은 아름다운 것을 좋아하신다. 하나님은 이 세상을 아름답게 창조하셨다. 그리고 축복하셨다. 이스라엘 성전 건축의 기본 정신은 거룩함과 아름다움에 있다. 하나님의 속성이신 거룩함과 하나님을 드높이는 정신인 아름다움은 늘 함께 있다. 아론 제사장의 옷 에봇(*Ephod*)의 아름다운 색실과 보석들은 상징적인 의미도 있지만 그 자체는 아름다운 옷(*the work of skilled craftsman,* 출애굽기 *39:3*)이다. 또한 성전 건축에서 자주 나오는 단어는 "artistic design" 혹은 "artistic craftsmanship"이라는 단어이다. 이 모든 것은 성전이 제사를 수행하는 단순한 장소라기보다 하나님을 예배하고 기리는 아름다운 곳임을 의미한다. 그래서 이 성전을 본받은 솔로몬 성전은 당시 가장 아름다운 건축물이 된 것이다. 시편에서 하나님을 예배하는 데 아름다움과 거룩함으로 예배하라는 시는 우리에게 다시금 예배의 아름다움이라는 의미를 깨우쳐 준다.[12]

예배는 하나님께 드리는 성도의 마음과 정성이다. 마음과 정성을 다하게 되면 아름다운 예배가 될 것이며 하나님께 드리는 아름다운 선물이 될 것이다. 하나님께서 원하

---

12 | 시편96편 9절 "O worship the LORD in the beauty of holiness: fear before him, all the earth"(King James Version) "거룩함의 아름다움으로 하나님을 예배하라…"

시는 아름다운 예배가 어떤 예배인가? 예술의 궁극적 목표는 아름다움이다. 성악곡이든 기악곡이든 평범한 음악을 아름답게 만들고 또한 기술적으로 어려운 음악도 아름답게 만들어 하나님을 찬양하는 것이다. 자신이 가진 것이 적어도 가진 만큼, 그리고 가진 것으로 잘 준비하여 마음과 정성으로 드리면 이것이 아름다운 예배가 되어 하나님께 귀한 음악이 될 것이다. 아름다운 예배 음악을 만들기 위한 과정을 이제 구체적으로 살펴본다.

제2장

예배 악기로서 오르간

1. 예배 악기로서 오르간과
   오르간 음악의 역사

2. 오르간이 예배 악기로 적합한 이유

제2장

예배 악기로서 오르간

1. 예배 악기로서 오르간과 오르간 음악의 역사

악기는 소리의 특성에 따라 그 용도가 정해지는 편이다. 타악기는 음정을 가진 몇 개의 타악기를 제외하고는 주로 리듬적인 역할을 담당한다. 또한 관악기 중 특히 트럼펫은 누구나 다 인정하는 팡파르(*fanfare*)나 행진곡 등에 특별히 잘 어울린다. 그리고 다른 악기들도 각기 자신의 소리의 색깔과 소리 세기 등의 고유한 성격(*character*)에 따라 그 악기만의 특정한 용도와 어울림이 있다. 이것이 악기의 정체성 혹은 대표성이다.

오르간의, 여기서 오르간은 파이프 오르간을 의미한다, 역사는 초기의 역사까지 합하면 2천년이 넘는다. 기원전의 물 오르간(*Hydraulis*)[13]부터 긴 역사 속에서 오르간은 시대에 따라 모습과 소리가 다르게 발전하였다. 원시적인 오르간의 형태에서 오늘날 최첨단의 장치를 구비한 파이프 오르간의 발달은 인류 문명의 발달과 함께 해왔다. 새로운 오르간이 지어질 때마다 그 시대의 새로운 기술이 적용되어 왔다. 이것은 오르간이라는 거대한 악기의 기계적 구조와 기구(*mechanism*)로 인해 당연히 나타나는 오르간의 발달사이다. 현대의 오르간은 다양한 음색과 세기를 가지고 있다. 오르간은 크게도 작게도 또 여러 가지 음색의 조합으로, 다른 어떤 악기를 훨씬 능가하는 다양

13 | 물 오르간(Hydraulis): 기원전 3세기 경 Alexandria의 Ktesibios에 의해 발명된 기록상의 최초의 파이프 오르간. 물이 떨어지는 압력을 이용하여 바람을 일으켜 소리를 내게 함.

한 소리를 낸다.

오르간의 역사에서 보면 초기 오르간은 하나님을 찬양하는 예배 악기로 쓰이지 않았다. 기독교가 생길 즈음의 오르간은 지금과는 그 모습과 소리에서 많이 다르다. 기원 후 3, 4세기 경 초기 교회 시기의 오르간 소리는 거칠었으며 지금처럼 다양한 소리를 선택할 수 있도록 세련되지도 못했었다. 그래서 한 오르간은 한 가지 소리만 가졌었는데, 큰 오르간이면 늘 큰 소리만, 작은 오르간이면 늘 작은 소리만 나는 악기였다. 당시 역사적으로 기록이 남아 있는 오르간의 소리는 너무나 커서 연주하는 장소에서 멀리 떨어진 곳에서도 들리는 악기였다. 그래서 오르간은 실외 혹은 큰 홀의 경기 등에서 흥을 돋우는 역할을 하기도 했다. 이 이유로 초기 교회 지도자들은 오르간이 교회에서 연주되는 것을 엄격히 금하였는데, 심지어 아이들에게 오르간 소리는 듣지도 말 것을 교육하였다고 한다.[14] 그 당시 교회는 예배에서 오르간뿐만 아니라, 다윗이 시편을 찬송할 때 함께 연주했던 현악기 한두 개를 제외한 모든 악기가 금지된 상태였다.

이렇게 거칠고 투박한 소리로 세상의 놀이 악기로 사용되었던 오르간은 몇 백 년을 지나면서 소리가 다듬어지게 되었다. 그리고 오르간의 기계적 구조의 발달과 함께 오르간의 소리는 점차 온순하게 되면서 경건한 소리로 바뀌게 된다. 중세 동안 오르간은 교회로 들어오기 시작하였으며 교회로 들어온 파이프 오르간은 교회의 분위기와 예배 모습에 함께 동화되면서 소리가 교회적으로 만들어지게 된다.

오르간이 교회에 들어올 당시 가톨릭 교회 미사와 기도회의 예배 음악 형태는 무반주 성악 음악이었다. 이 때문에 오르간은 성악의 반주로서 역할이 아니라 성악과 교대연주(*Alternatim Praxis,* 교대 연주 관습)로서 기악 독주 형태로 예배 음악의 한 부분을 담당하였다. 당시 교대 연주는 미사에서 전례 성가의 여러 절을 노래와 오르간이 서로 번갈아 가면서 연주하는 것이다. 그러나 그 모습은 절제되고 제한된 형태로 예배의 작은 부분에서 오르간이 짧게 연주되었을 뿐이다. 그 후 오르간은 점차 성가와 교대 연주에서 곡의 길이가 길어지게 되며, 추가로 미사 전후나 미사의 순서 사이사이, 특히 성찬 중에 독주 악기로서 서서히 영역을 넓혀가기 시작하였다.

1517년 루터(*Martin Luther, 1483-1546*)의 종교 개혁은 예배 음악에서도 많은 변화를

---

14 | 럿셀 N. 스콰이어, 교회음악사, 이귀자 역, 호산나음악사, 1992, 54쪽(재인용)

가져왔다. 독일 루터 교회의 회중 찬송가 코랄(*chorale*)은 초기에는 무반주 회중 찬송이었으나 서서히 오르간이 반주를 시작하면서 오르간의 역할이 커지게 되었다. 이것은 오르간의 발달로도 이어져 1600년대로 들어오면서 독일에서는 본격적인 오르간 음악이 발달하기 시작한다. 반면에 같은 개혁자로서 칼빈(*John Calvin, 1509-1564*)은 오르간의 사용을 반대한 사람으로 교회에서 기존의 파이프 오르간을 많이 철거했던 사람이다. 그는 가톨릭 교회의 모든 것을 반대한 급진적인 개혁자로, 오르간을 가톨릭의 잔여물로 생각하여 오르간을 반대한 이유도 있었지만 기악곡인 오르간 음악이 하나님을 찬양하는 가사가 없다는 이유에서도 예배에서 오르간 연주를 인정하지 않았다.

하지만 오르간은 지속적인 발달의 과정을 거치게 되며 바로크 시기(*1600-1750*)에는 교회 악기로서 오르간 음악 역사상 최고의 발달된 모습을 가지게 된다. 특히 독일에서는 뛰어난 오르가니스트들이 교회에서 활발하게 활동하면서 많은 오르간 작품을 썼다. 그 당시 오르가니스트는 예배를 위하여 오르간 음악을 작곡하고 연주하는 우수한 음악인들이었다. 오르가니스트는 회중 찬송가를 인도하는 동시에 전주와 간주 즉 오르간 독주를 담당하였으며, 그 외에 예배 전주곡과 후주곡 연주, 그리고 성가대를 반주하는 사람으로 크게 쓰임을 받았다.

바로크 시기에 가장 뛰어난 작곡가로서 교회 음악에 헌신했던 바흐(*Johann Sebastian Bach, 1685-1750*)는 많은 오르간 음악을 작곡하였다. 고전 시기의 모차르트와 베토벤은 바흐를 존경하였으며, 그의 오르간 곡을 우수하게 평가하고 자신의 작곡을 위하여 그 곡들을 공부는 하였지만 오르간을 위한 작곡에는 크게 관심이 없었다. 그리하여 고전 시기에는 오르간 작품이 많이 작곡되지 않았으며 교회에서 연주되는 바흐의 작품이 오르간 음악의 명맥을 겨우 이어가는 정도였다.

이런 현상은 19세기 낭만 초기까지 이어지면서 결과적으로 교회 음악은 클래식 음악에 뒤처지게 되는 현상을 보였다. 오르간 음악도 바로크 시기의 절정에서부터 쇠퇴하면서, 예전의 뛰어난 오르간 음악의 전통을 잇는데 많은 어려움을 겪게 된다. 이런 상황에서 멘델스존(*Felix Mendelssohn, 1809-1847*)의 등장은 교회 음악의 자존심과 전통을 다시 세우는 계기가 된다. 그는 독일에서 바흐 음악을 부흥시킨 사람으로 그로 인해 개신교 교회 음악은 다시금 발달할 수 있게 된다. 그는 직접 그의 오르간 연주를 통해 바흐 곡을 세상에 알림으로써 그때까지 교회 악기로 존재했던 오르간을 연주회용 악기로서 새로운 모습을 보여주었다. 이로 인해 오르간은 다시 바흐 시대의 연주 기량을 갖춘 교회 악기와 연주회용 악기로서 재탄생하게 되었다.

이와 같은 일은 프랑스 가톨릭 교회에서도 일어났으며, 벨기에 출생으로 프랑스에서 활약한 프랑크(*César Franck, 1822-1890*)의 오르간 음악이 주도적 역할을 하였다. 프랑크의 신실한 신앙에 의한 오르간 음악은 프랑스 혁명 이후 쇠락해 있었던 오르간 음악의 품위를 다시 세우게 되었으며 그의 영향으로 프랑스 낭만 시기에 뛰어난 오르가니스트들이 배출되면서 역사상 프랑스 오르간 음악의 전성기를 이끌어 내게 된다.

낭만 시기 이후 교회는 세속적인 사회 속에서도 꾸준히 교회 음악을 발전시켜 나갔다. 유럽 교회에서는 합창 음악과 함께 오르간이 예배 악기로서 유일하게 연주되었다. 그리고 독일과 프랑스에서 우수한 오르간이 제작되면서 오르간 음악의 발달을 함께 이끌어 냈다. 바로크 시기 이후 침체기에 빠졌던 오르간 음악은 19세기를 지나면서 뛰어난 교회 음악인들과 오르가니스트로 인해 다시금 교회 음악의 전성기를 맞이하게 된다.

이렇게 오르간은 교회에 들어온 지 천 년이 넘으면서 역할에서 정도의 차이는 있으나, 교회 예배에서 지금까지 늘 성도와 함께 해온 유일한 악기로 자리하고 있다. 현재 기독교는 여러 교파로 나뉘어져서 교회별로 예배 음악이 조금씩 다르다. 러시아 및 그리스 정교는 전통적으로 오르간을 사용하지 않는 무반주 형태의 예배 음악을 사용한 반면, 가톨릭은 교회에 오르간이 들어온 후 지금까지 오르간이 예배 음악을 담당하는 유일한 악기이다. 개신교 교파 중에서는 무반주 예배 음악 혹은 다른 현대 악기 사용으로 오르간을 사용하지 않는 교회도 있다. 하지만 더 많은 개신교 교파가 오르간을 유일한 예배 악기로 혹은 다른 악기와 함께 예배 악기로 사용하고 있다.

유럽 교회는 오랜 역사를 통해 오르간이 예배 악기로서 정체성이 확립되어 있지만 미국의 경우는 조금 다른 변천사를 가지고 있다. 미국 교회의 역사는 영국 청교도들의 이주로 시작된 미국의 역사와 함께 한다. 유럽의 이민자 기독교인으로 시작한 미국 교회는 다양한 교파가 함께 성장하면서 각기 다른 교회 음악이 발달하게 된다. 초기 미국 교회는 유럽의 오르간을 가져와 사용하면서 오르간 음악은 아주 느리게 발달한다. 하지만 경제 성장과 기독교 부흥을 통해 오르간은 미국 대부분의 교단에서 예배 악기로 점차 자리를 잡아 갔다. 현재 미국 교회의 오르간은 유럽에 비해 역사가 담긴 고풍스런 악기는 아니지만 현대 악기로서 미국 내에 세계적으로 우수한 오르간 제작자를 두고 있으며 동시에, 유럽의 유명 오르간 제작자의 오르간도 함께 들어와 있다.

미국에서 나타난 다른 종류의 오르간으로서 우리나라 교회에 영향을 준 오르간이 있다. 이것은 1800년대 후반 미국 교회의 주일 학교 발달과 전도 집회와 직접적인 관련이 있다. 이들의 복음주의적 운동과 함께 나타난 복음 성가(*Gospel Song*)는 미국의 독특한 교회 음악의 한 장르가 되어 파이프 오르간 외에 다양한 오르간의 출현에 직접 내지 간접적으로 영향을 주었다. 교회의 주일 예배가 아닌 전도 집회와 캠프 등 기독교 야외 집회에서 불리던 복음 성가는 이동이 불가능한 파이프 오르간 대신에 다른 반주 악기가 필요하게 되었다. 또한 가볍고 감상적이며 부르기 쉬운 복음 찬송은 당시 교회 내의 경건하고 절제되어 있는 찬송가와 파이프 오르간의 소리와도 어울리지 않는 것이었다. 이러한 스타일의 성가는 리드 오르간(*reed organ,* 혹은 풍금)에서부터 실용성이 있는 전자 오르간(*electronic organ*)의 발달을 도와주었다. 그러면서 처음 설치할 때 비싼 파이프 오르간에 비해 저렴하고 이동 가능하며, 쉽게 연주할 수 있는 전자 오르간의 편리함은 중소규모의 교회에서 거부하기 힘든 유혹이 되었다. 전자 오르간은 이렇게 실용성 면에서는 많은 장점이 있다. 유럽에 비해 교회 음악의 역사가 짧아 전통이 약한 미국 교회에서는 예술성보다 실용성에 더 마음이 움직이게 되었다. 그래서 전통적인 예배 음악보다는, 특히 동시대적인 복음 성가 스타일의 음악을 선호하는 교회에서는 전자 오르간이 파이프 오르간 대용으로 소규모 교회에서부터 조금씩 받아들여지기 시작하였다.

20세기 후반으로 들어오면서 미국에는 복음 성가에 뿌리를 둔 대중적 기독교 음악(*CCM, Contemporary Christian Music*)[15]이 발달하면서 전자 악기가 많이 쓰이게 된다. CCM은 당시 성령 운동이라고 부르는 기독교의 흐름과 복음주의적 교단 및 열린 예배라는 형태를 지향하는 교회에서 많이 발달하게 되었다. 이 음악은 곧바로 예배 음악으로 들어오게 되며 이어 예배 악기에 변화가 나타나기 시작하였다. 이것이 기존의 전자 오르간을 위시하여, 신시사이저(*Synthesizer, Keyboard*라고 현재 통칭)[16], 전자 기타,

---

15 | CCM(Contemporary Christian Music): 의역을 하면 기독교적 대중 음악으로 19세기 후반에 나타난 복음 성가(Gospel Song)에서 출발하여 발달한 기독교 음악의 한 종류이다. 20세기 젊은이를 위한 대중 음악 스타일과 기독교적 가사가 만난 음악으로 청소년들이 좋아하며 예배보다는 집회 성격의 모임에 적합하다. 이 음악으로 인해 전자 기타, 드럼, 신시사이저 등 대중 음악 악기가 교회에 유입된다.

16 | 신시사이저(Synthesizer): 일반적으로 간편하게 신디라고 부르는 악기로서 현재에 와서는 통칭 키보드라고도 한다. 이것은 각종 악기의 음색을 전자적으로 합성하여 연주할 수 있게 만든 악기로 피아노의 작은 건반처럼 생겼다. 실제 악기를 사용하지 않고도 이것으로 다양한 악기의 효과를 낼 수 있으며, 화성을 채울 뿐만 아니라 솔로 소리도 내는 악기로 대중 음악에서 필수적으로 사용된다. 실용성, 이동성, 경제성 모든 면에서 뛰어나 오르간과 피아노를 대신하고 있으나 예술성과 전문성에서

드럼 등의 등장이다.

전자 오르간은 파이프 오르간을 모방한 악기로서 연주대(*Console*)[17] 자체는 파이프 오르간과 흡사하다. 하지만 이 전자 오르간과 건반 모양은 비슷하나 편리함과 적용에서 더 뛰어난 악기가 바로 신시사이저다. 이것은 발건반이 없는, 그리하여 더 손쉽게 연주할 수 있는 반면 외장 스피커를 통해 엄청난 음량으로 증폭이 가능한 또 다른 전자적 건반 악기 혹은 키보드이다. 이런 다양한 건반 악기들은 미국의 복음주의적 혹은 신형 교단들에 의해 전통적인 교회 악기인 파이프 오르간을 대신하여 새로운 예배 악기들로 사용되기 시작하였다.

미국은 다양한 민족이 함께 만들어 가는 나라답게, 교회도, 전통도, 예배 음악도 다양한 모습을 가지고 있다. 하지만 미국의 더 많은 교회는 아직도 파이프 오르간으로 예배를 드리고 있다. 미국에서 대중적인 교회 음악을 사용하는 교회가 현대에 들어와서 늘어나고 있는 상황이기는 하다. 그럼에도 불구하고 세계적으로 본다면 여전히 파이프 오르간은 예배 악기의 대표적인 악기임에는 틀림이 없다. 예를 들면 전례를 따르는 대부분의 유럽 교회와 미국의 가톨릭 교회, 루터 교회, 그리고 영국 성공회 교회는 여전히 파이프 오르간으로 예배를 드리고 있으며 많은 장로 교회와 감리 교회 또한 오르간으로 예배를 이끌고 있다. 복음 성가와 CCM을 위주로 찬양하는 교회인 침례교회와 특수 교단, 혹은 독립 교단의 교회에서도 각 교회에 따라 파이프 오르간이 사용되기도 하며 전자적인 악기와 피아노의 사용도 함께 하고 있다. 이런 전체적인 상황을 보면 아직은 많은 미국 교회가 파이프 오르간을 예배 악기로 사용하고 있다고 볼 수 있다.

이에 한국 교회를 살펴보자. 130년의 역사를 가진 한국 교회에서 예배 악기로서 오르간은 유럽이나 미국에 비해 독특한 역사를 가지고 있다. 우리나라에 기독교가 전파

많이 미흡하다.

17 | 연주대(Console): 일반 악기들은 연주하는 악기에서 바로 소리가 난다. 하지만 파이프 오르간은 연주하는 곳(손건반과 발건반)과 소리가 나는 곳(파이프)이 다르기 때문에 연주대라는 용어가 나왔다. 특히 전기식 오르간은 전기 케이블로 파이프와 연결은 되어 있지만 외관상으로는 파이프와 분리되어 있기 때문에 더욱 연주대라는 용어가 의미가 있다. 이 연주대와 파이프가 연결되어 있지 않으면 연주대에서 아무리 연주해도 소리는 나지 않는다.

되면서 풍금이 소개되어 풍금이 오랫동안 예배 반주를 맡아왔다.[18] 1950년대까지는 많은 교회에서 풍금을 사용하고 있었다. 그러나 선교사에 의해 들어온 피아노가 우리나라 교회에 소개되면서 피아노의 개성적이고 섬세한 소리에 반해, 그리고 피아노가 풍금에 비해 좀 더 발달되고 새로운 즉 신식 악기라는 생각을 가지게 되면서 피아노를 교회에 서서히 들여오게 되었다. 당시 우리나라 교회는 교회 음악의 전통에 대한 지식이 약한 상태에서 어떤 음악이 예배 음악에 적합한지에 대한 이해가 부족하였다. 또한 당시 우리나라 교회는 유럽 교회당의 파이프 오르간에 대해 아는 바가 없었을 것이라 생각되며 이것을 교육하는 시스템도 갖추지 못한 상태였다. 이러한 상황에서 교회는 교회 음악에 대한 이해와 본질에 대한 고민 없이 피아노를 교회에 가져왔으며, 그때까지 예배 악기로 더 적합했던 풍금을 피아노로 대치하였던 것은 우리나라 교회의 큰 실수라고 생각한다. 풍금에서 피아노가 아니라 파이프 오르간, 혹은 적어도 전자 오르간으로 이어졌다면, 지금 우리나라 교회 곳곳에 파이프 오르간이 설치되어 예배 악기로 쓰임을 받고 있을 수도 있다. 교회는 예배의 본질적인 개념에 근거하여 예배 악기를 선택해야 한다. 그런데 세상의 가치관으로 세상에서 좋다고 교회로, 그리고 예배에 가져오는 것은 근본적으로 문제가 있다.

예배 악기를 선정하는데 있어 또 중요한 요인이 된 것은 당시 예배 찬송이다. 미국 선교사들이 가지고 온 찬송가는 대부분 미국에서 그 당시 많이 불리던 복음 성가가 대부분을 차지하였으며 현행 찬송가에 아직도 대부분 실려있다. 그리고 이런 찬송가는 파이프 오르간과 잘 어울리지 않았을 수도 있다. 그리고 그분들 역시 교회 음악 전통에 대한 이해에는 많이 부족한 것으로 나타난다. 만약 미국의 선교사가 아니라 유럽의 선교사가 우리나라에 더 많은 영향을 미쳤다면 현재의 우리나라 교회 음악의 모습은 많이 다를 수 있지 않을까 상상해 본다. 이것은 유럽에 일찍부터 영향을 받은 일본을 보아도 알 수 있다. 일본 기독교인은 우리나라에 비해 매우 적어 일본 국민의 1%에도 해당되지 않지만 일본의 파이프 오르간의 역사는 더 오래 되었으며 더 발달된 상태이다.

선교사들의 영향에서 벗어나면서 자체적인 성장을 이루기 시작한 1960년대 한국 교회는 선교 70여년이 지나가도록 교회 음악의 심도 있는 연구와 교육이 거의 부재

---

18 | 현대를 만든 물건들(전우용), 〈한겨레신문〉, 2016년 10월 8일, 제25면

했었다고 해도 과언이 아닐 정도다. 피아노가 왜 교회 예배 악기로 서양에서 받아들여지지 않았는지, 피아노는 어떤 성격의 악기이며 어떤 특성을 가졌는지를 깊이 성찰하지 못한 상태가 지금의 21세기 한국 교회까지 이어져 온 것은 참으로 안타까운 현실이다. 서양의 예배당에 비해 대체로 작게 시작한 한국 교회의 사정이 어떤 점에서는 피아노의 교회 수용을 쉽게 한 것도 있다. 또한 파이프 오르간을 알고 있었다 하더라도 당시 경제적으로 미약했던 교회가 파이프 오르간을 설치하는 것은 힘들었을 수도 있다. 하지만 파이프 오르간은 수명이 길기 때문에 작은 오르간부터 시작하였다면 가능하기도 했을 것이기에 경제적인 것만이 이유는 될 수 없다. 결국 이 모든 일은 파이프 오르간과 교회 음악에 대한 이해의 부족이 가장 중요한 요인으로 볼 수 있다. 그리고 풍금은 여전히 작은 규모의 예배당에서 피아노보다 훨씬 적절한 예배 악기이기 때문에 풍금이 피아노에 의해 대치된 것은 여러 면에서 타당하지 않다. 다시 말하지만 풍금의 전통이 이어졌다면 한국 교회의 성장과 더불어 지금은 파이프 오르간이 예배 악기가 되었을 가능성이 높다.

교회는 예배 악기를 결정할 때 그 악기가 예배와 교회에 적합한지를 먼저 고민하고 결정해야 한다. 그 당시는 교회 음악이라는 분야에 대한 전문적인 연구와 교육이 필요한지도 잘 몰랐을 시대였던 것으로 보인다. 그런데 불행하게도 성장할 만큼 성장하여 경제적으로 많이 나아진 지금의 한국 교회가 아직도 이런 깊이 있는 성찰이 없다는 것이 걱정이다.

한국 교회에 피아노가 들어온 후 피아노는 한동안 교회의 유일한 예배 악기로, 그리고 이제는 대부분의 교회에 주도적인 예배 악기로 거의 60, 70년이 넘도록 사용되고 있다. 1970년대에 외국 악기들이 수입되면서 한국의 소위 대형 교회는 전자 오르간(하몬드 전자 오르간)을 들여오기 시작하였다. 그러나 예전에 유일한 예배 악기인 풍금에서 피아노로 교체된 것과 달리, 이때는 피아노와 전자 오르간 두 악기가 함께 예배에서 연주된다는 것은 또 다른 상황이다. 지금은 파이프 오르간이 아닌 경우에는 대체로 피아노가 주악기이며 전자 오르간은 회중 찬송가를 인도하고, 성가대와 그 외 음악의 반주는 지휘자 혹은 교회 목회자에 따라 그 역할이 각각 다른 상황이다.

그리하여 현재 대부분의 교회는 피아노 반주자와 오르간 반주자라는 두 반주자를 두고 있는 모습이다. 유럽과 미국 대부분 교회는 반주자가 한 명이다. 이 반주자는 말할 필요 없이 오르가니스트이다. 그러나 우리나라 교회에는 두 명의 다른 반주자가 있을 뿐만 아니라 주일 예배가 몇 회로 나누어지면 반주자 수는 더 늘어난다. 이 모든 것은 외국의 오르가니스트들에게는 이해되지 않는 현상이다. 오르간이 있는데 왜 피아노가 있으며, 예배마다 왜 다른 반주자가 있는지 그들에게는 한국 교회의 현실이 생소하다. 예배 횟수가 많아 한 명의 오르가니스트가 모든 예배를 반주하기 힘들다면 보좌 오르가니스트를 두면 충분하다. 이것은 한 교회에 담임 목사님이 한 사람이듯이, 그리고 한 사람이 주일 예배 설교를 하듯이 예배 음악도 한 음악으로서, 한 교회라면 한 설교를 듣는 한 예배로, 한 교회의 성도가 하나의 메시지와 하나의 음악을 공유하는 것을 의미한다.

2. 오르간이 예배 악기로 적합한 이유

오르간은 예배 악기이다. 오르간은 교회에 들어온 지 천 년이 넘어오면서 주인과 닮아왔다. 그 주인은 하나님과 성도이다. 오르간이 예배 악기로서 가장 이상적인 악기라는 것은 역사적으로 증명이 된 사실이다. 한 악기가 천 년 이상 동안 어떤 한 가지 용도로 연주되어 왔다면 이것은 그것이 가장 이상적이었기 때문에 가능한 것이다. 동시에 천 년이라는 세월 동안 그 악기는 그 용도에 적합하게 또한 주인과 서로 융화가 되었을 것이 분명하다. 천 년이라는 기간을 무시한다고 가정을 하더라도 왜 오르간이 예배에 가장 적합한 악기인지 그 구체적인 근거를 오르간이라는 악기의 특징을 보면서 설명한다.

1) 오르간과 피아노의 다른 점

예배 악기로서 오르간의 특징을 잘 이해하기 위하여, 성도들이 더 잘 알고 있는 피아노를 먼저 오르간과 비교하면서 오르간이 예배 악기라는 것을 설명해 본다. 오르간 소리의 특징은 어떠한 것이기에 천 년 이상을 예배 악기로 사용되어온 것인가? 서양의 문화인들은 그들이 좋아하는 피아노는 왜 교회에서 사용하지 않고 오르간만을 고집하며 지금까지 내려온 것인가?

우선, 같은 건반 악기로서 피아노의 특성을 살펴본다. 피아노는 18세기 후반에 본격적으로 발달한 악기로 이미 건반 악기로 존재했던 파이프 오르간과 쳄발로

(*Cembalo*)[19], 그리고 짧은 기간 동안 유행했던 클라비코드(*Clavichord*)[20]의 후발 악기이다. 오르간과 쳄발로는 바로크 시기의 대표적인 건반 악기로서 많은 작곡가와 사람들에게 사랑을 받은 악기이다. 하지만 바로크 후기로 들어오면서 사람들은 교회 안의 음악보다 교회 밖에서 유행하고 있는 새로운 음악에 관심을 두기 시작하였으며, 특히 궁정 음악(*Court Music*) 작곡가들은 새로운 것을 추구하는데 열심이었다. 그런 중에 쳄발로와 클라비코드 소리의 섬세함은 물론, 더 큰 세기(*volume*)와 다양한 감성적인 표현을 구사하는 새로운 악기인 피아노가 발명된 것이다. 많은 작곡가들은 이 새로운 악기에 매료되었으며 결국 이 악기는 그들의 주요 연주 매체와 작곡을 하는 악기가 되었다. 늘 성악가들에게 유명세와 인기의 첫 자리를 내어 주었던 기악 연주자들은 피아노의 발명과 발달을 계기로 크게 고무되었다.

피아노는 실내악(*Chamber Music*) 악기로 탄생하였다. 즉 큰 저택의 외부인 접견을 위한 방이나 가족이 함께 시간을 가지는 거실 같은 규모의 장소에 적절한 악기이다. 지금의 피아노는 초기에 비해 크기와 모습에서, 그리고 소리의 세기에서 변화가 있어왔음에도 불구하고 처음의 피아노에서 크게 달라지지 않고 여전히 실내악 악기임에는 틀림이 없다.

유럽에서 피아노가 등장하여 사람들의 눈길을 모으고 있었을 때 사람들은 이 신식 악기를 교회와 연관시키지 않은 것 같다. 교회는 오르간을 예배 악기로 오랫동안 함께 살아오면서 다른 악기가 교회에서 오르간을 대체하는 것을 상상하지 않은 것 같다. 물론 이것은 피아노가 생기기 이전에 이미 그 곳에서는 오르간이 오랫동안 교회 악기로 훌륭하게 잘 연주되었던 이유가 큰 몫을 차지하기는 한다.

그리고 교회의 건축과 함께 건축의 일부분으로 지어지는 파이프 오르간은 그야말로 교회당, 혹은 성당 그 자체였다. 몇 년 동안의 건축 기간을 경과하여 지어진 파이프 오르간은 수명이 평균 백 년 이상이 되며, 오르간이 지어지면 그 악기를 다른 것으

---

19 | 쳄발로(Cembalo): 하프시코드(Harpsichord)라고도 불리는 악기로 현을 튕겨서 소리가 나는 건반 악기이며 바로크 시기 궁정 음악에서 많이 사용되었다. 독주 및 앙상블 악기로서, 그리고 기악 혹은 성악 앙상블 내지 합창에서 화성을 채워주는 continuo 악기로 크게 쓰임을 받았다.

20 | 클라비코드(Clavichord)는 시대적으로 쳄발로와 피아노 사이의 건반 악기로서 피아노와 흡사하나 소리가 작고 부드러우며 섬세하여 18세기 후반 독일의 감성주의 음악인 Enpfindsamer Stil의 감성적인 음악에서 어울렸던 악기이다.

로 대체할 마음은 생기지 않는 그런 예배당이라고 생각할 수 있다. 또한 그들의 선조들이 몇 백 년 이어온 예배 악기 전통에도 이의가 없었던 것 같다. 그들은 피아노는 오르간에 비하면 작은 악기로서 교회에서 예배 악기로 쓰이기보다는 가정에서 혹은 소규모 홀에서 섬세하게 연주하고 또 "즐기기에 적합"하다는 것을 알았기 때문이다. 피아노가 그 당시 교회라는 거대한 성전 한 구석에서 섬세하지만 작은 소리로 예배를 인도하기에는 큰 무리가 있다는 것도 또한 교회 악기가 될 수 없었던 이유도 될 것이다. 하지만 유럽에는 큰 교회당도 있지만 작은 교회당과 기도실이 많이 있다. 그러나 여기에도 작지만 하나같이 파이프 오르간이 설치되어 있는 것은 단지 피아노의 음량 때문만은 아니라는 결론이다.

이렇게 궁정이나 수도원의 작은 채플인 경우에도 피아노는 예배 악기가 되지 않았다. 오히려 세상에서 들을 수 있는 악기를 굳이 교회당까지 가지고 와서 들을 이유가 없다고 생각한지도 모른다. 교회는 교회만의 고유성과 전통을 그들은 알고 있었고 또한 이 고유성과 전통에 대해 자부심과 확신이 있었음이 틀림없다. 그렇지 않고는 지금까지 오르간을 교회의 유일한 예배 악기로 "모시고" 있을 이유가 없지 않겠는가.

피아노가 유럽의 교회에 예배 악기가 되지 못한 이유 중 또 하나는 피아노 소리의 특성 중 잔향 관계일 것이다. 유럽의 교회는 대부분이 오르간의 연주에 맞는 긴 잔향(대체로 7초 이상)을 가지고 있다. 이에 비해 짧은 잔향에 어울리는 피아노에게는 이 교회당이 좋은 연주 장소가 아니었다. 긴 잔향의 홀에서 피아노의 소리는 그 명료함이 많이 방해를 받으며 결과적으로 아름다운 소리가 되기 힘들다. 일반적으로 피아노에 좋은 잔향은 2초 전후이다.

피아노의 소리는 실내악적인 소리이다. 다시 말하면 현을 두드려서 소리가 나는, 깨끗함과 섬세함이 특징이다. 음 하나하나에서 울리는 피아노의 섬세한 표현은 오르간에서 결코 모방해 낼 수 없는 소리로 사람의 마음을 쉽게 움직인다. 또한 음을 지속할 수 있는 발 페달로, 물론 오르간처럼 같은 세기로 음을 지속하는 것은 아니지만, 음의 여운을 연주자 임의로 만들어 낼 수 있어서 손가락을 건반에서 떼고도 음을 연결하는 느낌을 줄 수 있으며 또한 이 발 페달로 피아노 음색의 변경과 전체 소리 세기를 크고도 다이내믹하게 만들 수 있다.

피아노는 부드러운 햄머(*hammer*)로 현을 쳐서 소리를 내기 때문에 타악기적인 요소도 함께 가지고 있어 리듬 표현에서 뛰어나다. 피아노의 한 음 한 음에서는 살아있는 생동감을 느낄 수 있기 때문에 사람에게 주는 감동이 성악 다음으로 가장 직접적이고 호소력이 있다. 그러나 소리의 세기와 표현에 있어서 피아노는 쳄발로나 클라비코드에 비해서 뛰어나지만 파이프 오르간의 소리와 표현과는 또 다른 차원에서 비교하기 힘든 것으로, 피아노는 그야말로 실내악적인 분위기로서 그런 장소와 용도에서 이상적인 악기이다.

그러면 오르간은 어떤 소리인가? 오르간은 피아노와 같은 건반 악기로서 건반이라는 겉모습에서는 피아노와 비슷하게 보일 수 있지만 소리는 완전히 다르다. 더욱이 한 건반만이 있는 오르간의 경우에는 모양이 피아노와 흡사하지만 대부분의 오르간은 손건반(*manual*, 매뉴얼)이 주로 두 건반 이상이기 때문에 이것 또한 피아노의 모습과도 다르다. 계명대학교 아담스 채플의 파이프 오르간을 처음 본 한 초등학생은 "피아노가 세 대네요"라고 했다. 이것은 손건반이 세 개인 것을 피아노가 세 대라고 한 것이다. 거기에다 오르간은 발건반(*pedal*, 페달)이 있어서 발로도 연주해야 하는 악기이다. 그리고 오르간은 피아노에 비하면 음역이 훨씬 넓다. 지금의 피아노는 88음으로 7옥타브 반의 음역이다. 오르간 손건반의 음역은 5옥타브이다. 하지만 오르간은, 악기마다 다 크기가 달라 일률적으로 오르간의 음역을 말할 수 없으나, 빌긴빈괴 음색에 따른 음정(*pitch*)을 계산하면 대체로 9옥타브 이상으로 10옥타브까지 넓어질 수 있다.

오르간이 소리가 나는 기계적 구조는 피아노와 더욱 다르다. 피아노는 건반을 쳐서(*beat, hit*) 소리가 나기 때문에 타악기적인 성격이 함께 있다. 그래서 피아노는 "친다"라는 용어가 적절하게 들린다. 반면 오르간은 연주자가 건반을 누를(*press*) 때 파이프로 바람이 들어가면서 소리가 나게 된다. 그래서 오르간은 "친다"라고 말하는 것은 이론상 맞지 않는 용어이다. 오르간은 "누른다" 혹은 "분다"라고 하는 것이 더 적합한 단어이다. 예전에 풍금의 경우에 풍금을 "탄다"라고 한 적이 있다. 이것은 우리나라에서 예전에 관악기 외의 악기에서 특히 현악기 연주에 이런 용어를 쓰기도 하였다. 풍금은 오르가니스트가 발의 페달을 저으며 바람을 만들어 냈기에 어떤 의미에서는 이 용어가 어울릴 수 있다. 오르간은 소리가 파이프에서 나기 때문에 이런 의미에서 오르간은 관악기이다.

그리고 피아노는 제작자에 따라 소리의 차이가 있더라도 그 차이는 오르간에서 나타나는 소리의 차이에 비하면 미세한 편이다. 물론 이 작은 차이도 전문 연주자에게는 매우 다르다고 할 수는 있다. 하지만 오르간은 설치된 장소의 크기에 따라 오르간의 규모가 다르기 때문에, 각 오르간 소리의 차이는 피아노에서 나타나는 다른 피아노와 소리의 차이 정도와는 비교할 수 없을 만큼 크다. 오르간은 모든 오르간이 다 똑같은 소리가 나지 않는다. "이 세상에 있는 모든 오르간은 다 다르다"고 하는 것은 모든 오르가니스트가 아는 진실이다. 심지어 같은 오르간 건축가에 의해 같은 디자인과 같은 오르간 내역(*Specification*)[21]으로 두 오르간을 건축하였다고 하더라도 그 악기가 설치된 공간에 따라 오르간은 또 서로 다른 소리를 낸다. 그 이유는 오르간 소리를 결정짓는 가장 마지막 단계인 그 홀에 따른 성음 작업(*voicing*)[22]과 홀의 잔향에 따라 오르간은 소리가 다르게 나기 때문이다.

그리고 오르간의 파이프 위치는 긴 파이프라는 외형과 울림 공간의 필요성 때문에 피아노와 다르게 대체로 천장에 가깝게 위치한다. 이 때문에 홀 높은 곳에서 울려 퍼지는 오르간의 소리와 바닥(*floor*) 즉 건물 아래에서 울려 나는 피아노 소리와는 상당한 차이가 있다. 더욱이 파이프의 위치와 듣는 사람과는 거리가 있어서 오르간 소리가 교회당의 잔향과 함께 어우러지면 피아노에서 느끼는 직접적인 소리보다는, 오르간의 소리는 간접적인 소리가 많은, 멀리서 나는, 천상에서 나는 소리가 된다. 그렇기 때문에 오르간은 사람의 감성에 직접 호소하기보다 사람에게 간접적으로 호소하는, 다시 말하면 생각하게 하는 공간을 주는 악기라고 할 수 있다. 그래서 피아노와 비교하면 오르간은 덜 감성적인 악기일 수 있다. 이것은 악기의 장점이기도 하며 단점이기도 하다. 그러나 교회의 예배 악기로서 예배의 본질적인 측면에서 본다면 이런 특징은 오르간이 예배에서 이상적인 악기가 될 수 있는 것이기도 하다.

예배 시간은 사람의 개인적인 감성이 너무 강조되는 것은 피해야 하는 때이다. 이것은 예배에서 특히 음악을 담당하는 사람은 예배자의 개인적인 감정을 모두 억제하라는 의미가 아니다. 이것은 주일 예배는 혼자 드리는 예배가 아니기 때문에 성도들의 공동의 예배를 위하여 예배 음악은 모두가 공감할 수 있는 객관적인 음악적 표현(*classic style*)과 주관적 표현(*romantic style*)이 적절하게 균형을 이루어지는 것이 좋다

---

21 | 오르간 내역(Organ Specification): 한 오르간을 요약적으로 자세히 설명해 놓은, 즉 오르간 소개서이다. 손건반과 발건반, 음색 이름과 수, 파이프 수, 음역, 제작자, 제작 연도, 오르간의 메카니즘 즉 기계식인지 전기식인지, 그리고 건반 액션이 어떤 것인지 등, 그 외 오르간의 부수적 기능 즉 익스프레션 페달, 크레센도 페달, 메모리 저장 기능, 시퀀서(sequencer) 등이 포함된다.

22 | 성음 작업(Voicing): 파이프 오르간 제작의 가장 마지막 단계의 작업으로 오르간이 홀 안에 완전히 건축된 후 개개 파이프의 소리를 그 홀에 맞게 최종적으로 만들어 내는 작업이다. 여기서 파이프 소리의 특징과 세기까지 미세하게 달라질 수 있기에 오르간 제작에서 가장 어렵고 기술이 요구되는 예술적인(artistic) 작업이다.

는 뜻이다. 그렇기 때문에 오르간은 이런 예배에 더 적합한 악기로서 예배자를 묵상하게도 하며 멀리서 들려오는 하늘의 소리처럼 직·간접적으로 성도들에게 호소할 수 있다. 이런 오르간의 특성으로 오르간은 하나님을 찬양하는데 더 적절한 악기가 되는 것이다.

피아노는 작은 공간에서 피아니스트를 가운데 두고 청중이 둘러 앉아 귀를 기울이고, 또 눈으로는 연주와 연주자를 자세히 보면서 감상할 때 가장 좋은 악기의 모습이 된다. 하지만 오르간은 작든 크든, 넓고 그리고 높게 펼쳐진 개개의 파이프가 그 공간 안에서 울리면서 전체적으로 융합되고 잘 배합된 소리가 최종으로 나기 때문에 청중은 오르간, 즉 파이프에 너무 가까이 앉아 듣는 것은 좋지 않다. 그래서 교회에서 오르간의 위치는 시각적으로 청중에게 보이지 않을 뿐만 아니라 음향적으로 제일 잘 울리는 2층 뒤 발코니가 대부분이다. 이런 상황에서 성도는 연주자도, 연주 상황도 그리고 악기도 보이지 않는 가운데 예배에만 집중할 수 있게 된다.

피아노와 오르간은 같은 건반 악기이지만 그 소리는 서로 다른 과정을 통해 만들어지면서 또한 함께 좋은 앙상블이 될 수도 있다. 악기의 장섬을 느러내면시 힌국 교회에 오랫동안 같이 사용되고 있는 이 두 악기가, 예배에서 좀 더 음악적이고 예술적으로 뛰어나는 연주가 될 수 있도록 해야 한다. 이를 위해 두 연주자의 노력이 필요하며, 무엇보다도 서로의 악기에 대한 충분한 이해를 통해 이들의 적극적이고 긍정적인 협력의 자세가 있을 때 하나님께 더 귀한 음악을 올려 드릴 수 있을 것이다.

2) 오르간의 소리: 바람을 통해 나는 자연스럽고 편안한 소리

오르간의 소리는 바람을 통해서 난다. 바람으로 소리가 나는 악기는 관악기이다. 관악기는 사람이 입으로 악기에 바람을 불어 넣어서 소리가 난다. 하지만 오르간은 사람이 파이프에 입으로 바람을 불어 넣은 것이 아니라 블로워(*blower*)로 파이프에 바람을 불어 넣는다. 파이프에 바람을 불어 넣는 이 기계적 구조의 발달은 오르간 역사의 중요한 부분이다. 초기 오르간에는 바람을 넣어주는 사람이 따로 있든지 연주자 자신이 한 손으로 혹은 발로 풀무를 저어가면서 연주했었다.

음악이 단성 음악(*monophony,* 선율이 하나만 있는 음악, 대표적 예로 그레고리안 챤트)에서, 단성부 음악(*homophony,* 주선율 하나와 반주적 화성으로 구성된 음악, 대표적 예로 찬송가)과 다성 음악(*polyphony,* 각 성부가 독립적으로 움직이는 음악, 대표적 예로 헨델의 〈메시아〉 합창 "주의 영광")으로 서서히 발전해 가는 것과 함께 오르간의 규모가 커지면서 오르가니스트는 바람을 넣어주는 일과 연주를 동시에 하는 것이 힘들게 되었다. 이에 오르가니스트가 연주에 전념하고 대신 풀무질 하는 사람, 즉 칼칸트(*Kalkant*)가 손 혹은 손과 발을 움직여 풀무를 저어가며 바람을 만들어 주었다. 이런 시대는 오래 지속되었으며 전기가 발명된 후 칼칸트는 사라지고 오르간은 이제 전기의 힘으로 모터(*motor*), 즉 블로워가 대신 바람을 만들어 줌으로 현재에 이른다.

기계가 만들어 내는 바람에 의한 오르간 소리와 사람이 풀무를 저어서 바람을 만들어 내는 오르간 소리의 차이는 어떨까? 당연히 사람이 풀무질 한 바람에 의한 소리가 훨씬 더 부드럽고 자연스러운 소리이다. 그렇지만 현대에 들어와서 어느 누가 오르간 뒤에서 이런 일을 하려고 하겠는가? 모든 것을 기계화로 만드는 이 세상이다. 그리고 오르간이 대형화 되면서 파이프에 들어갈 바람의 용량이 커져 사람이 바람을 직접 공급하게 된다면 그 만큼 많은 인원이 필요할 것이다. 더욱이 사람이 이런 일을 오래 하게 된다면 파이프 바로 뒤에서 바람을 만드는 동안 파이프에서 나는 엄청난 오르간 소리로 이 사람은 아마도 귀를 상하게 될 것이다. 이러한 이유로 풀무질 하는 사람은 역사의 뒤안길로 사라졌지만 현재에도 가끔 풀무와 블로워가 동시에 장착된 오르간을 발견할 수 있다. 오르간 제작자는 지금 비록 전기 힘을 빌려 만드는 바람이지만 자연스러운 바람을 오르간에 공급하기 위해 끊임없이 연구하고 있다.

지금은 기계에 의한 바람이지만 여전히 오르간의 소리는 다른 어떤 악기보다 자연스러운 소리를 가지고 있다. 이 자연스러운 소리의 또 중요한 요인은 예배당의 잔향이다. 파이프 오르간이 설치되는 교회의 잔향은 매우 중요하다. 유럽 대부분의 교회나 성당의 잔향은 대체로 7초 이상이며 아무리 짧아도 기본적으로 4-5초 이상이다. 특히 큰 성당의 경우는 10초를 넘으며 영국의 세인트 폴(*St. Paul*) 대성전은 10초가 넘어 13초라기도 한다. 실제 필자가 2004년 이 성전을 방문하였을 때 필자의 귀로 잰 잔향이 8초가 넘었었다. 파이프 오르간은 이 잔향을 염두에 두고 제작되는 악기이다. 그러므로 오르간은 이런 잔향이 있는 곳에 설치되어야 하고 혹 잔향이 너무 짧은 곳은 전문 음향 설계가에 의뢰하여 음향 건축을 다시 하여야 한다. 악기 중에서 가장 많은 잔향이 필요한 악기가 바로 오르간이다.

대부분의 클래식 악기가 연주되는 연주 홀의 이상적인 잔향 시간은 2초 전후이다. 그러나 오르간은 이 정도의 잔향으로는 악기의 이상적인 소리를 내기에 턱없이 부족하다. 오르간은 적어도 5초 이상의 잔향에서 오르간 본래의 소리를 발할 수 있다. 더 엄격히 말하면 그 오르간 곡이 작곡된 교회 혹은 연주 홀의 잔향의 상태에서 그 곡을 연주할 때가 그 곡의 가장 이상적인 연주가 될 것이다. 왜냐하면 그것이 작곡자가 원하는 소리이기 때문이다. 예를 들면 바흐의 전주곡과 푸가는 바흐 교회의 잔향과 비슷한 곳에서 연주하는 것이 이상적이며, 뷔도(*Charles-Marie Widor, 1844-1937*)의 오르간 심포니(*Organ Symphony*)는 그가 평생 오르가니스트로 있었던 파리의 생 술피스(*St. Sulpice*) 성당 즉, 바흐 교회보다 훨씬 더 많은 잔향이 있는 대성당이 가장 이상적이라는 뜻이다.

필자의 경험으로 2002년 여름 프랑스 파리의 성당들을 둘러보던 때이다. 노트르 담(*Notre Dame*) 성당에서 미사 후에 오르가니스트가 비엔(*Louis Vierne, 1870-1937,* 이 성당의 오르가니스트였음)의 오르간 심포니를 연주하는 것을 들었을 때의 순간이 아직도 생생하다. 그때 느낌은 "아, 이것이 오르간 심포니구나"하는 것이었다. 미국에서 공부할 때에도 이런 소리는 듣지 못했었다. 미국 교회와 대학교의 연주 홀 잔향은 우리나라에 비하면 좋지만 유럽의 성당에 비하면, 특히 노트르 담 잔향에 비하면 많이 부족하다. 그런데 우리나라에서 그 곡을 특히 선사 오르간으로 잔향도 좋지 못한 곳에서 들었던 것과 비교하면 한국에서 비엔의 오르간 교향곡 연주는, 감히 교향곡이라 칭할 수도 없으며, 소나타(*Sonata*)도 아닌 겨우 소나티네(*Sonatine,* 작은 소나타)에 불과한 것이라는 것이 필자의 그 당시 느낌이고 충격이었다. 그때 연주를 들으면서 필자는 오르간 연주에서는 결국 악기도 중요하지만 잔향은 더 중요하다고 확신하게 되었다. 그때 오르가니스트가 연주한 곡은 작곡자인 비엔이 그 성당 즉, 그 오르간과 잔향에서 작곡하고 연주하였던 곡으로서 당연히 그때의 연주는 작곡가가 원하는 소리에 가장 가까운 것임이 틀림이 없다.

반대로 다른 경험도 있다. 2004년 여름 런던의 세인트 폴(*St. Paul*) 대성전에서 오르간 연주회에 참석했을 때의 일이다. 그 연주회에서 미국 오르가니스트가 바흐의 곡을 연주하였는데 특히 푸가 연주에서 세인트 폴 성전의 긴 잔향으로 인해 명료함(*clarity*)이 좋지 않아 귀로 듣기가 힘이 들었다. 그 곳은 바흐의 토마스 교회 잔향보다 더 많은 대성전이다 보니 그 음악은 음들이 엉켜 깨끗하게 잘 들리지가 않았다. 연주자가 나름 템포를 조금 느리게 하면서 아티큘레이션(*articulation*)을 더 많이 하였지만 그 긴 잔향 앞에서는 무력하게 느껴졌다.

이 긴 잔향이라는 것이 바로 홀의 체적과 바람(공기)의 상관 관계에서 일어나는 현상이다. 오르간의 건반을 눌러 파이프에서 소리가 나면 그 소리는 홀에 들어있는 공기의 움직임(바람) 안에서 건물 내부의 형태에 따라 여러 모양으로 직진과 반사를 하면서 악기 소리의 울림(잔향)을 만들어 낸다. 이 울림으로 오르간 소리는 바로 살아서 움직이는 소리가 되는 것이다.

그러나 우리나라 대부분 예배당 잔향은 이렇지 못하다. 우리나라 교회 예배당 대부분은 음악 연주를 염두에 두고 음향 설계를 한 것이 아니라 마이크를 사용하는 설교자의 스피커 소리의 명료함에만 맞추기 때문에, 음향을 설계한 것이라고 말하기도 힘들다. 이런 현상은 파이프 오르간이 없는 예배당은 더 심하며 파이프 오르간이 설치된 예배당은 좀 나은 편이지만, 그럼에도 불구하고 그 잔향은 필자가 생각하는 오르간의 최소 4초에 많이 모자라는 2초 안팎이 대부분이다. 이렇기 때문에 우리나라 교회에 설치된 많은 파이프 오르간이 자신이 가진 좋은 소리를 내지 못하고 있는 경우가 많아 참으로 안타깝다. 하지만 감사하게도 이 책을 쓰고 있는 필자가 오르가니스트로 있는 계명대학교의 아담스 채플은 4초에 가까운 잔향을 가지고 있다. 그렇기에 이 채플은 우리나라에서 오르간 연주 홀로 서울의 횃불회관과 최근 개관한 롯데콘서트홀과 함께 최고로 우수한 오르간 연주 홀로 손꼽히고 있으며 많은 오르가니스트들이 연주하기를 좋아하고 또 부러워하는 곳이다.

이와 같이 예배당의 좋은 울림이 없으면 오르간은 제대로 된 소리를 내지 못한다. 이렇게 좋은 울림을 가진 오르간 소리는 사람에게 직접적인 소리가 아니라 여백이 있고 넉넉한 소리로, 그리고 평안하면서도 장엄한 소리로, 동시에 천상의 소리로 사람을 감싸고 사람을 감동시킨다. 사람이 이 세상의 예배당에 앉아 있지만 천국에 있는 상태로 이끌어 주는 것이 바로 오르간의 소리이다. 예배에서 성도로 하여금 이렇게 천국의 정서적, 영적 상태로 이끌어 주고 맛보게 할 수 있는 악기로서는 오르간이 유일무이하다고 필자는 감히 말한다. 주일 예배에서 이 오르간의 바람은 또 하나의 바람, 즉 성령의 바람의 역사로 예배를 축복의 순간으로 이끌어간다.

3) 오르간의 소리: 인성과 천성, 사람의 목소리와 천상의 소리

악기는 그 자체의 전형적인 음색이 있다. 오르간의 음색은 시대를 따라 조금씩 변하면서 교회 악기로서 가장 이상적으로 만들어져 왔다. 초기의 원시적인 오르간의 소리는 거친 성격으로 오히려 세속적인 용도로 쓰였다고 설명하였다. 하지만 중세 교회에 들어온 오르간은 교회의 성격이 맞게 조용하고 온화하면서도 강직한 소리로 발달하게 된다. 당시의 오르간 소리는 지금 오르간의 기본 음색인 파운데이션 스탑(*foundation stop*)[23]들, 즉 프린시펄(*principal*)과 플룻(*flute*) 계통의 음색으로 부드럽고 차분하면서 경건한 소리가 특징이다. 파이프 오르간의 이 기본 스탑 중 프린시펄은 오르간만이 가지는 고유한 음색으로 오르간의 모든 음색의 기초가 되는 기본 음색이기 때문에 프린시펄 principal, 그리고 파운데이션 스탑이라고 부른다. 이 음색은 안정감이 있으며 단단하면서도 편안한 소리로 저음과 중음에서는 사람의 목소리와 흡사하여 사람에게 친근감과 평안함을 주며 고음에서도 날카롭지 않다. 또한 플룻 음색은 악기 중 피리와 같이 하늘의 새소리를 연상케 하는 소리로서 사람의 마음을 맑고 깨끗하게 해주는 특징이 있다. 현대의 오르간은 이 기본 음색을 다양하게 발달시켜 특히 플룻 스탑의 경우 오르간 제작자에 따라 현재는 세계적으로 수십 가지의 종류로 발달하였다.

오르간의 음색 중 다음으로 중요한 부분을 차지하면서 천상의 소리를 내는 것이 리드(*reed*) 계열 음색이다. 대표적인 것이 트럼펫(*trumpet*)으로 이것은 천사장의 나팔 소리를 연상시킨다. 구약 성서에서 나타나는 성전 제사장의 트럼펫처럼 하나님의 임재와 하나님의 영광을 찬양할 때는 이 악기는 필수적이다. 오르간의 트럼펫 음색은 실제 트럼펫 악기의 소리와는 그 표현과 감동이 또 색다른 것으로, 한 오르간에서 프린시펄과 플룻의 기본 음색과 함께 나는 트럼펫 소리는 과히 명물이다. 이 트럼펫의 감동을 더 직접적으로 표현하기 위하여 중대형 오르간에는 가끔 수평 트럼펫(*horizontal trumpet*)을 설치한다. 이것은 스페인에서 유래되어 스페인 트럼펫(*Spanish Trumpet*)이라고 불리기도 하는 것으로 이 트럼펫이 소리 나는 파이프는 오르간의 일반적인 파이프들처럼 천장을 향해 수직으로 설치되어 있는 것이 아니라 청중을 향해 수평으로 설치되어 있다. 그래서 이 트럼펫 음색은 트럼펫 연주자가 청중을 향해 소리 내는 것처럼 바로 직접적으로 들리는 강한 트럼펫으로 축제적인 교회 절기의 예배에서 종종 쓰인다.

또한 맥놀이 음색이라 하여 음색의 파이프 피치를 약간 다르게(대체로 높게 혹은 가끔 낮게) 조율한 스탑이 있다. 이 스탑은 다른 스탑과 함께 소리를 내게 되면 서로

---

23 | 스탑(stop): 이 글에서는 오르간에서 각기 고유의 파이프 소리 색 혹은 각기 개성적인 특징을 가지고 있는 개별 음색을 통칭한다.

다른 피치로 인해 떨리는 음향을 만들어 내어 천상에서 울려 퍼지는 소리를 재현하는 성격이 있다. 그 예로 실레스테(*Celeste*)와 운다 마리스(*Unda Maris*) 등은 현(*string*) 혹은 플룻 스탑과 함께 사용할 때 조용한 종교적 신비감을 오르간에 한층 더하게 된다. 이 음색의 설명은 차후 반주법의 실제에서 더 자세하기 다룰 것이다.

우리가 살고 있는 현대 사회는 문화와 문명이 끊임없이 변화하며 발달하고 있지만, 교회 예배에서 이런 오르간을 대체할 만한 다른 악기가 현재까지 없으며 앞으로도 없을 것이라 생각한다. 만약 이렇게 천 년 이상을 교회의 예배 악기로 있어온 오르간을 대신할 수 있는, 예배에 더 적합한 악기가 발명된다면 그것은 기독교 역사뿐만 아니라 음악사에서 가장 위대한 발명이 될 것이라고 필자는 생각한다.

4) 오르간의 발건반(페달, pedal)

오르간이 교회 예배 악기로 가장 적합한 오르간만의 또 하나의 특징이 바로 발건반 즉 페달(*pedal*), 발건반이다. 악기 역사 가운데 발건반이 있었던 또 다른 건반 악기가 한 때 있었다. 이것은 바로크 시기 쳄발로의 한 종류와 그 이후의 초기 피아노 중 한 형태이다.[24] 이 악기들은 한 때 발건반이 없는 건반 악기와 함께 공존하다 서서히 사라졌으며 현재 연주 악기로서는 더 이상 제작되지 않고 박물관 등에서 고악기로 보존되고 있는 상황이다.

오르간의 초기 모습은 발건반이 없었다. 그러나 음악이 발달하면서 음역이 서서히 넓어지면서 오르간의 손건반도 넓어졌으며, 그리고 오르간의 손건반 저음으로도 충분하지 못하게 되었을 때 손건반의 저음을 보완하기 위하여 발건반이 등장하였다. 그래서 초기 오르간의 발건반은 왼손의 저음을 보충해 주면서 왼손의 음악을 도와주는 역할을 하였다. 오르간에서 발건반은 점차 오르간 음악의 규모와 깊이를 더 크게 해 주었을 뿐만 아니라 나아가 오르간 작품의 성부 구조(*texture*)를 더 조밀하고 풍부하게 만들어 주는 요소가 되었다. 즉 발건반은 왼손을 도와줄 뿐만 아니라 동시에 베

24 | 페달 피아노(Pedal Piano): 발건반이 있는 피아노로서 18세기 말경부터 19세기 중반까지 잠시 있었던 악기이다. 이 악기는 연주자나 작곡가에 의해 많이 사용되지는 않았으며 오르간 곡 중에서 이 악기의 가능성을 보여주는 곡이 Schumann의 Etudes와 Sketches가 있다.

이스 선율선(*bass line*)을 담당하던 역할에서, 서서히 발건반의 독자적인 성부를 가지게 된 것이다. 이것은 두 손의 사람에게 한 손을 더 주어서 세 손을 가지게 된 것과 같다. 이런 과정을 통하여 발건반은 베이스 선율뿐 아니라 소프라노의 주선율을 비롯하여 다성 음악에서는 독립적인 주제(*subject*, 다성 음악에서 주제 선율)까지 연주하기에 이른다. 이에 오르간은 다성 음악을 가장 잘 연주할 수 있는 악기로 발전하였으며, 다성 음악의 절정을 이루었던 바로크 시기의 대표적인 악기가 되었다.

사람에게는 손이 두 개뿐이다. 혹 한 손이 더 있다면 이 한 손은 무엇을 할 수 있을지 상상하기만 해도 흥미롭다. 하지만 사람에게는 두 손과 두 발이 있다. 이에 오르간 제작자는 발건반에서 단순히 음역만 넓히는 차원이 아니라 인간이 할 수 있는 더 많은 가능성을 열어준 것이다. 두 손은 다른 건반 악기와 똑같이 건반을 연주하면서 두 발도 동시에 손과 같이 발건반에 있는 음을 연주하는 것이다. 이 음은 화성을 나타내는 베이스 선율일 수도 있고 작품의 주제 선율로서 독자적인 솔로(*solo*) 선율일 수도 있다. 발건반은 음색에 따라 베이스에서 소프라노까지 어떤 음역에서든 소리를 낼 수 있다. 결과적으로 오르간을 연주하는 사람은 한 사람이지만 발건반과 두 손이 여러 건반의 다른 음색을 사용할 경우, 한 사람이 아니라 세 사람이 연주하는 성부 구조를 가질 수 있게 되는 것이다. 이것은 오르간만이 가질 수 있는 유일한 특징이다. 그렇다고 이 발건반이 오르간 음악에서 항상 나오는 것은 아니다. 오히려 늘 나오기보다 가끔 들려지지 않을 때 발건반의 저음과 선율이 더 의미 있고 귀한 것이 된다.

교회 악기로서 오르간의 발건반은 저음을 통해 대체로 큰 울림과 지속음을 주는 주요한 기능을 한다. 발건반에서 들려오는 저음은 교회당 안을 편안하게 채워주면서 사람의 불안한 심리를 가라앉혀 주고 평온하게 해 준다. 특히 발건반의 지속 저음(*pedal point*)[25] 위에 손건반의 다양한 화성을 진행시킬 때의 발건반의 음향은 어디에서도 들을 수 없는 평안과 확신, 기대감과 안정감에 찬 소리로 오로지 발건반을 가진 오르간만이 만들어 낼 수 있는 음향의 큰 장점이다.

---

25 | 페달 포인트(pedal point): 지속 저음이라는 것으로 오르간의 발건반 즉 페달(pedal) 기능의 특징에서 발달된 용어이다. 위의 음역에서, 혹은 손건반에서 음악이 진행되고 있는 동안 발건반에서 한 저음이 길게 지속되는 것을 말한다. 이것은 한 저음 위에 다양한 화성이 위에 나타나는 형태로 화성은 더욱 풍부해진다. 이때 음악은 평안감을 주기도 하며, 이와 반대로 긴장감을 만들기도 하기 때문에 음악을 크레센도 할 때 자주 사용되기도 한다. 이 페달 포인트는 가끔 위 음역에서 나타나기도 한다.

넓은 음역의 광활한 세계에서 두 손과 두 발이 연주하는 풍부하며, 동시에 섬세하고 장대한 파이프 오르간의 소리는 다른 악기에서 낼 수 없는 것으로 사람의 마음을 경건하게 하여 세상 것을 잊고 하늘을 바라보게 만들 수 있다. 이것은 꼭 소리가 커야만 가능한 것이 아니다. 오르간의 작고 미세한 사람의 음성과 같은 소리와, 발건반의 저음 위의 넓게 트인 공간에서 펼쳐지는 음들의 움직임으로 사람의 마음은 감동과 위로를 받는다.

5) 오르간의 지속적인 소리

오르간은 다른 건반 악기에 비해 쉽게 한 음을 오래 지속할 수 있는 악기로서, 손가락을 건반에 누르고만 있으면 음의 지속이 가능하다. 피아노나 쳄발로 같은 다른 건반 악기는 손가락으로 건반을 누르고 있다고 해도 같은 소리가 계속 나지 않는다. 건반을 치는 순간에만 원하는 소리가 나고 그 이후로는 그 소리는 급격하게 작아지면서 사라지기 시작한다. 피아노의 경우 음을 지속시키는 페달을 밟고 있어도 지속이 조금 길어질 뿐 소리의 크기는 계속 줄어들기 시작하는 것이 피아노 소리의 특징이다. 이에 비해 오르간은 건반을 누르고만 있으면 원하는 소리를 그대로 지속시킬 수 있다. 그렇기 때문에 찬송가 연주에서 회중을 이끌어야 하는 오르간으로서는 이 지속성이 큰 장점이 된다.

오르간의 이런 지속적인 소리는 각 성부들의 모든 음들을 잘 채워 단단하고 풍부한 소리를 만들어 준다. 피아노로 찬송가를 연주하는 것과 오르간으로 찬송가를 연주하는 것을 비교하면 그 차이를 알 수 있다. 피아노의 찬송가는 화성이 바로 사라지기 때문에 처음 듣는 그 소리의 아름다움은 있으나 서너 박을 넘는 긴 음가인 경우에는 소리가 음표 끝까지 채워지지 않는 허전함이 매우 크다. 회중 찬송가 연주는 반주(*accompaniment*, 함께 가는 것)가 아니라 지휘(*directing*) 혹은 인도(*leading*)로서 회중을 이끄는 것이다. 그렇기 때문에 지휘자로서 성도의 찬양을 이끄는 역할의 회중 찬송가 연주는, 음을 친 후에 화성이 사라지면서 허전한 소리가 되는 피아노가 아니라 음을 누른 후에도 모든 음들이 채워져서 당당한 소리로 앞서 갈 수 있는 오르간이 더 적합한 악기가 되는 것이다.

그러나 이 지속적인 소리의 장점은 단점이 될 수도 있기 때문에 오르가니스트는 조심해야 한다. 음들을 지속시키고 채우는 의도로 모든 음들을 길게 혹은 오래 붙들고만 있으면 음악은 생명을 잃어버릴 경우가 많다. 이 점에 대해서 오르간의 다양한 연주법과 아티큘레이션에 대해 다음 장에서 구체적으로 자세히 다룬다.

6) 오르간 제작의 역사성과 제작자의 신앙

오르간이 교회로 들어온 후 역사적으로 오르간 제작자들은 대부분 기독교 신앙인이었다. 16세기 이탈리아의 오르간 제작자 코스탄쪼 안테그냐티(*Costanzo Antegnati, 1549-1624*)는 그의 저서 L'Arte Organica(*Brescia, 1608*)에서 모든 오르간은 "to praise and magnify the Lord and not for other profane uses"("하나님을 찬양하고 높이는 데만 사용하고 다른 세속적인 용도로는 하지 말 것")[26]라고 말하면서 오르간의 정체성을 역설하였다.

오르간은 천 년 이상 교회 악기로 있었다. 오르간 제작자도 기독교인으로 오르간을 건축할 때 목표가 확고하였다. 그것은 하나님을 찬양하는 악기라는 것이다. 그 결과로 오르간의 소리는 늘 예배를 목표로 예배에 이상적으로 계획되고, 설계되고, 디자인되고, 그리고 건축되어 성음(*voicing*) 된다. 이렇게 오르간은 교회의 성격과 특징을 그대로 담는 것은 물론, 예배를 더 잘 드리도록 늘 디자인되고 발전되어 왔다. 오르간은 교회 음악의 큰 부분으로서 교회 안에서 그 소리와 모습이 교회와 함께 성장하고 발달해온 악기이다.

오르간이 연주회용 악기로 본격적으로 시도된 것은 1800년대 중반부터이다. 바로크 시기 헨델(*George Frideric Handel, 1685-1759*)이 연주회장에서 그의 오라토리오 연주 사이의 간주곡으로 오르간 협주곡을 작곡한 것은 그 당시로서는 획기적인 것이었다. 헨델 이전과 동시대에도 오르간 협주곡은 수는 적지만 가끔씩 작곡되기는 하였다. 하지만 그것은 헨델의 협주곡만큼 관심을 끌지는 못하였으며 지속적으로 발전하지 못하였다. 오르간은 19세기 중반까지 궁전의 소규모 채플이나 홀을 제외하고는 모두가 늘 교회 안에 건축되고 또 그 안에서 연주되었다. 이와 같이 오르간 제작자와 오르가니스트 모두는 한 신앙 안에 있었다고 볼 수 있다.

오르간이 연주회용으로 발달하기 시작할 때에도 대부분의 오르간은 여전히 교회에 있었으며 오르간 작품 또한 교회 악기로 작곡되었으며 교회 안에서 연주되었다. 사람으로 비유하면 눈으로 보이지 않는 오르간의 모든 기계적인 부분을 비롯하여 오르간의 외부 모습, 소리 이 모든 것의 유전자 안에는 교회 그리고 예배라는 유전자가 다

---

26 | Corliss R. Arnold, Organ Literature, The Scarecrow Press Inc., 1973, p. 22

담겨져 있다는 의미이다. 세상의 어느 악기가 이렇게 제작되고 연주된다는 말인가? 오르간의 모든 것에는 교회의 전통과 분위기, 모습이 그대로 배어 있다. 그래서 혹시라도 오르간이 연주회장에서 연주되면 그곳은 교회가 되기도 하는, 그야말로 오르간과 교회는 한 유전자를 가진 가족이라고 해도 무방하다.

하지만 19세기 음악으로 들어오면서 바이올린 연주가 파가니니(*Niccolo Paganini, 1782-1840*)와 피아노의 리스트(*Franz Liszt, 1811-1886*)같은 비르투오소(*virtuoso*)[27] 연주자의 영향이 오르간에도 미치게 된다. 이것은 오르간에도 상당히 긍정적인 부분이 있다. 그리고 멘델스존의 직접적인 영향으로 연주회용 오르간 음악과 연주 홀의 오르간은 점차 발달하기 시작하였다. 그리고 교회에서도 예배 외에 청중을 위한 연주회로서 오르간의 사용이 늘어나게 되었다. 이 이후부터 현대로 오면서 오르간은 점차 연주 홀에 서서히 건축되면서 세계의 유수 연주 홀인 베를린 필하모니(*Berlin Philharmonie*) 홀과 비엔나 필하모니(*Vienna Philharmonie*) 홀, 보스턴 심포니(*Boston Symphony*) 홀 등에 오르간이 무대 앞쪽에 자리하고 있다. 국내에도 건축 당시 아시아 최대 규모의 슈케(*Schuke*) 제작사 오르간이 1978년 세종문화회관에 들어왔으며 2016년 9월 롯데콘서트홀에도 리거(*Rieger*) 제작사의 오르간이 건축되었다.

오르간이 교회나 연주 홀 어느 곳에 건축되든, 오르간 제작자는 변함이 없이 여전히 기독교 신앙을 가진 사람들이 대부분이다. 그들의 오르간 제작 정신은 교회 악기의 전통을 이어받고 있다. 그것이 오르간 소리의 본질적인 특징이기 때문이다. 현대에 들어와 대중 음악과 오르간 앙상블의 새로운 가능성을 시도하는 연주회가 유럽이나 미국에서 가끔 열리고 있다. 교회와 교회 안에 있는 오르간은 또한 세상 안에 있기 때문에 교회는 세상과 함께 공유해야 할 부분이 분명히 있다. 서로를 반목하는 것이 아니라 함께 해야 할 것이 있다면 이런 연주회는 긍정적인 측면이 있다. 그럼에도 불구하고 오르간 본연의 모습은, 또한 오르간의 고유한 소리는 교회 악기로서, 예배 악기로서 영원히 하나님을 섬길 것이라는 데는 의심할 바가 없다.

---

27 | 비르투오소(virtuoso): 비르투오소는 매우 우수한 음악가를 지칭하는 일반적인 용어로 쓰였으나 낭만 시기에 들어오면서 청중을 기교적으로 압도하는 파가니니 혹은 리스트처럼 테크닉이 매우 뛰어난 기악 연주가에 붙여지는 말로 쓰이게 되었다.

7) 악기의 정체성과 대표성: 교회 악기

모든 악기는 중성이다. 중요한 것은 그 악기가 어떤 성격으로, 어떤 곳에 주로 사용되느냐에 따라 그 악기가 주는 이미지와 대표성이 있다. 이것이 악기의 정체성이다. 현대에 와서 악기의 이런 대표성 혹은 정체성이 많이 허물어지고 있는 편이기는 하지만, 크로스 오버(*cross-over*)라는 말이 있다는 것은 결국 고유성 혹은 정체성이 있다는 것을 역설적으로 말하는 것이다. 이런 정체성이나 대표성은 대체로 악기의 소리의 특징에 따라 대부분 결정된다. 예를 들면 트럼펫은 왕의 등장을 알리는 팡파르나 개선식 같은 축제적인 의미를 가지는 음악에 쓰이는 특징이 있으며, 바이올린이라면 궁정의 작은 홀에서 사람들의 귀와 눈을 즐겁게 하는 실내 음악을 상상하는 것이다. 그렇기 때문에 악기가 가지는 정체성과 대표성은 매우 중요하다. 오르간의 정체성과 대표성은 기독교이며 교회이다. 오르간보다 더 기독교적인 악기는 이 세상에 없다. 오르간이 예배를 위해 제작된다는 것에 무슨 더 설명이 필요할 것인가.

클래식 악기들은 역사적으로 교회에서 많이 사용된 악기들이다. 그것은 클래식 음악이 교회 음악에서 나왔기 때문이다. 바로크 시기까지 클래식 음악의 대표적인 작곡가들이 대부분 교회 음악인이었다. 그들은 교회에서 후원을 받으며 예배를 위하여 작품을 썼던 작곡가들이다. 클래식 음악은 이후 교회 음악과 다른 목적으로 작곡되기 시작하였으나 사용하는 악기와 음악의 특징은 교회 음악과 비슷한 형태를 가지고 있었다. 역으로 교회 음악 역시 클래식 음악의 형태를 가지고 있었다. 이런 상황은 지금까지도 마찬가지이다. 클래식 작곡가가 교회 음악 장르의 곡을 쓸 때는 그 작곡 스타일과 악기들은 대체로 다 같이 클래식 악기이다. 그래서 교회에서 클래식 악기로 찬양하는 것은 지극히 자연스럽고 당연한 것이다. 이렇듯 전통적으로 교회 음악의 음악적 표현 방법이나 악기의 사용, 그들의 예술적 과정은 클래식 음악의 모습과 그 맥을 같이 한다.

이 클래식 악기 중에서 교회와 가장 잘 어울릴 뿐만 아니라 교회와 함께 천 년 이상을 살아온 것이 바로 오르간이다. 오르간은 교회와 함께 발달하면서 그 소리 또한 교회와 닮아오면서 변해왔다. 오르간은 제작에서부터 음악을 작곡하고, 또 연주하는 사람 모두가 함께 하나님을 찬양하는 마음으로 일관되어 있는 악기로서, 하나님께 드리는 예배에서 가장 이상적인 악기이며 기독교를 대변하고 대표하는 악기이다.

제3장

교회 오르가니스트

1. 교회 오르가니스트란?
2. 예배에서 오르가니스트의 역할과 연주하는 음악
3. 교회 오르가니스트의 자질

제3장

교회 오르가니스트

1. 교회 오르가니스트란?

교회 오르가니스트는 어떤 사람인가? 무엇을 하는 사람인가? 교회 오르가니스트는 기독교 교회 예배에서 오르간을 연주하는 사람이다. 즉 예배에서 오르간으로 하나님을 섬기는 일(*music ministry through organ*)을 하는 사람이다. 더 자세히 말하면, 하나님을 자신의 삶과 음악에서 주인으로 섬기면서 교회의 중심이 되는 예배에서 오르간으로 하나님께 예배하고 성도들에게 봉사하는 사람이다. 이 사람은 오르간으로 하나님께 개인적으로 그리고 성도와 함께 공동으로 예배드리는 사람이며, 예배에서 성도를 예배로 이끌고 도와주는 책임을 가진 사람이다.

굳이 교회 오르가니스트라고 구체적으로 말을 하는 것은 오르간이 전통적으로 교회 악기이지만 현재 클래식 음악의 연주회용 악기이기도 하기 때문이다. 그래서 오르간 연주자 중에는 교회 오르가니스트 직을 하지 않는 오르가니스트도 있기 때문에 교회라는 단어가 여기서는 필수적이다. 역사적으로 오르가니스트들은 교회 오르가니스트였다. 하지만 오르간이 연주회용으로도 발달하면서 현대에 와서 오르간 연주자는 다양한 직을 선택할 수 있다. 즉 오르가니스트 가운데는 교회 오르가니스트가 아닌 경우는 물론 기독교인이 아닌 오르간 연주자도 있다. 그러기에 교회 오르가니스트라는 것은 선택된 직으로 특별한 명칭이고 귀한 직이다.

오르간이 가장 오르간다운 소리를 낼 수 있는 시간은 바로 교회 예배이다. 이 이외의 시간과 장소에서도 오르간은 연주될 수 있지만 하나님을 위하여 만들어진 악기가 하나님의 전에서 하나님을 찬양하는 것은 오르간의 가장 본연의 상태이다. 이에 예배에서 오르간을 연주하는 교회 오르가니스트는 축복이며 특권인 동시에 큰 책임이 따르는 자리이다.

교회 오르가니스트는 예배에서 극단적인 양면의 가능성을 가지고 있는 사람이다. 물론 교회 오르가니스트만 이런 양면을 가진 것은 아니다. 오르가니스트를 비롯해서 설교자, 성가대 지휘자, 혹은 독창자나 기악 독주자 등 예배에서 한 부분이라도 순서를 맡은 사람들은 모두가 그렇다. 오르간은 특히 예배에서 음악적으로 차지하는 부분이 많아 더욱 신중할 필요가 있다. 오르가니스트는 자신이 예배를 드리는 동시에 예배를 도울 수도 있지만, 자신은 예배를 하지 않고 연주만 하면서 성도들이 하나님께 예배를 드리는 것을 방해할 수도 있다. 다시 말하면 이 사람은 보이지 않는 가운데서 드러나지 않게 스스로 예배자가 될 수 있으며, 그 반대로 자신이 예배에서 드러나는 스타(*star*)로 떠오를 수도 있다. 그래서 이 사람은 이런 양극단에서 자신을 드러내는 유혹에서 늘 자제할 수 있도록 성령님의 도우심을 받는 기도가 필요한 사람이다.

교회 오르가니스트 중에는 기독교 신앙인이 아닌 경우에도 예배에서 그의 오르간 연주가 성도들에게 좋은 반응을 주는 경우를 종종 보아왔다. 물론 다른 사람의 신앙 상태를 판단하는 것은 적절하지 않으나 객관적인 근거에 의해 신앙의 유무를 알 수 있을 때도 있다. 그리고 그 사람이 신앙인인지 아닌지를 영의 눈으로 알 수 있을 때도 있다. 그런데 신앙인이 아닌 경우에도 그 사람의 오르간 연주가 성도들에게 은혜로, 혹은 하나님의 음악으로 들릴 수 있다는 것이다. 또한 역으로 가끔은, 신앙인이지만 하나님께 드리는 헌신이 아니라 자신의 전문적인 성취감을 위해서 교회 오르가니스트를 하는 사람도 있으며 이 경우에도 사람의 귀에는 하나님의 음악으로 들릴 수 있다.

이렇게 음악이 사람의 귀에 들어올 때는 그 연주하는 사람의 상태, 즉 영적 상태와 무관하게 듣는 사람에게 들어올 때가 많다. 이것을 어떻게 설명할 것인가? 이것은 오르간에만 해당되는 것이 아니다. 이것은 교회 음악 연주에서 늘 논란이 되는 내용이다. 불신자가 교회 음악을 연주할 때 하나님께서 받으시는가 하는 것이다. 그리고 그 연주를 신앙적인 측면에서 인정해야 하는가 하는 것이다.

필자는 불신자의 교회 음악 연주도 하나님께서 받으실 수도 있고, 성도는 은혜를 받을 수 있다고 생각한다. 하나님을 찬양하는 것은 하나님의 자녀가, 하나님을 사랑하는 사람이 찬양하는 것이 가장 온전한 찬양이 될 것이다. 하지만 하나님께서는 우리 믿는 사람들을 생각하시는 것은 물론 믿지 않는 사람들의 구원에 관심이 많으시다. 그렇다면 믿음이 없는 그들이 입으로만 하는 노래일지라도 그 입의 시인을 통해서 하나님께서 그들에게 찬양으로 역사하시고, 또한 그들이 하나님의 은혜를 받기를 원하실 것이라는 점이다. 신앙인이 하는 찬양 못지 않게 그들의 찬양도 은혜로울 때가 있는 것은 이런 이유일 것이다. 음악을 통해서 하나님께서 역사하시는 그런 예는 많이 있다. 오래 전부터, 영적으로 구원 혹은 중생의 의미를 모르는 어린 아이들이 찬양을 하는 것, 그리고 신앙인은 아니지만 신앙인과 함께 합창 혹은 기악 연주를 한 예는 많이 있다.

하나님은 모든 피조물이 하나님께 찬양하는 것을 좋아하신다. 말 못하는 무생물도 하나님을 찬양한다고 시편은 말한다. 바다가 손뼉 치면서 하나님을 찬양한다고 하였다.[28] 사람이 음악을 연주할 때는 심각하다. 그리고 대체로 그 마음은 진실하다. 연주자가 입으로 부르는 가사에 영혼의 깊은 울림이 적을 수는 있어도 음악이라는 소리를 통해서 하나님께서는 역사하신다. 그리고 그 음악을 하나님께서는 자신을 찬양하는 음악으로 만드신다. 듣는 성도가 편견을 없애고 순전한 마음을 가지면 그렇게 다가오는 것이 음악이다. 그럼에도 불구하고 하나님께 드리는 온전한 찬양은 믿는 성도의 찬양이다.

예배에서 오르가니스트가 맡은 역할은 설교자보다 더 많다. 설교자가 설교만을 하는 경우가 아니라 예배 인도까지 맡는다고 하더라도 그렇다. 예배의 진행을 위해 하는 예배 인도자의 말은 오르간 연주만큼 예배에 영향을 크게 주지 않는 편이다. 예배에서 성가대 지휘자의 역할 역시 예배 중 서너 합창곡, 즉 짧은 송영들과 한 곡의 성가대 찬양을 지휘한다. 그러나 지휘자의 하는 일은 전체 회중이 아닌 성가대만을 지휘하는 것으로서 예배에서 전체 성도를 향해 오르간을 연주하는 오르가니스트에 비하면 적은 역할이라 할 수 있다.

그러면 예배에서 오르가니스트는 어떤 사람인가? 오르가니스트는 예배 시작부터 마치는 순간까지 설교자보다, 그리고 성가대 지휘자보다 더 많은 순서를 맡아서 감당하는 사람이다. 오르가니스트는 예배에서 회중 찬송가 두 서너 곡을 연주하고, 성가대 찬양을 반주할 뿐만 아니라 전주곡과 후주곡, 거기다 가끔 봉헌송까지 연주한다. 결과적으로 예배에서 설교와 기도, 성경봉독 외에는 오르가니스트는 늘 오르간을 연

---

28 | 시편 98편 8절 "강들도 손뼉을 치고…"(표준새번역 개정판), "큰 물이 박수하며"(개역성경), "Let the rivers clap their hands…"(New International Version), "Let the floods clap their hands"(King James Version)

주하고 있다고 해도 과언이 아니다. 그러기에 오르가니스트는 자신이 어떻게 하느냐에 따라서 오르간으로 예배를 예배로 이끌 수 있으며, 그 반대로 예배를 방해할 수도 있는 사람이라는 의미이다.

그러므로 오르가니스트는 보이지 않게, 드러나지 않게 예배의 모든 순간에 영으로 깨어서 예배를 이끌어야 하는 사람이다. 이 사람은 자신이 맡은 일을 철저히 준비해야 함은 말할 필요가 없다. 예배에서 자신의 책임이 얼마나 중대한 것을 안다면 준비를 소홀히 할 수 없다. 그렇다고 이런 책임감 때문에 어깨가 무거운 것만은 아니다. 준비하는 가운데 늘 하나님께서 찾아오시고 은혜를 내리시기 때문이다. 그래서 교회 오르가니스트는 오르간으로 스트레스를 받고 오르간으로 은혜를 받는다. 받는 것으로 말하자면 은혜를 더 충만히 받는다. 그래서 오르가니스트는 오늘도 다가오는 주일 예배를 위해 연습을 한다. 준비된 음악에서 예비된 은혜가 내려오기 때문이다.

2. 예배에서 오르가니스트의 역할과 연주하는 음악

오르가니스트는 예배에서 무엇을 연주하는가? 우리나라는 각 교회 상황에 따라 예배 음악이 조금씩 다르다. 서양의 기독교 교회의 예배에서 교회 오르가니스트는 일반적으로 예배 전주곡(*prelude*), 성가대 응답송(*choral response*), 회중 응답송(*congregational response*), 회중 찬송가 인도(*hymn playing or leading*), 봉헌송(*offertory*), 성가대 찬양 반주(*accompaniment of choral anthem*), 후주곡(*postlude,* 종종 즉흥연주, *improvisation*) 등이다. 교회 오르가니스트는 예배에서 이렇게 많은 음악을 연주하는 사람이다. 이것은 교회 오르가니스트는 예배에서 잠깐 연주하는 단순한 반주자가 아니라는 의미이다. 교회 오르가니스트가 되면 자신이 연주해야 할 이러한 곡들이 예배에서 어떤 의미를 가지며 어떤 작품이 예배의 각 순간에 적합한지를 알아야 한다. 유의할 것은 이 모든 곡의 연주(*play*)는 연주(*performance or concert*)가 아니라 하나님께 드리는 예배(*worship*) 그 자체라는 것을 잊지 않는 것이다.

가끔은 목회자뿐만 아니라 성도들까지도 오르간이 연주하는 음악은 단지 예배를 도와주는 것으로만 생각하고 필요하면 언제든지 추가도 하고 빼기도 한다. 어떤 경우는 연주 도중에 오르간을 중단시키는 사례도 있다. 물론 오르간이 하나님께 합당한 예배를 만들어 드리는 조력자 역할도 있기는 하지만 그보다 앞서 오르간이 예배에서 연주하는 음악은 그 자체가 하나님께 드리는 예배라는 사실을 간과해서는 안 된다. 그러므로 하나님께 드리는 예배 음악을 사람이 임의대로 빼고, 중단시키고, 넣고 한다는 것은 하나님께 대한 불손이다. 누가 감히 하나님께 드리고 있는 예배 음악을 중단시킬 수 있단 말인가? 아직도 많은 교회에서, 종들이 주인에게 드리는 음악을 주인에게 물어보지 않은 채 종이 마음대로 중단시키고 있다고 듣고 있다.

예배에서 오르가니스트의 역할 중 가장 중요한 것은 회중 찬송 인도이다. 오르간의 회중 찬송가 연주는 반주가 아니라 지휘이다. 그리고 이어서, 반주로서 성가대 찬양의 반주, 기악 및 독창자를 위한 반주가 있으며, 독주로서 전주곡과 후주곡 및 봉헌송 등이 있다. 이 모든 음악은 각 교회의 전통과 상황에 따라 차이가 있으며, 특히 오르간 독주곡은 오르가니스트의 예술적 자질과 각 교회의 예배 성향에 따라 제일 많은 차이를 보일 것이다. 이 독주곡은 예배 음악으로서 오르가니스트가 이 순서를 어떻게 생각하고 준비하느냐에 따라 그 교회의 예배와 음악적 분위기 그리고 음악의 질적 수준은 크게 달라질 것이다. 뒷 장에 가서 이 예배 음악의 내용 하나하나를 자세하게 설명하고 오르간 연주법에 관하여 구체적으로 점검할 것이다.

여기서 우리나라 교회의 성도들이 유의해야 할 것은 오르간 독주곡에 대한 편견이다. 대체로 일반 성도들은 독주곡이 찬송가 선율에 의한 것이면 교회 곡으로서 예배에 가능하지만 하나님을 찬양하는 가사가 없는 일반 기악 독주곡인 경우는 예배 음악으로 보지 않는 경향이 있다. 그래서 찬송가 선율을 주제로 작곡된 오르간 곡만 교회에서 연주해 달라고 요청하는 경우가 허다하다. 가사가 있다고 찬양이고 가사가 없다고 찬양이 아니라는 것은 음악을 모르는 말이다. 가사 없이도 음악은 얼마든지 하나님을 찬양할 수 있다. 물론 교회 오르간 음악은 교회 찬송 선율에 의거한 곡부터 시작한 것은 사실이다. 그러나 교회 노래와 무관한 오르간 음악이 예배에 추가가 되기 시작하면서 예배의 시작과 끝, 그리고 성찬을 위한 곡들이 작곡되기 시작하였다.

찬송가 선율에 의한 곡이 아닌 순수 창작곡이라도 예배 음악은 충분히 될 수 있다. 단지 그 곡이 어떻게 작곡되었느냐가 중요한 것이다. 작곡가가 하나님을 찬양하는 마음으로 교회의 성격에 맞게, 혹은 예배의 어느 순간을 위해 기악곡을 작곡한 것이라면 가사의 유무와는 전혀 무관하다. 교회 예배를 위한 기악곡의 가장 많은 부분이 오르간 음악이다. 이는 천 년이 넘은 교회의 오랜 전통으로서 교회 오르가니스트들이 교회에서 예배를 위해 곡을 직접 작곡하였기 때문이다. 중세부터 현대에 이르기까지 많은 교회 오르가니스트들과 교회 작곡가들이 활발히 오르간 곡을 작곡하였으며 가장 대표적인 작곡가가 바로 음악의 아버지이며 교회 음악의 대가 바흐이다. 예배 음악으로서 오르간 곡은 구체적으로 다음 장에서 자세히 다룰 것이다.

3. 교회 오르가니스트의 자질

앞서 예배에서 오르가니스트의 역할과 의미를 살펴보았듯이, 그럼 예배에서 이런 사역을 하는 사람은 어떤 자격과 자질을 갖추어야 하는 것인가? 결론적으로 말하면 교회 오르가니스트는 이 일에 합당한 영적, 인격적, 예술적 자질을 갖추어야 한다. 이 자질들은 어느 하나 부족해도 온전한 오르가니스트가 되기 힘들다. 이 세상에 어떤 일에 완전한 사람은 없겠지만 온전함을 이루기 위해 노력하는 사람은 많이 있다. 하나님께서 인정하시고 받으시는 음악은 어떤 음악일까 하고 많은 교회음악 학자들이 고민을 해왔다. 여기는 여러 답이 있을 수 있다. 꾸준히 연습하고 준비하는 음악으로 매주일 조금씩 나아지는 음악, 성숙해가는 음악 이것이 하나님께서 좋아하시는 예배 음악이 아닐까? 오늘 음악이 어제 음악보다 나은 음악이라면 이것은 하나님께서 기뻐하시는 음악이 틀림없을 것이다. 하나님께서는 우리가 자라기를 원하신다. 영적으로, 인격적으로, 그리고 예술적으로. 하나님을 사랑하는 마음이 있으면 자기가 맡은 일을 감사함으로 열심히 할 것은 말할 것도 없고 늘 노력하는 사람이 될 것이다. 사랑이 있다면 행동도 따르는 것이기 때문이다. 그렇다면 그의 음악은 늘 새롭고 나아지고 있을 것이다.

1) 영적 자질

오르가니스트는 예배 음악에서 가장 중요한 역할을 담당하는 사람으로 그의 영적 자질은 매우 중요하다. 예배 음악은 영적인 음악이다. 그의 영적 상태에 따라 그는 예배 음악을 예배 음악으로 만들 수 있으며, 반면 예배 음악을 세상 음악으로 만들 수도 있다. 교회 오르가니스트는 예배의 대상이신 하나님을 생각하고 최우선으로 영적 자질을 갖추도록 노력해야 한다. 아래에서 구체적으로 열거하는 영적 요건은 교회 오르가니스트로서 사역을 시작할 때부터 갖추어야 할 것도 있지만 한 평생 이 목표를 두고 헌신하고 노력해야 할 요건도 있다. 다 준비되어서 시작하는 사람은 드물 것이다. 부족하지만 기본을 갖추고 거기서 늘 노력한다면 하나님께서 받으시는 좋은 음악을 하는 교회 음악인이 될 것이다.

(1) 하나님께 온전히 헌신한 사람, 하나님을 섬기는 사람

하나님은 하나님을 찬양하는 음악을 통해 비기독교인과 기독교인 모두에게 역사하신다는 것을 이미 알았다. 그럼에도 불구하고 비기독교인이 성가대 지휘자나 오르가니스트, 그리고 독창자 등으로 예배에서 음악을 담당한다는 것은 비기독교인 설교자가 주일 예배 강단에서 설교하는 것과 같다는 것도 알아야 한다. 실제로 신앙인은 아니지만 신학을 학문적으로 연구하는 사람이 있다.

하나님께 헌신한 사람은 교회 음악인의 이상이다. 이 헌신이라는 것은 한 순간에도 가능하나 평생 재확인하고 재헌신하는 순간들이 지속적으로 있을 때 온전한 헌신이 가능하다. 사람의 본성은 한 가지를 지속하는 것에 약하고 또 나태해지기 쉽다. 그래서 오르가니스트는 매순간, 매주일 하나님 앞에 자신을 헌신하는 자세와 각오를 되새겨야 한다. 그리고 그 섬김과 헌신이 사람에게 아니라 하나님께 드리는 것을 늘 기억해야 한다.

교회의 성도와 마찬가지로, 교회 음악인들 중에는 가끔 하나님께 헌신한 것이 아니라 사람에게 혹은 목사님께 헌신한 사람들을 볼 수 있다. 이 사람은 자기의 진정한 주인이, 상사(*boss,* 상관)가 누구인지 모르는 것이다. 교회 음악인은 음악으로 하나님을 섬기는 사람이다. 이것은 교회 음악인으로서 첫째이면서 가장 본질적인 것이다. 이것이 선행된 후, 하나님을 섬기는 또 다른 방법으로서 하나님께서 명하신 것으로 성도, 즉 교회를 섬기고 세상에서 섬긴다. 다시 말하면 봉사한다.

그래서 목회자 혹은 교회의 직분자들도 조심할 것이 있다. 자신이 오르가니스트 혹은 성가대 지휘자, 즉 교회 음악인의 보스(상관)로 생각한다면 큰 오산이다. 하나님 앞에서 이런 교만은 불경죄가 될 수 있다. 그럼에도 불구하고 많은 교회에서 이러한 모습이 있는 것을 종종 본다. 교회가 예수님을 머리로 하지 않을 때는 이러한 일은 얼마든지 일어날 수 있다.

오르가니스트는 오직 하나님만 자신의 주인으로 모시는 사람이다. 이 사람은 세상의 어떤 판단이나 칭찬에 흔들리지 않고 하나님만 바라보고 음악을 하는 사람으로 하나님께 헌신한 사람이다. 그는 사람들의 말에 잠시 울고 웃을 수 있을지 몰라도 칭찬을 받는다고 오만하여 스타로 군림한다든가, 이와 반대로 힘들 때 좌절하여 자기 직을 소홀히 한다거나 떠나는 일은 없다. 그래서 하나님만 바라보면서 음악을 하는 사람이 교회 음악인이다.

교회 오르가니스트는 예배 중 연주에서 실수를 했을 때 제일 먼저 떠올라야 하는 얼굴은 하나님 얼굴이다. "아, 하나님 죄송합니다". 이것이다. 많은 경우 자신의 실수가 있으면 성도의 반응을 먼저 생각한다. 오히려 하나님은 관심에도 없는 듯 하는 때가 더 많다. 그리고 사람들에게 너무 부끄러워한다. 이것은 하나님을 섬기는 사람의 자세가 아니다. 그렇다고 사람 앞에서 뻔뻔해도 좋다는 말은 아니다. 교회 음악인의 연주는 하나님을 기리고 하나님을 예배하는 것이다. 그래서 실수를 해도 하나님께 죄송한 것이지 사람에게는 아니라는 의미이다. 그 대신, 혹시나 그 실수가 성도들이 인식할 수 있는 정도로서 예배에 방해가 되었다고 생각이 되면 도의적으로 미안할 수는 있다. 하지만 오르가니스트가 예배에서 성심을 다하고 있을 때는 그것 또한 하나님께서 선하게 잘 넘어가도록, 예배를 흔들림 없도록 하나님께서 주장하신다. 그렇기 때문에 성도 자신도 예배에 집중하고 몰두하였다면 인간의 실수는 그리 크게 보이지 않을 것이 당연하다. 진정으로 예배하는 성도는 그 예배가 하나님께 드리는 예배라는 것을 알고 있기 때문에 인간을 보지 않을 것이며 사람의 실수가 크게 느껴지지 않는다. 겉을 보는 것이 아니라 마음 중심을 보는 영적인 예배가 되고자 할 때 이런 인간의 작은 실수는 그야말로 작은 것이 되고 중요하지 않게 지나가게 되는 것이다.

가끔 성도 사이에서 그 주일 예배에 대해 평을 하면서 누구의 실수도 아닌 것을, 자신의 마음에 안 들었다고 불평하는 사례가 있다. 이 경우는 그 성도가 하나님 앞에서 더 큰 잘못을 범하는 것이다. 사람의 실수라면 그야말로 그것은 실수이지만, 성도의 이런 자세는 실수가 아니라 하나님 앞에서 회개해야 할 교만이다. 그렇기 때문에 엄밀한 의미에서 예배가 좋은 예배가 되는 것은 설교자도, 음악인도 궁극적인 책임은 아니다. 그것은 예배자 자신이다. 자신이 하나님 앞에서 진정한 예배자가 되면 그 예배는 예배가 되는 것이다. 우리 음악인은 단지 조력자가 될 뿐이다. 물론 우리 음악인도 예배자가 되면서 말이다.

또한 헌신한 사람이란 열심히 한다는 것을 의미한다. 말로만 헌신하는 사람이 아니라 시간을 투자하는 사람이다. 연구하고 연습하고 준비하면서 자신이 맡은 일이 얼마나 귀한 것임을 아는 사람은 이 일을 벌벌 떨면서 한다. 물론 동시에 즐겁고 행복하게 한다. 마음과 시간, 그리고 물질을 아무리 바쳐도 아깝게 여기지 않는 마음, 이것이 하나님을 사랑하는, 헌신한 사람의 마음이다. 헌신한 사람은 즐겁다. 그리고 스스로 한다(*self-starter*). 누가 시켜서 하는 것이 아니다. 스스로 즐겁게 감사하는 마음으로 교회 나와서 열심히 연습하고 섬긴다.

"내가 하나님을 기쁘시게 하랴 사람을 기쁘게 하랴
우리가 섬기는 분은 오직 하나님 한 분이시니"

(2) 신앙이 적어도 4년 이상 된 사람

기독교인이 되었다고 곧바로 성숙한 신앙인이 되는 것은 아니다. 예수 그리스도를 믿는 순간에 구원을 받는 것은 기독교의 진리이지만 신앙인이 되는 데는 시간이 걸린다. 교회의 전통, 교회의 생활과 규범 등 기독교인이 기독교인답게 되는 것은 참으로 시일이 걸리는 일이다. 그러므로 예배에서 오르가니스트는 자신도 예배자이지만 동시에 예배드리는 성도를 도와주는 사람으로 기독교인이 되고서 최소한의 4년이 필요하다고 본다. 이것은 대학 교육의 4년 과정이 전문인이 되기 위한 최소한의 연한이라는 의미로, 교회 음악인으로서 신앙의 기본 바탕이 만들어지는 데는 적어도 이 기한이 필요하다고 필자는 생각한다.

한국 교회의 예배 음악은 대체로 어느 교회든 비슷한 편으로 예배의 전통과 순서를 아는 데는 그렇게 많은 시간과 노력이 필요하지 않을 수도 있다. 하지만 이것은 전례를 행하는 교단에서는 다른 이야기이다. 가톨릭이나, 개신교 중 성공회 혹은 루터교의 경우 전례 공부는 물론 교회력에 따른 각각의 찬송가와 예배 음악을 익히는 데 많은 시일이 필요하다. 그럼에도 불구하고 한국의 개신교 예배를 가볍게 보면 안 된다. 모든 예배는 각 순서에서 예배의 의미와 기능 및 역할이 다 있다. 예배를 돕고 이끄는 오르가니스트는 이 모든 것에 충분한 지식과 이해가 있을 때 예배에서 적극적으로 자신의 역할을 하게 될 것이다. 4년이라는 시간은 이런 것을 익히는 시간으로는 물론, 자신의 신앙의 성숙에 필요한 시간이 된다.

예전에는 교회 음악인이 되기 위해서는 교회에 등록한 후 학습과 세례라는 절차를 거치는 것이 필수적이었다. 하지만 최근에는 이런 절차가 거의 생략되고 있는 상황이다. 이것이 바로 교회와 교회 음악이 얼마나 세속적으로 되어가고 있는가를 반영하는 현실이다. 4년을 교회에 다니면서 말씀과 교제를 통해 성장한 신앙인이라면 하나님을 예배하는 예배에서 음악을 담당하는 데는 기본은 갖추었다고 할 수 있을 것이다. 그러나 이 세상의 지식과 기술 그리고 명예는 있지만 신앙적으로 준비되지 못한 음악인들이 교회에서 직분을 받아 신앙의 모범은 고사하고 교회에서 좋지 않는 모습을 보이는 경우가 종종 있다. 이 음악은 누구를 위한 음악인지 다시 생각해 보아야 한다. 무엇 때문에 그러한 사람을 교회에서 음악인으로 세우는가? 사람의 귀에 즐거움을 주기 위해서인가 아니면 교회의 재력 내지 세상적인 명예를 과시하기 위한 것인가? "하나님은 인간의 재능에 감동하시는 분이 아니시다"라고 한 글이 있다.[29] 이 모든 것은 인간적이고 세상적인 허세일 뿐이다. 하나님께서 우리를 어린아이 봐주듯이 그런 음악도 들어주실 것이라고 생각한다면 우리는 하나님께 불손한 것은 말할 것도 없고 정말 해도 너무 한 것이 아닌가? 하나님을 아버지라고 부르는 우리 성도가 하나님의 마음을, 그리고 아버지의 마음을 헤아려야 하지 않겠는가.

4년의 신앙적인 과정이 있었다고 하더라도 교회 음악인은 여기에 머무는 것이 아니라 이 신앙은 계속 성장하는 것이어야 한다. 교회와 함께 개인적으로 그리고 신앙적으로 성숙해 가는 음악인일 때, 함께 봉사하는 성가대나 교회는 그가 하는 음악에서 더 큰 은혜를 받게 될 것이다. 당연히 그 음악은 하나님께서 기뻐하시는 예배 음악이 될 것이다.

(3) 성경과 교회 전통에 관한 지식과 이해가 성도들보다 우수한 사람

예배를 위한 음악인으로서 오르가니스트는 성경을 잘 알아야 한다. 자신이 섬기는 하나님을 잘 알려면 성경을 공부해야 한다. 그리고 예배 음악 모든 부분에서 성경의 내용들은 늘 나타나며 또한 이 성경 말씀을 토대로 음악이 작곡되어 있다. 그렇기 때문에 오르가니스트는 성경에 무지해서는 자신이 연주하는 음악의 의미와 뜻을 충분히 이해하기가 힘들 것이다. 예를 들어 헨델의 〈메시아〉 경우 그 가사는 성경의 곳곳에서 인용된 것으로 성경을 찾아서 실제로 읽고 그 곡을 연주하면 그 음악은 더 살아있는 영적인 음악이 될 것은 분명하다. 더 나아가 최근에 작곡되는 성가대 곡의 가사가 비성서적인 경우들이 종종 있기 때문에 성가대 지휘자는 물론이고 반주자도 성경에 대한 지식을 바탕으로 예배 음악을 잘 선정할 수 있어야 한다. 그래서 선정된 곡의 가사를 잘 알고 혹 가사의 문제가 드러나면 가사를 변경할 능력이 있어야 한다. 비성서적인 혹은 비기독교적인 가사를 생각 없이 예배에서 찬양한다면 이것은 울리는 꽹과리

29 | 빅 델라몽, 교회와 음악목회, 김두완 역, 아가페 음악 선교원, 1989, 27쪽

는 물론 하나님의 마음을 아프게 할 수도 있다는 것을 늘 명심해야 할 것이다.

교회 오르가니스트는 또한, 교회에 대한 교리와 원칙들, 그리고 교회의 전통 등 기독교의 고유한 관습과 특성에 대한 지식을 습득할 필요가 있다. 이로써 그는 적절하고도 좋은 예배 음악을 선정할 수 있으며 또한 올바른 연주법으로 연주할 수 있을 것이다. 가끔은 교회의 고유한 전통을 잘 몰라서 실수하는 음악인들이 종종 있다. 현재 사역하는 교회에서 다른 교단의 교회로 옮길 때는 더 유의해야 한다. 또한 각 교회마다 예배의 전통이 조금씩 다르기 때문에 예배 음악을 담당하는 사람은 이에 대한 정보와 지식을 잘 갖출 필요가 있다. 이러한 모든 것은 단순한 세상적인 정보 내지 지식이 아니라 성경과 신학에 근거한 것으로 영적인 접근이 또한 필요하다.

교회 오르가니스트는 하나님과의 온전한 영적인 관계를 기본으로 하면서 동시에 교회와 예배에 대한 지식에서도 바로 갖추어져야 한다. 오르가니스트는 테크니션(*technician*, 기술자)이 아니다. 그는 예배를 하는 사람으로 예배가 무엇인지, 교회가 무엇인지 알아야 한다. 이것은 공부를 해야 된다는 의미로서 교회에 오래 출석함으로 얻어지는 지식의 정도가 아니라 적극적인 연구를 의미한다. 특히 오르가니스트가 전주곡 내지 후주곡으로 곡을 선정하는 데는 교회와 예배에 대한 지식과 이해는 핵심이며 이것과 함께 교회의 절기인 교회력에 대해도 충분히 숙지하여야 한다. 이에 교회의 전통 중 하나인 교회력을 자세히 살펴본다.

(4) 교회력(Church Calendar, Liturgical Year, Church Year)

교회력은 교회의 머리이신 예수님의 생애를 바탕으로 하여 일 년의 52주일을 절기별로 나눈 것이다. 이것은 초기 기독교가 자리를 잡으면서 만들어진 것으로 예배의 내용과 성격을 규정짓는 달력으로, 넓게는 성도의 생활에도 적용한다. 가톨릭이나 성공회, 루터교 등 전례를 중심으로 하는 교회는 지금까지 이것을 전통적으로 지키고 있다. 한국의 개신교는 교회력을 엄격하게 따르지는 않지만 온 세계의 교회가 하나님의 하나의 교회라는 의미에서 본다면 교회력은 교회 음악인이 꼭 알고 있어야 하는 필수 지식이라고 할 수 있다. 오르간 음악에는 이 교회력에 따라 작곡된 곡들이 많다. 자신의 교회가 교회력을 많이 따르지 않더라도 교회력을 참고하면서 예배 음악을 선정할 것을 권한다. 이것은 어떤 면에서는 교회력을 따르지 않는 예배식을 보완해 주는 역할도 있기 때문에 오르가니스트는 이것을 숙지하고 있어야 한다. 교회력에 따른 일 년의 주기는 다음과 같다.

① Advent(대강절, 대림절, 강림절): 교회의 일 년의 시작으로 크리스마스 전 4주일이다. 크리스마스가 주 중에서 어느 요일에 있는지에 따라 대강절의 시작은 12월 첫 주 혹은 11월 마지막 주일이 된다. 예수님이 이 세상에 오시기 전 마음을 깨끗이 하면서 예수님을 기다리는 의미로 기쁘고 밝은 곡은 자제하는 절기이다.

② Christmas(성탄절): 12월 25일로서 성탄절 전날 밤 24일 자정 예배부터 시작하기도 한다. 기독교의 대표적 축일이다.

③ Epiphany(주현절): 1월 6일이며 성탄절 이후 예수님께서 동방 박사의 방문을 받은 것을 기념하는 절기이다. 이것은 예수님께서 유태인이 아닌 다른 민족, 즉 이방인에게도 보이셨다는 의미로서 메시아의 오심, 즉 구원은 유태인만을 위한 것이 아니라 온 민족을 위한 것이라는 것을 상징한다. 이 날 이후 주현절 절기로 지키며 사순절 시작까지 7-8 주가 된다.

④ Lent(사순절): 예수님의 고난을 생각하고 죄를 참회하는 기간으로 부활절 전 40일이다. 모든 주일은 예수님의 부활을 기념하는 날로서 축일로 여기는 교회의 전통에 따라, 주일은 이 40일에 포함되지 않기 때문에 이 안의 여섯 주일을 함께 계산하면 사순절 시작부터 부활 주일까지 실제 날수는 46일이다.

a. Ash Wednesday(재 수요일): 사순절을 시작하는 수요일이다. 이 날 예배에서 참회의 상징으로 머리에 재를 뿌리면서, 혹은 이마에 재로 십자가를 그으면서 자신의 죄를 회개하며 예수님이 우리를 위해 죄 없이 죽으심을 애통한다.

b. Palm Sunday(종려 주일) 혹은 Passion Sunday(수난 주일): 종려 주일은 부활절 일주일 전 주일로서 예수님께서 예루살렘으로 입성하시는 일을 기념하는 주일이다. 동시에 부활절 직전 주일로서 사순절의 절정이기도 하며 이 주간의 금요일에 예수님께서 십자가에서 돌아가심으로써 이 주일을 수난 주일로 지키기도 한다. 수난 주일을 시작으로 이 한 주를 수난 주간(*Passion Week*) 혹은 성 주간(*Holy Week*)이라고도 칭한다. 예전을 따르는 교회는 이 주일을 전통적으로 종려 주일로 더 지키는 편으로 성경에 쓰인 대로 예배에서 종려 나무 가지를 가져와서 성도가 함께 흔들며 군중들이 예수님을 메시아로, 왕으로 맞이하면서 환호하는

장면을 재현하기도 한다.

c. Maundy Thursday(세족 목요일): 이 날은 수난 주간의 목요일로서 예수님께서 제자들과 가진 최후의 만찬과, 만찬 이후 예수님이 제자들의 발을 씻기신 것을 기념하는 예배를 드린다. 이 예배는 성찬이 필수이며 성찬 이후 실제로 목회자가 평신도의 발을 씻기면서 예수님의 명령대로 섬김을 실천한다.

d. Good Friday(성 금요일): 이 날은 예수님께서 십자가에서 돌아가신 날로 이것을 기념하는 예배를 드린다. 교회에서는 예수님이 십자가에 달리시고 운명하시기 전인 오후 12시에서 3시 사이에 예배를 드리기도 한다. 전례를 따르는 교회는 대체로 이 날 밤에 예배를 드린다. 이 예배는 암흑의 예배(*Tenebrae Service*)라고 불리는 예배로서 빛은 최소로 하고, 예배가 끝나면 이 세상의 빛이신 예수님께서 죽으시고 이 세상에 계시지 않다는 의미로 교회 안에서 일 년 내내 세상을 밝히면서 꺼지지 않는 촛불을 끈다. 이 꺼진 촛불은 부활 자정 예배 때까지 꺼져 있다가 부활이 선포된 후에 이 촛불을 시작으로 모든 불이 다시 켜지게 된다.

⑤ Easter(부활 주일): 부활절은 12월 25일이라는 날짜가 정해져 있는 성탄절과 다르게 일 년 중 날짜가 매년 달라진다. 이것은 예수님께서 부활하셨던 날이 그 당시 춘분(*3*월 *23*일) 이후 보름(*full moon*)이 지난 후 첫째 일요일이었기 때문에, 이후 교회는 이렇게 부활절을 계산한다. 부활절은 기독교에서 지키는 가장 큰 축일 중 하나이다. 예수님께서 이 세상에 오신 성탄절이 중요한 만큼, 이 날은 예수님이 오신 목적인 구원의 사역을 완수하신 날이기 때문이다. 이 부활 주일이 지나면 부활 절기로 이어지며 이것은 성령 강림절까지 7주일이 된다. 이 주간 동안은 축제적이고 기쁜 찬양을 올린다.

⑥ Ascension Day(승천일): 이 날은 예수님께서 부활하신 후 40일째 날인 목요일로서 예수님께서 하늘로 승천하신 날을 기념하는 날이다. 예수님의 승천은 부활의 완성이며 앞으로 오실 성령과도 연결이 된다. 또한 승천은 바로 우리 성도의 승천이라는 의미에서 전통적으로 이 날 또한 큰 축일로 지킨다. 목요일에 예배를 드리고 이어 오는 주일에 Ascension Sunday(승천 주일)로 예배를 드리기도 한다.

⑦ Pentecost(오순절, 성령 강림절): 이 날은 예수님의 부활 후 50일째 되는

날로서 주일이며 성령께서 오신 날을 기념하는 날이다. 오순절은 유태인의 주요 세 절기 중 하나로서 50번째를 뜻하는 그리스어 '펜테(*pente, 5*)와 코스토스(*costos, 10*)'에서 유래한 말이다. 이 절기에 성령께서 이 땅에 오심으로 성령 시대가 열리게 되고 교회가 탄생하게 된 것이다. 오순절 주일 이후는 교회력에서 가장 긴 절기인 오순절 절기가 이어지며 이것은 대강절까지 약 26-28주가 된다. 이때는 교회와 성도의 성장에 초점이 맞추어진다.

⑧ Trinity Sunday(삼위일체 주일): 이 주일은 오순절 주일 이후 그 다음 주일이다. 이 주일은 성령 강림일 후 성부 하나님, 성자 예수님, 이제 성령께서 이 세상에서 다 드러내시고 역사하시는 시작점으로 생각하여 삼위일체 주일로 지킨다. 삼위일체는 신앙 고백에서 나오는 기독교의 중요한 교리로서 예배 음악에서 많이 등장하는 주제이며 이 주제와 관련된 곡들은 많이 있다.

교회력은 각 교단의 전통에 따라 의미의 중요성과 예배에서 적용의 차이는 다소 있지만 지금까지 지켜오는 교회의 오랜 전통이다. 개신 교회에서는 절기 중 중요한 축제 몇 절기만을 지키는 경우도 있어 가톨릭 교회에 비하면 아주 단순하다. 이에 비해 가톨릭 교회는 이 교회력에서 예수님과 특히 마리아에 관련된 사건에 따라 더 많은 축일과 기념일을 추가하고 있다. 반면 한국 개신교 교회는 대체로 위의 기본 절기에 10월 마지막 주일을 종교 개혁 주일로, 11월 셋째 주일을 추수 감사 주일로 추가하고 있다.

여기서 언급할 부분이 있다. 이것은 개신교에서 주로 나타나는 현상으로 세상의 기념일을 예배에 가져온 것들이다. 그 대표적인 예가 어버이 주일이다. 어버이 주일은 예배의 본질적인 의미에서 본다면 예배의 정신에 맞지 않는 것이다. 예배는 예수님의 부활을 기념하는 것이다. 그 외의 누구든 혹은 무엇이든 이 자리를 대신하든가 옆 자리에 세우는 것은 예배에서 성도가 할 일이 아니다. 아무리 좋은 의도로 시작된 것이라 하더라도 이것은 예배 마친 후에 시간을 갖는 것이 예수님께 대한 예의다. 그런데 아예 처음부터 어버이 주일 예배라고 칭하는 것은 예배가 무엇인지를 근본적으로 뒤흔드는 것이다.

교회력은 성도의 일상 생활의 기준을 제시해 줄 뿐만 아니라 목회자가 예배의 성격을 정할 때 기초가 되는 것으로서 매우 중요한 의미를 가진다. 실제로 설교 주제를 교회력에 근거해서 준비하는 목회자들이 많이 있다. 그리고 당연히 회중 찬송가는 물론 성가대 찬양, 그리고 오르가니스트가 전주곡과 후주곡을 선정할 때 제일 먼저 고려해야 하는 것이 교회력이다.

대표적인 예로서, 대강절이나 사순절에는 참회하는 기간으로 오르가니스트는 밝은 곡은 피하고 참회하는 내용이나 묵상적인 곡을 선택한다. 전례에 따르는 교회는 이 기간 동안에는 영광송(*Gloria*)과 알렐루야(*Alleluia*)를 부르지 않는다. 이런 것은 예배자로서 중요한 의미가 있다. 이 두 찬양은 하나님 찬양 중에서 가장 뛰어난 찬양으로서 이 기간에 찬양을 하지 않는다는 것이 어떤 의미에서 보면 의아할 수 있다. 하지만 하나님 스스로 인간의 모습으로 오셔서 십자가에서 죽으시는 것을 인간이 기뻐하며 밝은 찬양을 올리는 것은 적절하지 않다. 그래서 이 절기 동안은 이런 성격의 찬양은 자제하는 것으로, 특히 영광송과 알렐루야는 성탄절 축제와 부활절 축제에 많이 찬양하는 것으로, 찬양 중에서 제일 화려하고 밝은 찬양이기 때문에 이 기간 동안에는 금지 혹은 자제하는 것이다.

교회력에 따른 오르간 곡은 많이 있다. 이것의 가장 대표적인 것이 바흐의 오르간 소곡집(*Orgelbüchlein*)으로 이 안에는 45개의 코랄 전주곡(*chorale prelude*)이 교회력에 따라 실려 있으며 예배의 전주곡과 후주곡으로 적절하다. 이 외에도 바로크 시기부터 현대에 이르기까지 많은 작곡가들이 교회력을 응용하여 곡을 작곡해 오고 있기 때문에, 꾸준히 노력하는 교회 오르가니스트라면 교회력에 따라 곡을 선정하는데 큰 어려움은 없을 것이다. 예배를 위한 오르간 전주곡과 후주곡은 이 글의 뒷부분에서 자세히 설명한다.

(5) 교회 오르가니스트로서 소명 의식이 투철한 사람

무슨 일에서든 전문인은 자기의 맡은 일에 소명 의식이 투철하다. 더욱이 교회 오르가니스트는 자신이 하나님으로부터 부르심을 받았다는(*vocation*) 의식과 이 일에 대한 사명감이 확고해야 한다. 이 사람은 자랑스럽고 송구한 마음으로 일에 임할 것이다. 그리고 즐거운 마음으로 할 것이다. 교회 오르가니스트는 사람을 보고서 일을 하는 사람이 아니다. 앞서 서술하였듯이 오르가니스트의 상관(*Boss*)은 하나님이시다. 당회장 목사님 혹은 성가대 지휘자는 오르가니스트의 상관이 아니다. 물론 그들의 의견을 존중하면서 함께 사역하고 협력하지만, 그들을 위해 오르가니스트는 자신을 죽일 필요는 없다. 왜냐하면 그들을 섬기는 것이 아니기 때문이다. 그러기에 교회 오르가니스트는 늘 주인 되시는 하나님 앞에서 당당하고 자신감이 있으며 동시에 겸손할 수 있다.

소명 의식이 투철한 교회 음악인은 사람을 보고 교회를 옮기지 않는다. 그리고 사람의 말에 흔들리지도 않는다. 한 감동적인 일화가 있다. 필자는 그 학생의 이름은 잊었지만 그 학생의 얼굴과 그 학생이 한 말은 거의 20여년이 지난 지금도 기억한다. 지금의 오르간과가 교회음악과로 있을 당시 음악 목회라는 수업을 강의하던 때였다. 수업에서 각자 자신의 교회 음악 상황을 설명하고 자신이 맡은 음악 부분에 대해서 경험과 생각 등을 담은 내용을 발표할 때였다. 그 학생은 피아노 전공의 학생으로 작은 시골 교회에서 피아노 반주를 하고 있었다. 그는 자신의 교회 음악 상황이 너무 열악하고 제대로 잘 되지 않아서 마음이 매우 답답한 상황이라고 하였다. 그러면서 자신은 주일만 되면 "속이 터진다"라고 말하면서 "하나님은 얼마나 속이 더 터지실까"라고 하였다. 그러면서 가끔은 다른 교회로 옮길까 하는 생각을 하곤 하는데 그때마다 생각하는 것은 "교회는 (피아노 반주자로서) **자기가 원하는 곳**에 있는 것이 아니라 **하나님께서 자신이 있기를 원하시는 곳**에 있는 것이라"고 말을 하였다. 이것이 바로 소명 의식이다. 필자는 당시 20여살 밖에 되지 않는 여학생의 이런 고백이 참으로 신기하고 대단하게 보였다. 20여년이 지난 지금 그 여학생은 이제 40대로 들어섰을 것이다. 어디서 어떤 음악 목회를 하고 있을지 궁금하고 꼭 만나보고 싶은 학생이다. 하나님께서는 이렇게 귀한 사람을 각별히 쓰실 것이라는 믿음이 있다.

교회의 장로나 목회자는 자기가 사람을 데리고 온다거나, 뽑는다거나 혹은 보낸다는 생각을 버려야 한다. 그들은 자기를 위한 사람이 아니기 때문이다. 사람을 통해서 하나님의 종이 교회로 올 수는 있지만 보내시는 분은 하나님이시라는 것은 틀림이 없다. 가끔은 목회자가 교회 음악인들을 자신의 일을 도와주는 부하, 자기 밑의 교회 직원 정도로 생각하는 경우가 있다. 그런 목회자도 문제가 있지만 거기에 아무런 생각 없이 따르는 오르가니스트도 문제이다. 뿐만 아니라 성도들도 마찬가지이다. 성도들 혹은 음악 부장 내지 장로라는 명분으로 오르가니스트에게 와서 이런저런 말로 자신이 상관이 되려고 하는 경우가 있다. 그런 요구들이 교회 음악의 본질에 합당하고 하나님을 섬기는 목적에 위배가 되지 않는 것이라면, 그리고 자신의 음악적 양심에 반대되는 것이 아니라면 그 의견을 반영할 수도 있다. 하지만 자신의 음악적 양심을 버리면서, 더욱이 하나님을 섬기는 본질과 성경의 원리에 배치되는 경우라면 자신이 누구의 종인지 다시금 확인할 필요가 있다. 그렇다고 생각이 다르다고 서로 부딪혀가면서 일을 하라는 것은 아니다. 모든 일에 덕을 세우도록 노력하지만 오르가니스트의 마음 중심에 누가 계시고 누구를 위하여 일을 하는 것인지를 잊지 말아야 한다는 것이다.

교회 오르가니스트는 하나님으로부터 부르심을 받은 종들이다. 그렇기 때문에 어떤 일이 있어도 흔들림 없이 하나님을 섬김에 최선을 다해야 한다. 사람을 기쁘게 하는 것이 아니라 하나님을 기쁘시게 하는 것이 우리 교회 음악인들의 목표다. 그리고 평생 이 소명을 가지고 교회를 섬겨야 한다. 소명감 있는 교회 음악인의 음악은 다르다. 곡을 선정할 때도, 곡을 연주할 때도 누구를 기쁘시게 하는지를 안다. 이것을 알면서 늘 체험하면서 사는 오르가니스트는 행복하다. 세상 잡념을 버릴 수 있고 하나님께만 집중할 수 있다. 이것이 바로 예배이다.

(6) 예배의 본질을 알고 이에 능동적으로 참여할 수 있는 사람

오르가니스트는 예배의 본질과 의미를 확실히 알아야 한다. 예배가 뭔지를 모르는 사람이 어떻게 예배를 드리며 어떻게 예배를 도울 수 있겠는가? 교회 음악인은 먼저 예배에 대해서 공부를 해야 한다. 예배란 인간은 없어지고, 자신을 다 내려놓고, 하나님께 자신을 복종시키고, 하나님을 경배하고 찬양하는 것이다. 자신을 보여주는 때가 아니라 자신을 내려놓고 비우는 시간이다. 그래서 교회 음악인은 스스로 예배자이면서 동시에 예배에서 성도들을 도우는 사람이다. 예배에 도움이 된다면 자신이 준비한 것을 포기할 수 있고 부족한 것을 적극적으로 채워 줄 수 있어야 한다.

오르가니스트는 예배의 각 순서의 의미를 이해하고 이것이 어떻게 연결되고 연합되어 하나의 예배로 만들어지는지를 지식적으로 우선 알고 그것을 매주일 예배에서 확인하고 실천하는 사람이다. 그는 모든 예배 순서에 깨어 있으면서 예정된 것이 아니더라도 필요하면 순발력 있게 해야 할 때도 있다. 이렇게 오르가니스트는 예배에서 먼저 자신이 적극적으로 예배자가 되면, 필요할 때 자연스럽게 예배를 도울 수 있다. 자신이 맡은 순서만 열심히 하고 그 외에는 자신의 일이 끝났다고 생각하고 다른 순서에는 관심도 보이지 않는 오르가니스트는 좋은 오르가니스트가 아닐 뿐만 아니라 예배자도 아니다. 예배 순서를 맡은 대부분의 사람들이 이런 오류를 범하기 쉽다. 자신의 맡은 순서만 하면 그 예배는 끝인 느낌으로 다른 예배 순서에는 아주 소극적이거나 아예 예배와 무관한 일을 하는 사람도 종종 있다. 설교자, 예배 인도자, 기도 인도자, 성가대원, 지휘자, 반주자… 이들 모두는 자신의 순서만이 아니라 예배의 모든 순간에 함께 하는 것이 예배의 본질을 따라 가는 사람이다.

교회 오르가니스트는 예배를 위해 자신의 것을 내려놓는 것이 필요하다. 아무리 자신이 주일 예배를 위해서 열심히 연습하고 준비하여 이미 예정된 곡이 예배 순서에 있다고 하더라도 예배 당시의 사정상 연주를 못하게 될 때 불평이나 원망을 하지 않는 사람, 이 사람이 진정한 교회 음악인이다. 물론 개인적으로 아쉬울 수는 있겠지만 하나님께서 그 마음을 아시고 다 받으신 것이니 자신의 목적은 이미 달성한 것이다.

또한 한국 교회의 특성상 다른 경우도 있다. 한국 교회 예배에는 오르간이 피아노와 함께 있기 때문에 두 반주자는 예배에서 자신을 드러내려는 유혹에 늘 유의해야 한다. 예를 들면 회중 찬송 연주나 성가대 반주에서 오르간의 자리를 너무 고집하는 것은 좋지 않다. 물론 회중 찬송 인도에는 오르간이 더 적합한 악기임에는 틀림이 없다. 하지만 두 사람이 서로 이해가 되지 않은 상황이라면 누구든 자신의 생각을 고집해서는 안 된다. 성가대 반주에서도 오르간 반주가 곡을 음악적으로 더 좋게 할 수 있다면 당연히 함께 연주할 것이다. 하지만 피아노와 같이 연주할 경우 음악적이지 않다는 판단이 서면 오르가니스트는 오르간에서 기꺼이 내려와 앉을 수 있어야 한다. 특히 우리나라 성가대 곡의 작곡가들은 오르간을 잘 모르기 때문에 피아노 반주로 곡을 작곡한다. 그래서 오르가니스트는 반주 여부를 위해 곡을 잘 살펴보아야 한다. 이런 세심한 주의 없이 오르간을 고집하는 것은 자신을 내세우는 일로서 예배의 정신에 어긋난다.

이와 반대로 오르간을 적극적으로 채워야 할 때도 있다. 필자가 예전에 섬기던 교회의 일로서, 한 주일에 우연하게 다른 시간대의 예배에 갔었다. 그런데 오르가니스트가 그 예배에 오지 못했었다. 예배는 시작되었고 그 큰 교회가 피아노만으로 썰렁하게 회중 찬송가 연주로 예배를 시작하고 있었다. 필자는 교회의 중요한 직에 있는 장로님께 필자가 오르간 반주를 해도 될지를 물었다. 필자는 이미 그 교회 다른 시간의 오르가니스트였다. 예배에서 중요한 오르간 자리가 비어서 하나님 찬양이 제대로 되지 않는 가운데 필자가 하나님 예배에 무관심하게 회중석에 앉아 있을 수 없는 일이었다. 그런데 필자의 의견에 놀랍게도 답은 "아니요" 였다. 이유는 간단했다. 그 오르가니스트가 상처를 받는다는 것이다. 본인의 사정으로 예배에 참석하지 못해 반주를 할 수 없을 때 다른 사람이 대신 해 준다면 감사한 일이 아닌가. 이런 일이 교회에서 있을 법한 일인가? 만약 이런 오르가니스트가 있다면 그 사람은 교회 음악인으로서 자질이 없다. 하나님을 섬기지 않고 자신을 위해서 오르간을 연주하는 사람만이 이런 경우 상처를 받을 수 있다.

그렇게 대답한 교회의 입장도 바른 자세가 아니다. 설령 오르가니스트가 상처를 받는다고 하더라도 이후에 예배의 중요성을 설명하고 이해를 구하고, 예배를 온전하게 드리도록 조정하는 것이 마땅하다. 성도 한 명의 상처 아닌 상처가 하나님께 드리는 예배보다 앞설 수는 없는 것이다. 이것은 하나님은 안중에도 없는 처사이다. 교회 전체 성도의 예배에 지장을 줄 수 있는 것을 그대로 방치한다는 것, 그리고 더 좋은 예배를 드릴 수 있는 가능성을 한 사람의 개인적인 이유로 차단한다는 것은 있을 수 없는 일이다. 이런 상황이라면 오히려 교회는 다른 오르가니스트를 나서서 알아보았어야 할 일이다. 그런데 예배를 도우려고 하는 사람을 막는 것은 지금도 생각하면 잘못되어도 한참 잘못된 것임에 틀림이 없다. 하나님만 존귀하게 되어야 하는 예배가 사람을 배려한다는 명목으로 하나님의 예배를 어느 개인의 일로 가치를 폄하하는 것은 우리가 그렇게 노력하고 준비해서 드리는 예배를 한 순간에 무너뜨리는 일이다.

필자는 실제로 그 오르가니스트가 상처를 받을 것이라고 생각하지 않는다. 단지 세상적인, 예배의 본질에 무관심한 교회 어른의 반응에 놀랐을 뿐이었다. 이런 종류의 일들은 현재도 교회에서 많이 일어나고 있다. 자신의 개인적인 욕심으로 하나님께 드리는 예배를 인간의 성취를 위한 현장으로 만드는 순간들이 지금도 주일 예배에서 얼마나 일어나고 있는지 모른다. 더 안타까운 예는, 어느 교회에서 예배의 오르간 반주를 몇 달씩 비워두고 있는 일이 있었다. 그 이유는 오르가니스트가 사정이 생겨 자리를 비운 것으로 그 사람이 돌아올 때까지 다른 사람이 하면 안 된다는 것이다. 이것은 이미 교회가 아니다.

결론적으로, 자신이 열심히 준비한 음악이 예배의 상황에 의해 연주될 수 없을 때, 혹은 연주되지 않는 것이 더 낫다고 판단될 때 그는 즉시 물러서야 한다. 열심히 준비했다면 그 음악은 하나님께서는 이미 받으신 것이며 자신이 할 바는 다 한 것이다. 물론 성도님들도 함께 나누었다면 기쁨과 은혜가 배가 되었을 것이지만 상황이 그렇지 않다면 전체 예배를 위해 기꺼이 포기하는 자세, 그것이 바로 교회 음악인과 세상의 클래식 연주자, 혹은 대중 음악인과의 차이일 것이다. 무엇을 위해 연주하는가가 교회 음악인에게는 분명해야 한다.

그리고 오르간이 필요하다고 생각되면 언제든지 채울 수 있는 능동적인 자세가 중요하다. 특히 규모가 큰 한국 교회는 예배가 여러 횟수로 나뉘어 있기 때문에 반주자들도 여러 명이다. 그러다 보니 자신이 반주하는 예배에서만 반주를 하고 다른 예배의 부족함이나 필요에 무관심한 경우가 많다. 자신의 책임을 어디까지로 볼 것인지는 자신이 하나님께 얼마나 헌신하였는가를 판가름하는 기준이 될 것이다.

예배는 사람을 위한 것이 아니다. 예배는 하나님을 위한 것이다. 그래서 모든 것이 하나님께 집중되어야 한다. 어떤 사람을 내세우기 위하여 어떤 것을 하고, 어떤 사람을 상처 주지 않기 위해서 어떤 것을 하지 않는 인간적인 발상은 어떻게 보면 상당히 사람을 배려하고 사랑하는 것처럼 보일 수 있으나 이런 세상적인 논리에 미혹되지 말아야 한다. 스스로 물러 설 줄 알고 자신은 죽는, 자신을 내어놓는 순간이 예배다. 그러면서도 자신이 하나님의 악기로서 어떤 일을 해야 한다면 기꺼이 하는 사람이 하나님의 음악인이며 하나님의 사람이다.

(7) 모범적인 신앙인

교회 오르가니스트는 교회의 구성원들에게 모범이 되는 사람이어야 한다. 유럽이나 미국의 경우 오르가니스트는 대체로 성도들이 보이지 않는 곳에서 연주를 한다. 오르간은 2층 발코니 혹은 강대상 안쪽에 위치하여 오르간의 파이프는 보이더라도 오르가니스트는 회중에게 대체로 보이지 않는다. 그렇다고 교회에서 오르가니스트의 얼굴이 알려져 있지 않는 것은 아니다. 오르가니스트는 어떤 경로이든 교회에서 알려져 있는 사람이다. 우리나라 경우는 교회에서 악기를 예배당 앞쪽 강대상과 가깝게 진열하듯이 배열하는 편이다. 그래서 반주자들이 대체로 성도들의 시선을 받는 곳에 위치해 있다. 이런 상황에서 오르가니스트의 평소 모습은 더 중요하다.

예배에서 오르간을 연주하는 사람으로서 평소의 삶과 신앙의 모습은 매우 중요하다. 이것은 목회자나 지휘자와 같은 상황이다. 평소에 좋지 않는 모습을 보여준 사람이 주일 예배에서 연주를 하거나 설교를 한다면 그 음악이, 그 설교가 성도들에게 공감을 줄 수 있을까? 이것은 오르가니스트가 혼자서 하나님께 예배드리는 상황이라고 해도 마찬가지이다. 모든 성도와 함께 드리는 예배에서 개인적인 부족함으로 예배를 돕지 못하는, 더 나아가 방해가 되는 요인을 준다면 이것은 참으로 하나님께 죄송한 일이다.

모범적인 신앙인은, 사람의 눈을 의식하여 조심해서 행동해야 한다는 것이 아니라 예배 음악을 담당하는 사람으로서 평소 하나님 앞의 삶이 중요하다는 것을 뜻한다. 성경에도 한 입에서 축복과 저주가 나올 수 없다고 하였다. 사람이 부족해서 실수를 하는 것은 어쩔 수 없지만 교회 음악인으로서 자신의 생활 모습과 음악이 하나로 일관되는 것은 중요한 것이다. 오르가니스트는 오르간으로 소리만 내는 기능공이 아니다. 오르간이라는 악기를 통해 마음을 실어 영으로 찬양하는 것이다. 오르가니스트의 이런 개인적인 찬양이 먼저 전제되고, 이어서 모든 성도와 함께 하는 찬양이 되려면, 회중이 그 오르가니스트에 대하여 음악 외에는 전혀 모르든지, 아니면 적어도 오르가니스트에 대해 알고 있는 나쁜 평판은 없어야 한다. 신앙인으로서 모범이 된다는 것은 모든 성도에게 평생의 과제이다.

그러므로 오르가니스트는 절제하고 조신해야 한다. 이것은 억지로 하는 것이 아니라 오랜 경건의 훈련을 통해 몸에 자연스럽게 될 때를 목표로 해서 늘 달려가는 것이다. 디모데전서에서 경건의 훈련에 대해 말씀하고 있다.[30] 우리가 이 세상의 것을 위해서 열심히 하면서도 영적인 일을 맡은 사람이 영적 훈련을 게을리 한다는 것은 우리가 하는 일을 제대로 못하고 있는 것이다. 이 모든 것은 신앙의 성숙을 위해, 그리고 하나님의 좋은 음악을 위해서 당연하고도 즐거운 행보가 될 것이다. 경건의 훈련은 단시간에 이루어지는 것이 아니다. 그러나 오르가니스트의 진지하고 노력하는 모습을 통해 진심은 진심으로 통하게 될 것이다.

모범적인 신앙인의 경건한 모습에 대한 한 예로, 필자의 대학교 시절 반주하던 교회에 부흥회가 있었다. 부흥회 기간 중 개인적인 일로 하루 저녁 예배 반주가 힘들어 필자의 친구에게 반주를 부탁하였다. 그 친구는 피아노 전공은 아니었지만 신앙심이 대단한 친구였다. 친구가 대신 반주한 다음 날, 필자는 교회에서 모든 것이 다 잘 이루어졌는지 물었다. 한 성가대원의 말이 인상적이었다. 친구의 피아노 솜씨는 좀 서투르게 들렸지만 찬송을 반주하면서 같이 찬송을 부르더라는 것이었다. 그래서 부족한 반주 실력보다 그 찬송가 부르는 모습에 감동되어 오히려 참 좋았다고 하는 것이었다. 이것이다. 교회 음악은 기능만으로는 되는 것이 아니다. 그렇다고 음악적 재능이 뒤져도 좋다는 말 또한 아니다. 무엇이 더 중요한 것인지를 여기서 말하는 것이다. 현대의 교회는 많은 기능인 혹은 음악인들은 있지만 교회 음악인은 그리 많지 않은 느낌이다. 특히 대형 교회로 갈수록 이런 현상은 더 심각하다고 생각한다.

---

30 | 디모데전서 4장 7-8절 "…경건함에 이르도록 몸을 훈련하십시오. 몸의 훈련은 약간의 유익이 있으나, 경건 훈련은 모든 면에 유익하니…"(표준새번역 개정판)

2) 인격적 자질

인격적 자질은 간혹 영적 자질과 혼동될 때도 있으나 사실 다른 부분이다. 물론 오랫동안 교회를 통해 영적 훈련을 해 온 사람이라면 인격도 성숙해지기 마련이다. 하지만 그 성숙하는 과정과 속도는 자신이 타고난 성품이 있기 때문에 개인의 차이가 많다. 영적 훈련을 통해 인격적인 부분도 많이 보완되는 것은 사실이다. 그러나 우리나라 교회의 영적 훈련 혹은 신앙적 훈련 과정을 살펴보면 이 세상에서 삶의 실천에 대해서는 가르치는 것이 미약하다고 느낀다. 그래서 교회에서는 기독교인이지만 교회 밖에만 가면 전혀 기독교인이라는 모양이 없이 세상 사람과 똑같다는 말을 듣는 기독교인이 많다. 더구나 언론 매체를 오르내리는 비리의 주인공들이 기독교인인 경우가 많은 것은 어찌된 영문일까.

오르가니스트는 교회의 지도자 중의 한 사람으로 교회 음악인으로서 영적 훈련과 더불어 개인의 인격적 성숙을 위해 구체적인 노력이 필요하다. 그렇다고 인격적 자질이 영적 자질을 우선 할 수는 없다. 왜냐하면 오르가니스트의 일은 영적인 일이기 때문이다. 하지만 인격적인 면에서 성숙함은 오르가니스트가 교회에서 임무를 수행할 때 영적인 면 못지않게 영향을 준다. 사람은 대체로 영적인 것을 느끼기 이전에 인격적인 것이 먼저 눈에 들어오기 때문이다.

(1) 성실과 근면

성실과 근면은 일을 맡은 모든 사람에게 적용되는 덕목이다. 여기서 오르가니스트와 특별히 연관되는 것은 예배를 위한 철저한 오르간 연습과, 성가대 연습 및 교회의 모임에 성실하게 임하는 것을 들 수 있다. 오르가니스트에게 시간 엄수는 매우 중요한 것으로 연습 시간이나 예배에서 지각은 치명적이다. 오르가니스트는 지각하지 않는 것으로는 부족할 뿐만 아니라 오히려 항상 먼저 와야 한다. 지금의 오르간은 전기라는 동력이 있어야 소리가 나기 때문에 오르간을 연주하기 전에는 전기를 점검해야 하고, 오르간의 음색을 확인하는 등 오르가니스트는 악기 특성상 지휘자나 피아노 반주자보다 더 일찍 와야 하는 사람이다.

필자의 한 제자 예가 있다. 그는 평소 취침 시간이 아주 늦어 밤3-4시 정도였다. 그런데 그 제자가 이른 아침 7시 30분에 있는 주일 예배 반주를 맡게 되었다. 그리고 성가대 연습이 6시 30분으로 예배 준비를 위해 6시경에 교회에 와야 하기 때문에, 이 제자는 혹시나 지각할 것을 우려하여 아예 토요일은 잠을 자지 않았다. 그러다 보니 늘 주일 아침 교회에 5시 조금 넘어 도착했고 이른 새벽에 혼자 본당에서 오르간을 연습하곤 했다. 이것을 보아온 성가대원이나 성도님들의 반응은 어떠했을까? 말할 필요도 없이 오르가니스트에게 먼저 감동받고 드리는 예배 음악은 은혜로울 수밖에 없었다. 그리고 혹시 실수가 있었더라도 그것은 그리 중요하지 않았다. 이미 성도들과 하나님께서는 그 준비한 마음을 아시기 때문이다.

오르가니스트로서 시간 개념은 다른 악기에 비해 특별하다. 오르간은 악기 특성상 피아노처럼 악보를 펼치고 앉아서 바로 연주할 수 있는 악기가 아니다. 먼저, 오르간에 앉으면 여러 손건반이 있기 때문에 어느 건반에서 연주할지, 어떤 음색을 사용할지, 그리고 볼륨은 어느 정도 크기로 할지 등 여러 가지를 미리 생각하면서 준비를 해야 한다. 그리고 연주하는 곡이 곡 중에서 음색이 바뀌는 곡이라면 음색을 예배 전에 저장해 놓아야 한다. 물론 음색 저장은 주일 이전에 미리 해 놓는다. 이런 준비 관계로 오르가니스트는 오르간에 앉아도 바로 연주할 수 없다. 이 말은 오르가니스트는 항상 미리 와서 연습 때 저장한 오르간 음색이 그대로 잘 있는지, 혹 달라져 있으면 다시 음색을 저장해야 하고 곡을 어떻게 연주할 것인지 머리에 미리 계획을 한 후에라야 연주할 수 있다는 의미이다.

그렇기 때문에 오르가니스트는 주일 예배를 위해서 항상 금요일이나 토요일 오르간을 연습하러 교회에 와야 한다. 오르간은 모든 오르간이 다 다르다. 파이프 오르간인 경우 이것은 절대적인 진리이다. 전자 오르간인 경우, 비록 같은 모델의 같은 사양의 제품이라 하더라도 설치된 교회당의 잔향과 구조 및 스피커의 위치 등에 따라 또 다르게 소리 난다. 이것은 피아노를 비롯하여 다른 악기와는 상당히 다른 점으로, 오르간 연주자에게 있어서 가장 어려운 점이다.

일반적으로 오르가니스트가 평소 연습하는 오르간은 대체로 작은 연습용 오르간이며 교회의 오르간은 많은 회중을 위한 것으로 큰 악기로서, 결국 교회 오르간은 오르가니스트 자신이 늘 연습하는 오르간과 많이 다르다. 즉 오르간 건반 위치와 건반 수, 음색, 그리고 볼륨 조절 기능, 더 나아가 건반의 터치와, 전자 오르간의 경우 스피커의 위치 등 여러 면에서 연주하는 상황이 평소와 많이 다르다. 그렇기 때문에 주일 이전에 하루 이상 시간을 내어 교회에 와서 연습하는 것은 교회 오르가니스트로서는 필수다.

교회 오르가니스트가 교회에서 일주일 내내 오르간을 연습할 수 있다면 이것이 가장 이상적이다. 하지만 현실적으로 이것은 거의 불가능하다. 교회는 교회대로 예배당의 일정이 있으며 오르가니스트 또한 매일 교회에 나와 연습하는 것이 쉽지가 않다. 거리상의 어려움도 있을 수 있으며 교회 예배당의 일정을 매일 맞추는 것도 쉽지 않을 것이다. 그럼에도 불구하고 이렇게 하는 오르가니스트가 있다면 이 사람은 대단한 사람이다.

만약 교회에서 이렇게 연습이 가능하다고 하더라도, 실제 연습을 위해서는 작은 오르간의 연습이 더 효율적일 때도 있다. 필자의 경우에도 계명대학교 음악대학 연구실의 작은 전자 오르간이 연습 때는 더 도움이 될 때가 있어 자주 이렇게 한다. 연습할 때는 조용하고 분명한 음색 몇 개로 바로 앞의 스피커에서 나오는 오르간 소리를 직접 깨끗하게 들으면서 세세하게 곡을 더 꼼꼼히 연습할 수 있다. 음악대학 건물 안에 연습할 수 있는 작은 파이프 오르간이 두 대가 있지만 볼륨 조절 기능이 없기도 하고 연구실과 떨어져 있어 불편함이 있어 전자 오르간에서 연습을 하는 편이다. 이것은 좋지 않은 악기에서 연습하는 단점을 장점으로 역이용하는 것이다. 하지만 작품에서 작곡가가 원하는 소리로 연습하기 위해서는 아담스 채플의 큰 파이프 오르간에서 작곡가가 의도한 음색대로 또 연습을 한다. 이런 연습 과정은 오르가니스트에게는 어려운 과정이지만 필수적인 절차이다. 큰 오르간에서 큰 소리로 늘 연습하는 것은 연주를 준비할 때 좋은 방법이 아니다. 특히 파이프 오르간은 잔향이 많은 홀이 원칙이기 때문에 잔향에서 울려 퍼지는 소리로 항상 연습하는 것보다는 그렇지 않는 환경에서 하는 연습과 적절하게 배분이 되면 좋다. 그러다 보니 막상 연주해야 하는 오르간은 그만큼 덜 익숙할 수밖에 없는 것이 오르가니스트의 현실이다.

어느 교회 피아니스트가 주 중에 교회에 와서 주일 예배를 위해 피아노 연습을 한다는 이야기를 들은 적이 있는가? 혹시 있다면 그 사람은 참으로 귀한 교회 피아니스트이다. 사실, 피아니스트도 교회에 와서 연습하면 그 주일 예배 반주는, 미리 와서 연습하지 않은 주일보다 훨씬 나을 것이다. 왜냐하면 예배 악기로, 그리고 회중이 없어 조금은 다르지만 실제 음향과 비슷한 상태에서 성가대 곡 등 예배 곡을 연습하면서 준비하는 것은 더 좋은 예배 음악을 만드는데 크게 유익하기 때문이다. 그러나 대부분 피아니스트들은 이런 필요를 느끼지 못하는 것 같다. 이것은 찬송가의 의미를 잘 모르는 이유일 수도 있으며 성가대 곡이 쉬워서 따로 연습할 필요를 못 느끼기 때문일 수도 있다. 그리고 혹 연습이 필요하다면 집의 피아노에서 연습해도 교회의 상황과 크게 다르지 않기 때문이다. 그럼에도 불구하고 교회에 나와서 미리 연습하는 피아니스트가 있다면 하나님께서 귀하게 보실 것은 틀림이 없다.

반면 오르가니스트는 이런 준비를 하지 않으면 주일 예배 음악을 제대로 연주할 수 없다. 그가 아무리 뛰어난 오르가니스트라도, 그리고 그 교회에서 오르가니스트를 수년 해왔기 때문에 자신의 교회 오르간을 훤히 알고 있는 사람이라 하더라도 적어도 음색 저장을 위해서는 주일 이른 아침이라도 일찍 와야만 예배 반주가 가능하다. 그렇기 때문에 오르가니스트에게서 성실과 근면은 어느 음악인들보다 더 중요한 덕목이 된다.

오르가니스트는 누구보다 정확하고 철저해야 하며 꾸준해야 한다. 오르간은 대충해서 되는 악기가 아니다. 물론 모든 악기가 그러하지만, 이것은 예배에서 회중 찬송가 연주를 생각하면 이해가 된다. 오르간은 소리도 크며 그 소리는 직선적으로, 실수하는 음들은 온 세상이 다 알도록 크게 들린다. 오르간은 잘못된 음을 어떻게 완화시키는 것이 거의 불가능하다. 또한 손가락이 편안하게 눌러서 잘 이어지는 레가토(*legato*) 음과 어설픈 손가락에서 오는 매끈하지 못하고 떨어지는 음의 차이는 대단하다. 이렇게 예민한 악기를 잘 연주할 수 있는 길은 성실과 근면으로 이어지는 꾸준함이다. 그리고 중요한 것은 찬송가는 늘 연습해야 한다는 것이다. 찬송가는 곡 자체도 어려운 곡으로 지난 주일과 같은 찬송가라 하더라도 연습을 해야 한다. 그리고 성가대 곡을 비롯하여 예배에서 연주하는 모든 곡을 세심하게 연습해야 한다. 그리고 필요한 것을 정확하게 악보에 표시하여 예배 중에 어려움이 없도록 철저히 준비하는 것이 오르가니스트의 일이다.

이것을 위해 오르가니스트는 일주일 중에서 정규적인 연습 시간을 가져야 한다. 시간이 날 때 연습한다는 것은 시간이 안 나면 안 할 수도 있다는 말과 같다. 이런 말이 있다. 아마추어 음악인은 시간이 "나면" 연습하는 사람이고 전문 음악인은 시간을 "내어서" 연습하는 사람이라는 말이다. 사실 아마추어 음악인 중에는 전공자 이상으로 시간을 내어 연습하는 사람이 있어 전공자를 부끄럽게 한다. 교회 오르가니스트가 되면 책임이 따른다. 책임이라는 것은 하지 않아도 괜찮은 것이 아니라, 해야 한다는 뜻이다. 오르가니스트의 연습은 당연한 것이며 시간을 정해 놓고 하는 것이다. 그래서 연습이 습관이 되도록 하는 것이다. 밥을 습관적으로 먹듯이 연습도 규칙적인 습관이 중요하다. 사람은 본성적으로 게으를 수 있다. 마음과 시간을 별도로 떼어 놓지 않으면 잘 하기가 힘들어 지는 것이 사람이다. 악기 연주는 연습이 필수이다. 정해지지 않은 시간대에 아무렇게 하는 것이 아니라 규칙적이고 계획적인 연습이 필요하다. 오르가니스트가 교회에 와서 연습하는 시간으로 가장 좋은 시간은 금요일과 토요일이다.

왜냐하면 교회 주보가 이때쯤 완성되기 때문에 찬송가 등 모든 예배 음악을 예배 순서대로 연습하고 점검할 수 있다. 혹시 금요일이나 토요일이 불가능하다면 이보다 빠른 다른 요일도 좋다. 오르가니스트는 하루가 아니라 적어도 이틀 이상 시간을 정해서 교회에 와서 예배 음악을 위해 연습하기를 권한다.

(2) **대인 관계에서 원활할 것, 특히 피아니스트와 좋은 관계를 유지할 것**

대인 관계가 좋은 것은 모든 사람에게 중요한 덕목으로 특히 교회 오르가니스트는 교회의 여러 음악인들과 함께 사역할 때 서로 부딪힘 없이 배려하면서 조화를 이루어야 한다. 교회에서 음악으로 사역하는 사람들은 모두가 한 팀(*team*)이다. 우리나라의 경우 피아니스트가 함께 있기 때문에 오르가니스트는 그와 각별히 사이가 좋아야 한다. 예배에서 피아니스트와 오르가니스트 이 두 사람은 거의 모든 음악에서 같이 연주하는 편이다. 최근에 찬송가 연주는 오르간만 연주하는 교회가 늘고 있는 상황이다. 하지만 오르간과 피아노가 함께 찬송가를 연주하게 될 경우 오르간 소리 자체가 워낙 크기 때문에 피아노는 상대적으로 묻혀서 잘 들리지 않는 소리가 된다. 이 때문에 두 악기 사이의 문제는 적을 것 같으면서도 반주자에 따라 심각하게 문제가 되는 교회가 가끔 있다.

예배에서 성가대 곡을 피아노와 오르간 두 악기가 함께 반주하게 될 경우 이 두 악기의 조화는 절대적으로 필요하다. 성가대 곡에서 하나의 반주 악보를 가지고 두 악기가 똑같이 연주하는 경우가 종종 있다. 하지만 이러한 것은 음악적으로 맞지 않는 일이다. 파이프 오르간인 경우는 피아노와 함께 연주하는 것이 거의 불가능하다. 파이프 오르간은 피치가 온도에 따라 늘 변하기 때문에 연주 직전에 피아노를 오르간에 맞게 바로 튜닝을 하지 않고서는 같이 연주하는 것은 불가능하다. 특히 냉방이나 난방을 하는 계절에는 더욱 심각하다. 냉난방 전의 오르간 피치와 이후의 피치는 많이 다르기 때문에 결국 피아노가 오르간과 같이 튜닝이 된 상태를 기대하는 자체가 매우 힘들다.

조율에서 보면, 피아노의 88개 건반에 해당하는 현을 조율하는 것이 오르간의 수천 개 파이프를 조율하는 것보다 훨씬 쉽다. 더욱이 파이프 중 리드 파이프는 조율이 비교적 간단하지만 나머지 기본 음색인 프린시펄과 플룻 파이프는 개수도 많을 뿐만 아니라 조율하기는 더 어렵다. 그래서 파이프 수에 따라 차이는 있으나 중간 규모의 파이프 오르간 경우 모든 파이프를 조율한다면 하루 이상이 걸린다.

이렇게 피아노와 오르간은 그 소리 나는 구조와 원리 및 성음 과정이 다르기 때문에 파이프 오르간의 경우 피아노와 같이 연주하는 것은 조심스러운 일이다. 하지만 냉난방을 하지 않는 봄과 가을에 피아노가 예배 시작 전에 오르간에 맞춰 잘 조율이 된다면 함께 앙상블 등의 연주는 가능할 것이다. 더욱이 전자 오르간의 경우는 피치가 온도에 따라 변하는 것이 아니기 때문에 피아노와 훨씬 더 용이하게 연주가 가능하다.

하지만 두 악기가 함께 연주할 때는 유의할 것이 많다. 전자 오르간인 경우에도 거의 비슷하다. 두 악기가 아무리 같은 피치로 튜닝을 했다고 하더라도 피아노는 빨리 소리가 나며 오르간은 소리가 늦게 나는 것을 피할 수가 없다. 이것은 건반의 음을 연주(*attack*)한 후 소리가 나는 과정이 서로 다르기 때문이다. 피아노는 건반을 칠(*hit, beat*) 때 햄머가 현을 쳐서 곧바로 소리가 나지만 오르간은 건반을 눌러서(*press*) 바람이 관을 진동시켜 소리 나기 때문에 서로의 어택 포인트(*attack point,* 건반을 눌러서 소리가 나는 순간의 지점)가 다르다. 그래서 두 악기의 성격을 서로 잘 알고 사전에 많이 연습한 상황이 아니라면 그 소리는 박들이 서로 어긋나면서 수직적 음들의 배열이 맞지 않아 지저분하게 들릴 것이다. 그래서 성가대 반주는 이 두 연주자가 오랫동안 함께 앙상블 연주를 해 온 팀인 경우에 가능한 것으로 이 두 악기의 조화와 화합을 위해 노력과 시간이 많이 필요하다.

그러므로 두 악기가 함께 연주될 경우 이들은 서로의 협의를 바탕으로 좋은 앙상블 음악이 나오도록 조정이 필요하다. 두 악기의 장점은 각각 다르다. 피아노는 타악기적인 특징과 지속 페달로 인해 빠른 스케일이나 리듬을 잘 표현할 수 있으며 오르간은 인성과 흡사한 점과 건반을 누르고 있으면 음을 지속시킬 수 있기 때문에 화성적으로 합창을 잘 받쳐줄 수 있다. 또한 오르간은 다양한 솔로 음색으로 트럼펫, 오보, 플룻 등 특징적인 선율의 솔로 라인을 아름답게 연주해 낼 수 있다. 오르간의 발건반은 베이스 라인을 강화시켜 주기도 한다. 이러한 서로의 장점을 잘 살려서 반주악보를 적절하게 나누어서 연주하면 작곡가가 의도한 것보다 더 훌륭한 성가곡이 될 수 있다. 물론 교회 내에서 악보를 편곡하는 음악인이 있다면 다행이지만 그렇지 않는 경우가 더 많기 때문에 이 두 반주자의 협력 관계는 좋은 성가대 찬양을 위해서는 필수적이다.

그래서 피아니스트와 오르가니스트 두 사람이 서로의 존중에 근거한 이해와 협력은 중요하다. 교회에서 종종 두 반주자들의 이견으로 서로 화합되지 못한 모습에 대해 이야기를 들을 때마다 아쉬움이 있다. 어떤 경우는 두 반주자가 예배에서 서로 경쟁 하듯이 자신의 악기가 더 크게 소리 나도록 연주하는 일, 서로 더 많은 부분을 연주하려고 신경전을 벌리는 일, 또한 가끔은 찬송가 내지 성가대 찬양의 전주를 서로 하려고 하는 등의 사례를 종종 듣는다. 이것은 인격적 미숙함일 뿐 아니라, 더 나아가 영적 자질의 부족이라고 말할 수밖에 없다. 두 반주자가 인격적 성숙함이 아직 미흡하다고 하더라도, 하나님을 믿는 자로서 예배의 본질이 무엇이지를 심각하게 생각해야 한다. 교회 음악인은 예배에서 자기 자신을 내세우려는 마음을 버려야 한다. 이것이 참된 예배의 지름길이다.

오르가니스트는 피아니스트와 좋은 관계를 위해서 노력해야 한다. 한 쪽이 설령 성숙하지 못한 행동을 하더라도 다른 한 쪽에서 보듬어 안을 수 있어야 한다. 하나님의 예배를 위한 음악이라는 공동의 목표를 위해 자신의 이기적인 것을 버리고 최선의 음악을 위해 서로의 다름을 인정하고 배려하면서 협력하는 것이다. 하나님을 섬긴다는 대전제 앞에 우리는 모든 것을 내려놓을 수 있다.

(3) 인내심이 많을 것

인내심 또한 교회에서 사역을 하는 모든 사람에게 필요한 덕목이다. 사실 이것은 성가대 지휘자에게 더 많이 필요한 덕목이기는 하다. 하지만 소리가 크게 나는 오르간이라는 점과 어려운 악기라는 점에서 오르가니스트는 인내심이 많이 요구된다. 교회는 다양한 사람들이 모인다. 지식과 연령, 그리고 경제적 차이를 비롯해 문화에 대한 기호의 차이 등에서 천차만별일 수 있는 사람들이 하나님 한 분을 바라보면서 모인 곳이 교회다. 그래서 신앙은 하나이지만 그 살아가는 모습은 다 다르다.

오르간을 안다고 생각하는 사람이나, 아니면 반대로 아예 모르는 성도이거나, 혹은 매사에 적극적인 사람, 그리고 말하기 좋아하는 사람은 오르가니스트에게 늘 바라는 것들이 많다. 오르간은 특히 소리가 크기 때문에 모든 소리가 쉽게 드러나서 성도들로부터 피아니스트보다 더 많은 요구 사항을 받게 된다. 전주곡을 이런 것 저런 것 해달라는 요청에서부터 찬송가 연주에서 오르간 소리가 크다 작다 등을 수시로 이야기한다. 또한 지휘자의 다양한 요구 중에는 가끔 오르간으로는 불가능한 요구까지 있다. 이런 경우는 오르간을 잘 몰라서 일어나는 현상이 대부분이다. 이뿐만이 아니다. 교회의 장로나 목사님은 찬송가 연주 템포를 빨리 해달라든가 좀 늦추어 달라는 등 그 요청이 끝도 없다. 단순한 부탁에서 명령조까지 그 요구는 다양하다. 이로 인해 오르가니스트는 당황하게 되고 가끔은 모욕적인 언사로 상처를 받을 때도 있다.

필자가 지금의 계명대학교 대학교회에 오기 전 교회에서 있었던 일이다. 예배에서 봉헌송을 연주하고 있던 중, 곡의 연주가 약 10여초 남은 상황에서 헌금 위원들이 헌금 순서를 끝내고 강대상 앞에 도착한 것이다. 필자는 그 사실을 눈으로 보면서 알고 있었으며 10여초 남은 곡을 그대로 마지막까지 연주하고 있었는데 옆에 앉은 장로님이 손가락으로 딱딱 소리를 내면서 필자에게 연주를 중간에 끝내라고 하는 것이었다. 필자는 못 들은 척 하면서 끝까지 연주했다. 1분 정도라면 모를까 10여초 남은 사실은 그 장로님도 모르는 사실이기 때문이다. 그리고 사실 그 음악이 하나님께 드리는 예배 음악이 아니라면 헌금 순서가 끝나고 헌금 위원이 앞에서 서서 그냥 기다리는 10초는 어쩌면 긴 시간일 수도 있다.

다시 말하지만 교회 성도는 알아야 한다. 오르가니스트가 예배 시간에 연주하는 것은 자신을 혹은 성도를 위해서 하는 것이 아니고 하나님께 드리는 음악으로 인간이 중단시킬 수 있는 음악이 아니라는 것이다. 필자는 예기치 못했던 소리에 약간 방해가 되었지만 곡을 끝까지 연주했고 그 사람에게는 아무렇지 않게 반응했다. 성도의 이런 황당한 행동에도 오르가니스트는 인내해야 한다. 예배이기 때문이다. 사람이 오르간과 음악을 그리고 예배 음악을 잘 모르는 것을 어찌하겠는가. 이것은 먼저 아는 사람이 기다려 주고 이해해 줄 일이다.

또한 오르가니스트는 자신의 음악에 대해서 다른 지적을 받을 때도 인내해야 한다. 인내하고 맞추어 가면서 천천히 교회에서 자신의 음악을 만들어 가는 것이 필요하다. 모르는 사람의 의견이라고 아랑곳없이 자신의 생각대로만 음악을 해서는 곤란하다. 필자의 경우에도 계명대학교 대학교회에 와서 처음 몇 년은 이런 저런 의견을 들었다. 그 때마다 가능하면 다 들어주려고 노력한 편이다. 필자가 예배 전주곡으로 바흐의 코랄(*chorale*)을 한동안 연주하고 있었을 때, 어느 주일 한 성도가 와서, 모르는 바흐의 작품이 아닌, 익히 아는 은혜로운 찬송가를 전주곡으로 해달라고 부탁을 했다. 필자는 그 다음 주일은 당장 찬송가 곡으로 전주곡을 하였다. 그렇게 할 수 있다. 전주곡의 레퍼토리는 많다. 그 중에서 자신이 생각하고 계획하는 음악으로 일관할 수 있다면 다행이지만 사람들로부터 다른 의견이 있으면 충분히 조정하고 또한 그들의 이해와 믿음을 기다릴 수 있다. 학생들에게 자주 권한다. 교회에서 그런 부탁이 있으면 "예" 하고 다음 주는 그렇게 전주곡을 할 것을 권한다. 학교에서 배운 곡이라고 하여 다른 사람의 의견을 받아드리지 않고 자신의 것만 고집하는 것은 지혜롭지 못하다. 한 교회에서 오랫동안 자신의 음악을 만들기를 원한다면 인내할 줄 알아야 한다.

오르가니스트에게 사람과의 관계에서 인내심 못지않게 중요한 것은 악기에 대한 인내심이다. 오르간은 참으로 어려운 악기이다. 오르간은 연주할 때 생각할 것이 많으며 양손과 발, 그리고 오르간의 다양한 기계적인 작동법에 한동안 어려움을 겪는다. 그리고 오르간은 손의 연주법도 항상 같은 연주법으로 연주하는 것이 아니라 곡에 따라 다양하게 연주한다. 이런 다양한 연주법은 피아노 연주법의 다양함과는 질적으로 또 양적으로도 비교가 안 될 만큼 많고 또 복잡하다. 발은 발건반을 연주하면서 동시에 볼륨도 조절하기 때문에 연주할 때는 많은 집중력이 요구되며 항시 긴장의 상태가 된다. 아무리 열심히 준비하고 연습해도 오르가니스트는 한 주일 예배에 실수가 하나도 없는 날은 드물 정도로 오르간은 어려운 악기이다. 그래서 이런 악기를 제대로 연주한다는 것은 더 큰 인내가 없이는 불가능하다.

주위에서 이 인내의 부족으로 오르간 공부를 중도에 그만 두는 사람들을 종종 보아왔다. 학교에서도 가끔 오르간 전공을 도중에 떠나는 사람이 있다. 그 사람들의 경우는 아마도 인내의 부족이라기보다 오르간을 좋아하는 마음의 부족일 것으로 생각한다. 그럼에도 불구하고 오르가니스트는 연습에 많은 인내가 필요하다. 그래서 좋은 오르가니스트가 되는 것은 아주 힘든 길이라는 것이다. 인내심이 적은 오르가니스트는 실수가 많다. 악기를 제대로 철저하게 인내하면서 연습을 하지 않았기 때문이다. 이것은 단지 실력의 부족이 아니다. 적어도 주일 당일의 곡만이라도 철저하게 연습을 한다면 실수는 거의 없이 연주할 수 있다. 오르가니스트는 인내를 가지고 꼼꼼하고 철저히 연습할 때 실력이 향상된다. 그런데 이것이 다른 악기에 비해 아주 천천히 길러진다는 것에 어려움이 있다. 하지만 이러한 인내의 열매로 우리가 사랑하는 하나님께 드리는 음악이 더 좋아진다면 이것은 큰 보람이고 감사한 일로서 기꺼이 인내할 수 있다.

(4) 겸손과 온유

겸손과 온유는 성도의 큰 덕목 중 하나이다. 이 둘은 예수님의 품성으로 온유함은 겸손과 연결되어 있고 겸손 역시 온유함에서 나온다. 예수님께서는 축복의 말씀에서 "온유한 자는 땅을 기업으로 받을 것이라"(마태복음 *5:5*)고 하였으며 예수님은 직접 자신을 온유하고 겸손하다[31]라고 말씀하시면서 그에게로 와서 배우라고 하셨다. 성격

31 | 마태복음 11장 29절 "나는 마음이 온유하고 겸손하니…"(표준새번역 개정판)

이 급하거나 고집이 세어 다른 사람들과 화합이 잘 안되고 자기의 주장대로만 하려고 하는 사람은, 세상의 일에서도 어려움이 있을 것이며 교회에서 하나님의 일을 하는 사람으로는 더 큰 어려움이 있을 것이다.

겸손과 온유는 가진 자에게서 나오는 너그러움이다. 그래서 억지로 겸손하거나 온유해지려고 하는 데는 한계가 있다. 그 가진 자라는 의미는 하나님을 모신 사람이라는 뜻이다. 그리고 모든 사람을 다 하나님이 주신 생명으로 귀하게 여기고 서로의 다름을 인정하는 마음이 있을 때 사람은 온유할 수 있다. 자신과 함께 일하는 사람, 자신이 섬기는 교회 성도들 모두를 귀하게 여길 때 겸손과 온유는 오르가니스트에게 자연스럽게 나올 수 있다. 동시에 자신의 부족함을 알고 하나님께서 부르셨음을 알 때에도 이런 겸손과 온유가 자연스럽게 나온다. 자신이 스스로 똑똑하고, 가진 것이 충만하다고 생각하면 이런 품성이 나오기 힘들다. 자신의 부족함을 안다면 다른 사람의 부족함도 인정하게 되며 따라서 온유할 수 있다. 다른 사람의 부족함을 탓하거나 비방하지 않으면서 오히려 채워줄 것이다.

성경에서 가장 온유한 사람으로 모세를 들 수 있다. 그래서 그는 이스라엘 백성을 애굽에서 가나안으로 이끌어 내는 대 역사를 이루어 내었다. 40년 동안 백성으로부터 온갖 원망과 불평을 들어가면서 이스라엘 백성을 하나님께로 이끌었던 모세는 지도자의 이상적인 모습이다. 그는 비록 실수를 하여 가나안에 들어갈 수 없었지만 결코 하나님께 불평하지 않았으며 겸허히 하나님의 뜻을 받아들인 사람이다. 또한 그는 자신을 힘들게 했던 이스라엘 백성을 원망하지 않았으며, 몸이 건강함에도 불구하고 자신의 역할이 끝났음을 알았을 때 기꺼이 자신의 자리를 내려왔던 사람이다. 그래서 그는 하나님께서 그를 천국으로 바로 데려가신 축복을 받았다. 오르가니스트가 이런 모세를 본받았으면 하는 것은 너무 욕심인가?

오르가니스트에게 겸손과 온유가 필요한 또 하나 중요한 이유가 있다. 오르간은 음량 면에서 어떤 악기도 따라올 수 없는 큰 소리를 낼 수 있다. 필자의 유학 시절, 한 오르가니스트는 자신이 오르간을 선택한 이유가 오르간의 "파워(*power*)!"라고 말하면서 오르간의 풀 사운드(*full sound*)의 위력이 얼마나 대단한 것인지 오르간을 연주하면서 보여 주었다. 당시 그 오르가니스트의 농담 같은 말을 심각하게 들은 사람은 별로 없는 것 같았다. 겸손과 온유가 없을 때 오르가니스트는 이 악기의 파워에 의존하여 폭군처럼 오르간을 연주할 수 있는 것이 이 악기의 특징이다.

필자는 실제로 그런 폭군 같은 오르가니스트의 연주를 가끔 듣기도 한다. 그 연주를 듣고 있으면 누구랑 싸우고 있다는 느낌이다. 물론 이것은 각기 듣는 사람마다 다를 수도 있다. 하지만 이러한 것을 느낄 수 있는 것은 많은 연주와 많은 음악을 들음으로써 분석하면서 느낄 수 있는 통찰력(*insight*)이기 때문에 아무나 가지는 것은 아니다. 이런 폭군 같은 연주자의 음악은 듣는 사람에게 자기의 음악을 들으라는 명령같이 들린다. 사실 작곡가 중에도 폭군 같은 작곡가가 있어 곡을 정신없이 몰고 가면서 청중에게 이해하기를 그리고 따라오기를 강요하는 작곡가가 있다. 이런 작곡가와 같이 이 오르가니스트는 대체로 자신의 연주와 음악에 자신감이 강한 사람으로 청중에게 자신을 보여주려는 의지가 많은 사람이다.

또한 가끔은 오르간이 신경질적으로 들리는 때도 있다. 연주자의 마음이 편하지 않을 때 오르간은 그렇게 반응한다. 사실은 오르간만 그런 것이 아니라 모든 악기가 그러하다. 음악은 처음 작곡될 때 작곡자의 생각이 담겨 있는 것이지만, 또한 연주 당시 연주하는 사람의 정신 상태를 즉석에서 바로 대변하기도 한다.

오르간은 근본적으로 기계이지만 연주자의 인격적 및 심적 상태를 잘 표현해 내는 악기이다. 이것은 다른 악기에 비해 오르간은 가장 큰 다이내믹의 범위를 가지고 있으며 동시에 다양한 음색이 있기 때문에 그러하다. 오르간은 연주자가 원하는 대로 자기 자신을 나타낼 수 있는 악기로서, 악기 중에서 연주자에게 가장 많은 권한을 주는 악기이다. 오르가니스트는 아무리 큰 악기라도 조용한 악기로 만들 수 있다. 그리고 예배에서 다양한 음색과 다이내믹의 선택은 오르가니스트에게 거의 100% 달린 일이라 해도 과언이 아니다.

그래서 오르간은 정직한 악기이다. 연주자가 뭘 보여주려는지 뭘 나타내려는지, 어떤 성향인지, 무엇을 원하는지가 먼저 음색에서 드러나고 볼륨에서 재확인 된다. 그래서 음색이 구체적으로 지시되어 있는 프랑스 오르간 곡을 제외하고는, 음색이 지시되지 않은 대부분의 오르간 곡은 연주자에 따라 음색이 다 다를 수 있다. 예를 들면 바흐의 전주곡과 푸가의 연주는 연주자에 따라 다양한 음색이 사용된다. 이 곡들을 많은 음색과 함께 엄청난 볼륨으로 연주할 수도 있고 작은 음색으로 섬세하게도 연주할 수도 있다. 물론 바로크 곡의 연주에는 대체로 바로크의 전형적인 음색이 있기는 하지만 이것까지도 연주자에 따라 다른 해석이 가능하다. 더구나 지금은 바로크 시대가 아닌 것은 물론 바로크 악기도 아니며 현대 악기로 현대 사람에게 연주할 때는 바로크 시대와 다르게 연주할 수도 있다.

최근 필자가 다녀온 한 연주회에서 오르가니스트의 바흐 곡 연주는 완전히 현대적인 해석이었다. 음색은 물론 템포까지 연주자의 독창적인 상상력에 의한 해석으로 일관하였다. 오르간은 이렇게 연주자에게 거의 모든 것을 일임하는 악기로서, 특히 오르간의 고유 특징인 음색에서는 연주자의 예술적 감각과 음악적 지식 및 이해의 총 결정체가 된다. 낭만 시기 이후 현대 오르간 곡의 경우는 그 차이가 더 다양할 수 있다. 곡에서 다이내믹이 지시되어 있다고 해도 여전히 다양한 음색의 조합은 가능하다. 이렇듯 오르간 곡은 음색과 볼륨에서 연주자의 성향과 마음의 상태, 및 의지가 많이 드러난다.

연주자의 평안하고 평화스러운 영적 상태는 곧바로 그런 음악으로 나타난다. 겸손하고 온유한 마음에서 연주된 음악은 성도들에게 평화와 안위를 준다. 어떻게 이런 마음을 가질 수 있을까? 예수님의 마음이다. 이것은 겸손하고 온유한 예수님의 마음으로, 하나님 앞에서 자신을 비우고[32] 사람을 귀하게 생각하면서 하나님만을 바라본다면 이러한 마음은 자연스럽게 찾아올 것이다.

그래서 오르가니스트는 오르간의 볼륨(*volume*, 음량) 사용에 유의해야 한다. 음량을 크게 할 경우 이것이 꼭 필요한 것인지 그리고 음악적인 것이지를 스스로 확인해야 한다. *ppp*부터 *fff*까지 다양한 음색과 음량으로 연주를 하더라도 그 안의 내용은 늘 같아야 한다. 즉 악기나 자신을 드러내는 것이 아니라 그 속에서 하나님을 찬양하고 자신의 겸손한 고백이 들어있어야 한다. 이럴 때 오르가니스트의 음악은 온유하고도 겸손한 하나님의 음악이 될 것이다. 비록 엄청난 세기의 곡을 연주하게 되더라도 그렇다. 그 큰 소리는 크게 들리는 것이 아니라 장엄하고 웅장하게 들릴 것이다. 하지만 자신을 나타내려고 하는 사람의 연주는 작은 소리에도 시끄럽게 들릴 수 있는 것이 오르간이다. 사람은 온유하고 겸손한 사람 옆에 있고 싶어 한다. 온유와 겸손으로 만들어 내는 오르간 소리는 천상의 소리로 하나님을 찬양하고 성도들에게 평안과 위로를 줄 것이다.

---

32 | 빌립보서 2장 5-7절 "너의 안에 이 마음을 품으라 곧 그리스도 예수의 마음이니 그는 근본 하나님의 본체시나 하나님과 동등됨을 취할 것으로 여기지 아니하시고 오히려 자기를 비어 종의 형체를 가져…"(개역성경)

(5) 예배에서 자신의 소임을 잘 할 수 있는 만큼의 자존감

오르가니스트는 예배에서 회중 찬송을 비롯하여 많은 순간에 예배를 이끌어 간다. 그러기에 오르가니스트는 지나치면 곤란하지만 성도들에게 평안함과 안정감을 줄 정도의 확신과 자존감이 있는 사람이어야 한다. 이것은 자신을 믿는 사람이라기보다는 하나님을 믿음으로 담대함이 있는 사람을 의미한다. 사도 바울은 말씀한다. 그는 우리가 하나님 보좌 앞에 담대히 나아간다고[33] 말씀한다. 이것은 하나님의 종으로서 스스로를 귀하게 여길 때 가능하다. 물론 모든 사람은 부족한 점을 다 가지고 있다. 하지만 자신의 약함 때문에 자신감이 없어 보인다거나 급작스러운 일이 생기면 지나치게 당황하여 상황을 안정적으로 이끌어 갈 능력이 없다면 오르가니스트로서는 곤란하다.

한 예로서, 예배 중 찬송가 장수가 예배 인도자에 의해 잘못 공포될 때 오르가니스트는 그 잘못 공포된 찬송가를 전주해야 할지 아니면 주보에 쓰인 찬송가를 전주해야 할지 빨리 결정해야 한다. 이것은 그 실제 상황에 따라 다를 수 있다. 어떤 상황이었느냐에 따라 주보에 실린 찬송가를 전주할 수도 있고, 아니면 주보와 다르게 공포된 찬송가를 전주할 수도 있다. 이것은 오로지 오르가니스트가 그때 상황을 잘 파악하여 결정할 수밖에 없는 일이다. 많은 경우 이때는 주로 주보에 실린 찬송가를 전주하는 것이 안전한 쪽이라 할 수 있다. 왜냐하면 예배 인도자가 찬송가를 변경할 경우에는 대체로 예배 전에 반주자에게 알려주든지 아니면 예배 시간 당시에 찬송가를 변경한다고 말씀하기 때문이다. 그리고 다른 찬송가를 즉석에서 바꿀 경우에는 설교 말씀 중에 그런 암시가 종종 있기 때문에 설교를 경청하고 있으면 이것 또한 판단하기 그리 어렵지 않다. 그래서 그런 언급이나 암시 없이 주보에 쓰인 것과 다른 찬송가를 공포하였다면 자신의 결정을 믿고 주보의 찬송가를 연주하는 것이다. 그럼에도 불구하고 주보의 찬송가를 연주한 것이 잘못된 판단이었다면 조급해 하거나 당황하지 않고 여유 있게 변경된 찬송을 다시 연주하면 될 것이다. 이때 찬송가를 다시 찾는 일은 오르가니스트만 하는 것이 아니고 성도들도 같은 상황이기 때문에 시간적으로 여유가 있다. 당황하거나 허급지겁 하는, 안정감이 부족한 오르가니스트의 연주는 회중 찬송에서 에너지와 기쁨을 감소시킬 가능성이 높다.

---

33 | 히브리서 4장 16절 "…은혜의 보좌 앞에 담대히 나아갈 것이니라"(개역성경)

그리고 오르가니스트가 예배 중 자신의 실수에 대해서 자책하는 행동을 하는 것은 좋지 않다. 이것은 실수를 했을 때 뻔뻔해도 좋다는 것이 아니라 실수가 있었더라도 그로 인한 동요를 최소화해야 한다는 것이다. 이것은 모든 음악 연주자에게 요구되는 기본적인 자세이기도 하다. 이것은 연주자의 무대 예절(*stage manner*)에 해당하는 것으로 연주 전공자들은 학교 수업에서 배운다. 더구나 예배에서 오르간으로 책임을 지고 있는 사람으로서, 예배는 계속 진행되어야 하기 때문에 실수를 한 순간으로 제한시키고, 이어지는 예배 순서에서 흔들림이 없어야 한다는 것이다. 그래서 오르가니스트는 속으로 울면서, 부끄럽지만 그것을 밖으로 표현할 수 없는 때가 있다. 예배가 다 마칠 때까지 자신을 바로 세우고 겉으로 동요함 없이 예배를 잘 붙들어야 한다. 당황하더라도 성령님의 도우심을 구하면서 주님 앞의 귀한 종으로서 끝까지 섬기는 모습을 잃지 않는 것이 중요하다.

피아니스트 백건우씨가 한 말이 있다. 그는 연주자가 가져야 할 두 가지 중요한 덕목으로 연주자로서의 겸손함과 청중을 설득할 만큼의 자신감을 말하였다. 일반 대중을 상대로 하는 연주에서 이런 자세는 참으로 중요한 것이다. 하물며 하나님께 드리는 예배에서 하나님 앞과 사람 앞에서 겸손하고, 자신과 더 나아가 전 성도의 예배를 위해 담대하게 하나님 보좌 앞에 나아가는 자신감은 예배 음악을 담당하는 오르가니스트로서 매우 중요하다.

그리고 그는 하나님 앞에서 최선을 다했는지를 점검한다. 자신이 최선을 다했을 때 가질 수 있는 자신감과 자존감은 하나님께서 주시는 선물이다. 이것을 교만과 혼동해서는 안 된다. 하나님은 사람의 중심을 보신다. 하나님의 종으로서 스스로를 귀하게 여기고 최선을 다할 때 하나님 앞에서 담대하게 나아갈 수 있다.

필자의 유학 시절, 유학 온지 얼마 되지 않은 한 학생이 있었다. 대부분의 유학생이 처음 경험하는 대로 그도 공부가 힘들었던 상황이었다. 지도 교수로부터 좋지 않은 평가를 받으면서 스트레스를 많이 받는 것이 주위의 유학생들에게 알려질 정도였다. 그런데 학교 대학원생 사무실 그의 책상에는 이런 글이 적힌 노트가 붙어있었다고 한다. "나는 하나님 앞에서 성공한 사람이다". 우리 모두가 이렇다. 우리가 부족하지만 구원 받았으니 성공이 아니고 무엇인가. 더욱이 오르가니스트로 부르심을 받았으니 축복 중의 축복이다.

(6) 지휘자와 다른 음악인들과 잘 협력하는 사람

이것은 앞서 나온 여러 덕목과 관련이 있는 것으로 오르가니스트는 교회 내의 음악인들과 잘 협력하는 것이 중요하다. 특히 지휘자와의 관계는 더 중요하다. 우리나라 교회의 현실은 대체로 지휘자는 나이가 많은 반면 반주자들은 이에 비해 어리다. 이런 상황에서 많은 경우 지휘자는 반주자에게 명령하는 성향이 강하다. 오르가니스트가 지휘자와 동등한 위치에서 "함께" 일하는 것이 아니라 지휘자 "아래에서" 시키는 대로 해야만 하는(?) 그런 분위기가 현재 한국 교회에 많이 있다. 이런 것은 잘못된 현실이다.

나이가 적은 사람이 나이가 많은 사람에게 예의를 지키고 겸손하게 그들의 경력에서 오는 지식과 지혜를 얻으며 사는 것은 슬기로운 것이다. 하지만 전문적인 일에서는 이런 나이의 서열은 중요하지 않다. 오로지 음악에 관한 것만이 있다. 지휘자와 반주자 두 사람의 음악의 해석과 음악적인 깊이를 합하여 좋은 음악을 만드는 일이 목표인 것이다. 그래서 누가 옳고 그른 것이 아니라 서로 의견을 교환할 수 있어야 한다. 나이의 차이가 소통에서 장애가 되는 것은 이 세상에서, 음악 세계에서, 그리고 신앙의 세계에서는 더욱 아니다.

우리나라 교회 지휘자는 대체로 오르간을 잘 모른다. 이것은 많이 아쉬운 부분이다. 좋은 성가대 찬양을 위해 두세 음악인이 마음을 모아서 협력해서 서로 의견들을 교환하면서 좋은 찬양이 나오도록 해야 한다. 서로를 존중하지 않은 상태에서 협력은 나올 수 없으며 당연히 좋은 찬양 또한 힘들다. 서로의 좋은 음악을 함께 모으면 훨씬 더 좋은 음악이 나오는 것은 당연하다. 지휘자는 자신에게 없는 좋은 음악이 반주자에게 있을 수 있다는 것을 간과하면 안 된다. 그렇다고 오르가니스트가 지휘자보다 앞서는 행동을 해서는 안 된다. 오르가니스트는 지휘자의 장점을 보면서 단점을 이해하고 또한 이것을 보이지 않게 보완해 줄 수 있어야 한다. 이것이 하나님의 종의 모습이다. 왜냐하면 그것은 지휘자를 위해서라기보다 하나님을 위해서이기 때문이다.

필자는 대학 시절에 크게 잘못한 일이 있다. 필자가 대학교 2학년 때 새로운 교회에 피아노 반주자로 갔었다. 그 교회의 성가대 지휘자는 나이가 좀 있는 사람으로 음악을 전공한 사람이 아니었다. 그런데 당시 필자가 보기에는, 사람을 판단하는 필자의 교만한 생각으로, 성가대의 발전에는 열심이 없어 보였고 성가대 연습 시간도 대충하는 편으로 보였다. 그러다 보니 그 당시 스스로 잘 났다고 생각하던 음악대학 2학년(“*Sophomore*”) 학생의 눈에는 그 지휘자가 많이 부족해 보였고, 그러다 보니 성가대 연습 중에 지휘자의 잘못된 해석이나 연습을 그냥 넘어갈 수가 없었다. 그런데 필자는 그 지휘자의 부족함을 보완해 주지를 못했었고 오히려 연습 도중 가끔 지휘자의 실수를 고쳐주기도 했다. 여기서 물론 반주자가 음악적으로는 맞을지 모르지만 반주자의 자세로서는 빵점이었다. 필자 때문만은 아니기를 바라지만 그 지휘자는 시간이 흐른 후 성가대를 그만 두었다. 필자는 지금도 이 잘못으로 하나님과 그 지휘자에게 죄송하고 필자가 한 일에 대해 부끄럽게 생각한다. 이 글을 쓰면서도 그 지휘자와 하나님께 죄송한 마음을 금할 길이 없다.

필자는 그 지휘자에게 용서를 구하는 마음으로 이후에 함께 일하는 지휘자가 혹시 부족한 면이 보이더라도 이해하고 함께 노력하면서 잘 협조하고 더 잘해주려고 노력하는 편이다. 하지만 그 지휘자에게는 죄송하고 미안한 마음이 사라지지 않고 있다. 미국에서 공부하고 귀국했을 때 사실 제일 먼저 하고 싶었던 일은 그 지휘자를 찾아가서 용서를 비는 일이었다. 하지만 한 번 정도 지휘자에 대해서 알아본 이후로는 더 이상 찾지 못했던 것이 지금까지 필자의 마음을 무겁게 하고 있다. 그래서 필자는 그 이후 교회에서 지휘자 일로 힘든 일이 생기면 필자의 지난 일을 회상하며 스스로 반성한다. 사실 우리에게 일어나는 어려운 일은 다른 사람으로 인한 것이 거의 아니다. 이 일은 대체로 대부분은 자신의 문제이며, 남의 문제가 아니라는 것을 서서히 깨닫게 되었다.

필자는 반주자들에게 부탁한다. 필자와 같은 전철을 밟지 않기를 간곡히 부탁한다. 자신이 지휘자보다도 혹시라도 그리고 조금이라도 더 많이 아는 것이 있다면 그것은 섬기기 위함이지 자기 자신을 위한 것이 아니라는 것이다. 그래서 그 아는 지식이 자신을 위한 것으로 착각하여 교만에 빠지지 말고, 그 지식과 재능은 함께 나누면서 약한 자가 있으면 도우며 사용하라고 하나님께서 주신 것이라는 사실을 잊지 말아야 한다. 그리고 지휘자의 권위를 성가대원 앞에서 세워줘야 하는 사람은 바로 반주자라는 것을 잊지 않기를 바란다.

실제로 많은 교회 음악 학자들이 책에서 지적하는 것은, 교회 음악인들의 전문적인 훈련 과정에서 오르가니스트가 공부한 곡의 레퍼토리가 지휘자의 것보다 더 우수하다고 인정한다. 오르가니스트는 음악 역사상 가장 뛰어난 음악가 바흐의 음악을 거의 일 년 내내 연주하는 편이다. 바흐 작품을 비롯하여 많은 오르간 작곡가들의 곡을 필자가 35년을 넘게 공부해오면서, 이 곡들은 뛰어난 오케스트라 교향곡과 실내악곡의 깊이와 음악적 풍부함을 능가하거나 버금가는 곡들이라는 것을 느낀다. 이런 곡들을 늘 매주 옆에 두고 연습하고 연주하고 또 듣곤 하는 오르가니스트의 음악 세계는 다른 어떤 연주자보다 뛰어날 것이라는 것이 필자의 견해다. 그러나 실제로 교회에서 성가대 찬양곡(*anthem*)은, 특히 우리나라 교회의 성가대 찬양곡은 이러한 오르간 곡에 비하면 음악적으로 단순한 편이기 때문에 자칫 잘못하면 스스로 음악적 자만심에 빠질 경향이 많은 것이 우리나라 오르가니스트이다. 그래서 교회 오르가니스트는 이 점에서 늘 경각심을 가지고 자신을 내려놓지 않으면 오늘도 언제든지 시험(유혹)에 빠질 수 있다.

지휘자 스스로도 물론 특히 다른 반주자들과 좋은 협력 관계를 가져야 한다. 음악인들 서로가 잘 협력하는 관계를 만드는 데는 많은 부분이 지휘자의 역할이다. 하지만 반주자는 연습과 예배 시에는 지휘자에게 절대적인 권리를 부여해야 한다. 사적인 자리에서는 얼마든지 제의와 건의를 할 수 있으나 일단 연습 시간에는 지휘자를 존중해야 한다. 사실 예외적으로 어떤 교회를 보면 지휘자보다 반주자가 더 음악적으로 나은 경우를 본다. 하지만 성가대 찬양을 위해서는 연습과 예배에서 지휘자를 존중하고 지휘자의 지휘 아래에서(*under his baton*) 한 음악이 되도록 해야 하는 것이 반주자의 할 일이다. 더구나 교회에서는 지식이나 재능의 많고 적음이 사람을 판단하는 척도가 아님을 기억하고, 하나님께서 사무엘을 통해 다윗을 왕으로 뽑았을 때 하나님은 사람의 중심을 보신다고 한 사실을[34] 기억해야 한다.

필자가 알고 있는 미국 한 지휘자는 자신과 교회 오르가니스트의 관계를 말하면서 그는 자신의 교회 오르가니스트는 그의 가장 친한 친구(*best friend*)라고 하였다. 평일에 그는 오르가니스트와 자주 식사도 하며 오르가니스트는 물론 그의 남편의 생일과 결혼기념일도 기억하며 함께 축하하는 시간을 가진다고 하였다. 한국의 교회 성가대 지휘자와 오르가니스트도 이렇게 될 수 있다. 이런 가운데서 좋은 음악이 나오는 것은 자연스러운 열매일 것이다.

오르가니스트가 또 중요하게 생각해야 할 것은 다른 음악인들과의 관계에 있어서도 적극적이고 협조적이어야 한다는 것이다. 우리나라에서 오르간은 여러 모로 사람

34 | 사무엘상 16장 7절 "…나의 보는 것은 사람과 같지 아니하니 사람은 외모를 보거니와 나 여호와는 중심을 보느니라"(개역성경)

들에게 익숙하지 않는 악기이다. 피아노는 대부분 가정에서 가지고 있는 악기로서 피아니스트 경우는 사람들과 자연스럽게 친할 기회가 많다. 하지만 오르간은 그렇지 않다. 그리고 피아노는 다른 악기나 성악과 앙상블을 할 경우가 흔하지만 오르간은 이런 기회 또한 많지 않다. 이러한 여건에서 오르간은 대체로 혼자인 경우가 많으며 여러 사람과 함께 연주하거나 함께 일하는 경우가 많지 않기 때문에 협동심과 협력하는 마음이 적게 길러지는 것이 사실이다.

그래서 오르가니스트는 자신이 적극적으로 다른 악기 내지 성악과 함께 연주하며 일하는 기회를 얻는 것이 필요하다. 혼자서 조용히 있는 것만이 교회에서 좋은 것이 아니라 음악적인 활동에서는 활발히 주위 음악인들과 교류하면서 늘 소통에 문제가 없어야 하며, 나아가 적극적으로 함께 연주하는 기회를 더 많이 가지도록 노력해야 한다. 그래서 평소에 많은 사람들과 친분을 가져놓는 것이 좋으며, 이것은 자신에게도 좋을 뿐만 아니라 오르간 음악의 대중화에 기여하는 일이기에 더욱 바람직한 자세이다.

우리나라 교회에서 피아노와 성가대는 늘 가까이 위치해 있는 반면 오르간은 대체로 성도들과 성가대, 혹은 다른 음악인들과 떨어져 있는 경우가 가끔 있다. 교회당 안에서의 이런 거리감이 혹시 있다면, 이것은 사람의 무의식으로 자리 잡혀 사람과 거리까지 멀어지게 할 수 있다. 오르가니스트는 스스로 다른 사람들과 함께 일하면서 다양한 연주를 많이 시도해야 한다. 악기 특성상 혼자 있고, 혼자 하는 습성이 교회 내의 예배 음악에서 장애가 되지 않도록 할 것이다.

(7) 스스로 일을 하는 사람(self-starter): 악기 관리까지

직장에서, 특히 창의적인 일을 하는 직장에서 일하는 사람이라면 알아서 스스로 일하는 사람(*self-starter*)이 얼마나 중요한 것인지 잘 알 것이다. 대부분의 사람은 자기에게 주어진 일, 혹은 시키는 일만 한다. 이런 사람은 자신의 직장에서 성공하기 힘든 사람이다. 성공하는 사람은 자기에게 맡겨진 일뿐만 아니라 자기의 위치에서 할 수 있는 일이 더 있는지 스스로 자신의 일을 찾아서 하는 사람이다. 하물며 하나님의 교회 일인 경우는 더 그렇다. 이것은 오르가니스트가 교회의 모든 일에 얼굴을 내미는 것과 다른 의미이다.

교회에는 여러 부서가 있다. 오르가니스트는 오르간으로 연주하는 모든 음악에 책임을 지는 사람이다. 또한 그는 연주뿐만 아니라 오르간과 관련된 모든 일을 책임져야 한다. 오르간에 작은 이상이라도 발견되면 교회에 알리고 악기사에 요청하여 오르간을 정상으로 만들어 예배에 지장이 없게 하여야 한다. 그는 오르간 관리에서 허술하면 안 된다. 금요일까지 오르간이 정상인지 확인해야 하고 오르간 청소는 스스로 해야 한다. 오르간 청결을 교회 관리자에게 의뢰하는 것은 오르가니스트의 수치이다. 자신이 연주하는 악기를 자신이 보살펴야 하는 것은 당연한 것인데 어떻게 다른 사람에게 이 일을 맡길 수 있는가.

가끔 교회를 방문하면 오르간 주위가 산만하고 어지러울 때가 많다. 더욱이 오르간에 먼지가 잔뜩 있을 때도 있다. 필자가 한 교회에 오르간을 연주하러 갔을 때의 일이다. 필자는 그 교회의 오르간이 너무 지저분하여 연습하기 전 한동안 오르간을 깨끗이 닦는 일부터 했어야 했다. 건반에 먼지가 너무 많아 오르간을 연주하면 손이 금방 더러워질 정도였다. 그리고 온갖 악보들이 오르간 위와 오르간 양 옆에 쌓여 있는 것을 필자가 정리한 적도 있다. 이런 일은 오르가니스트로서 다시 생각해 볼 일이다. 오르가니스트는 연주만 하는 것이 아니다. 더욱이 그 지저분한 악기와 환경에서 어떤 좋은 음악이 나올 수 있겠는가? 이런 것은 작은 일처럼 보일지 모르지만 이런 일에서부터 오르가니스트의 음악은 만들어진다. 오르간과 관련된 것은 스스로 찾아서 일을 하는 사람이 하나님의 음악인으로 당당할 수 있다.

그리고 예배 준비에 오르가니스트는 적극적으로 임해야 한다. 성가대 찬양은 지휘자가 곡을 주기 전에 미리 곡을 받아서 연습하도록 한다. 지휘자가 악보를 줄 때까지 기다리는 것은 게으른 반주자이다. 몇 주 전부터 혹은 한 달 전부터 곡을 받도록 한다. 평소 미리 준비하지 않는 지휘자라면 이것을 처음에 귀찮아 할 수 있으나 이 일이 좋은 습관이 되면 지휘자의 성가대 준비에도 좋은 일이 된다.

예배의 회중 찬송은 더욱 중요하다. 목사님께 미리 말씀드려 찬송가를 빨리 받도록 한다. 찬송가가 나올 때까지 기다렸다 받고 연습하는 것은 바람직하지 않다. 혹시라도 예배 중에 오르간 실수가 있을 때 찬송가가 늦게 나와서 연습을 충분히 못해서 그렇다고 말하는 것은 부끄러운 변명이다. 무엇이든 미리 스스로 찾아서 연습에 만전을 기해야 한다. 주보도 가능한 한 빨리 받고 예배와 관련된 모든 것을 스스로 찾아서 준비할 것을 권한다. 무엇 때문에 기다리는가? 하고 싶은 사람은 스스로 한다. 결국 그 일을 하고 싶지 않는 사람이거나, 좋아하지 않는 사람이, 혹은 열심이 없이 습관적으로 하는 사람만이 변명하는 것이다. 오르가니스트로 부름 받아 교회를 섬길 때는 온전하게 모든 일을 수행하는 것이 먼저 자신에게 중요하고 당연히 하나님께 좋은 예배가 될 것이다.

(8) 정서적으로 성숙한 사람, 책임감이 있는 사람

예배에서 음악을 담당하는 사람들, 즉 지휘자, 성가대원, 피아노 반주자, 그리고 오르가니스트는 교회에서 지도자 역할을 하는 사람들로서 정서적으로 성숙함은 매우 중요하다. 어린아이는 지도적인 일을 할 수 없다. 하지만 교회 안에는 정서적으로 성숙하지 못한 음악인들이 가끔 있다. 이것은 예술가로서의 예민함이 아니라 정신적으로 어린 경우이다. 교회 오르가니스트는 예배를 이끌며 성도를 도우는 책임이 있는 사람이다. 그래서 성숙한 어른만이 이 일을 감당할 수 있다. 교회 음악인들 중에는 남이 싫은 소리를 하면 그걸 받아 넘기지 못해 정신적으로 심한 스트레스를 받기도 하고, 결국 맡은 일을 성의 없이 하는 경우가 있다. 이런 비성숙함은 무책임감으로 연결된다.

어린아이는 어떤 일도 책임질 필요가 없다. 다 어른이 알아서 해 주기 때문이다. 하지만 어른은 다르다. 어른은 자기 일을 자기가 알아서 스스로 하는 사람일 뿐 아니라 자신이 맡은 일은 무슨 일이 있어도 책임을 지고 한다. 궁색한 변명을 늘어놓지 않는다. 그리고 잘못한 것이 있으면 책임을 지고 되돌려 놓던지 해결을 한다.

현대 사회에서 책임지는 어른들이 점점 줄어들고 있다고 한다. 무슨 일이 생기면 누구 하나 책임지는 사람이 없을 정도로 이 사회가 궁핍해지고 있다. 남이 잘못하면 큰소리 치던 그 많은 어른들은 자신의 잘못이나 자신이 속한 단체의 잘못에는 입을 다문다. 이 사회를 이야기할 필요도 없이 교회 안에도 마찬가지이다. 우리는 교회에서 맡은 일에 대한 책임 의식이 철저해야 한다. 책임감이 강한 사람은 모든 사람에게 신뢰감을 준다. 혹시 타고난 음악적 기량이 부족하더라도 책임감으로 똘똘 뭉친 오르가니스트의 음악은 하나님께서 인정하실 뿐만 아니라 성도들도 그 음악에 감동한다. 최근 젊은이들은 예전의 젊은이들에 비해 정신적으로 어리다고 종종 말을 한다. 독립심도 약하고 뭐든 남에게 잘 의존하면서 스스로 하는 것도 잘 못하는 경우가 있다고 한다. 이것은 책임 있게 뭘 해내는 경험이 적어서 생긴 현상일 수 있다. 교회 음악인은 교회 내의 다양한 층의 사람들을 섬기기 때문에 정신적인 성숙함을 위해 평소 훈련이 필요해 보이는 현실이다.

교회 안에서 일할 때는 주위에서 여러 이야기를 듣는다. 좋은 것 좋지 않은 것 다양하게 들을 때 감정을 상대방에게 그대로 나타내는 것은 좋지 않다. 일희일비(一喜一悲) 하지 않는 것은 중요하다. 사람을 의존하지 않고 하나님만을 의지하면서 맡은 일에 충실한 것이 중요하다. 어떤 일에 쉽게 감정을 폭발하지 않으면서 자신을 잘 절제하는 정신적으로 성숙한 사람, 그래서 자신의 일에 책임감을 가지고 책임을 지는 오르가니스트는 하나님과 교회에서 인정을 받을 것이다. 오르가니스트는 오늘도 하나님 앞에서 도(道와 *Do*, 음의 도)를 닦는 사람이다.

3) 예술적 자질

우리나라 교회는 서양의 교회에 비해 교회 음악인들의 예술적 자질에 관심이 많이 적어 보인다. 그런데 영적인 자질에도 관심이 별로 없어 보일 때가 있으니 웬 일인가. 이것은 잘못된 것이다. 교회 음악은 전문 분야이다. 그리고 음악이기에 기술적이고 예술적인 부분이 중요하다. 가끔 교회에서 "뭐 연습이 그렇게 필요한가? 그냥 은혜롭게 찬양만 하면 되지" 하면서 연습의 필요성을 인정하지 않는 사람들이 종종 있다. 이런 사람에게 은혜롭게 찬양한다는 것이 무엇을 의미하는지 물어 봐야 한다. 은혜는 어떤 때 내려오는가? 세상 사람들도 하는 말이 지성이면 감천이라고 하지 않는가.

르네상스와 바로크 합창 음악에서 뛰어난 영국의 지휘자 존 엘리옷 가디너(*John Elliot Gardiner, 1943-*)는 그의 책 〈Music in the Castle of Heaven, A Portrait of Johann Sebastian Bach〉에서 테크닉의 중요성을 자신의 스승인 나디아 불랑제(*Nadia Boulanger, 1887-1979*)[35]가 한 말을 인용하면서 역설하고 있다. 불랑제는 "천재성이 결여된 테크닉은 많이 가치는 없는 편이다. 하지만 테크닉이 결여된 천재성은 아무 가치도 없다"[36]라고 말한다. 이것은 아무리 천재라 하더라도 연습을 통한 테크닉이 뒷받침 되지 않는다면 그 천재성도 아무런 의미를 가지지 못한다는 뜻으로 천재가 아닌 평범한 음악인이라면 얼마나 연습이 필요하겠는가.

연습 없이 아무나 할 수 있는 예배 음악을 원한다면 그것은 무반주 회중 찬송가가 유일한 것이다. 예배에서 기악 음악과 성가대의 찬양을 없애고 회중 찬송가를 무반주

---

35 | N. Boulanger: 프랑스 여류 작곡가, 지휘자, 오르가니스트. 20세기의 유명 작곡가들을 길러낸 사람으로 J. E. Gardiner와 A. Piazzolla를 포함하여 특히 A. Copland와 E. Carter 등 미국의 20세기 많은 작곡가들이 그의 제자이다.

36 | John Elliot Gardiner, Music in the Castle of Heaven, A Portrait of Johann Sebastian Bach, Penguin Books, 2013, p. 4

로 제창(*unison*) 한다면 교회 음악은 연습이 필요하지 않을 수도 있다. 그러나 이런 경우 교회 안에는 평범한 음악만이 있을 것이며 교회 음악의 발전이라는 것은 전혀 의미가 없을 것이다. 칼빈이 그랬다. 하지만 그는 이런 뜻에서 무반주 회중 찬송가만 예배에서 허가한 것은 아니었다. 그는 가톨릭 교회의 잘못된 것을 거부하는 것으로 성가대와 악기를 금했다. 그는 처음에는 회중 찬송까지 부정하는 경향을 보였으나 루터의 회중 찬송가인 코랄의 영향으로 회중 찬송가를 도입하게 된다. 또한 이것은 성경을 유일한 권위로 보았던 그로서 성경에도 있는 찬양을 예배에서 없애는 것은 이유가 충분하지 않았던 것 같다.

구약 성경에 레위 지파들 중 성전에서 음악을 담당하던 사람들이 "공교히 연주하다(*skilfully*)"라는 구절이 있다. 또한 시편에서도 하나님께 기술적으로 연주할 것을 말씀하고 있다.[37] 이것은 그들의 예배 음악이 예술적으로, 그리고 테크닉적으로 뛰어났음을 의미하는 것이다. 하나님은 성전에서 연주되는 음악은 최고의 음악이 되도록 모세에게 명령하였으며 이것은 다윗과 솔로몬에게까지 전해 내려온다. 그 하나님은 지금도 살아계시는 하나님이시다. "The God of Abraham, the God of Isaac, the God of Jacob"(출애굽기 *3:6*). 그러면 그때와 지금이 왜 다른 것인가? 과거에 늘 최고를 드리면서도 두려워하고 떨면서 드리던 예배가 현대에 와서 가볍고 편한 예배로 바뀌는 것이 진정 하나님께서 원하시는 것인지 스스로 물어야 한다. 구약의 하나님과 신약의 하나님, 그리고 현대의 하나님은 같은 분이시다. 교회에서 하는 음악은 대충 해도 되고, 세상 연주회장의 음악은 열심히 준비하고 연습하는 것이 신앙인으로서 이해가 되는 말인가?

음악사에서 보면 중세(기원 후 *500*년-*1450*년)부터 르네상스 시기(*1450*년-*1600*년), 그리고 바로크 시기(*1600*년-*1750*년)까지 교회 음악은 세상 음악과 비교할 수 없을 정도로 우수한 음악이었다. 특히 지금까지 보존되어 있는 중세의 교회 음악은 음악사적으로 귀한 자료이며 이것에 비해 교회 밖의 음악은 수적으로나 질적으로 미흡하다. 서양 음악의 중요한 기초를 이루었던 중세부터 바로크 시기 동안에는 최고의 작곡가와 연주가들이 교회 안에 있었다. 이 이유는 교회에서 예배 음악의 중요성을 알고 있었으며

---

37 | 시편 33편 3절 "…아름답게 연주하여라"(표준새번역 개정판) "… play skilfully with a loud noise"(King James Version)

최고의 음악을 하나님께 드리기 위해 교회가 작곡가와 연주자들의 생계를 적극 후원하였기 때문이다.

그 당시 모든 것의 중심이었던 교회는 세상에 직접적으로 영향을 주었다. 정치, 경제, 교육, 문화 이 모든 것들이 교회의 영향을 받았다. 교회당 건물은 예술 작품의 총집합체였다. 가장 뛰어난 건축, 회화, 조각, 음악 작품들이 교회와 연관되어 있다. 그래서 예술가뿐만 아니라 일반 사람들도 교회로 몰렸다. 음악인들은 교회에서 그 당시 사람들이 향유할 수 있는 가장 좋은 음악을 연주하였다. 그래서 교회는 당시 일반인들을 위한 최고의 연주회장이기도 했다.

교회 음악의 예술적인 수준은 바로크 시기까지 절정을 이룬다. 바로크 후기로 들어오면서 서서히 약화되기 시작한 교회 음악은 낭만 시기가 될 때까지 예술적인 면에서 고전을 면치 못한다. 뛰어난 작곡가들이 교회 밖에서 활동하면서 교회 안의 작곡가들은 당시 최고의 클래식 음악 작곡가들의 예술적인 수준에서 뒤처져 있었다. 이것은 그들만의 책임이 아니기도 하다. 좋은 작품을 쓰는 것도, 그리고 좋은 작품을 연주하는 것도 교회에서는 예전처럼 적극적이지 않았다. 당시 교회와 교회 음악의 상황은 위기 중에 위기였음이 틀림이 없었다. 왕과 귀족들은 교회가 아닌 궁정의 채플에서 예배를 드리면서 자기들만의 공간과 음악을 즐기기 시작한 것도 교회 음악의 수준을 떨어뜨리는 요인이 되었다. 낭만 후기로 들어오면서 교회 음악 학교들이 생겨나면서 교회 음악은 발전의 전기를 맞이하게 된다. 한동안 뜸했던 교회 음악의 장르들이 다시 작곡되기 시작하고 가톨릭 교회의 시실리안(*Cecilian*) 운동[38]과 개신교의 안정적이 발달로 교회 음악은 조금씩 회복하게 된다. 하지만 오라토리오나 미사곡 혹은 레퀴엠 등의 대규모 연주회용 교회 음악들은 클래식 작곡가에 의해 쓰여진 반면 교회 안의 예배 음악은 이런 작품에 비해 음악적 수준이나 예술성이 떨어지는 경향이 있다.

글의 앞부분에서 지적하였듯이 교회 음악은 클래식 음악의 뿌리이다. 교회 음악과 클래식 음악은 성격 혹은 스타일에서 같다. 이 두 음악의 성격과 스타일에서 작곡가들이 지향하는 방법은 예술적 이상이라는 공통점이다. 물론 그 목표는 서로 다르다. 교

---

38 | 시실리안(Cecilian) 운동: 1800년대 후반에 일어난 가톨릭 교회의 교회 음악 개혁 운동으로, 독일의 F. X. Haber 등에 의해 교회 음악 학교가 세워지면서 교회 음악을 부흥시키고 정비하는 작업이 일어났다. 이 운동의 영향으로 챤트(chant)의 중요성이 다시 부각되고 예배용 오르간 곡들이 많이 작곡되기 시작하였다.

회 음악은 하나님을 찬양하는 것이며 클래식 음악은 예술가 자신의 이상을 위한 혹은 인간의 고상한 즐거움을 위한 것이다. 지금 우리가 즐기는 서양의 음악인 클래식 음악은 교회 음악에서 나옴으로 교회 음악을 닮았다. 교회 음악이 클래식 음악을 닮은 것이 아니라는 뜻이다. 교회 음악은 하나님의 형상을 닮은 인간의 고귀함과 숭고함을 지(*intelligence*)와 영(*spirit*), 그리고 감성(*emotion*)으로 예술적인 미를 통해 골고루 나타내고 있는 음악이다. 이에 비해 대중 음악은 하나님을 닮은 인간에게 있는 세 품성을 고루 나타내는 것이 아니라 감성(*emotion*)을 위주로 나타내는 음악이라는 것이 교회 음악 혹은 클래식 음악과 큰 차이가 있다.

교회 음악은 역사적으로 예술적 수준에서 뛰어난 분야이다. 교회 음악가였던 이탈리아의 팔레스트리나(*Giovanni Pierluigi da Palestrina, c. 1525-1594*)와 바흐의 많은 교회 음악 작품을 비롯하여 교회 음악인은 아니지만 영감 있는 교회 음악을 작곡한 헨델과, 신실한 신앙인이었던 하이든(*Joseph Haydn, 1732-1809,* 오스트리아), 그리고 모차르트, 베토벤, 멘델스존, 브람스(*Johannes Brahms, 1833-1897*), 영국의 브리튼(*Benjamin Britten, 1913-1976*) 등의 교회 음악 작품들은 클래식 음악 중에서도 수준이 높은 음악으로 클래식 중의 클래식이다. 바로크 시기 이후에도 음악사적으로 뛰어난 작곡가들은 대부분 교회 음악 작품을 작곡하였다. 교회 음악은 음악 중에서 가장 순수하고 영적으로 깊이가 있는 영역이기 때문에 신앙인이 아니라 하더라도 예술가로서 평생 도전할 과제이기 때문이다. 이것은 하나님을 찬양하는 음악은 더 신중하고 더 뛰어나야 한다는 것을 말하는 것이며, 또한 이것은 그들의 예술가로서의 양심이었다.

위에서 살펴본 교회 음악의 뿌리와 전통을 생각하면 지금의 교회는 어떠한가? 이런 예술적인 수준을 포기하면서 "대충" 하는 음악으로 하나님께 드리는 교회가 있다는 것은 서글픈 현실이다. 현재 우리나라의 교회 음악은 예술적으로 많이 낮아 교회 밖의 클래식 음악에 비해 상당한 수준의 차이가 있다. 이렇게 된 데에는 여러 요인이 있다. 제일 중요한 것은 교회의 전통이 큰 이유가 되는 것으로 우리나라 교회는 예배 음악 전통에서 많이 약하다. 선교사들에 의해 기독교가 전파될 당시 교회 음악에 대한 그들의 각별한 의식이 없었던 것이 시작에서부터 나타난다. 그 이후에 한국 교회는 교회 음악의 전통과 좋은 교회 음악의 연구에 관심이 없었다. 교회 음악을 가르치는 학교도 늦게 시작하였으며 교회 수에 비해 교회 음악 전공자는 턱없이 부족하다. 특히 목회자의 교회 음악에 대한 인식은 예전이나 현재나 발전하고 있지 않으며 오히려 퇴보하고 있는 것 같다. 세속주의가 교회에 들어오면서 음악을 비롯한 많은 부분에서 교회는 교회의 본질과 좋은 전통을 외면하고 세상과 이미 많이 닮아 있다.

그럼에도 불구하고 우리나라 교회 음악인은 지금의 현실에 대한 책임을 면할 수 없다. 그리고 이렇게 방치하고 있는 교회의 책임 또한 크다. 교회 음악은 일반 클래식 음악과 적어도 대등한 수준의 음악이라야 한다. 그런데 모든 것이 발달하고 있는 지금, 교회 음악은 클래식 음악에 뒤진 나머지 발전을 포기한 듯이 오히려 쉽고 세속적인 대중 음악을 따라가고 있다. 더 심각한 것은 이런 상태를 아무렇지 않게 생각하는 목회자와 교회 음악인이 많다는 것으로, 이것은 한국 교회 음악의 장래를 더 어둡게 만드는 현실이다.

교회에 침투한 대중 음악의 영향을 교회 음악의 전문성의 문제라는 측면에서 설명해 본다. 교회 음악이 대중 음악을 따라 간다면 교회 음악인들은 음악을 전공할 필요가 없어진다. 왜냐하면 일반적으로 대중 음악은 대학 교육을 필요로 하는 것이 아니기 때문이다. 설령 요즈음 들어와서 대중 음악을 대학에서 가르치는 경우가 있다 하더라도 일반적으로 클래식 음악의 10년 이상이 넘는 오랜 훈련 과정의 기간은 필요하지 않다.

대중 음악과 클래식 음악의 근본적인 "정신적인" 개념의 차이와 비교되지 않게, 대중 음악과 교회 음악의 "정신적인" 면과 "음악적인" 면의 차이는 매우 크다. 대중 음악과 클래식 음악은 모두 사람을 위한 음악이다. 단지 그 스타일의 차이와 그 추구하는 방식이 다를 뿐이다. 물론 클래식 작곡가에 따라 청중을 위한다기 보다 자신의 예술적 이상을 위해 작곡하는 경우도 많다. 하지만 그것 또한 자신이라는 사람 중심에서 나온 음악임에는 정신을 같이 한다고 할 수 있다. 하지만 교회 음악은 사람을 위한 음악이 아니라 하나님을 위한 음악이다. 그래서 특히 사람을 위한, 사람에게 호소하는 감상적 표현을 취하는 대중 음악은 교회 음악에 적합할 리가 만무하다. 결론적으로 클래식 음악은 교회 음악과 생긴 것은 비슷하지만 정신은 다른 것인 점에 비해, 대중 음악은 생긴 것도 그 정신도 교회 음악과 다 다르다.

이런 근본적인 차이가 있는 대중 음악이 교회로 들어옴으로써 전통적인 예배 음악은 설 자리를 잃어 가고 있다. 대중 음악은 교회에 들어올 때 클래식 악기가 아닌 대중 음악 악기들을 데리고 들어왔으며 이 악기들은 지금 교회의 중요한 자리에 모두 앉아 있다. 평생을 통해 고된 훈련과 인내가 필요한 오르간은 기능만 익히면 편하고 쉽게 칠 수 있는 신시사이저로 대체되고 있다. 모든 것에서 "쉽게, 간편하게"를 부르짖는 실용성이 교회 안에 들어와 예술성과 영성의 자리를 밀어내고 그 자리에 앉아 있는 것이다.

최근 많은 교회에서는 모든 것을 쉽고 편하게 자신이 즐기면서 사람들을 즐겁게 해주는 목적으로 음악이 선정되고 또 그렇게 연주된다. 영국의 교회 음악학자 루틀리(*Erik Routley, 1917-1982*)는 좋은 찬송가는 "잘 작곡되고(*written*), 잘 선택되고(*chosen*), 잘 불러질(*sung*) 때 좋은 찬송가가 된다"라고 하였다.[39] 이것은 현재의 교회 음악에 꼭 필요한 말이다. 성가대 곡을 포함한 교회 음악은 처음부터 잘 작곡된 곡이 있다. 이런 곡을 교회 예배에 맞게 잘 선정해서 잘 연주하는 것이 필요하다. 그런데 요즈음은 음악사에서 뛰어난 예술 작품인 교회 음악이 아니라 평범하게 작곡된 곡들로, 또 하나님께 드리는 목표보다도 사람의 귀를 생각해서 곡을 선택하고 연주도 심각하게 하지 않는 현실이 종종 벌어지고 있다. 작곡가과 지휘자 그리고 연주자 각각의 책임이 얼마나 중요한 것인지를 다시금 생각해야 한다.

교회에서 연주되는 음악은 이제 예전처럼 많이 연습할 필요도 없고 전공할 필요도 없어지고 있다. 교회 음악의 비전문화로 교회는 질적으로 후퇴하고 있는 것이다. 이렇게 지속된다면 교회 음악에서 전통과 발달, 그리고 성장이라는 용어가 없어질 것이다. 교회 음악은 그 당대에서 유행되는 대중 음악을 그대로 가져오는 현실이 될 것이며, 결과적으로 교회 음악은 전공도 연습도 필요하지 않는 아마추어(*amateur*) 음악이 될 것이다. 현재 우리나라 대학들 중 교회음악과나 오르간과가 서서히 축소 내지 폐지되고 있는 현실은 이런 교회 음악의 현실과 무관하지 않다.

여기서 더욱 우려되는 것은 교회가 세상의 놀이 문화로 가득 차면서 영성마저 타락하고 있는 현실이다. 이것을 누가 좋아하고 있을지를 질문할 필요가 있다. 교회 음악이 쇠퇴하는 것은 세상이 제일 좋아할 일이 아닌가. 교회 안에서 대중 음악을 하면서 좋아하고 박수치는 성도들을 누가 좋아할 것인가? 하나님이신가 아니면 적그리스도인가? 누가 이것을 생각해 본 적이 있다면 어찌 지금의 교회 음악을 이대로 보고만 있을 수 있겠는가? 어느 목사님께서 설교에서 말씀하셨다. 마귀가 우리를 보고 지나가면서 "너는 어떻게 나랑 똑같이 닮았네!" 라고 한다면 어찌할 것인가. 그리고 교회에서 성도들이 이런 놀이 음악으로 정신이 쏠려있을 때 사탄이 예배당의 뒤쪽 의자에 앉아 미소를 지으면서 보고 있을 것이라고 혹시 생각해 본 적이 있는가. 예배 음악은 경

---

39 | Austin C. Lovelace and William C. Rice, Music and Worship in the Church, Abingdon Press, 1981, p. 156(재인용)

건한 음악으로 놀이 음악인 대중 음악과는 본질적으로 다른 것으로 이런 대중 음악은 예배에 들어와서는 안 된다.

교회의 모든 음악은 세상과 다른, 교회의 거룩성(*holiness*)과 경건성을 지키면서 예술적으로 뛰어난 것이어야 한다. 더욱이 교회 오르간은 하나님의 예배 악기로서 그 자리를 지켜야 하고 더 발전되어야 한다. 바흐는 뛰어난 합창 음악뿐만 아니라 예배에 적합하면서 예술적으로 우수한 오르간 음악을 많이 작곡하였다. 교회 오르가니스트는 더 열심히 연구하고 연습하여 더 좋은 예배 음악을 만들어야 한다. 예술적으로 뛰어난 음악을 하나님께 드림이 마땅하고 성도들이 함께 좋은 음악으로 하나님께 예배드리며, 오르가니스트 자신도 은혜 받으면서, 동시에 성도들을 음악적으로 키워 교육할 책임이 있다.

사람은 자신이 잘 모르는 것은 좋아하지 않는다. 일단 알아야 좋아할 수 있는 여지가 있다. 예를 들면 클래식 음악 중 현대 음악을 일반인들이 싫어하는 이유 중의 가장 중요한 이유는 들을 기회가 잘 없기 때문에, 이런 음악을 잘 알지 못하기 때문이다. 즉 현대 음악을 들을 기회가 없어 잘 모르며, 그래서 이해할 수 없기 때문에 싫어하는 것이다. 오르간도 마찬가지이다. 오르가니스트는 예배 중에 찬송가만 연주하는 것에 머무르지 말고 예술적으로 뛰어나고 또 성장하게 만드는 반주, 독주, 그리고 앙상블까지 영역을 넓혀 나가도록 적극적으로 기회를 만드는데 노력해야 한다. 그래서 우리나라에 잘 알려져 있지 않는 오르간을 더 많이 알리고 성도들이 친숙해질 수 있도록 할 것이다. 이것은 오르간이 덜 발달된 우리나라의 오르가니스트들이 해야 할 중요한 임무 중의 하나이다.

이제 오르가니스트의 중요한 예술적 혹은 전문적인 자질을 구체적으로 살펴본다.

(1) 교회 음악 전공자 내지 이에 준하는 교육을 받은 사람

교회 음악은 음악의 여러 분야 중에서 더 깊이 있는 훈련을 받아야 하는 영역이다. 그래서 외국의 경우 교회 음악 전공은 대체로 대학원 과정에 있거나 아니면 학부부터 시작하여 5년에서 7년 과정으로 아주 오랫동안 공부하는 영역이다. 이처럼 교회 음악은 4년제 대학에서 음악을 전공하는 것만으로는 부족한, 더 어렵고 전문화된 음악 분야라는 의미이다. 학문 분야에서 이러한 영역으로는 법학, 의학, 신학 등이 대표적이다. 교회 음악도 신학과 같은 과정이 필요한 영역이다. 교회 음악은 영적인 부분을 다루는 것으로 더 심도 있고 예술적인 훈련 과정이 필요하다는 의미이다.

그렇지만 우리나라는 교회 음악의 의미와 그 본질을 잘 이해하지 못하고 있는 현실로서 교회 음악 전공의 필요성 또한 제대로 인식하지 못하고 있는 실정이다. 교회 목회자들도 교회 음악의 개념이 정립되지 못한 경우가 많다. 교회에는 음악을 담당하는 클래식 음악 전공자들은 많이 있어도 교회 음악 전공자들은 많지 않다. 교회 음악을 모르면서 어떻게 예배에서 교회 음악을 맡는다는 말인가. 신학 대학을 나오지 않은 사람이 설교를 하는 것을 맞지 않게 생각한다면 교회 음악을 전공하지 않은 사람이 교회 음악을 하면 또한 그렇게 생각해야 하지 않겠는가? 교회 다니는 사람이 혹은 기독교인이 음악을 하면 다 교회 음악인이 되는 것인가? 이런 논리는 성립될 수 없다. 이것은 교회를 다닌다고, 그리고 기독교인이라고 모두 강단에서 설교할 수 있는 것은 아니라는 이치와 같다. 교회 음악인이 되는 데는 음악적인 기술(*technique*)만이 아니라 영성(*spirit*)과 교회 음악이라는 특별한 지식과 훈련이 필요하다.

교회에서 음악을 담당하려면 교회 음악을 배워야 한다. 학교에서 전공을 하든 다른 어떤 과정을 통해서든, 교회 음악을 배워야 제대로 된 교회 음악을 할 수 있다. 배우지 않아도 할 수 있다고 생각한다면 그것이 바로 그 영역은 전문 영역이 아니라는 의미이다. 결국은 한국 교회의 현실은 교회 음악이 전문적인 영역이 아니라고 스스로 말하고 있는 것이다. 목사는 신학 내지 목회를 전공하여야 한다는 것은 알면서 왜 교회 음악은 전공하지 않아도 된다고 생각하는 것인지, 우리나라 교회 음악은 출발부터 한참 뒤로 가서 되짚어 봐야 할 일이다. 하나님께 제대로 된 음악을 드리려면 제대로 배워야 한다. 이것은 음악인이기 이전에 신앙인의 양심이다.

우리나라에는 교회 음악 전공을 설치한 대학이 많지 않다. 교회 음악 전공이 있던 대학교에서도 과를 폐지하는 추세로 가고 있다. 그 동안 신학대학교에서 교회음악과를 유지하고 있었지만, 최근 신학대학교에서도 교회음악과가 폐지되고 있는 사례들이 생기면서 교회 음악은 물론 교회의 위기는 이미 오래 전에 시작되었다고 할 수 있다. 어느 나라든 기독교가 전파되면 자기 나라의 문화 방식을 취하는 것은 당연하지만 교회 음악의 중요성에서는 선택 사항이 아니다. 전문성을 가진 교회 음악은 하나님의 명령이다. 개혁을 이루어 냈던 루터도 음악을 신학의 다음으로 인정하였다. 교회 음악은 예배에서 설교 못지않게 성도에게 영향을 주며, 더 중요하게는 하나님께 드리는 찬양이기에 절대로 소홀히 할 수 없는 분야이다. 그런데 왜 우리나라 교회는 이렇게 소중한 교회 음악을 비전문 영역으로 만들어 버리는지 이해할 수 없다. 교회는 다시 재정비를 해야 한다. 세속화된 교회를 청소하고 교회 안에 들어와 있는 온갖 세상 잡동

사니들을 정리해서 버려야 한다. 그러면서 교회 음악의 전문성과 영성을 가로막는 대중 음악은 예배에서 배제하고 교회 음악을 전문 영역으로 다시 돌려놓아야 한다. 돌려놓는다는 의미는 교회 음악은 본래 전문 영역이었다는 의미이다.

(2) 오르간 전공자 내지 오르간을 전문적으로 훈련 받은 사람

교회 안에는 많은 음악인들이 있다. 이 음악인은 원칙적으로 그 영역에서 전문적인 훈련을 받은 사람이어야 한다. 환경이 열악한 교회에서는 전문 음악인이 없을 때는 따로 교육을 받은 자원 봉사자의 섬김도 가능하다. 현재 한국 교회 음악 분야에는 자신의 영역에서 전공이 일치하지 않는 경우가 많은 편이다. 이 중 피아니스트는 대체로 피아노 전공자들이 대부분이지만, 성가대 지휘자는 지휘 전공이 아닌 성악 전공 혹은 작곡 전공이 대부분으로 합창 지휘의 필요성 역시 인식하지 못하고 있는 현실이다. 안 배워도 할 수 있다는 그런 강심장은 어디서 나왔는지 알 수 없다. 이것은 교회 스스로 질을 떨어뜨리는 것이다.

오르간은 더 심각하다. 오르가니스트의 경우 피아노 전공을 하지 아니한 사람부터 피아노 전공을 한 사람들이 오르간을 연주하는 경우가 많다. 이렇게 우리나라의 교회 오르가니스트들의 전공을 살펴보면 오르간 전공자는 많지 않는 편이다. 많은 교회에서 비전공자가 오르간을 연주한다. 물론 교회 수에 비해 대학교에서 배출되는 오르간 전공자가 부족한 것은 사실이다. 하지만 오르간 전공자를 못 구했을 때에는 구할 때까지 그렇게 할 수 있지만 처음부터 전공에 대한 필요성을 생각하지 않고 오르간 반주자를 임명하는 경우가 많은 것은 우려할 만한 현실이라는 것이다. 더욱이 자신이 오르간 전공이 아니며 오르간의 전문적인 과정을 거치지 않았음에도, 천천히 배워가면서 하면 된다는 생각으로 오르간 반주를 하겠다고 하는 성도가 있다. 그렇게 시작한 오르간 반주는 연습도, 특별한 훈련 과정도 꾸준히 가지지 않는 경우가 많다. 오르간은 심각한 악기다. 아주 어려운 악기라는 의미이다. 어려운 악기이다 보니 제대로 하는 것이 정말 힘들다. 그런데 배우지 않고 이 어려운 악기를 연주하겠다고 시작한 많은 사람들이 어려움에 봉착하면서 포기 내지 대충 해버리는 경우가 허다하다. 하나님을 섬기는 일이 이렇게 시시해도 되는지 우리 스스로 자문해 보아야 한다.

우리나라에서는 오르간에 대한 오랜 편견이 있다. 오르간은 천천히 연주하는 악기이고 빠른 곡은 안 어울리며, 그래서 손가락을 빨리 움직일 필요가 없으니 피아노보다 쉬운 악기라는 편견이다. 그래서 전공을 하지 않아도 연주할 수 있다고 생각한다.

이것은 오르간을 모르는데 기인한 편견이다. 이런 편견을 가진 사람보다는 차라리 오르간에 대해 전혀 모르는 사람이 훨씬 낫다. 이 편견은 오르간에 대한 잘못된 지식 때문이다. 문제는 자신이 오르간을 모른다는 것을 모르기에 이것이 더 심각하다. 잘못된 진단을 한 의사는 사람을 낫게 하는 것이 아니라 더 악화시킬 수 있다는 것은 모두들 다 안다. 그런데 하나님을 믿는다고 하면서 하나님께 예배하는 것에 이렇게 무지한 것을 아무렇지 않게 생각하는 사람들을 어떻게 설명할 수 있을까.

우리나라에 처음 오르간이 소개될 때는 발건반(페달)이 없는 풍금(風琴)이 소개되었다.[40] 그때 풍금은 손으로만 찬송가를 천천히 연주하였으며 당시 찬송가도 대체로 느리게 불렀다. 풍금에 대한 이런 인상 때문에 오르간은 어쩌면 쉬운 악기라는 생각을 했을 수 있다. 또한 이 풍금은 두 발로 바람을 만들면서 소리 세기를 조절하였다. 힘이 있는 젊은 남자가 풍금을 연주했을 때는 소리가 클 수 있지만 여자인 경우 특히 나이가 들수록 오르간 소리의 세기는 약해질 수밖에 없다. 필자도 중학생 시절 풍금으로 예배에서 반주했던 적이 있었다. 중학생인 경우에도 발로 바람을 저어 가며 손으로 찬송가를 4절까지 연주하는 것이 힘이 들었다. 그래서 아마도 풍금의 소리는 힘 있는 소리가 아니라 부드러운 소리였을 것이다. 우리나라 초기 서양 음악의 대표적 작곡가들은 이 풍금을 잘 연주한 것으로 전해진다. 하지만 시간이 흐르면서 교회에서 반주자는 여성인 경우가 더 많게 되었다. 그래서 성도에게는 오르간 소리는 부드럽고 조용하고 느린 것이 오래 기억되어 있었다. 우리나라의 경우 오르간 소리의 개념은 여기서 "얼어버린(*frozen*)" 상황 같다. 이런 오르간의 당시 소리는 오르간의 장점이기도 하지만 이것이 오르간의 모든 것으로 오해됨으로써 오르간 음악의 성장과 발전에 많은 제한을 주는 편견이 되어 왔다는 것은 안타깝다.

전자 오르간과 파이프 오르간은 풍금과 다르다. 오르간은 전공하지 않고 연주하는 것이 불가능하다. 현재 우리나라 교회에서 많이 연주되는 전자 오르간은 파이프 오르간의 기능이나 연주 면에서는 덜 복잡하지만 어렵기는 마찬가지이다. 전자 오르간은 파이프 오르간을 모방하여 만든 악기이기 때문에 실제 연주에서 기계적 적용의 차이점 외에는 아티큘레이션(*articulation*)[41]이나 연주법에서 파이프 오르간과 많이 비슷

---

40 | 중국에서는 오르간을 풍금이라 부르고 파이프 오르간은 관풍금이라 부른다.

41 | 아티큘레이션(articulation, 음 분절법): 기악 혹은 성악 연주에서 한 음과 그 다음 음을 어떤 관계로

한 편이다. 국내에서 오르간을 가르치는 대학교에서 학생들이 많은 부분 이 전자 오르간으로 연습한다.

또한 오르간의 어려운 점은 손건반이 두 개 이상이 되며 음색도 다양하다는 것이다. 특히 발건반은 오랜 기간 동안 훈련받지 않으면 연주할 수 없다. 이렇다 보니 오르간을 훈련받지 못한 사람들이 오르간을 손만으로 연주하는 경우가 종종 있다. 이것은 오르간의 참 모습을 왜곡시키는 일로서 시급히 시정되어야 한다. 동시에 오르간에서 음색 사용법(*registration*)은 아주 중요한 것으로 전문적인 훈련을 통해 스탑(음색)의 기본적인 특징을 배우면서 이 스탑들을 조합하는 기술을 터득해야 한다. 이것은 대학교 오르간 전공 과정에서 전문적인 오르간 연주곡을 공부하면서 배우는 기술이다.

그러므로 오르간이라는 악기는, 배우지 않은 사람의 경우 오르간 의자에 앉으면 어떻게 해야 할지를 모르는 악기이다. 두 개 이상의 건반에 손은 어느 건반에서 시작하며 발건반에서 발은 또 어떻게 하며, 그리고 많은 스탑들이 있으니 무슨 음색을 빼야 하는지, 동시에 여러 보조 스위치들이 있는데 이것은 무엇이며 어떤 역할을 하는지 등등, 당황 그 자체다. 오르간은 건반을 누른다고 해서 소리가 나는 것이 아니다. 피아노는 그냥 건반을 치면 소리가 난다. 하지만 오르간은 아무 것도 하지 않은 상태에서는 건반을 아무리 눌러도 소리가 나지 않는다. 우선 전기에 오르간이 연결되어야 하고 스탑을 선택하고 건반을 눌러야 소리가 난다. 그것도 건반이 여러 단이니 어떤 음색이 어느 건반에서 소리 나는지 등 많은 것을 사전에 배워야 오르간에서 소리를 낼 수 있다.

이런 기본적인 것은 그렇다고 하더라도 이 복잡한 악기를 제대로 잘 치는 것은 더욱 어렵다. 좋은 오르가니스트가 되려면 피아노 테크닉은 기본적으로 뛰어나야 하며 오르간의 복잡한 구조를 이해하고 이것을 응용하는 머리도 필요하다. 오르간은 피아노처럼 단순한 구조를 가진 악기가 아니다. 음색의 사용과 다양한 기능을 창의적으로 최대한 활용하는 능력이 오르가니스트에게는 매우 중요하다. 오르간은 연주자에 의해 그 소리가 아주 다양하게 날 수 있다. 우리나라에서는 오르간의 이러한 특성을 모르

연주하느냐는 것으로 음을 한 음씩 다양하게 떼어서(non-legato) 연주하는 기술. 바로크 시기의 음악이 대부분 이런 연주 방법으로 한다.

는 채 피아노 전공이 힘들어 오르간과로 들어오는 경우가 종종 있다. 이런 학생이 오르간 전공으로 들어오면 뒤늦게 오르간이 더 어려운 악기라는 것을 깨닫고 크게 당황하게 된다. 그 학생은 결국 전과를 하든지 학교를 자퇴하는 경우가 많다.

우리나라 대학교에서 오르간과의 시작은 피아노과에 비하면 매우 늦다. 계명대학교 경우에도 1988년에 교회음악과로서 오르간 전공이 개설되었다. 이렇게 우리나라에서 오르간이 전공으로서 음악의 한 전문적인 영역으로 발달해 온 기간은 다른 전공에 비하면 아주 짧다. 거기에다 교회에서 피아노가 이미 예배 악기로 확고하게 자리 잡은 후에 전자 오르간이 소개되었기 때문에 피아노에 추가하여 들어온 오르간의 역할은 결국 제한적일 수밖에 없었다. 이것이 우리나라의 교회 오르간의 초기 상황으로 지금도 이런 상황에서 많이 진전되지 못하고 있는 실정이다. 더욱이 오르간 전공을 개설하는 학교도 많지 않으며 지금도 오르간 전공자는 여전히 부족하여 비전공자들이 오르간을 연주하는 경우가 많다. 이런 상황으로는 오르간이 피아노보다 덜 전문적인 악기라는 오랜 편견을 깨기에는 턱없이 부족하다. 그래서 예전의 교회에서는 오르간이 찬송가만 겨우 피아노와 함께 연주하는 정도였었다. 그러나 다행인 것은 현재 대부분 교회의 오르간 역할은 예전의 오르간 반주와는 다르게 많이 발전했다. 오르간은 회중 찬송 연주는 물론 독주 악기로서 전주곡과 후주곡을 비롯하여 종종 봉헌송 그리고 성가대 반주까지 역할이 넓혀지고 있다.

오르간의 규모나 건축 상황도 많이 발전하였다. 전자 오르간은 점점 대형화되고, 파이프 오르간은 교회에 조금씩 더 건축되고 있다. 하지만 그 발달의 속도는 아주 미약하며 서울·경기 지역을 중심으로 오르간이 건축되고 있으며 대구권만 해도 파이프 오르간의 존재는 더 미약하다. 그리고 교회 성도들의 생각은 아직도 풍금이나 하몬드(*Hammond*) 전자 오르간[42]의 옛 생각에서 많이 발전하지 않았다. 세상은 급격하게 변화 발전하면서 지구촌이라고 하는 지금에서, 유럽에서 발달하고 뿌리를 내린 교회의 전통적인 예배 악기를 모르는 성도들이 우리나라의 대부분을 차지한다. 물질적으로는 부유해졌지만 사람의 생각은 예전에 머물러 있어서 발전적인 미래로 나아가지 못하는 우리 사회와 교회의 모습이다. 거기에다 교회 음악의 대중 음악화는 이런 고전적이

---

42 | 하몬드 전자 오르간(Hammond Electronic Organ): 해몬드(Laurens Hammond)가 1935년 처음 만들어 낸 오르간으로 우리나라에 1970년대부터 소개되었다.

고 전통적인 악기의 발달을 더 지연시킬 뿐만 아니라 대중 음악 악기들이 교회 악기인 오르간을 밀어내고 그 자리를 대신 차지하고 있는 중이다. 유럽에서는 오르간 음악이 교회 안에서 천 년 동안 지속적으로 발달하면서 예배 음악의 절정을 이루어낸 것에 비하면 우리나라 교회의 오르간 음악은 꽃이 제대로 피기도 전에 나무가 시들어 버릴 것 같은 현재의 상황이다.

우리나라 교회 음악에서 오르간 음악의 이해와 발전에는 아직도 갈 길이 멀다. 우리나라 교회는 외형적 성장과 더불어 설교나 교회 프로그램, 선교 등 여러 부분에서 큰 발전을 이루었으나 교회 음악의 발전은 너무 느리다 못해 오히려 퇴보하고 있는 실정이라 할 수도 있다. 교회 음악의 이해의 부족으로 발전에 대한 갈구는 당연히 많이 약할 수밖에 없다. 이것은 좋은 전통적인 교회 음악을 많이 듣지 못한 것이 가장 큰 이유로서, 역으로 이것이 교회 음악의 발전이 필요한 중요한 요인이다. 좋은 교회 음악을 못 들었다면 그것은 교회 음악인들의 책임이고 목회자의 책임이다. 즉 지도자들의 책임이라는 것이다. 그럼에도 불구하고 교회 음악의 발전은 한두 사람의 일이 아니고 목회자, 직분을 받은 사람, 성도, 신학교와 기독교 대하 및 교회의 지도자들, 즉 하나님을 믿는 모든 사람의 일이다.

전통적으로 클래식 음악과 대중 음악의 중요한 차이 중 하나가 연주 악기가 다른 것이다. 이것은 악기는 음악의 성격에 따라 결정되기 때문이다. 클래식 음악은 대중 음악 악기를 사용하지 않는다. 그래서 이 두 악기는 따로 사용되어 왔다. 클래식 음악의 뿌리인 교회 음악의 악기는 대중 음악 악기와는 더욱 구분이 되는 것으로 이 교회 음악의 중심에 있는 것이 바로 파이프 오르간이다. 현재 가끔 클래식 악기가 대중 음악에서 특별한 의미로 사용되기는 하지만 파이프 오르간은 여전히 교회 악기로 남아있다. 여러 시대를 통해 오르간은 많은 사람들에게 영적인 호소력이 있는 악기로서, 오르간은 교회의 클래식 중에 클래식이다.

오르간 연주곡은 테크닉적으로 쉬운 곡이 아니다. 1970년대 우리나라 교회에 전자 오르간이 들어올 때 오르간은 찬송가만 반주하였다. 성도들은 오르간은 반주만 하는 악기로서 예배에서 독주에 대해 아는 바도 들은 바도 없었으며 또한 기악 독주에 대해 부정적이었을 수도 있다. 이것은 피아노의 경우에도 마찬가지이다. 그리고 처음에는 교회에 오르간이 적었을 뿐만 아니라 오르간을 전공한 사람이 있었더라도 연주곡을 연주하는 경우가 많지 않았다. 교회에서 그 만큼 오르간에 대한 이해가 적었다고 할 수 있다. 우수한 오르가니스트들이 학교에서 길러졌지만 교회 내에서 오르간 독주는 아주 늦게 천천히 소개되었다. 그래서 오르간은 테크닉적인 악기가 아닌 것으로 오래 기억이 되었을 수 있다. 사실 여기에는 오르간 전공자들의 책임도 있다. 우리가 교회에서 너무 소극적으로 오르간을 사용하여 스스로 오르간 음악의 발전을 막은 것은 아닌지 자문해야 있다.

오르간은 피아노와 같이 연주용 악기로서도 훌륭한 악기이다. 예배에서 하나님을 찬양하는 오르간 독주곡들이 더욱 자주 연주되어 좋은 교회 음악이 성도들에게 소개되고 하나님께 올려드리도록 해야 한다. 그러기 위해서 오르간이라는 전공 영역의 전문성에 대한 확고한 이해가 선행되어야 한다. 즉 교회 오르가니스트는 오르간 혹은 교회 음악 전공자라야 하며, 이것이 상황적으로 불가능하다면 이에 준하는 훈련을 받아 제대로 오르간을 연주할 수 있는 사람이 오르가니스트가 되어야 한다. 자신의 하는 일에서 전문성을 가지고 열심히 일하는 오르가니스트가 있을 때 한국 교회 음악의 발전은 희망이 있다.

(3) 음악적 예민함과 감각(sense-ability)

오르간이라는 악기는 기계(*organ:* 기관, 장기)적인 구조를 가진 악기이다. 세상에 많은 악기가 있지만 오르간처럼 파이프를 비롯하여 다양한 여러 부속품(*parts*)으로 복잡한 기계적인 구조를 통해서 소리 나는 악기는 없다. 오르간 제작은 단순한 제작(*making*)이 아니라 건축(*organ building, orgelbau*)이라고 한다. 이것은 오르간이 한 건물의 일부로 건축되기 때문인 이유도 있다. 그래서 피아노에는 스타인웨이(*Steinway & Sons*)라는 유명 제작자("*Maker*")가 있지만 오르간에는 쉬니트커(*Schnitger*)라는 바로크 시대의 유명 독일 오르간 건축가("*Orgelbauer*")가 있다.

오르간은 기계적인 구조를 통해서 소리가 나기 때문에 연주할 때 연주자의 직접적인 표현이 다른 악기에 비해 까다롭고 어렵다. 오르간은 피아노에 비해 음악적 표현을 하는 것이 훨씬 어려운 악기이다. 이런 이유로 오르가니스트는 피아니스트에 비해 종종 덜 음악적으로 평가 받기도 한다. 가끔은 오르가니스트를 그냥 기계 소리만 내고 있다고 평할 때도 있다. 물론 여기에는 오르가니스트의 책임도 있지만 오르간이라는 악기를 잘 몰라서 하는 말일 수도 있다.

피아노는 손가락의 섬세한 터치에 의해서 연주자가 자신이 원하는 것을 직접적으로 그대로 표현해 낼 수 있고 또 그렇게 하는 것이 비교적 쉬운 악기이다. 하지만 오르간은 다르다. 오르간에서 음악적인 소리를 만들어 내는 것은 오랜 기간의 훈련과 음악적인 예민함과 감수성이 매우 중요하게 작용한다. 피아노에서 표현할 때의 노력과 예민함이 오르간에서는 기계라는 과정을 거치기 때문에 몇 배로 더 많이 요구된다.

특히 오르간은 다이내믹을 만드는 것에 있어서 피아노와 많이 다르다. 오르간의 소리 세기에서 "크게"와 "작게" 소리의 차이는 엄청나게 다르다. 그런데 이것은 피아노처럼 손가락의 터치에 의해서 달라지는 것이 아니다. 피아노는 세게 치면 세게 소리 나지만 오르간은 건반을 세게 누른다고 세게 나는 것이 아니다. 오르간의 모든 음은 기본적으로 같은 세기로 되어 있다. 이것은 오르간을 제작하는 마지막 단계인 성음 작업에서 모든 음의 세기를 고르게 조정해 놓기 때문이다. 일단 이렇게 만들어 놓은 파이프는 이렇게만 소리를 낸다. 대신 건반을 강하게 누르거나 부드럽게 누르는 차이에서 기계식 파이프 오르간(*Mechanical Organ*)[43]은 이후의 전기식 파이프 오르간보다는 조금 더 섬세하기는 하지만 피아노에 비할 바는 못 된다.

그럼에도 불구하고 음악에서는 이 미세한 소리 차이로도 음악을 완전히 다르게 만들 수 있다. 필자의 유학 시절 필자의 쳄발로(*Cembalo*) 교수였던 맥크로스키(*Dr. Lenora McCroskey*) 교수는 "Such a little thing makes the whole world different" 라고 말했다. 이 말은 참 의미 있는 말이다. "그 작은 미세한 것이 온 세상(혹은 음악 전체)을 완전히 다르게 만든다"는 것은 음악을 하는 사람은 모두가 인정할 것이다. 하지만 소리에 예민한 사람이 아니라면 손가락의 다른 터치에서 오는 오르간 소리의 차이를 구분하기는 쉽지 않으며 당연히 그 차이를 만들어 내기는 더 어렵다. 그러기에 오르가니스트는 그 아주 미세한 차이를 예민하게 듣고 표현하는 큰 과제를 늘 안고 있다. 사실 악보에서 음길이가 같게 쓰인 음이라 하더라도 실제 연주에서는 조금씩 그 음들을 다르게 연주한다. 각 음의 강약의 위치, 프레이징의 위치, 화성의 특징이나 리듬의 특징 등 아주 많은 음악적 요소에 의해서 개개의 음들은 모두 다르게 연주되어야 하는 것이 음악이고 예술이다.

오르간 연주법에서 가장 어려운 것이 바로 아티큘레이션(*articulation*)이다. 아티큘레이션은 오르가니스트가 좋은 오르간 연주를 위해 평생 연구해야 하는 것으로, 오르가니스트의 예민함과 오르간만이 가지는 섬세한 표현에서 뛰어난 감각이 요구된다. 오

43 | 기계식 파이프 오르간(Mechanical Organ): 전기가 있기 전의 오르간 형태로서 건반과 파이프를 여닫는 부분이 직접 연결되어 건반의 터치(touch)에서 좀 더 섬세하고 예민한 표현이 가능하다.

르가니스트는 어떤 연주자보다 좋은 귀를 가져야 한다. 오르가니스트는 작은 미세한 음의 차이를 위해 민감하게 귀와 손, 그리고 발은 늘 깨어 있어야 한다.

더구나 오르간은 다른 악기처럼 바로 옆에서 소리가 나지 않는다. 소리는 멀리 떨어진 파이프에서 나서 홀의 전체 잔향과 어울어지기 때문에 귀를 잘 기울여 듣지 않으면 정확한 음을 듣기도 힘들다. 전자 오르간도 마찬가지이다. 교회의 오르간 스피커는 대체로 오르간과 떨어져 있다. 그래서 오르가니스트는 자신의 연주를 집중해서 들으며 연주해야 한다. 섬세함과 예민함에는 좋은 귀가 필요하다.

맥크로스키 교수가 필자에게 한 말이 있다. 필자가 박사 과정을 졸업할 즈음이었다. 필자가 졸업하면 한국으로 돌아가는 것을 알고 있었던 교수님은 "너가 졸업하면 누가 너 선생이 되는지 아느냐?"라고 질문을 하였다. 그때 필자는 "나 자신이 선생이 되어야 겠지요"하고 답했는데 교수님은 더 정확히 말씀하셨다. 교수님은 자신의 귀에 손을 대면서 "너의 귀!"라고 말씀하셨다. 그렇다 모든 음악인이 그렇고 오르가니스트는 더욱 그렇다. 소리 나는 곳이 멀리 있어 직접적으로 잘 들리지 않는 오르간 소리를 잘 듣기 위해 귀를 더 예민하게 만들어야 한다. 이런 이유뿐만이 아니라 음악가는 귀를 세련되게 키워야 한다. 좋은 귀는 좋은 음악을 잘 분별할 줄 알고 그래서 자신이 좋은 음악을 연주하도록 인도할 것이기 때문이다. 오르가니스트에게 이런 좋은 연습 습관과 노력이 병행될 때에는 음악 또한 좋은 오르간 음악이 될 것이다. 하지만 이런 과정이 힘들어 지속적으로 하지 못하면 오르간은 그냥 기계적인 소리만 낼 가능성이 높다. 그래서 오르가니스트는 오르간과 더 이상 씨름 아닌 씨름을 포기하기 쉽다. 이런 경우 많은 오르가니스트들은 기계적인 소리에 익숙해진 나머지 자신의 음악적인 섬세함과 표현의 능력을 제대로 키우지 못하고 묻어 놓는 경우도 많다.

또한, 오르간은 다양한 음색을 만들어 낼 수 있기 때문에 이에 대한 감각 또한 중요하다. 음색을 만드는 데는 배워야 할 기본적인 원칙들이 있다. 이 원칙들은 오르간 연주에서 필수적이고 중요한 것이기도 하지만 이것만으로 충분하지 않기 때문에 각 오르간과 예배당의 특징을 이 원칙과 함께 적용하는 것이 매우 중요하다. 오르간의 음색에는 개성 있고, 다양하고, 창의적일 수 있는 무궁무진한 세계가 있다. 이것을 아는 사람은 오르간을 평생 좋아하면서 연구한다.

오르간은 주어진 스탑을 어떻게 조합(*combination*)하느냐에 따라 음색 종류 수는 무척 많다. 예를 들면 계명대학교의 슈케 오르간의 스탑은 49개로서 이 스탑들로 만들어 낼 수 있는 음색의 조합 가지 수는 이론적으로 보면 2의 49승에서 1을 뺀 수로

562조9499억5342만1311 가지의 음색을 만들어 낼 수 있다는 계산이 나온다. 1999년 슈케 오르간이 채플에 들어온 후 17년이 지난 지금까지 필자가 만들어 낸 음색은 여기에 비하면 바닷가의 몇 개의 모래알 정도 될 것 같다. 많아야 1만 가지 정도가 될까? 평생 이 오르간을 연주한다고 해도 이 정도로 다양한 가지 수로 음색을 구사하기는 불가능하다. 그럼에도 불구하고 이렇게 다양한 음색의 가능성을 알 때 오르가니스트는 항상 도전을 받는다. 그리고 아직도 더 다양한 음색을 연구하고 찾아 만들어 볼 수 있다는 용기를 얻는다. 이에 오르가니스트가 얼마나 예민하고 섬세해야 하는지를 이해할만 하지 않는가?

개인적으로 타고난 성격이 무딘 사람은 좋은 오르가니스트가 되려면 평생의 끊임없는 노력이 더 필요할 수도 있다. 예전에 필자가 들은 내용이다. 어느 해 교회 음악 세미나 중, 식사 시간이었다. 서울에서 온 합창 지휘 강사가 자신의 경험을 이야기했다. 그는 오르간 연주를 많이 들어보았지만 한 번도 음악적인 느낌을 받지 못했다고 하였다. 그는 단지 시끄러운 소리와 기계적인 작동만을 느꼈다고 하였다. 그 자리에서 필자는 반박을 했다. 좋은 오르가니스트가 서울에 참 많은데 아직 좋은 연주를 못 들어서 그런 것이라고. 그리고 더 자주 오르간 연주에 가보기를 권했다. 그러면서도 필자는 속으로 뜨끔했다. 그렇다. 오르간은 이렇게 보일 수 있다. 그 큰 기계를 기계적인 조작으로만 그칠 가능성은 정말 많다. 학생들에게 자주 말한다. 음색만 열심히 달라지고 음악은 안 달라진다고. 오르간 연주에서 음색이 달라지는 것은 음악이 달라졌기 때문으로, 진작 달라져야 할 음악은 달라지지 않으면서 음색만 바꾼다면 그 오르간 연주는 음악이 아니라 단순한 기계 조작이며 그때의 소리는 기계 소리일 뿐이라고 늘 경고한다.

오르간은 표현하기 참으로 힘든 악기이다. 연주자가 음을 누르고 나면 소리가 나기까지 많은 과정을 거쳐서 소리가 난다. 그리고 피아노처럼 바로 앞에서 나는 것이 아니라 오르간은 연주자와 떨어진 실내의 크고도 먼 공간에서 소리가 난다. 그래서 오르가니스트는 사람이 자신의 실제 목소리를 평생 한 번도 듣지 못하는 것처럼, 자기가 연주하는 음악을 청중이 듣는 그 실제 소리 그대로 한 번도 들어볼 수 없는 사람이다. 다른 사람의 연주를 통해서 자신의 연주와 자신이 만들어 내는 음색도 이렇게 날 것이라고 상상을 하면서 오르간을 믿고 그리고 모든 것을 오르간에 맡기고 연주하는 것이다.

이것이 오르가니스트의 힘든 점 중 가장 어려운 부분이다. 자신이 연주하는 소리를 청중이 듣는 그대로 못 듣는 단점은 오르가니스트로 하여금 무딘 연주를 하게 할 수도 있다. 그래서 오르가니스트는 평소 작은 오르간에서 연습하면서 바로 앞에서 소리나는 것을 들으면서 곡의 모든 부분에서 철저하고 정확하게 자신의 표현을 만들어 놓아야 한다. 그리고 실제 연주에서는 연습한 것을 기본으로 하여, 연주하는 오르간과 연주 홀의 잔향에 어울리도록 음색과 연주법을 조정하여, 자신이 원하는 소리를 오르간이 낼 것을 믿고 연주한다.

필자는 아담스 채플에서 연주할 때 가능하면 성가대 좌석 앞의 전기식 연주대(*console*)에서 연주한다. 그 이유는 강대상 중앙에 있는 기계식 연주대에서는 전체 오르간 소리를 제대로 들을 수 없지만 성가대 좌석 앞 연주대는 건반 터치에서 강대상 연주대에 비해 덜 예민하지만 오르간의 전체 소리를 더 잘 들을 수 있기 때문이다. 물론 이것은 청중이 듣는 소리는 아니지만 중앙의 연주대에서보다는 객석의 소리에 가까운 것이다. 그래서 필자는 연주할 때 연주하는 음악을 들으면서 음악과 더 가깝게 있고 또 더 세밀하게 느끼기 위해 전기식 연주대에서 연주한다. 대신 교회당 강대상의 영상 스크린이 연주자를 자세히 비추어 주어 부담은 되지만 연주에 집중하면 그것은 다 잊고 연주할 수 있다.

유럽의 성당이나 교회 오르간은 대부분 2층 발코니에 설치되어 있기 때문에 긴 잔향과 함께 연주자는 자신의 연주 실제 소리를 거의 못 듣는다. 필자가 여행 중 가끔 그곳의 오르간을 연주해 보면 황당한 느낌이 들 정도이다. 국내나 미국의 경우 오르간의 위치가 예배당 앞쪽 혹은 옆에 위치하고 또 잔향이 유럽보다는 짧다고 하더라도 정도의 차이가 있을 뿐, 역시 모든 오르가니스트는 자신의 소리를 정확히 듣기가 힘들다. 그렇기 때문에 그는 자신의 귀와 손, 그리고 발이 늘 깨어 있어서 건반을 누를(*attack*) 때와 건반에서 뗄(*release*) 때에 건반 터치에서 음 길이를 생각하면서 멀리서 그리고 늦게 들리지만, 들으며 생각하고, 상상하며 연주한다. 오르간은 조금만 생각을 놓으면 기계로 돌아갈 수밖에 없는 악기이기 때문에 오르가니스트 길은 참으로 힘든 길이다. 하지만 도사(道士)가 될 수도 있는 길이다.

(4) 다양한 화성으로 반주할 수 있는 능력

대학교에서 오르간 전공을 위한 교과 과정에 건반 화성과 즉흥 연주가 있다. 이들은 예배 반주자로서 필수적인 것으로 찬송가를 다양한 화성으로 변주해서 연주할 수 있는 능력을 키우는 과목들이다. 그리고 나아가 선율이 주어지든 주어지지 않든 즉흥적으로 연주를 할 수 있는 능력도 키워준다. 오르가니스트는 선율만 제시된 회중 찬송가가 있을 때에 즉흥적으로 화성을 넣어 반주를 해야 하는 책임이 있기 때문에 이 능력은 매우 소중하다.

교회 음악사적으로 오르가니스트는 찬송가를 자유롭게 연주하는 것이 특징이다. 그러나 찬송가를 피아노, 앙상블, 오르간 등 여러 악기와 함께 연주하는 우리나라 교회에서, 오르가니스트가 다양한 화성으로 찬송가를 연주한다는 것은 현실적으로 불가능할 수도 있고 낯선 일이라 할 수 있다. 하지만 앞으로 이 분야에서 많은 연구와 발달이 이루어질 것을 기대한다.

찬송가를 다양한 음색뿐만 아니라 다양한 화성으로 연주하는 것은 오르가니스트의 자존심이기도 하다. 찬송가 서너 절을 부르는 동안 매절을 같은 화성으로 연주한다는 것은 서양의 오르가니스트들에게는 이해가 되지 않는 현상이다. 같은 선율이 반복될 때는 무엇인가 다르게 연주하는 것은 음악에서 원칙이다. 다양한 화성의 연주는 단순히 음악적인 의미만 있는 것이 아니다. 찬송가 각 절의 가사를 더 의미 있게 표현할 수 있는 다른 화성과 리듬을 구사한다면 회중 찬송이 더 역동적이고 감동적이 될 것이다.

다양한 화성의 반주는 이론적으로 배우기만 해서는 불완전하다. 오히려 이론적으로 배우지 못했다고 하더라도 실제로 오르간에서 실습을 하는 것이 더 좋을 수도 있다. 기본적인 이론을 바탕으로 많은 곡들을 배우고 들으면서 화성 감각을 넓히고 실제로 적용하는 경험이 필수적이다. 이것은 악기 연주는 머리로만 이해해서 되는 것이 아니기 때문이다. 건반 악기 연주에는 실제 손가락이 그렇게 움직여야 한다. 아무리 머리 속에 있다고 해도 훈련되지 않은 손가락은 마음대로 움직여지지 않는다. 우리나라 교회에서는 찬송가를 다양하게 연주할 기회가 잘 없기 때문에 실제로 많은 오르가니스트들이 자신에게 이런 능력이 있는지도 모른 채 평생을 평범한 반주자로 살아가기도 한다.

유럽의 경우 찬송가의 다양한 연주(*Creative Hymn Playing*)는 자연스러운 것으로 이것은 교회 음악에서 오래된 역사와 전통이다. 그들은 교회 오르가니스트가 되면 바로 이것을 배우고 실제로 실습한다. 이런 훈련과 경험이 평생 이어지면서 이들의 화성 감각과 연주력은 우리나라 오르가니스트에 비해 월등히 낫게 된다. 즉흥 연주도 마찬가지다.

필자의 미국 유학 시절 프랑스 오르가니스트의 즉흥 연주 특강에 간 적이 있다. 그 오르가니스트는 자신은 오르가니스트가 된 어린 시절부터 늘 이렇게 즉흥 연주를 해

왔다고 했다. 그래서 즉흥 연주는 전혀 어려운 것이 아니고 자신은 즉흥 연주를 24시간도 계속 할 수 있다고 했다. 대신 "mother nature가 자신을 부르지 않는다면" 하면서 웃으면서 말했다. 배고프고, 화장실 가고 싶고, 잠이 오는, 사람의 이런 기본적인 필요만 아니라면 몇 날 며칠을 계속 그렇게 다양하게 화성을 바꾸면서, 그리고 화성만이 아니라 음악 자체를 만들어가며 즉흥 연주를 할 수 있다는 말이었다. 그 오르가니스트의 나이는 40대 중반으로 가톨릭 교회에 매일 미사가 있는 것을 감안하면, 거의 30년을 일주일에 수 회, 그리고 몇 시간을 즉흥 연주하였다고 생각하고 그 시간을 계산하니 엄청난 시간이었다. 그 이후로 필자의 생각은 많이 달라졌다. 그들의 능력은 부러운 것이 아니며 신기하거나 대단한 것이 아니라는 것이다. 그들의 환경이 부러운 것이다. 기본적인 음악적 재능만 있으면 우리나라 오르가니스트도 얼마든지 그렇게 할 수 있다. 단지 그런 기회와 시간을 가질 수 없는 상황에 살기 때문에, 그런 능력이 있음에도 계발하지 못하는 한국 오르가니스트들의 현실이 안타까운 것이다.

한국 교회의 현실에서 이 능력이 당장 필요하지 않더라도 오르가니스트는 자신의 능력을 길러 놓을 필요가 있다. 준비된 사람만이 기회가 올 때 할 수 있다. 그리고 그는 스스로 기회를 만들 수도 있다. 가끔은 학생들이 이 능력은 현재 필요하지 않는 것이라고 관심을 두지 않는 경우를 종종 본다. 현재 필요한 것만 혹은 필요한 만큼만의 능력을 가진다는 것은 자신의 능력을 제한하는 것이다. 자신에게 어떤 능력이 있는지를 모르면서 평생을 살아가는 것은 스스로에게 부당한 일이다. 화성 감각을 넓히고 이것을 자유롭게 구사할 수 있는 능력은, 즉 찬송가를 다양하게 연주할 수 있는 것은 꼭 찬송가 연주에만 국한되지 않는다. 화성에 대한 이해는 지적인 것이다. 배우고 익히고 자기의 것으로 만드는 과정에서 그 사람의 음악은 깊어지고 넓어진다. 이런 음악은 사람을 감동시킨다. 연주란 연주자의 모든 것이 나타나는 것이다. 찬송가를 창의적으로 다양하게 연주하는 방법은 다음 장에서 자세하게 다룰 것이다.

(5) 인내심을 가지고 끊임없이 연습하는 사람

악기 연주자라면 모두가 연습을 게을리 해서는 안 되지만, 연습하지 못했을 때 그 결과는 특히 오르간은 더 심각하다. 이미 설명하였듯이 오르간은 악기마다 다 다르기 때문에 자신이 평소 아무리 열심히 연습하였다 하더라도 다시 교회 오르간으로 연습을 해야 한다. 예배당의 음향에 맞추어 연습할 때는 음색과 오르간의 볼륨, 심할 때는 연주법까지 평소 자신이 연습한 오르간과 차이가 난다. 그러므로 오르가니스트는 자신의 오르간은 물론이고 교회 오르간으로 늘 연습을 하여 예배 준비에 소홀함이 없어야 한다.

오르간 연주곡은 다른 기악 곡에 비해 연습하고 익혀서 완성하는 시간이 더 많이 소요된다. 그것은 악기의 특징 때문이다. 손은 손건반을, 발은 발건반을 연주하는 것은 물론 오르간 연주에 필수적인 건반 변경, 음색 변경, 크레센도와 디크레센도를 발로 스웰 페달(*swell pedal,* 발로 음량을 조절할 수 있게 만든 장치)을 조정하는 일로 오르가니스트는 할 일이 많다. 여기다 최근의 오르간은 발로 음색을 변경하는 시퀀서(*Sequencer*)[44]라는 오르간의 장치가 있어 이것까지 발로 하려면 두 다리가 모자라 한 다리가 더 있었으면 할 때가 있다. 오르간 연주에서 이런 악기의 작동 이외에도, 오르간은 특히 곡에 따라 다양한 아티큘레이션으로 연주하기 때문에 연습할 때는 그야말로 신경을 써야 하는 것이 한두 가지가 아니다. 이렇기 때문에 곡을 완성하는 시간이 오래 걸리며 완성하는 과정도 힘든 과정이다. 결국 오르가니스트는 좋은 연주자가 될 때까지 인내심을 가지고 끊임없는 연습이 필요하다.

오르간은 손건반과 발건반의 연주가 함께 있기 때문에 조금이라도 연습을 소홀히 하면 바로 그 결과가 드러난다. 손과 발의 자연스러운 연주가 되기까지는 시일이 걸리며 연습량이 많을 때는 다리가 아프기까지 한다. 특히 발건반 연습은 중요한 것으로, 가끔 성급한 마음으로 손건반 연습을 먼저하고 발건반과 나중에 함께 연습하는 경우는 좋은 방법이 아니다. 모든 곡에서 발건반은 함께 연습하는 것이 오르간을 빨리 익히고 잘 연주하게 하는 지름길이다. 오르간이라는 악기가 오르가니스트에게 편하게 느껴지는 시기는 다른 어떤 악기보다 오래 걸리며 이런 날은 끊임없는 연습을 통해서 앞당길 수 있다.

필자의 미국 유학 시절, 한국에서 갓 미국으로 온 피아노 전공 석사 과정의 한 여학생이 있었다. 이 사람은 남편과 함께 이민 온 경우였다. 이민 온 지 얼마 되지 않아

---

44 | 시퀀서(Sequencer): 오르간에서 미리 입력해 놓은 음색을 개별로 선택해서 사용하는 것이 아니라 한 음색을 시작으로 이 시퀀서 피스톤(piston)을 누르면 그 다음 음색으로 변경되는 기능을 가진 장치이다. 이것은 손건반 혹은 발건반 옆에 위치하여 손 혹은 발로 편리한대로 사용할 수 있다. 많은 경우 손의 원활한 움직임을 위해 발로 이 피스톤을 사용하는 편이다. 곡이 진행되는 동안 음색이 자주 변경될 때 지속적으로 발이 이 피스톤을 누름으로 음악이 끊어지지 않으면서 자연스럽게 음색이 변경되어 편리하다. 최근에 설치되는 오르간은 대체로 이 기능을 가지고 있다.

공부하면서 경제적으로 힘들어 일자리를 찾고 있었다. 그러던 중 필자가 미국 교회의 오르가니스트인 것을 알고서, 자신이 오르간을 배워 미국 교회 오르가니스트를 하면 경제적으로 도움이 되겠다고 생각을 하고 필자에게 와서 오르간을 배우겠다고 하였다. 미국 대학원 과정은 한 가지 전공을 해도 여간 힘든 일이 아니다. 그런데 피아노를 공부하면서 오르간이라는 다른 악기도 함께 배우는 것은 매우 어렵다. 그럼에도 불구하고 그 학생이 배우겠다고 강력하게 이야기하는 바람에 오르간을 가르치기 시작하였다. 그 학생은 바쁜 가운데 나름 시간을 내어 학교 파이프 오르간 연습실에서 열심히 연습하는 듯 했다. 하지만 그 학생은 몇 달이 되지 않아 결국 오르간 배우는 것을 포기했다. 어려워서 못하겠다는 것이 이유였다. 그는 피아노를 꽤 잘 치던 학생이었으나 필자가 생각하기는 이 사람도 오르간에 대한 한국적인 오해를 가지고 있었던 것이 틀림이 없었다. 그래서 오르간을 쉬운 악기로 생각하고 어느 정도 배우면 무난히 연주할 수 있기를 기대하고 경제적으로 보탬이 되기 위해 미국 교회 오르가니스트를 하려고 한 것이었는데 전혀 아니었던 것이었다.

모든 악기가 그렇지만 오르간은 더 큰 인내가 필요하다. "인내는 쓰고 열매는 달다"라고 누가 말했는가? 그 열매라는 것이 얼마나 오래 인내해야 맛을 볼 수 있는 것인지는 아무도 말할 수 없다. 왜냐하면 열매를 맺는 시기가 나무마다 다르기 때문이다. 오르간의 열매는 아주 늦게 열린다. 아마도 악기 중에서 가장 늦게 열매가 맺는 악기라고 장담한다. 그리고 또 인내는 쓰고 열매도 쓸 때가 많다. 이것이 오르가니스트의 길이기도 하며 이 세상을 살아가는 길이 아닐까 싶다. 이 세상에서 열매를 기다리기보다는 나무를 가꾸는 과정 자체를 더 좋아한다면 그 길은 행복한 길이 될 것이다. 인내심을 가지고 오르간을 좋아하고 오르간 연습을 좋아하는 오르가니스트는 결국 해낼 것이다.

(6) 새로운 음악에 대한 도전 의식

많은 사람들이 오르간은 구식 악기로 생각하는 경향이 있다. 악기의 역사에서 보면 오르간은 이 천 년이 넘는 역사를 가졌기 때문에 구식 악기라는 느낌이 들 수 있다. 그리고 오르간이 교회에 들어온 것도 천 년 이상이 되었으니 오래된 악기임에 틀림이 없다. 그러나 동시에 오르간은 시대를 따라 계속 새로운 모습으로 변화 및 발전해 오고 있다. 역사가 오랜 악기이기 때문에 악기 중에서 오르간만큼 소리와 기능, 그리고 모습에서 변화해 온 악기는 또 없다. 전기가 없고 모든 것이 수동이었던 초기의 오르간은 현재, 현대 기술로 발달된 최첨단 전기적 그리고 전자적인 장치를 도입하여 음색과 기능에서 그 가능성이 매우 넓어졌다. 그래서 현대의 오르간은 구식 악기가 아니다. 물론 잘 관리되어 300여년 된 고풍스런 예전의 오르간도 있다. 하지만 현대 오르간은 음색 저장 시스템과 시퀀서 등 최첨단 전자적인 장치 등을 가지고 있는, 모든 악기 중에서 오히려 가장 신식 악기이다. 이와 같이 오르간의 많은 기계 및 전자 부품은 최신식이며 최고 성능의 것이다.

오르간의 블로워(*blower*)-모터(*motor*) 하나만을 예로 들어봐도 그렇다. 오르간에서 바람을 일으켜 주는 블로워-모터는 이 세상의 블로워-모터 중에서 가장 성능이 좋은 최고급으로 오르간 건축가가 자랑스럽게 말한다. 어떤 의미에서는 비행기 제트 엔진보다 더 좋은 것이라고 한다. 모든 블로워-모터는 작동할 때 자체의 소음이 있고 오래 사용하면 열이 난다. 하지만 오르간에 바람을 일으켜 주는 모터는 소음이 없을 뿐만 아니라 열도 안 나는 블로워-모터이다. 오르간은 악기이기 때문에 바람을 일으키는 블로워-모터에서 소음이 나면 소리를 생명으로 하는 악기 연주에 치명적인 장애가 생긴다. 그래서 오르간의 블로워-모터는 소음이 없어야 한다.

과거 오르간은 블로워-모터에서 소음이 난 때가 있었다. 필자가 1981년부터 1983년까지 오르가니스트로 있었던 미국 오하이오 컬럼버스의 북연합감리교회(*North United Methodist Church*)의 오르간은 본당에서는 아무런 소음이 나지 않았지만, 본당 아래의 지하실로 가면 오르간의 블로워-모터 소리가 요란하게 났었다. 이 시기 오르간의 블로워-모터는 대체로 이러했으며 그렇기 때문에 모터는 오르간 연주대와 파이프와는 아주 멀리 떨어져 폐쇄된 곳 즉 소음이 연주장으로 전달되지 않는 곳에 있어야만 했다.

그리고 대부분의 블로워-모터는 켜 있을(*on*) 때 열이 난다. 그런데 오르간의 모터는 아무리 오래 켜놓아도 열이 나지 않아야 한다. 물론 모터가 파이프와 멀리 떨어져 있다면 다른 상황이겠지만 요즈음 대부분의 오르간의 모터는 이제 소음이 없기 때문에 오르간 자체 내부에 설치되어 있다. 파이프 소리는 온도에 따라 피치가 변하는 것으로 온도가 높아지면 피치가 올라간다. 즉 모터를 작동시켜 열이 나면 오르간의 피치에 이상이 생긴다. 이것이 파이프 전체에 천천히 모두 골고루 열이 가면 문제가 다를 수도 있다. 그러나 이것은 현실적으로 불가능한 것으로 파이프는 오르간 내부와 바깥에 아래 위, 양 옆으로 펼쳐져 있다. 그래서 모터에서 열이 난다면 모터의 위치에 따라, 또한 파이프의 재료에 따라 파이프들이 열을 받는 속도가 다르기 때문에 각 파이프의 피치가 서로 달라지면서 전체적으로 오르간 튜닝에 이상이 생기는 것이다. 이런 상태에서 오르간을 연주하면 심한 불협화음이 생기게 된다. 그러므로 오르간의 블로워-모터는 소음이 없어야 하고 아무리 오래 오르간을 켜놓아도 열이 나지 않아야 한다.

블로워-모터 이외에도 오르간이 최신식 악기라는 것은 실제로 파이프 오르간의 연주대와 파이프가 배열되어 있는 오르간 구조 안을 들어가 보면 이해하고도 남는다.(부록 참조) 오르간이 구식 악기라는 개념은 아마도 우리나라 풍금을 떠올려서 그럴 것이다. 하지만 풍금은 오르간의 한 종류일 뿐 지금의 파이프 오르간과는 완전히 다른 악기이다.

오르가니스트는 오르간의 역사를 공부하면서 오르간이 시대를 따라 얼마나 적극적으로 변모하고 발전해 왔는가를 배우게 된다. 이런 오르간을 연주하는 오르가니스트는 제한된 오르간의 역할이나 소리에 머무르지 말고 적극적으로 새로운 역할과 소리를 찾아야 한다. 즉 현대에 들어와 오르간의 추가된 다양한 특징과 새로운 표현법을 배우고 특히 여러 악기와 여러 장르의 앙상블을 통해 오르간의 다양한 모습을 시도할 필요가 있다. 이렇게 할 때에 오르간은 교회 구석에 자리 잡은 구식 악기라는 편견에서 벗어나 현대인과 함께 공감하는 더 익숙한 악기가 될 것이다. 오르간 음악의 레퍼토리는 그야말로 약700여년에 걸쳐 있다. 이런 넓은 시대에 걸쳐 있는 곡들을 현대에 다양하게 접목시켜 응용할 때 오르간은 모든 시대를 공유하는 악기로 자리 잡을 것이다.

현재 교회에서 오르가니스트가 우선적으로 시도할 수 있는 것은 다양한 독주곡의 연주로서 전주곡과 후주곡 그리고 봉헌송이다. 기회는 주어지는 것이 아니고 만드는 것이다. 오르가니스트는 교회에서 주는 시간과 주는 순서에만 안주해서는 안 된다. 주일 낮 예배에서 불가능하면 주일 오후 예배, 혹은 수요 예배에서도 가능하다. 자신의 의지만 있으면 어떤 모습으로든 기회를 만들 수 있고, 이것을 통해 오르간의 연주 영역을 넓혀 갈 수 있다. 우리나라 실정에서 오르간이 찬송가만 연주하는 교회라 하더라도, 오르가니스트는 찬송가를 악보대로만 연주하는 단순한 연주가 아니라 악보와 다르게 창의적으로 연주할 수 있어야 하며, 앙상블 연주도 가능한 한 자주 가지는 것이 좋다. 그래서 오르간은 피아노보다 더 활용성이 뛰어난 악기라는 것을 오르가니스트 스스로 연주를 통해서 보여 주어야 한다.

결론적으로 오르가니스트는 다른 악기와 앙상블을 자주 가지는 것이 매우 중요하다. 이것은 오르간이 찬송가만 연주하는 큰 소리의 악기, 그리고 무거운 악기라는 편견을 없애는 데 가장 빠른 방법이다. 필자는 오르간으로 관현악기의 대부분과 듀오 내지 앙상블 연주를 교회 예배와 연주회에서 하곤 한다. 필자가 함께 연주한 악기로는 트럼펫, 플룻, 버순(*Bassoon*), 트럼본(*Trombone*), 오보에(*Oboe*), 클라리넷(*Clarinet*), 바이올린, 비올라(*Viola*), 첼로(*Cello*), 그리고 팀파니(*Timpani*)와 글로켄스필(*Glokenspiel*, 오케스트라 실로폰), 그리고 하프(*Harp*)이다. 이 외에도 핸드벨(*Handbell*)과 기타(*Guitar*), 국악기로 대금, 해금, 그리고 장구와 앙상블 연주를 하였다. 성악 독창, 중창, 합창은 물론 국악 창과도 함께 오르간과 연주하였다. 오르간은 관악기와 가장 잘 어울리는 악기이지만 현악기 타악기 등 어떤 악기와도 다 잘 어울리는 것임을 필자는 경험하였다.

오르간은 어떤 악기와도 앙상블에 뛰어난 적응력이 있다. 왜냐하면 오르간은 사람의 소리와 흡사한 부분이 있으며 음색이 다양하여 솔로를 하는 악기에게 화성적으로 좋은 뒷받침을 해줄 수 있기 때문이다. 특히 솔로 곡의 원곡 반주가 오케스트라라면 오르간이 피아노보다 훨씬 더 좋은 소리로 협연이 가능하다. 그래서 협주곡인 경우는 오르간으로 반주했을 때 그 음향은 훨씬 좋다. 필자는 피아노 협주곡을 오르간으로 반주하여 피아니스트와 두 번 연주한 적이 있으며 두 번 연주 모두 결과가 좋았었다. 피아노와 이렇다면 관악기 등 다른 악기의 협주곡을 오르간으로 반주하는 것은 더할 나위 없이 좋다.

필자는 오르간이 예배 악기로서 그 모습을 잃지 않으면서 새로운 음악에 도전하기를 권한다. 필자는 몇 년 전 미국에서 파이프 오르간과 대중 음악 록 밴드(*Rock Band*)가 함께 협연하는 연주회를 들어 본 적이 있다. 우리나라 경우 아직은 먼 현실이겠으나 오르간의 고유 특성인 경건한 소리가 대중 음악과 연합할 때 어떤 모습이 될지, 그리고 교회 음악과 대중 음악이 서로 어떤 선영향과 악영향을 주게 될지 생각하는 계기가 되었다. 하지만 오르간의 대중화라는 대전제에서 볼 때 다양한 연주 매체와의 시도는 앞으로 큰 과제 중의 하나다.

그럼에도 불구하고 오르간의 가장 이상적인 모습은 예배 악기의 상태다. 이것은 오르간의 본질이다. 그리고 예배에서 회중 찬송 연주는 오르간의 가장 중요한 역할이다. 여기서 오르간은 큰 회중을 인도하기 때문이다. 그 다음으로 오르간은 교회 합창을 반주해 왔으며 그 외의 독주곡과 다양한 악기들과 앙상블 연주를 해왔다. 오르가니스트는 교회에서 적극적으로 오르간과 다른 연주 매체와 협연을 스스로 찾아야 한다. 가만히 있는 사람은 아무도 도와주지 않는다. 적극적으로 새로운 것에 도전할 때 그 문은 더 활짝 열리게 될 것이다.

(7) 성악과 지휘의 능력

오르가니스트는 오르간만 잘 치면 충분하다고 생각할 수 있다. 하지만 그는 자신이 함께 하는 합창에 대한 지식이 있어야 하며 성대 훈련과 지휘법에도 훈련받는 것이 필요하다. 무엇이든 아는 만큼 발전할 수 있다. 오르가니스트는 지휘자의 유고시에 그를 대신하여 성가대를 연습시킬 수 있어야 하고, 드물게는 지휘를 해야 할 수도 있다.

우리나라 교회에서 지휘자가 자리를 갑자기 비울 때 부지휘자가 없는 경우 성가대원 중에서 음악을 잘 아는 사람이나 성가대장이 대신하는 경우가 있다. 하지만 이런 일은 서양의 교회에서는 거의 없는 일이다. 비록 성가대장 등 성가대 임원이 음악을 전공한 사람이라 하더라도 성가대에서는 반주자가 지휘자 다음으로 성가대를 책임 맡은 사람이다. 성가대 지휘는 전문적인 영역으로서 성가대 임원 등 자신이 아무리 자격이 있다고 스스로 느끼더라도 물러서야 한다. 그들은 성가대의 운영과 행정적인 뒷받침을 하는 사람으로 음악적인 영역에는 개입하지 않는 것이 원칙이다. 성가대 곡을 지휘자 다음으로 가장 잘 아는 사람은 반주자이다. 성가대 임원이 음악 전공자라 하더라도 지휘자로 나서면 안 된다. 더욱이 음악 비전공자일 경우는 더 심각한 것으로 비음악인이 지휘자를 대신한다는 것은 음악뿐만 아니라 지휘라는 영역의 전문성을 부인하는 일이 되는 것이다. 지휘자가 없으면 그 다음으로 성가대를 이끌 수 있는 사람은 반주자이다.

반주자는 일반적으로 우수한 음악인이다. 반주자는 대체로 음악 전공자이고, 더욱이 오르가니스트는 오르간으로 성가대를 반주하지만 음악적으로는 지휘자 못지않게 훈련을 받은 사람이다. 그리고 실제 회중 찬송가를 오르간으로 인도 내지 지휘하고 있는 사람이다. 더욱이 그 오르가니스트가 교회 음악을 전공한 사람이면 성악과 지휘법은 교과 과정에서 필수 과목이다. 그래서 오르가니스트는 성악 실기와 지휘 테크닉을 기본적으로 훈련받아야 하며, 필요할 시 언제든지 지휘자를 대신할 수 있어야 한다. 서양 교회에서 이런 상황은 종종 있는 것으로, 지휘자가 성가대 찬양을 지휘한 후 사정이 있어 일찍 지휘자석을 떠날 때 그는 오르가니스트에게 남은 곡들의 지휘를 부탁한다. 실제로 교회 음악 전공이 아니더라도 오르간 전공 교과 과정에도 지휘법과 가창, 합창 등의 교과 과목이 개설되어 교회 오르가니스트로서 필요한 교육과 훈련을 적극적으로 제공하고 있다.

성악 능력은 반주자가 지휘자를 대신할 경우에도 필요하지만 오르가니스트 자신을 위해서도 필요하다. 노래는 어떻게 부르는지, 호흡은 어떻게 하는지, 프레이징 하는 법 등에서 성악 훈련은 오르가니스트에서 좋은 공부가 된다. 그래서 오르가니스트는 성악 공부뿐만 아니라 성악 연주회도 자주 가볼 것을 권한다. 건반 악기 연주자들은 연주할 때 호흡을 잘 하지 않는다는 평을 많이 받는다. 음악은 살아있는 생명체로 당연히 호흡을 해야 한다. 이런 호흡을 배우는데 가장 좋은 길이 성악을 배우는 것이다. 특히 오르간은 건반 악기이지만 관악기이기 때문에 파이프의 바람과, 그리고 교회당의 잔향과 함께 호흡하는 것을 배우는 것은 아주 중요하다.

이와 같이 오르가니스트는 지휘를 배워야 한다. 오르가니스트는 오르간으로 회중 찬송을 지휘하는 사람이다. 지휘는 단순히 손을 흔드는 것이 아니다. 박자만을 주는 것이 아니라는 의미이다. 지휘는 연주하는 그 곡의 음악적 모션(움직임, *motion*)을 노래 부르는 사람에게 제공해 주는 것으로서, 좋은 지휘자의 지휘를 보면 오르간을 어떻게 연주해야 하는지 매우 도움이 된다. 즉 자신이 연주하는 곡을 직접 지휘해 보는 것은 좋은 공부가 된다. 그래서 연습할 때 악보를 눈으로 보면서 손으로 지휘해 볼 것을 권한다. 음악을 생각하면서 자신의 곡을 실제로 지휘하면 그 음악은 더욱 풍성해질 것이다. 오르간 매스터 클래스에서 대부분의 오르간 강사는 학생이 연주할 때 그 음악을 지휘하고 있다. 음악적 느낌을 지휘 모션을 통해 느끼는 것은 자신의 음악에 많은 도움이 된다. 지휘는 음악을 몸으로 느낄 수 있도록 해주기 때문에 오르가니스트가 어떤 곡을 연습하든 그 곡을 지휘해 봄으로써 몸과 마음 모두에서 음악이 살아나는 것을 경험할 것이다.

필자는 오르가니스트로서 참으로 값진 기회를 가진 적이 있다. 2014년 1월부터 2015년 3월 첫째 주까지 필자는 우연하게, 물론 지금 생각하면 하나님의 뜻이라 생각한다, 1년 2개월 조금 넘게 오르가니스트로서 성가대 지휘를 겸해서 한 적이 있다. 유럽의 경우에는 대체로 성가대 지휘자가 오르가니스트를 겸하며, 미국에도 지휘자가 오르가니스트를 겸하는 것은 종종 있다. 하지만 우리나라에서 지휘자를 겸하는 오르가니스트는 매우 드물다.

필자는 교회 피아노 반주와 오르간 반주를 다 합하면 지금까지 41년째 교회 반주를 해 오고 있다. 그리고 그 동안 대구·경북의 여러 시립합창단들과 오르간으로 협연을 하면서 뛰어난 지휘자들과 많은 곡을 함께 연주하였다. 늘 옆에서만 보던 합창 지휘의 세계는 실제로 들어가 보니 참으로 흥미로운 영역이었으며 오르가니스트로서 필자의 음악을 더욱 풍성하게 만들어 주는 계기가 되었다. 지휘를 하면서 곡의 흐름과 곡이 발전되고 전개되는 메카니즘(*mechanism*)을 이전보다 더 많이 알게 되었다. 미국 유학 시절 박사 과정에서 부전공으로 작곡을 공부하였지만 지휘는 필자에게 또 다른 음악적 통찰력을 주었다. 1년 2개월의 짧은 시간이었지만 필자는 성가대 지휘를 통해 음악을 이해하는 능력이 많이 늘어났다고 확신한다.

이 지휘 경험은 필자의 오르간 레슨에서 더 좋은 교육 방법으로도 나타났다. 학생이 연주할 때 지휘를 더 많이 하게 된 것이다. 필자는 이전의 레슨에서도 학생이 연주할 때 지휘를 가끔 하기는 했지만, 함께 피아노 치는 것을 더 많이 한 편이었다. 그러나 지휘자의 일 후에 레슨에서 지휘를 더 많이 하게 되었고 이것은 학생에게 음악의 느낌을 더 직접적으로 전해주는 하나의 교육 방법이 되었다. 필자는 당시 오르가니스트와 지휘를 겸하면서 많이 바빴지만 그것은 하나님의 축복이었다. 개인적으로, 선생으로서 참 감사하게 생각한다.

필자는 당시 지휘를 하면서 성가대 곡을 차 안에 두고 일주일 내내 가사는 물론 음악을 대부분 다 외웠으며 주일 예배 찬양에서는 지휘하면서 악보를 본 적이 없다. 물론 악보를 앞에 펴두기는 하였다. 암보를 하게 되니 성가대원을 늘 볼 수 있어서 원하는 음악을 만들기에 더 좋았으며 성가대원들도 더 많이 지휘자를 보게 되었다.

암보하는 습관은 참으로 좋은 것이다. 오르가니스트들은 대체로 악기의 특성상 암보 연주를 하지 않는 편이다. 이것은 오르가니스트는 음색 표시, 건반 표시 등으로 연주할 때 피아노에 비해 기억할 것들이 훨씬 더 많으며 더욱이 평소 연습하는 오르간과 주일이나 혹은 연주회에서 연주하는 오르간이 다르기 때문에 대체로 악보를 펼쳐 놓고 연주하는 것이다. 그래서 어떤 때는 오르가니스트에게 이것이 단점이 되어 적게 연습하고, 결과적으로 악보를 더 많이 의지하게 되기도 한다. 하지만 암보를 위해서는 곡을 머리에 더 넣어야 하고 생각을 더 많이 하면서, 결국 악보에서 자유로워지는 것은 연주자에게 귀한 과정이다. 필자가 대학생 시절 피아노 전공으로 늘 암보하던 습관과 미국에서 공부하면서 암보하던 일들이 성가대를 지휘하면서 다시 새롭게 연결되면서 암보력은 지금까지 필자에게 많은 도움을 준다.

필자는 오르가니스트에게 적극 권한다, 지휘를 하기를. 어른 성가대 지휘가 불가능하면 어린이 성가대도 좋고, 어떤 형태의 성가대도 좋다. 지휘를 하게 되면 음악의 세세한 부분뿐만 아니라 음악의 전개와 발전, 그러면서 음악 전체를 한 눈에 보는 능력이 더 길러진다. 필자는 최근, 제자가 성가대 지휘를 하게 된 사실을 알고 참 뿌듯하고 귀하게 생각한다. 오르가니스트로서 지휘를 하는 것은 평생 귀중한 자산이 될 것이다. 그러므로 오르가니스트는 어떤 성가대이든지 기회가 오면 지휘하기를 권하며, 먼저 자신의 오르간 연주곡을 스스로 지휘해 보기를 적극 권한다.

(8) 끊임없는 연구를 위해 정기적으로 세미나와 워크샵 등에 참석할 것

우리나라에서는 교회 음악인을 위한 세미나와 워크샵이 대체로 여름과 겨울, 일 년에 두 번, 그리고 봄과 가을에 가끔씩 추가로 있다. 이런 세미나와 워크샵을 몇 년이 지나도록 한 번도 참석하지 않는 교회 오르가니스트가 있다면 그 사람은 스스로 자신이 하나님의 음악인인지, 그리고 음악 전공자인지 의문을 가져야 한다. 시간이 없어 못 간다고 하는 것은 충분한 이유가 되지 못한다. 이런 모임은 전국적으로 혹은 지역적으로도 있기 때문이다. 배우고자 하고 연구해서 좀 더 나은 봉사를 하나님께 하고자 하는 마음이 있다면 일 년에 한 번은 참석할 수 있다. 많은 교회가 지휘자와 반주자를 위해 이런 세미나 참석을 권유하고 재정적으로 도와주고 있다. 이것은 바람직한 일로서 그 교회는 나름 교회 음악의 중요성을 인정하고 교회 음악인의 교육에 힘쓰고 있다는 의미이다.

여기서 흥미로운 것은 교회 지휘자와 오르가니스트를 위한 세미나와 워크샵은 많지만 피아니스트를 위한 세미나는 드물 뿐만 아니라, 있다고 해도 참석자가 매우 적다는 것이다. 이것은 무엇을 의미하는가? 피아니스트는 교회를 섬기는 데 별로 관심이 없다는 뜻인가? 우리나라 교회에서는 피아노의 역할이 대체로 오르간의 역할보다 더 큰 경우가 대부분이다. 그런데도 지휘자와 오르간 반주자를 위한 연구 모임에 비해 피아노 반주자를 위한 모임이 적다는 것은 다시금 생각해 볼 일이다. 피아니스트는 잘해서 더 배울 필요가 없고 지휘자와 오르가니스트는 능력이 떨어져서 계속 배워야 한다는 의미인가? 이런 말을 교회 음악이 발달한 유럽이나 미국 교회 음악인들이 들었다면 한국 교회 음악의 부끄러운 현주소를 스스로 고발하는 일이 될 것이다. 피아노를 사용하는 미국의 교단에서는 피아니스트를 위한 연구 모임이 있다. 교회 음악을 한다면 하나님 앞에서 더 좋은 찬양을 드리기 위하여 연구하는 것은 필수이지 않는가?.

그럼 왜 지휘자와 오르가니스트는 이렇게 연구 모임이 많고 또 이렇게 연구를 해야 하는 것인가? 이것이 바로 성가대와 오르간은 교회의 전통적인 음악이라는 의미가 되는 것이다. 지휘자와 오르가니스트를 위한 연구 모임은 유럽을 비롯하여 미국 등지에서 아주 오래된 전통이다. 미국의 경우 미국오르가니스트협회 AGO[45]는 설립된 지 120년이 되면서 아직도 그들은 활발히 활동한다. 지휘자를 위한 연구 모임도 마찬가지이다. AGO에서는 성가대 지휘자를 위한 프로그램도 가끔 같이 한다. 그들은 늘 모여서 연주회를 가지고 연구하고 토론하면서 더 좋은 예배 음악을 위하여 애를 쓴다. 성가대 음악과 오르간 음악은 늘 교회와 함께 있었으며 이를 위해 교회의 후원은 물론 교회 음악인들이 스스로 연구하는 자세를 가졌다. 교회 음악인은 자신이 스스로 그 자리에서 물러나지 않는다면 대체로 평생을 교회에서 일할 수 있는 사람이다. 이것은 연주회장을 빌려서 연주를 하는 일반 클래식 연주자와는 완전히 다른, 평생 자신에게 보장된 연주회장이 있는 것과 다름없는 것으로 이것은 특히 연주를 전공하는 사람에게는 매우 중요한 의미이다. 평생 교회 음악인으로 있다는 것은 평생 연구할 때에만 가능한 것으로 이렇게 하는 사람만이 또한 이 일을 감당해야 한다.

평생 공부하면서 연주해도 늘 부족하게 느끼는 것이 오르간이다. 교회 음악인을 위한 세미나와 특강을 통해서 자신의 예배 음악 연주를 점검 받고, 더 나은 연주를 위해 강의를 듣고 레슨을 받으면서 다른 오르간도 접하게 되는 기회를 가질 수 있다. 또한 참석한 오르가니스트들과 서로 교제하면서 오르간에 대한 여러 정보와 자료를 나누고 다양한 독주곡도 소개받는다. 계명대학교에서는 교회 오르가니스트를 위해 여름에 오르간 세미나를 늘 가진다. 교회 오르가니스트들에게 참석을 권유하지만 많이 참석하지 않는 것이 늘 아쉽다. 다 잘 하고 있는지, 잘 하려면 계속 배워야 하는데 배우지 않고 어떻게 하는지 걱정스럽다.

필자는 개인적으로 여름 방학이 되면 세계의 다양한 오르간을 둘러보러 다닌다. 작곡자가 곡을 작곡한 실제 현장에 가서 그 음향을 들어보면서 그 곡이 이런 소리가 났겠다고 상상을 하면 대단한 공부가 된다. 그리고 오르간이 예배에서 모든 음악을 담당하는 유럽의 교회에서 오르가니스트가 예배에서 연주하는 전주곡, 후주곡, 그리고 찬송가 연주를 유심히 들으면서 많은 도전을 받고 배운다. 국내 교회 오르가니스트

45 | AGO(American Guild of Organists): 유럽의 전문인 조합인 길드(Guild) 제도에서 나온 것으로 미국에서 1896년 교회 오르가니스트를 위한 연구 모임으로 창설된 단체이다. 2년마다 미국 전역의 회원이 참석하는 전국 대회(National Convention)가 있으며 이것이 없는 해는 지역 대회(Regional Convention)를 가진다. 일 년 중 수시로 연주나 특강 모임이 있다. 이것을 모델로 하여 우리나라에는 한국오르가니스트협회 KGO(Korean Guild of Organists)가 있다.

가 외국은 가지 않더라도 국내에서 또 교회에서 후원해 주는 교회 음악인 연구 프로그램에 적극적으로 참석하는 것은 자신에게, 하나님께, 또한 성도에게 더 풍성한 열매를 제공할 것이다.

4) 교회 오르가니스트로서 유의할 점

모든 오르가니스트가 다 교회 오르가니스트가 되는 것은 아니다. 물론 이 말은 우리나라에서는 이해가 안 될지 모르지만, 특히 일본의 경우 오르간 음악은 우리나라보다 훨씬 발전되어 있지만 기독교인은 우리나라보다 매우 적기 때문에 일본의 현실에서는 이해가 되는 말이다. 이것은 유럽이나 미국도 마찬가지이다. 기독교 문화에서 산다는 것이 꼭 기독교인으로 사는 것은 아니기 때문이다. 유럽이나 미국의 경우 오르가니스트라고 하면 오르간 전문 연주자(*organ concert artist*), 연주와 가르치는 것을 병행하는 사람, 그리고 교회 오르가니스트로 크게 세 부류로 나뉜다. 물론 여기서 한 사람이 두 가지를 병행하는 경우도 있다. 오르간이 발달한 나라에서는 오르간은 교회 악기인 동시에 클래식 음악의 연주회용 악기로 생각하며, 오르간을 전공한다고 해서 다 기독교인이 아닌 것은 이제 오르간 음악계의 현실이다.

하지만 우리나라에서는, 특히 지금까지 계명대학교의 경우는 99.9%가 기독교인이었다. 99.9%라고 하는 것은 과거의 교회음악과와 지금의 오르간과 학생 중에 한두 명의 비기독교인이 있었기 때문이다. 교회 오르가니스트가 된다는 것은 단순히 오르간을 전공하는 것과는 차원이 다르다. 동시에 오르간을 전공했다고 다 교회 오르가니스트가 되어야 하는 것도 또한 아니다. 학생 본인 스스로도 그렇게 생각할 수 있고 주위의 사람들도 그렇게 생각해 주어야 한다. 교회 오르가니스트가 되는 것은 오르간 전공자의 선택 사항일 뿐이다. 종교의 자유가 있듯이 교회의 직분도 본인의 자질과 소명 의식이 있어야 가능하다. 전공을 했다고 무조건 교회 오르간 의자에 앉혀서 반주를 하라고 하면 안 되는 것이다.

앞서 교회 오르가니스트의 자질을 살펴보았듯이 오르간 전공자 중에는 교회 오르가니스트로 적합하지 않는 사람이 종종 있다. 그 첫째는 기독교인이 아닌 경우이다. 이것은 당연한 말이지만 외국의 경우는 비기독교인이지만 교회 오르가니스트인 경우가 있다. 이 사람은 예배에서 반주 혹은 연주만을 하는 사람이다. 이 사람은 예배를 드리는 사람이 아니다. 자신이 예배를 드리지 않는 사람이 어떻게 예배 음악을 한다는 말인가? 이론적으로 불가능한 일이다. 이것은 교회 오르가니스트의 영적 자질에서 이미 다룬 내용이지만 그 중요성을 거듭 말하는 것이다. 그 사람이 기독교인이 아님에도 불구하고 좋은 오르간 연주자라고 해서 교회에서 오르가니스트로 청빙하는 경우가 있다면 이것은 하나님의 교회를 사람의 모임으로 만드는 것이다.

믿음은 하나님과 자신만의 개인적인 것이기에 사람의 눈으로 보아서 판단할 일은 아니다. 그러기에 교회는 오르가니스트를 청빙할 때 신앙고백을 받아야 한다. 이것은 교회 목회자와 음악 위원회에게 꼭 당부하고 싶은 내용이다. 우리나라에서 비기독교인 오르가니스트 경우의 예는 많지 않지만, 대신 신앙이 어리다든가 명확하지 않는 사람을 임명하는 경우는 종종 있다. 예배 음악을 담당하는 오르가니스트가 기독교인이 아닌 상황은 설교하는 사람이 기독교인이 아닌 상황과 같은 것이라는 것을 교회와 모든 성도들이 명심해야 한다.[46]

혹시 신앙적인 면 이외에 예술적이나 인격적으로 우수한 사람이 있다고 한다면 교회는 이 사람을 초대해서 신앙인으로 키운 후에 일을 맡길 수는 있다. 사람을 키우고 기다려서 교회 음악인으로서 기본을 갖추는 것이 우선적으로 해야 할 일이다. 반주를 맡기면서 신앙이 생기겠지 하는 것은 교회의 바른 자세가 아니다. 신앙은 생기고 커나갈 수 있지만 그 동안의 음악은 하나님께는 물론 자신에게도 성도에게도 좋은 예배 음악이 되기 힘들다. 준비되지 않은 사람에게 성급하게 하나님의 일을 맡긴다는 것은 교회의 본질을 잊는 중차대한 실수다.

두 번째로 자기 과시욕이 많은 사람은, 즉 스타 욕구가 있는 사람은 교회 오르가니스트로 곤란하다. 사실 그 사람은 오르간 전문 연주자로서도 그리 좋은 연주자가 아니다. 그런데 하물며 하나님을 찬양하고 경배하는 예배에서 자신의 연주를 통해 칭찬과 영광을 자기가 받고 싶어 하는 사람이라면, 다른 말로 하면, 예배에서 자기가 충만하게 살아있는 사람은 예배에 적합하지 않다. 예배는 자기 자신이 사라지고 죽어 하나님만 계시는 순간이기 때문이다. 하나님께 돌려할 영광을 자신이 가져간다면 이 예배는 어떤 예배가 될 것인가? 그리고 그런 인간적인 연주가 예배에서 어떻게 성도들에게 영적인 감동을 줄 수 있겠는가. 하나님은 그 중심을 다 아신다. 일반 성도들

---

46 | Austin C. Lovelace and William C. Rice, Music and Worship in the Church, Abingdon Press, 1976, p. 73

은 오르가니스트의 영적 상태를 알기 힘들기 때문에 예배에서 드리는 음악이 하나님께 바쳐지는지 모를 수도 있으며, 동시에 이런 것까지 성도들이 관심을 가지기도 힘들다. 그러나 가끔은 "아, 저건 좀 아닌 거 같은데…"라는 느낌을 받았다면 그것은 아닐 가능성이 높다. 이렇게 꼭 느끼지 않더라도 하나님의 음악을 듣고 자라는 성도와 사람의 음악을 듣고 자라는 성도는 당연히 그 결과에서 많은 차이가 있을 것이다.

이 이외에도 자신이 세상을 좋아하는 것을 스스로 끊기 힘든 사람이든지, 개인적인 연주는 좋지만 예배 반주는 관심이 없는 사람이 있을 수 있다. 이런 사람은 스스로 자신이 원하는 것을 택하여, 자신의 길을 가는 것이 더 낫다. 하나님의 백성 중에는 다양한 사람들이 있다. 전공했다고 그 모든 사람을 한 방향으로만 몰고 가는 것은 좋지 않다. 오르간도 다양한 역할을 할 수 있도록 그 길을 넓게 열어 놓을 필요가 있다.

교회 오르가니스트가 되고자 하는 사람은 이것이 자기 전공을 살리려고 하는 것인지, 혹은 경제적으로 도움이 되려고 하고자 하는 것인지 하나님 앞에서 양심을 점검받아야 한다. 그렇게 한 후 하나님을 섬기는 사람으로 교회 오르가니스트 일을 하겠다면 그에 따르는 책임을 성실히 이행할 각오를 해야 한다.

교회 오르가니스트는 예배에서 맡은 역할이 많기 때문에 예배 음악을 담당하는 사람들 중에서 갖추어야 할 것들이 많이 요구되는 사람이다. 특히 한국의 교회 오르가니스트는 더 어렵다. 그래서 오르가니스트의 길은 힘든 길이며 선교사의 길과도 같다. 오르간이라는 악기 자체는 능숙하게 잘 치기도 어려울 뿐만 아니라 교회에서 하는 역할은 많으며, 그렇다고 우리나라 교회에서 오르간의 인지도도 현재는 피아노보다 못한 경우가 더 많은 상황이다. 그래서 이 길로 가려는 사람은 흔치도 않고 이 길로 가자고 권하기도 쉽지 않다. 그러나 오르간 음악은 교회 음악의 중요한 부분으로 예배에서 필수적인 악기이다. 현재 한국 교회의 예배 상황에서 자신의 미약한 위치를 생각할 것이 아니라, 오르간이 줄 수 있는 고귀한 하늘의 음악을 생각하면 이 길을 갈 수 있다.

교회 오르가니스트는 빛도 없이 드러남이 없이 매순간 자기의 위치에서 역할을 다할 때 전체를 빛내게 되는 사람이다. 이것은 서양의 경우나 우리나라의 경우나 다 같다. 이것은 우선 오르간의 위치에서 알 수 있다. 오르간이 주로 예배당 2층 발코니에 위치해 있는 유럽의 경우, 성도들은 오르가니스트를 전혀 볼 수 없다. 미국도 상황이 이와 거의 비슷한 것으로 오르간이 예배당 앞쪽에 위치해 있더라도 오르간 연주대는 일반적으로 성도들에게는 보이지 않는 것이 대부분이다. 그래서 오르간 음악은 예배당에서 울려 퍼지는 하늘의 소리가 이상적인 것이라고 필자는 생각한다. 사람의 모습은 없고 음악만이 들리는 것이다.

이에 비해 한국 교회는 세속적 가치로 오르간을 교회의 재력을 자랑이나 하듯, 앞에 전시해 놓고 연주대도 보이는 곳에 둔 교회가 많다. 이것은 진정한 예배 음악의 정신에도 어긋나는 일이며 또한 오르가니스트를 더욱 힘들게 하는 것이다. 오르가니스트는 예배에서 안 보이는 것이 가장 좋다. 꼭 오르가니스트만이 아니다. 예배에서 순서를 담당하는 사람은 최소한의 사람이 좋고 그 사람도 성도에게 잘 보이지 않으면 더 좋다. 성도는 예배에서 사람을 볼려고 하는 마음을 먼저 버려야 한다. 하나님만 집중하는 것이 예배이며 사람을 구경하는 시간이 아니다.

오르가니스트는 예배에서 스스로 예배를 드리고 자신의 맡은 음악을 성실히 연주하면서, 드러나지 않으면서도 그 자리를 지키는 사람이며 이런 조용한 예배자의 모습이 진정한 교회 오르가니스트이다.

5) 교회 오르가니스트의 의상과 그 외 몇 가지 당부

예배에서 중요한 역할을 맡은 오르가니스트는 유의할 사항이 많다. 앞 장에서 영적, 인격적, 예술적 자질에서 긍정적으로 그리고 적극적으로 갖추어야 할 것들을 살펴보았으며, 여기서는 실제 교회와 예배에서 오르가니스트가 유의할 몇 가지를 점검해 본다.

(1) 의상

오르가니스트의 옷은 중요하다. 오르간은 악기 특성상 발로 발건반 연주와 볼륨 조절을 해야 하기에 더욱 그러하다. 우선 예배에서 음악을 담당하는 오르가니스트의 의상은 온건한 것이 좋다. 예를 들면 정장이 바람직하다. 여자인 경우에 오르가니스트는 발건반의 움직임 때문에 바지 정장을 많이 선호하는 편이지만 치마 정장도 익숙하면 전혀 불편함이 없다. 대신 치마 정장인 경우는 길이가 무릎 위로 올라가는 것은 적절하지 않다.

예로부터 기독교가 오랜 전통으로 자리 잡은 나라에서는 주일 옷(*Sunday Cloth*)이라는 단어가 있듯이 성도는 주일에 교회 올 때 평소 옷 중에서 가장 좋은 옷을 입었다. 미리 옷을 준비해서 주일에 입는 것이다. 주일은 늘 평상시에 입던 작업복이나, 특히 어린이 경우 뛰어 놀 수 있는 옷과 다른, 깨끗하고 제일 좋은 옷을 입는 날이었다. 그래서 그들에게 주일은 특별한 날이었으며 어린 아이들부터 어른 모두가 교회 가는 것이 즐겁고 기다려졌을 것이다. 평소의 평범한 옷이 아닌 가장 멋진 옷을 입고 교회에 오는 기분을 상상하면 주일은 정말 특별한 날이었다고 생각된다.

그런데 요즈음은 예전에 비해 교회에 오는 의상이 이렇지가 못하다. 더구나 이런 교육을 교회에서 그리고 기독교 가정에서 하지 않는 느낌이다. 이것은 어른이 되어서도 연결된다. 교회 가는 것이 별로 특별한 것이 아닌 일로 여기는 상황이 점점 늘어나면서 교회 올 때 의상에 별로 신경 쓰지 않고, 어떤 때는 편한 복장 혹은 놀러갈 때 입는 옷처럼 아무렇게나 하고 교회에 오는 사람들이 점점 많아진다. 교회를 편안하고 친근하게 생각하는 것은 예전의 교회에 대한 경건하다 못해 경직된 자세에 비하면 다행이라 할 수 있으나 하나님께 예배하러 나아오는 성도의 자세를 생각하면 예의가 없다는 느낌이다. 이런 자세는 잘못된 것이다. 이것은 교회 오는 사람의 마음 자세부터 준비가 덜 된 것이다. 옷은 사람의 행동에 영향을 준다. 좋은 옷을 입었을 때는 행동도 조심하게 된다. 옷에 어울리는 행동이 나온다는 의미이다. 또한 역으로, 사람 마음가짐에서 옷은 결정되기 때문에 옷을 잘 차려 입는다는 것은 그만큼 그 모임이 중요하다는 의미가 된다.

다시 강조하지만 예전의 성도들은 교회 갈 때면 늘 좋은 옷을 입었으며 새 옷인 경우는 늘 주일부터 입어야 했기 때문에 주일을 더 기다리곤 했다. 감사하게도 필자의 어린 시절도 늘 그랬다. 그리고 헌금은 어떠한가? 가장 깨끗하고 반듯한 돈을 준비해서 헌금을 드렸으며 돈 종이가 반듯하지 않았을 때는 다리미로 반듯하게 다림질을 해서 헌금을 하곤 했었다. 필자의 아버님이 이런 분이셨는데 지금 생각하면 참으로 귀한 것으로 필자는 지금 많이 반성한다. 이것을 누가 위선이고 허례허식이라 할 수 있겠는가? 이 모든 것은 교회와 주일, 그리고 예배를 귀하게 여기기 때문에, 그리고 하나님을 만나고 하나님께 드리는 모든 것에 예를 갖추고 정성을 다한다는 뜻 외에는 무엇이 있겠는가?

지금은 이러한 모습을 찾아보기가 힘들다. 요즈음은 구겨진 돈은 보기 드물지만 구겨진 돈을 다림질 하는 것은 더 보기 힘들 것 같다. 필자도 사실 헌금을 다림질 해본 적이 없다. 주일 헌금도 대체로 그냥 헌금 봉투에 넣을 때가 많고 돈에 나타난 그림을 가지런히 맞추어 넣는 때가 그리 많지 않았기에 많이 반성하고 최근에는 그림을 맞추어 넣는 편이다. 마음이 있으면 행동이 따라온다고 했는데 우리 현대 성도들에게는 예배와 하나님께 대한 마음 씀씀이가 너무 박한 것이 사실이다. 우리의 신앙 선배들을 생각하면 부끄러울 뿐이다.

하나님께 나올 때는 우리는 예를 갖추어야 한다. 세상의 중요한 사람을 만날 때 우리는 항상 예를 갖춘다. 그러면서도 하나님께 나아오는 사람들이 하나님께 예를 갖추지 않는다면 우리가 하나님을 진정 사랑하는지, 하나님을 존귀하게 생각하는지를 다시 생각해 볼 필요가 있다. 성경에도 예복을 입지 않은 자가 잔치에서 쫓겨나는 예화가 있지 않는가?[47] 물론 그것은 구원의 잔치에 대한 비유로 해석되고 있으나 우리가 매주 하나님께 드리는 예배에도 적용할 수 있지 않을까?

옷은 또한 그 사람의 인격을 대변하기도 한다. 어떤 옷을 입느냐에 따라 그 사람의 성품 또한 대체로 알 수 있다. 오르가니스트는 하나님의 음악을 담당하는 사람이다. 물론 예배에서 성가대복을 다 함께 입고 예배당에 나아가기는 하지만 오히려 이것이 교회 예배 음악인에게는 함정이 될 수도 있다. 성가대복을 입기 때문에 자신이 입은 옷은 보이지 않는다는 이유로 교회 올 때 가끔 아무렇게나 옷을 입고 오는 경우를 종종 본다. 성가대복을 입던 안 입던 오르가니스트는 의상에서 신중해야 하고 자신이 가지고 있는 가장 좋은 옷으로 절제되고 온건한 옷을 입기를 권한다.

그래서 옷은 인격이다. 또한 옷은 그 사람의 정체성이다. 오르가니스트라면 오르간이라는 악기의 성격에 맞는 옷을 입는 것이 타당하다. 오르간은 천 년 이상 교회 악기로서 고전적이며 전통적인 성격으로 진중한 악기이다. 그렇다면 이 악기를 연주하는 사람은 악기에 어울리는 의상을 입는 것이 더 적절하지 않을까? 너무 의상을 제한하기는 그렇지만 적어도 주일 예배 반주를 위해 교회 갈 때만큼은 이렇게 할 것을 권한다. 사람은 때와 장소를 잘 분별할 줄 아는 지혜가 필요하다. 옷이 바로 때와 장소에 따라 구별되어야 하는 것이다. 오르가니스트로서 주일 예배와 교회라는 것을 명심하면 하나님께서 지혜를 주실 것으로 생각한다. 예전에 어느 지휘자 장로님께서 "오르가니스트는 19세기 옷을 입어야 한다"고 농담하셨는데 필자는 그 속뜻을 이해한다.

오르가니스트의 옷은 소매나 옷의 길이가 너무 짧은 것은 피해야 하며 요란스러운

---

47 | 마태복음 22장 11-14절 "임금이 손을 보러 들어올쌔 거기서 예복을 입지 않은 한 사람을 보고…바깥 어두움에 내어 던지라…"(개역성경)

색깔은 좋지 않다. 연주회에서 남자들 정장은 검정색 정장으로 통일되는 것을 볼 수 있는데 이것은 참 편리하다는 생각이다. 여자들도 이렇게 남자들처럼 검정 옷은 어떤가? 오케스트라 연주회를 가면 모든 단원이 다 같이 검정색 정장을 입는다. 최근에는 가끔 새로운 시도로 옷을 각자 연주회 의상으로 다르게 입는 것도 본다. 색깔 있는 드레스에서부터 케쥬얼(*casual*, 평상복의)하게 하는 의상 등의 연주 의상을 통해 연주회의 성격을 다르게 하는 경우도 있다. 하지만 심각한 연주는 대체로 다들 검정색 정장을 입는다.

한 가지 색으로 의상을 통일해서 입는다는 것은 하나의 오케스트라라는 개념으로 각 단원의 개성을 없애고 음악을 하나로 만들어낸다는 의미가 있다. 그런데 이런 단체 연주 이외의 음악회에서도 남자는 대체로 턱시도로 검정색인 반면 여자 연주자는 다른 색깔로 다양하게 입는다. 꼭 이렇게 하는 이유가 있을까? 단지 여자라서? 물론 여자 연주자들은 자신이 연주하는 곡의 특징에 따라서 의상을 맞추는 경향이기는 하다. 그렇다면 남자는 검은색 정장을 입어도 음악이 되고 여자는 다양하게 옷을 입어야 음악에 더 좋다는 말은 설득력이 없다.

필자는 꼭 이런 이유는 아니지만 연주 옷은 두 가지 색의 세 벌이 있다. 그것은 자주색 한 벌과 검정색 두 벌로서 필자의 독주회는 거의 다 검정색 드레스를 입는다. 그리고 다른 연주자와 함께 하는 연주일 때는 가끔 자주색을 입을 때도 있다. 이것은 함께 연주하는 연주자를 배려함이다. 필자는 연주복에 마음을 쓸 시간도 없으며, 쓰고 싶지 않아서이기도 하지만 다른 화려한 의상을 입을 필요성을 느낀 적이 없는 것이 중요한 이유이다. 오르간 음악은 교회에서 연주하는 음악이 가장 이상적이다. 대부분의 작곡가가 그들의 작품을 자신의 교회 오르간에서 작곡하였으며, 그리고 그 곡을 교회에서 연주하였다. 오르간 음악은 태생부터 그 생애까지 다 교회 안이라고 생각해도 무방하다. 그러니 의상도 여기에 맞는 의상이 적합하지 않겠는가.

어느 연주에서 한 여자 성악가가 오페라 아리아를 불렀다. 그 아리아는 〈라 보엠〉에 나오는 "내 이름은 미미"라는 아리아였다. 그런데 그 성악가의 의상은 참으로 희기하였다. 그는 오페라 〈라 트라비아타〉에서 귀족들 사교 모임의 비올레타처럼 의상을 입은 것이다. 아주 화려하고 요란하게. 미미는 가난한 아가씨인데 그런 여인이 화려한 의상을 입고 나와서 "내 이름은 미미"라고 노래를 부르면 되겠는가? "내 이름은 비올레타"라면 모를까.

하나님께 드리는 예배 음악은 교회력에 따라 혹은 그 예배의 성격에 따라 주제가 달라질 수는 있으나 하나님을 찬양하고 경배하는 것은 늘 동일하다. 예배에는 남녀가 없고 부자와 빈자가 없다. 더구나 교회 예배에서, 자신이 없어져야 하는 예배에서, 자신의 개성을 주장해서는 안 되는 예배에 너무 화려하고 개성적인 옷을 입고 오는 것은 적절하지 않다. 더구나 오르가니스트라면 더 말할 필요가 없지 않겠는가.

예배 경우는 아니지만, 필자의 경우 매년 의상 일로 진통을 치르는 때가 있다. 바로 학생들의 졸업 연주이다. 계명대학교 오르간과 학생의 졸업 연주는 아담스 채플의 슈케 오르간에서 한다. 아담스 채플 오르간은 강대상 중앙과 성가대 좌석 앞, 두 연주대(*console*)가 있으며 이때는 강대상 중앙에서 한다. 연주하는 곳이 교회이며 강대상 중앙인 것은 물론, 연주하는 곡이 작곡가가 아무리 화려하게 연주회용으로 쓴 곡이라 하더라도 여전히 대부분이 교회곡이다. 학생은 자신의 곡 성격에는 관계없이 화려한 옷을 입기를 원한다. 연주하는 음악의 성격과 연주 장소를 생각하는 신중한 연주자라면 이런 서로의 불편한 갈등은 없을 것이다. 학생의 마음을 십분 이해하기는 하나 연주복은 음악의 성격에 맞게 입는 것이 진정한 음악인이라고 필자는 말하고 싶다. 더 나아가 교회 음악인이라면 얼마나 더 이런 일에 신중해야 할까.

오르가니스트가 평소에도 화려하고 튀는(?) 옷을 피하는 것이 좋은 이유 중 또 한 가지는 보편성을 위한 것이다. 일반인들은 음악 하는 사람을 좀 특별하게 보는 경향이 있다. 물론 예술적 감각은 개인별 차이가 있기에 음악인들은 일반인보다 남다른 감성과 예민함을 가지고 있기는 하다. 하지만 교회에서는 이런 전문적인 성향을 드러내는 것보다는 다른 사람들과 같다는 의식을 주는 것이 교회에서 섬길 때 그리고 음악으로 그들에게 다가갈 때 더 수월하다. 성도들에게 더 친근하고 편안하게 음악으로 소통하기 위해서는 그들과 비슷한 의상을 입는 것도 한 방법이다.

그리고 오르간 연주대의 의자는 피아노 의자에 비해 높기 때문에 오르가니스트는 아무리 성가대복을 입는다고 해도 더 유의해야 하며 특히 짧은 치마는 절대 금물이다. 발건반과 볼륨을 늘 조절하면서 연주하는 오르가니스트에게는 앉아서 편안한 복장이 연주에 도움이 된다. 혹시 바지를 입는 경우이면 정장 긴 바지가 좋으며 반바지나 청바지 역시 절대 금물이다. 청바지는 재질이 거칠어 오르간 의자에 앉으면 잘 미끌어지지 않기 때문에 학생들이 평소에 좋아하는 편이지만 오르간 음악을 생각하면 청바지는 오르가니스트의 옷이 아니다. 반바지나 청바지는 밖에서 편안하게 일하거나 여가 활동에서 입는 복장으로 신중한 자리에 입고 오는 옷이 절대로 아니다. 그리고 그런 옷이 어디 경건한 오르간 음악에 어울리기나 하는 옷이란 말인가? 자신이 연주하는 음악과 의상이 서로 다른 느낌을 준다는 것은 그 오르가니스트가 음악에 너무 무감각하다는 말 밖에 되지 않는다. 깨끗하면서 점잖은 옷으로, 세상을 잊고 자랑하지 않으면서 하나님께 집중하여 예배를 드릴 수 있는 옷을 스스로 생각해 보기를 바란다.

(2) 오르간 의자에서 주의할 점

두 번째는 예배에서 연주 중에 오르가니스트의 움직임 내지 행동에 관한 것이다. 오르가니스트는 오르간에서 연주할 때 자신의 몸을 과다하게 움직이는 것은 피하는 것이 좋다. 몸 움직임이 음악과 관련이 있든 없든, 오르가니스트가 성도들에게 전혀 보이지 않는 곳에 있다 하더라도 그런 과다한 몸 움직임은 실제로 자신의 연주에도 도움이 되지 않을 뿐 아니라 오히려 음악에 방해가 된다.

악기 연주자 중 그런 연주자가 가끔 피아니스트에게는 있지만 그것은 악보를 다 암보해서 연주하는 경우이다. 이런 피아니스트에게도 사실 과도한 몸 움직임은 좋지 않다. 그런데 악보를 보면서 연주할 때는 현실적으로 과다하게 몸을 움직일 수가 없다. 예배 음악은 대체로 악보를 보면서 연수하는 것임에도 불구하고 가끔 오르가니스트 중에는 몸을 많이 움직이는 사람이 있다. 만약 성도가 보이는 곳에 오르간이 위치한 경우라면 오르가니스트의 몸동작(제스츄어, *gesture*)은 최소이어야 한다. 그렇다고 음악적 느낌을 자제하고 나무토막처럼 앉아 연주하라는 말은 아니다. 음악의 흐름에 따라 나오는 연주자의 자연스러운 몸 움직임은 청중에게 음악을 이해하는 데 종종 도움을 주기도 한다. 그리고 그런 움직임은 연주하면서 저절로 나오는 것이기 때문에 자신도, 그리고 보는 사람도 불편함이 없을 것이다. 그럼에도 불구하고 유의할 것은 그런 동작이 예배에 집중해야 할 성도의 눈에 혹시라도 인간을 드러내는 경우가 되지 않도록 해야 한다.

피아노를 처음 배웠을 때의 경우를 보면 어릴 때 피아노 학원 등에서 가끔 몸의 움직임을 코치(*coach*) 받는 경우가 있다. 심지어 학생이 너무 가만히 앉아 치면 선생이 뒤에서 몸을 움직여 주는 경우도 있다. 이런 일은 어떤 면에서는 음악적이기도 하다. 이것은 학생이 음악을 느끼지 못할 때 몸으로 느껴보도록 도와줄 수 있기 때문이다. 음악을 생각하고 또 음악을 몸으로 느끼는 것도 연습을 통해 습관이 되도록 해야 하는 것이기 때문이다. 손과 발 등 기교적인 것만 연습이 필요한 것이 아니라 음악을 감상하고 느끼는 모든 것도 연습이 필요하다. 그러나 스스로 음악을 느낄 수 있게 되는 나이가 되면 그 몸동작은 억지로 하는 것이 아니라 자기 안에서 스스로 나오는 것이기에 적절한 것이고 자연스러울 것이라 생각한다. 클래식 음악은 남에게 보여주는 것에 많은 노력을 기울이는 대중 음악과는 다르다. 눈보다도 귀에 더 호소하는 것이 클래식 음악이며, 교회 음악은 귀를 열고 입으로 찬양하며 눈은 하나님께 향하는 것이다.

오르가니스트는 오르간 의자(*bench*)[48]에 앉아 있을 때 늘 반듯해야 하며 구부린 상태는 자신의 몸에도, 성도들 보기에도 좋지 않다. 오르간의 의자는 피아노 의자에 비해 많이 높다. 오르가니스트가 오른발을 볼륨 조절하는 스웰(*swell*) 페달에 놓고 왼발은 오르간 의자에 놓는다고 하더라도 다리는 공중에 떠 있는 것과 비슷하다, 그렇기 때문에 오르가니스트가 연주하지 않는 동안 오르간에 앉아 있는 것은 피곤한 일로서 몸을 앞으로 숙이든지 편하게 몸을 뒤로 놓고 싶을 때가 있다. 그렇지만 오르간 의자는 대부분 뒤로 기댈 수 없는 의자이다.

외국에 가면 가끔 오르간 의자 뒤에 받침대를 만들어서 오르가니스트가 오르간을 연주하지 않을 때 뒤로 기댈 수 있게 만들어 놓은 의자가 있다. 필자의 경우, 처음으로 오르가니스트로 있었던 미국 컬럼버스 북연합감리교회의 오르간 의자는 뒤에 받침대가 있었다. 필자의 전임 오르가니스트는 나이가 있는 사람으로 필자의 오르간 교수도 알고 있는 여자 오르가니스트로서 당시 컬럼버스에서 알려져 있던 사람이었다. 이 오르가니스트가 오랫동안 그 교회의 오르가니스트로 있으면서 이 등받이를 추가로 넣었는지는 모르지만, 필자도 종종 그 의자 등받이를 이용하였으며 참 편하다고 생각했다. 그리고 아주 예외적으로 특이한 경우도 있다. 유럽의 한 성당의 오르간 의자에 자동차의 안전띠(*seat belt*)처럼 장치가 있는 오르간이 있다는 것이다. 이것은 독특한 상황으로 생각되며 이것이 필요하다면 만들어야 하는 것이다. 외국의 경우 오르가니스트는 거의 평생 직장인 경우가 많기 때문에 70세가 넘는 사람이 종종 있다. 개성적인 해석과 뛰어난 테크닉, 그리고 암보 연주로 유명한 현대 최고의 프랑스 오르가니스트 장 기유(*Jean Guillou, 1930-*)는 현재 87세에도 불구하고 세계로 연주 여행을 다닌다. 그는 2016년 9월 20일 새로 개관한 서울의 롯데콘서트홀에서 오르간 봉헌 연주를

---

48 | 오르간 의자는 피아노 의자처럼 작고 푹신하면 안 된다. 그것은 오르가니스트가 의자에 앉아서 발로 발건반 연주와 볼륨 조절 등으로 다리의 움직임이 많기 때문에, 몸의 원활한 움직임을 위해 의자는 딱딱하게 오르간 연주대의 재질과 같은 나무로 만든다. 또한 오르가니스트의 다리가 발건반의 활동을 자유롭게 하도록 의자 길이도 피아노 의자 길이와 비교하면 대체로 배 이상이 된다. 그래서 나무로 된 긴 의자라는 점에서 오르간 의자를 벤취(bench)라고 부른다.

하였으며 아직도 정정하다.

오르간 의자는 이렇게 높아 다리를 땅에 댈 수 없어 여러 모로 똑바로 오래 앉아 있기가 불편한 의자다. 그래서 오르간을 연주하지 않는 때는 편한 의자로 내려와 앉을 수 있지만 그런 시간이 잠깐이라면 의자를 오르내리는 번거로움과 불편함, 그리고 이것이 성도들의 시선에 드러나는 행동일 수 있기 때문에 오르간에 그대로 앉아 있을 수도 있다. 그럴 때 오르가니스트의 좋지 않은 자세는 예배의 분위기를 흐트리게 할 수 있으므로 똑바로 앉아 있도록 하는 것이 좋다.

그리고 오르간에 앉아 있을 때 가만히 앉아 있어야 한다. 예배와 무관한 책을 본다든가, 악보를 펴서 뒤적이고, 옷매무새를 고친다든가 머리를 만지는 등의 모습은 산만한 분위기를 유발할 수 있다. 또한 가끔은 오르가니스트가 음색을 만지면서 음색 저장을 하는 경우도 있는데 이것 또한 없어야 한다. 물론 갑자기 예정에 없던 곡을 연주한다든가 음색에 문제가 생겨 음색을 다시 저장하는 예외적인 경우를 제외한 것이다. 예배당 앞쪽에 앉은 성가대원과 반주자들, 그리고 악기 연주자들의 모든 행동은 회중석에 앉은 성도들의 눈에 자연스럽게 들어온다. 예배 중에 앞에서 일어나는 모든 것은 어쩔 수 없이 성도의 눈에 들어오게 된다. 그러므로 음악인들이 예배 중에 하는 불필요한 행동은 성도가 예배에 집중하는 것을 방해할 수 있다. 실제로 필자가 아는 성도 중에는 그 주일 성가대원이 몇 명 왔으며 누가 예배 시간에 졸고 있는지, 하품은 어떻게 하는 등 자세히 알고 있는 사람이 있다.

이런 인간적인 부분 때문에 교회는 전통적으로 예배 음악인들을 2층 발코니에 두었으며 현재에도 전례를 행하는 가톨릭 교회, 루터 교회, 성공회 교회는 이런 모습을 유지하고 있다. 안 보이는 곳에 위치해 있다고 행동을 마음대로 해도 된다는 뜻은 물론 아니다. 예배 음악을 담당하는 이들이 보이지 않는 곳에 위치하는 것은 장점과 단점이 동시에 있지만 예배의 본질인 하나님만 바라보고 예배하는 의미에서는 긍정적인 요소가 상당히 많다.

(3) 피아노 연습

오르가니스트에게 당부하는 것으로 세 번째는 자신의 건반 테크닉 향상을 위해 피아노 연습을 꾸준히 할 것을 당부한다. 오르가니스트가 교회 반주만 하고 전문 오르간 연주곡을 개인적으로 연습하지 않는다면 건반 테크닉은 급격하게 쇠퇴할 것이며 손가락은 멀지 않아 굳어질 것이다. 오르가니스트는 이런 상황을 늘 기억하면서 스스로 건반 테크닉이 후퇴하지 않도록 필수적으로 피아노 연습을 해야 한다.

피아노 곡에서 많이 나오는 빠른 옥타브 병행은 오르간 음악에서 자주 나오지 않는 것으로 덜 중요할 수 있다. 하지만 스케일, 분산 화성 내지 아르페지오 음형 등은 자주 연습할 것을 권한다. 오르가니스트는 예배 음악에서 빠른 손가락의 테크닉이 피아노에 비해 대체로 적게 요구되는 경향으로, 오르간 독주곡을 가끔 연주한다고 하더라도 오랫동안 오르간만 연주하게 되면 건반 테크닉이 퇴보할 가능성이 높다.

또한 현대의 오르간 건반은 피아노 건반보다 대체로 무게가 덜 나가기 때문에 손가락의 힘도 많이 약해진다. 전자 오르간인 경우에도 대부분 그렇다. 기계식 파이프 오르간인 경우는 대체로 건반이 좀 더 무겁기는 하지만 전기 액션의 파이프 오르간 건반은 전자 오르간의 건반과 비슷하게 가볍다. 이렇게 가벼운 건반에서 늘 연주하는 오르가니스트는 손가락의 힘을 균형 있게 유지하기 위한 하논(*Hanon*) 연습곡을 치면서 베토벤 소나타와 바흐 평균율 등을 늘 옆에 두고 피아노 연습하기를 권한다. 오르가니스트가 피아노를 연습한다고 해서 오르간 터치에 나쁜 영향을 주는 것은 아니다. 피아노 연습은 오르가니스트에 좋지 않다는 다른 주장이 가끔 있으나 오히려 더 도움이 되는 것이 필자의 경험이다.

건반 테크닉을 위해 피아노 연습을 하는 것에 덧붙여, 자신이 연습하는 곡을 피아노로 많이 쳐보는 것은 음악적 감수성이 퇴보하지 않도록 하는 방법도 된다. 최근에 필자가 발견한 사실이 있다. 학생들이나 오르가니스트들의 찬송가 연주와 성가대 반주를 들으면 매우 딱딱하고 전혀 음악적이지 않고 기계적인 경우가 많았다. 물론 여기에는 연주자가 덜 음악적인 사람이라 그럴 수 있다. 하지만 그럼에도 불구하고 대부분이 대체로 이렇게 연주하는 것을 들으면서 오르간 전공 학생의 일상적인 연습 과정을 생각하면서 물어본 결과 큰 문제점이 있었다. 그것은 오르간이라는 기계에 너무 오래 적응되어 표현 있는 피아노에서 느끼는 음악적 섬세함과 표현법의 감각을 많이 잃어버렸다는 것이었다. 사람의 능력은 쓰지 않으면 없어지거나 퇴보한다. 그들은 연습에서 자신의 곡을 피아노로 거의 치지 않고 있었다. 대부분이 자신의 곡을 한 번도 피아노로 친 적이 없는, 어쩌면 그래서 오르간 연습하기에도 급급한 학생들의 모습이었다. 물론 오르가니스트 중에는 섬세하고 좋은 표현으로 음악을 만들어 내는 사람도 있다. 하지만 이렇게 되기까지는 많은 시간이 걸린다. 피아노는 오르간에 비해 표현이 쉬운 악기이다. 그래서 피아노 곡이나 자신의 오르간 곡을 피아노로 치면서 음악이 주는 아름다움과 감성을 먼저 파악하고 오르간에서 음악적인 표현을 또한 연습할 수 있다. 오르가니스트는 이처럼 퇴보해 갈 수 있는 자신의 감성을 늘 일깨우고 나아가 발전시키기 위해 다양한 연습과 시도가 필요하다.

오르간은 표현하기가 매우 어려운 악기이다. 오르간을 치면서 그 곡이 아름답다고 느끼기가 쉽지 않다는 것이다. 그래서 글 앞의 부분에서 합창 지휘자가 한 번도 음악적인 오르간 연주를 들어보지 못했다고 한 말을 인용했었다. 그렇기 때문에 곡을 연습할 때 오르간에 능숙하지 않은 사람이 그 곡이 요구하는 음악을 제대로 이해하지 못 할 때는 표현하기는 더욱 힘들다. 따라서 오르간으로 연습하기 이전에 피아노로 그 곡을 쳐볼 것을 권한다. 피아노는 곡을 이해하고 느끼기에 훨씬 더 직접적이고 용이하기 때문에 곡을 더 빨리 파악하고 곡의 악상을 보다 쉽게 알아낼 수 있다. 어떤 음이 중요하고 리듬은 어떤 특징이 있는지 등, 이렇게 피아노로 곡을 배우면서 오르간에서 그 곡을 연주하게 되면 좀 더 곡의 느낌과 악상을 잘 표현해 낼 수 있다.

오르간은 얼마든지 피아노 이상으로 아름답고 표현력 있는 연주가 가능하다. 표현이 없는 자신의 연주를 오르간의 탓으로 돌리는 것은 비겁하다. 오르간은 기계가 아니다. 오르간은 기계적 구조를 가진 악기이긴 하지만 세 가지 바람, 즉 사람이 호흡(바람)을 실어 기계(*motor*)에서 만드는 바람과 자연 바람(잔향)이 함께 교회당 안에서 음악을 만들어 낼 때, 마침내 이것의 완성인 네 번째 바람인 성령의 바람이 함께 하신다. 이때 예배는 감동의 시간이 되며 하나님의 영광이 그 안에 머무르실 것이다.

제4장

오르간 예배 음악 연주법
(Organ Service Playing)

1. 회중 찬송가 연주
2. 성가대 반주
3. 피아노 악보를 오르간으로 연주하는 법
4. 성악 독창 및 기악 독주 반주
5. 예배 전주곡
6. 후주곡

제4장

오르간 예배 음악 연주법
(Organ Service Playing)

예배 음악의 내용은 교단에 따라 약간의 차이는 있으나 오르간이 연주되는 부분은 대체로 공통적인 것으로, 역할의 많고 적음의 차이가 있다. 오르가니스트가 예배에서 연주하는 음악은 예배 전주곡, 찬송가, 성가대 찬양과 송영 및 응답송, 봉헌송, 묵상곡, 성찬 음악, 성악 독창 혹은 기악 독주 반주, 그리고 후주곡 등이다. 여기서 예배에서 가장 중요한 음악 순서대로 자세히 설명하겠다. 이 글에서 연주(*play*)라는 용어는 찬송가 인도를 비롯하여 반주와 독주 모두를 아우르는 말이다.

1. 회중 찬송가 연주

찬송가는 하나님을 찬송하는 시와 음악의 결합이다. 예배에서 전체 회중에 의해 불리는 회중 찬송가는 하나님 앞에서 제일 귀한 예배 음악이다. 오르가니스트가 예배에서 회중 찬송가를 연주하는 것은 반주(*accompaniment*)가 아니라 인도(*leading*)이며 지휘(*directing*)이다. 예전의 국내 교회에서는 예배에서 찬송가를 부를 때 지휘자가 지휘를 하는 경우가 있었으나 최근에 많이 줄어들고 있다. 이런 것은 서양의 교회에서는 볼 수 없는 것으로 그들의 경우는 오르가니스트가 회중 찬송가를 연주함으로 자신이 지휘자가 되는 것이다.

찬송가는 예배 중에서 전 회중이 한 목소리로 함께 하나님께 찬양하는 것으로서 예배에서 가장 귀한 찬양이며 이것은 성가대 찬양보다 더 중요한 음악이다. 많은 사람들이 예배에서 가장 중요한 음악이 성가대 찬양으로 오해하는 경우가 있다. 본질적으로는 예배에서 모든 음악이 다 예배이기 때문에 중요성의 우선 순위를 정할 수는 없지만 그럼에도 불구하고 음악 중에서 전체 회중이 함께 하는 음악이라면 당연히 이것이 예배에서 가장 우선되는 음악이고 중요한 음악이라 할 수 있다. 이 음악을 지휘하는 오르가니스트는 매주일 철저히 찬송가를 연습해야 하며 회중들이 여러 절이 있는 긴 찬송가를 지루하지 않게 감격과 기쁨으로, 그리고 감동으로 끝까지 찬양드릴 수 있도록 찬송가 연주를 위해 늘 연구해야 한다. 글의 앞부분에서 웨슬리(*Wesley*)의 찬양법을 소개한 것처럼 성도들이 그렇게 열성적으로 찬송할 수 있게 하는 데는 오르가니스트의 책임이 크다.

교회 반주자는 누구나 찬송가를 오랫동안 익히 아는 것으로 그렇기 때문에 오히려 습관적으로 찬송가를 연주할 가능성이 많다. 성도들이 찬송가의 악보와 다르게 부르는 것들도 생각 없이 회중과 같이 그대로 연주하는 경우도 종종 본다. 찬송가 연주 경우에 음은 성도들이 틀리더라도 대체로 악보대로 연주하는 편이나 특히 리듬이 틀리는 경우에는 악보에 쓰인 대로 연주하기보다는 성도들과 같이 가는 경우가 많다. 가끔은 연주자 자신도 리듬을 정확히 몰라 그렇게 하는 경우도 있다. 그래서 오르가니스트는 모든 찬송가를 철저히 악보대로 정확히 읽어 보는 것을 권한다. 최근에는 예전의 잘못 부르던 찬송가들이 많이 고쳐지기는 하였으나 아직도 음정이나 리듬이 정확하지 않고 틀리게 부르는 부분이 남아있는 실정이다. 성도들의 음과 리듬이 좀 다르더라도 늘 바른 음과 리듬으로 연주하면 언젠가는 조금씩 고쳐질 것이다.

오르간으로 찬송가를 연주하는 것은 피아노로 하는 것보다 훨씬 어렵다. 오르간에서는 일반적으로 찬송가는 호흡하는 부분을 제외하고는 소프라노 음을 다 연결하면서(*legato*) 연주한다. 오르가니스트는 회중 찬송을 잘 연주하기 위해 찬송가 악보에 손가락 번호(*fingering*), 프레이징(*phrasing*), 발건반의 발표시(*pedaling*), 볼륨 크기, 음색, 건반 선택 등 여러 표시들을 적어 두는 습관이 필요하다. 그래서 오르가니스트의 찬송가 악보는 이런 여러 표시들로 대체로 복잡하다. 어느 피아노 반주자의 찬송가에 손가락 번호를 비롯한 다양한 표시들이 적혀 있는 것을 본 적이 있는가? 필자는 아직까지 보지 못했다. 이것은 오르간이 피아노와 너무나 다르다는 것을 또 한 번 의미한다. 그러므로 찬송가를 오르간으로 연주하는 것은 어려운 만큼 철저한 연습이 필요하다.

필자도 매주 주일 예배 찬송가를 연습한다. 필자가 찬송가 연습하는 것을 본 사람들은 대부분 처음에는 “교회를 평생 다니면서 반주한 사람이, 그리고 다 알고 거의 외

우다시피 하는 찬송가를 왜 아직까지도 연습하나?"라고 생각했다고 한다. 사실 필자는 찬송가 대부분을 악보 없이 연주할 수 있다. 하지만 주일 찬송가는 또 다시 연습한다. 물론 이것은 단순히 찬송가를 연습하는 의미도 있지만 앞으로 설명할 찬송가를 다양하게 연주(*Creative Hymn Playing*)[49]하기 위한 화성 연습이기도 하며 찬송가의 매절 가사를 다 불러보는 의미이기도 하다. 평생 교회에서 연주한 찬송가라 할지라도 오르간으로 연주할 때는 연습 없이, 절대로 그냥 연주할 수 없는 악기가 오르간이다. 꾸준히 철저한 연습으로 준비된 오르가니스트만이 예배에서 기쁨과 감사함으로 오르간을 연주할 수 있다.

1) 찬송가 연주를 위한 준비

우리나라에서 지금까지 알려진 찬송가 연주법에는 외국에 비해 어떤 점에서는 정돈이 안 된 것 같이 다양한 연주법이 있다. 이러한 상황 때문에 가끔은 초보 오르가니스트들이 혼란스러워 한다. 이 다양한 연주법은 대체로 나름대로 각각의 근거에서 생겨난 것이기는 하지만 가끔은 음악적으로 잘못된 적용의 결과이기도 하기 때문에 바르게 배우는 것이 중요하다.

이렇게 된 이유 중의 하나로 오르가니스트가 제일 먼저 생각해야 하는 것은 찬송가 연주는 반주가 아니라 인도라는 점에서 충분한 인식이 없을 때이다. 찬송가 연주에서 오르가니스트는 지휘자로서 오르간을 연주하면서 회중을 이끄는 일을 하는 것이다. 이것은 회중의 찬양을 "반주"하면서 회중과 "같이 가는" 혹은 "따라 가는" 것이 아니라 회중을 "앞"에서 "이끌어 간다"는 의미이다. 그래서 찬송가 연주는 반주가 아니라 인도이기 때문에 용어에서 찬송가 연주라는 단어를 사용하는 것이 적합하다. 오르가니스트는 이런 역할을 기억하면서 지휘자의 개념으로 회중을 이끌면서 오르간의 찬양을 통해 성도가 하나님을 만나는 감동을 체험할 수 있게 할 책임이 있다.

이런 목표를 위해서는 먼저 찬송가는 그 자체가 완전한 예술 작품이라는 것을 알

---

49 | 창의적인 찬송가 연주(Creative Hymn Playing): 찬송가를 악보대로만 연주하지 않고 가사의 변화에 따라 화성이나 리듬 등에서 다양하게 음악에 변화를 주며 연주하는 것을 말한다. 이렇게 연주되는 찬송가는 하나의 예술 작품이 되기도 한다.

필요가 있다. 많은 오르가니스트들이 찬송가를 뛰어난 예술 작품으로 보지 않는 오류를 범하고 있다. 이것도 찬송가 연주법에서 혼선이 나타는 이유가 되기도 한다. 각 찬송가를 완전한 예술 작품으로 보지 않게 되면 모든 찬송가는 특징도 개성도 없는 늘 똑같게만 들리는 평범한 소품으로 취급당하게 된다. 그래서 연습의 필요성도 못 느낄 수 있다. 개개의 찬송가가 하나하나 예술 작품이라면 어떻게 연주하여야 할까? 당연히 각 찬송가의 가사와 음악을 철저히 분석하여 선율과 화성, 리듬의 특징을 정확하게 드러내면서 예술 작품을 만들어 내는 것이다. 그리고 예배 전주곡이나 후주곡 같은 전문 연주곡을 연습하듯이 철저하게 악보를 분석하면서 연습할 것이다. 아래에 찬송가의 좋은 연주를 위해 해야 할 일들을 구체적으로 알아본다.

(1) 찬송가 가사 익히기

찬송가 가사는 찬송가 연주에 있어서 핵심이다. 찬송가 가사의 내용은 찬양과 경배, 참회와 고백의 기도, 하나님의 사랑에 대한 감사, 헌신, 선교 및 소명 등으로 다양하다. 전례를 행하는 교회는 여기에 성찬 찬송가가 더 많이 있으며 또한 교회력에 따른 절기용 찬송가도 더 많이 실려 있는 편이다.

찬송가가 만들어지는 과정을 보면, 많은 경우에 가사가 먼저 작시되고 이 가사에 음악을 작곡하는 경우이다. 반면, 선율을 이미 작곡되어 있던 곡에서 인용해 와서 가사를 붙여 찬송가가 되는 형태(*Contrafacta*)도 있다. 그런데 우리나라 교회에서 사용하는 찬송가의 경우에는 한국 작곡가에 의한 찬송가보다 외국 작곡가에 의한 찬송가가 더 많이 포함되어 있기 때문에 번역된 가사에서 오는 부자연스러움이 종종 있다. 가사 하나하나가 음악과 세밀하게 연관되어 있는 외국 찬송가 원곡에 비해 번역된 찬송가는 번역하는 과정에서 음악과 가사의 관계가 밀접하게 연결되지 못한 경우가 많을 뿐만 아니라 가사의 내용이 많이 희석되어 있는 것이 아쉽다. 특히 찬송가 오르간 연주에서 중요한 음악적 강세나 프레이징이 원곡에서 나타나는 것과 한국어 번역 곡의 것이 다르게 되어 있는 경우도 있다. 하지만 드물게 번역이 원곡의 가사에서 주는 느낌보다 더 뛰어난 경우도 있기는 하다. 아래의 악보는 번역 과정에서 곡의 프레이징이 달라진 경우이다.

악보 1, "참 반가운 성도여" 마지막 프레이즈

위의 악보에서 A장조 한국 찬송가[50] "엎드려 절하세 구세주 났네"에서 '구세주'의 '구' 위치가 약박으로 시작한다. 하지만 G장조의 미국 성공회 교회 찬송가[51]에서는 마디의 첫 박인 강박에 '구'(*Christ*)가 위치하고 있다. 이와 같이 선율의 프레이징 및 호흡이 번역을 통해 완전히 다른 곳으로 바뀐 경우도 있다. 찬송가의 원래 언어로 된 곡을 보면서 작곡가가 원하는 곡의 프레이징과 강조하는 단어와 음 등, 음악적 특징을 알 수 있다면 찬송가 연주에 큰 도움이 된다. 찬송가는 가사와 밀접한 관계에 의해서 작곡되기 때문에 가사를 면밀히 보고 이에 따라 음악적 해석을 할 때 좋은 찬송가 연주가 될 것이다.

찬송가 가사는 곡의 템포(*tempo*), 프레이즈(*phrase*)[52], 연주법(레가토, 마르카토 등), 음색 등을 결정하는 주요한 요인이다. 즉 가사의 내용에 따라 찬송가의 템포, 음색 및 표현의 방법은 각기 다르며, 따라서 그 연주법 또한 각각 다르다. 그리고 그 가사의 내용이 각 절(*stanza* 혹은 *verse*)에서 어떻게 전개되는가에 따라서도 오르가니스트는 찬송가 연주에서 각 절을 달리 연주할 수 있다.

모든 음악이 그러하듯이 오르가니스트는 손발로만 연주하는 것이 아니라 마음으로 함께 연주하는 것이다. 특히 오르간은 기계라는 구조와 성격을 가지고 있기 때문

---

50 | 찬송가, 한국찬송가공회, 예장출판사, 2006, 122장

51 | The Hymnal 1982, The Church Pension Fund, USA, 1985, No. 83

52 | 프레이즈(phrase): 선율의 한 단위로서 보통 몇 마디로 이루어져 있으며 한 프레이즈 안에 대체로 시작 - 전개 - 발전 - 이완의 구조를 가진다. 시작에서 음악적으로 상승하는 느낌을 가지며 이완 부분에서 음악이 하강하는 느낌을 가진다. 각 프레이즈 사이에는 짧은 간격이 있을 수 있으며 이때 호흡을 함으로써 선율의 라인을 구분해 주는 것을 프레이징(phrasing)이라 부른다.

에 마음에서 함께 우러나오는 찬양이 아닐 때 그 오르간 연주는 정신이 들어 있지 않는 그야말로 기계 소리가 되어 하나님과 사람 앞에 울리는 꽹과리가 될 것이다. 오르가니스트가 먼저 찬송가 가사에 은혜 받고 예배하면서 연주할 때 참다운 찬송 인도가 되는 것이다. 이것을 위해서 오르가니스트는 자신이 연주하는 찬송가를 먼저 입으로 소리 내어 불러 보는 것도 좋다.

오르가니스트는 실제 예배에서도 함께 찬양을 해도 좋다. 연주와 동시에 오르가니스트는 모든 가사에 집중하면서 각 예배의 순간에 깨어서 오르간으로 찬양을 드리는 것이다. 필자는 예배에서 찬송가를 가끔 직접 목소리로 찬양하기도 한다. 함께 찬송을 하면 가끔 연주에 집중이 덜 되기도 하여 자주 함께 찬양하지는 못하지만 속으로는 함께 늘 찬양하려고 한다. 그리고 가사는 눈으로 읽는다. 성도와 함께 찬양하면 오르간 연주로서 오는 긴장감보다는 찬양이라는 은혜로운 시간이 되기도 한다. 뿐만 아니라 찬양의 한 가운데 계시는 하나님의 영광이 감동으로 밀려오는 것을 많이 체험한다. 오르가니스트는 회중 찬송 연주에서 절이 바뀔 때마다 생각할 것들이 많기 때문에 연주에 많은 집중이 요구되는 것은 사실이나 자주 성도와 함께 찬송하는 것을 꼭 추천한다.

(2) 호흡과 프레이징(phrasing, 선율 라인의 구분)

일반인들이 오르간에서 가지는 가장 큰 오해는 바로 이 호흡이다. 오르간은 늘 빈틈이 없이 끊어지지 않고 "깔려(?) 있는 소리"라고 생각하는 것이다. 우리나라에서 어떻게 이런 오해가 생겨났는지는 몇 가지 이유가 있다. 이것은 음을 두드리고 나면 사라지기 시작하는 피아노의 소리에 비해 건반을 누르고만 있어도 계속 소리가 지속되는 오르간의 소리에서 생겨난 오해일 수 있다. 찬송가를 연주할 때 오르간은 처음 시작하면 끝 화음이 떨어질 때까지 음이 끊어지지 않는 것이 아니다. 오르가니스트는 가사와 음의 변화에 따라 필요한 프레이즈에 음을 적절히 끊어서 호흡을 해야 한다.

오르간에서 음을 끊는다는 것은 피아노와는 많은 차이가 있다. 서서히 사라지는 피아노 음은 지속 페달을 잠깐 떼 주는 것으로 음을 자연스럽게 끊을 수 있다. 반면 오르간 소리는 사라지지 않고 계속 같은 볼륨으로 지속하고 있기 때문에 잘못 끊으면 갑작스럽게 느껴져 자연스럽지가 않다. 그래서 오르가니스트는 음을 끊을 때, 혹은 뗄 때 여러 가지 방법을 통해 세심한 주의가 필요한 것이다. 가끔 학생들로부터 질문을 받는 것은, 학교에서 배운 대로 음을 떼면서 오르간을 연주하면 성도들이 왜 오르간을 피아노처럼 "딱! 딱!" 떼면서 치느냐고 물어보는 경우가 있다고 한다. 이것은 학생이 음을 끊는 기술이 부족해서 그럴 수도 있지만 성도들이 가지는 오르간에 대한 편견이 더 큰 요인이라고 생각한다. 오르간을 피아노처럼 치라는 것이 아니라 오르간도 호흡을 해야 한다는 것이다. 오르간에서 음을 끊는다는 것은 아주 다양한 방법으로 음을 끊기 때문에 기술이 필요하며 많은 연습이 필요하다. 이렇게 오랜 연습이 뒷받침되지 않을 때는 음을 끊는 것이 성도들에게는 불편하게 들릴 수 있다.

성도들은 일반적으로 어디서 호흡을 해야 하는지 잘 모른다. 대부분 그들은 가사의 어느 부분에서 숨을 쉴지를 생각하지 않는 편이며, 더구나 뒤에 오는 가사를 미리 보며 호흡을 계획하면서 찬송을 하는 성도는 극히 드물다. 그래서 호흡에 대한 생각이 없이 찬송하다가 숨이 차면 아무데서나 호흡을 하는 바람에 중요한 가사(단어)가 끊어지기도, 사라지기도 하는 것이 주일 예배 회중 찬송가의 현실이다. 이것을 성도의 잘못으로만 돌릴 수는 없다. 호흡을 미리 연구하고 계획한 지휘자가 지휘를 잘 해주면 성도들은 적절한 곳에서 지휘자와 함께 호흡을 하며, 그리고 편하게 가사도 생각하면서 찬송할 수 있게 되는 것이다. 찬송가를 부를 때 그 지휘자가 바로 오르가니스트이다.

오르가니스트가 찬송가를 연주하면서 찬송가를 실제로 부르게 되면 어디서 호흡을 해야 하는지 더 명확하게 알 수 있다. 자신이 불러보지 못한 찬송가를 연주하는 오르가니스트는 어디서 호흡을 해야 하는지를 모를 가능성이 많다. 그렇기 때문에 그 찬송가 연주는 가사와 무관하게 규칙적으로만 호흡한다든가 아예 호흡을 하지 않는 경우를 종종 본다. 좋은 회중 찬송은 오르가니스트가 좋은 호흡을 하면서 연주할 때 더욱 좋아지는 것은 틀림이 없다. 필요할 때 호흡해 주고 중요한 가사를 드러내기 위해 음과 음 사이를 끊어주고 하는 것은 성도들에게 좋은 찬양의 지름길이다.

이것은 피아니스트도 마찬가지이다. 종종 느끼는 것은 많은 피아니스트와 오르가니스트들이 찬송가를 그야말로 아무 생각 없이 "그냥" 치는 것 같다. 가사를 속으로 부르지 않는 것은 물론 가사를 눈에 넣는 것 같지도 않게 무감각하게 박자대로만 죽죽 치는 것을 많이 본다. 이럴 때 가끔은 그 찬송가 연주를 중단시키고 자신이 한 번 그 찬송가를 불러보게 하고 싶을 때가 있다. 그 찬송가 연주에 맞추어 노래를 부를 수 있는지 실제로 자신이 해보라는 것이다. 아마 자신이 연주한 찬송가를 음악적으로 부를 수 있는 사람은 아주 드물 것 같다. 그만큼 대부분 찬송가는 호흡을 하는 노래같이 연주하지 않고 박자대로만 가는 그런 기계적이고 딱딱하고 경직된 모양이 많다.

가끔 오르간 찬송가 연주에 관해서 오르가니스트에게 호흡에 대하여 질문을 하면, 많은 성도들이 함께 찬양하기 때문에 찬송가에 호흡을 주면서 음악적으로 연주하면 템포가 계속 느려져 처질 것이라고 하는 사람들이 있으나 그건 사실이 아니다. 이것은 오르가니스트의 능력에 관한 것으로 연습을 통해 터득할 수 있는 것이다. 오르가니스트는 얼마든지 템포를 느려지지 않게 하면서 호흡과 표현을 넣으며 연주할 수 있다. 호흡이 있다는 것은 바로 그 음악이 살아있다는 것이다. 호흡은 생명이다. 그러니 살아있는 찬양을 원한다면 호흡을 하는 것이 필수이지 않겠는가.

그러므로 오르가니스트는 예배 준비를 위해 먼저 찬송가 가사를 보고 가사의 구조상 어디서 호흡을 해야 할지를 결정하고 악보에 표시한다. 앞서 지적하였듯이 우리나라 찬송가에 실린 외국 찬송가의 경우 번역 과정에서 이 호흡이 원곡 가사의 구조와 다르게 되어 있는 경우가 종종 있다. 그렇지만 전체적인 음악에 지장이 없다면 일단 번역된 가사의 구조에 따라 호흡을 결정한다. 먼저 가사를 띄어 읽기에 주의하면서 읽어 본 후 음악적인 프레이징과 잘 맞는지를 살펴본다.

문장 구조상 띄어 읽기에는 다양한 종류가 있는 것과 마찬가지로 호흡에 여러 가지의 호흡이 생기게 된다. 즉 여러 종류의 프레이징이 생긴다는 의미이다. 예를 들면 절과 절 사이의 호흡은 가장 큰 호흡이며 절과 후렴 혹은 찬송가 구조상 음악적인 변화가 많이 있는 줄 사이의 간격은 두 번째 큰 호흡이다. 그리고 기본 악절별로 대부분 호흡이 있으며, 더 작고 미세한 호흡으로서 음들 간의 섬세한 작은 간격들이 또한 있다. 이 섬세한 작은 간격은 호흡인 경우와 실제 호흡이 아니라 찬송가 가사 중에서 강조하는 음(혹은 음 그룹)이나, 혹은 강조하는 가사를 위해 두 음 사이를 분리하기만 할 수 있는 그런 의미이다. 오르가니스트가 이 모든 자세한(*detailed*) 표현과 호흡을 연주에서 드러나게 해 줄 때 성도는 더 좋은 찬양을 할 수 있을 것이다. 찬송가 8장 "거룩 거룩 거룩"을 예로 들어보자

악보 2, "거룩 거룩 거룩", 가사를 이어서 치는 경우와 가사를 드러내어 치는 경우

이 찬송가의 시작 부분의 "거룩, 거룩, 거룩"은 대체로 피아노와 오르간 모두 이 세 "거룩"을 이어서 치는 것이 보통이다.(왼쪽 악보) 하지만 좋은 연주는 "거룩"이라는 한 단어마다 각각 떼서 연주하는 것이다.(오른쪽 악보) 그렇게 되면 성도들은 "거룩", "거룩", "거~룩"이라고 찬양할 수 있다. 성경 이사야서[53]와 요한계시록[54]에서 나오는 이 구절은 선지자 이사야나 사도 요한에게만이 아니라 현대의 기독교인에게도 의미심장한 말씀이다. 거룩이라는 단어는 하나님의 고유한 품성으로서 이 단어가 반복될 때마다 각각 의미를 다시금 부여해야 한다. 그렇게 하면 거룩하신 하나님을 두려움과 경외함으로 올려보면서 찬양하게 될 것이다. 이것이 그야말로 살아있는 찬양의 한 예이다. 찬송가 중에는 이렇게 가사에서 구체적으로 의미를 드러내며 찬양할 수 있는 곡이 많이 있다. 하지만 우리는 찬송 가사의 단어 하나하나에 별 신경을 쓰지 않고 입으로만 노래하는 경우가 많다. 이것은 성도의 책임도 있겠지만 지도하는 음악인들, 특히 반주자의 책임이 훨씬 많다는 것을 지적하고 싶다. 또 한 가지 예로 찬송가 "예수 나를 위하여"의 후렴 "예수님, 예수님, 나의 죄 위하여"에서 이 프레이즈를 한 호흡으로 그냥 부르는 경우가 많다. 이것 또한 "예수님", "예수님", "나의 죄 위하여" 이렇게 각각 세 번 다 떼어서 찬송을 할 때 이 찬송가의 의미는 더 절절하게 다가올 것이다.

---

53 | 이사야서 6장 3절 "… 거룩하시다, 거룩하시다, 거룩하시다. 만군의 주님!…"(표준새번역 개정판)

54 | 요한계시록 4장 8절 "… 거룩하십니다, 거룩하십니다, 거룩하십니다, 전능하신 분, 주 하나님!…"(표준새번역 개정판)

악보 3, "예수 나를 위하여" 후렴, 반복 가사를 떼지 않는 연주와 떼는 연주

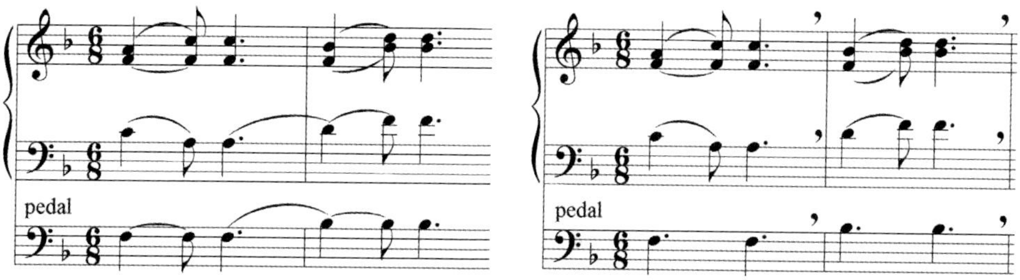

음악이나 가사에서 반복이 나온다는 것은 특별한 의미가 있을 때이다. 음악에서 같은 음형이나 선율이 반복되면, 간격을 주고 다시 연주한다. 그리고 두 번째는 첫 번째와 뭔가는 다르게 연주하는 것이 일반적이다. 많은 찬송가에서 가사의 반복은 자주 나타난다. 이럴 때 무의미하게 단순한 반복이 아니라 새롭게 다른 의미를 부여하면서 찬양할 수 있도록 오르간은 단어 사이를 끊어주고 다시 표현을 하여야 한다.

그런데 음을 떼는 원칙은 그리 간단하지 않는 것이 오르가니스트의 어려운 과제이다. 피아노 연주에서는 이런 연주법은 크게 사용되지 않지만 오르간에서는 음의 다양한 떼기가 가능한 것으로 피아노와 구별되는 특징이기도 하다. 찬송가에는 4성부가 있다. 즉 찬송가를 악보대로 연주한다면 오르간에서는 원칙적으로 손건반의 세 성부와 페달의 베이스 한 성부로 연주된다. 이 4성부는 음악적 상황에 따라 다양한 종류의 호흡이 가능한 것으로 이 네 음을 다양하게, 그리고 다양한 위치에서 뗄 수 있다.

절 사이는 가장 큰 호흡으로 손발 모두 즉 모든 음을 다 떼며, 절과 후렴 사이 그리고 찬송가 한 곡에서 음악적으로 큰 변화가 있는 중간 혹은 후반부의 시작에도 다 떼는 것이 적절하다. 이 두 가지 원칙은 찬송가 연주에서 크게 논란이 없는 편이다. 그러나 그 외에, 찬송가의 각 줄 사이와 한 줄 중간에 필요한 작은 음악적 간격들에 대해서는 오르가니스트마다 해석이 다르기도 하다. 그리고 가사의 구조가 각 찬송가마다 다르므로 어떤 특정한 마디 부분을, 예를 들면 네 마디마다 혹은 여덟 마디마다, 이렇게 모든 찬송가에 일률적으로 다 떼고 안 떼고를 적용할 수 없다. 그래서 오르가니스트는 각 찬송가의 가사를 면밀히 살펴보고 호흡을 정해야 한다는 것이 바로 이 때문이다. 이것이 바로 찬송가 연주법에서는 한 가지 연주법만이 나올 수 없다는 근거이다. 실제로 찬송가 연주에서 음을 떼는 이 기술이 제일 어려운 부분이다. 왜냐하면 모든 찬송가가 다 다르기 때문이며, 이 음을 떼는 것은 음악의 변화에 따른 프레이징

뿐만 아니라 예배 시간과 교회의 상황에 따라 또 달라져야 하는 것이기 때문이다.

어떤 원칙이든 음악에서는 늘 일률적으로 적용하는 것은 유의해야 한다. 음악에서 일률적으로 적용될 수 있는 원칙이 있는 반면 그렇게 될 수 없는 것이 있다. 기계적인 음악 연주의 많은 이유가 어떤 원칙을 상황에 맞게 적절하게 적용하는 것이 아니라 상황의 변화에 관계 없이 한 가지 원칙만을 적용하기 때문이다. 이것이 또한 오르가니스트가 자주 듣는 기계적인 연주라는 비평의 한 가지 이유가 되기도 한다. 음악은 늘 새롭고 항시 변한다. 특히 찬송가는 가사가 음악을 만들어 가기 때문에 가사에 따라 곡은 늘 새롭고 다른 음악이 되어야 한다.

음을 떼는 것을 구체적으로 말하면, 떼는 정도의 원칙은 큰 호흡 즉 모든 음을 다 떼는 것부터 호흡을 하지 않을 때 즉 모든 음을 지속하는 경우로 양 극단이 있다. 그리고 이 안에는 다양한 떼기의 종류가 있으며 음악적 상황에 맞추어 다르게 적용할 수 있다. 즉 여러 종류 호흡의 크기는 호흡하는 위치에서 전후의 프레이즈의 길이, 음악적 변화의 크기, 강조되는 가사의 부분, 선율 내지 화성 및 리듬의 강조에 따라 각기 다르게 나타난다. 예를 들면 4성부 화음에서 한 음 - 두 음 - 세 음 - 혹은 모든 음의 떼기 순서가 있으며, 성부로서는 일반적으로 알토 음 - 베이스 음 - 테너 음 - 소프라노 음 등의 순서로 음악과 가사의 상황에 맞게 적절하게 음을 떼 주어야 한다. 물론 이 떼는 음의 순서도 곡의 상황에 따라 다를 수 있는 것이 찬송가 연주의 어려움이다. 예를 들어 다음의 찬송가를 보자.

악보 4, "예수로 나의 구주 삼고" 시작 부분, 찬송가 가사에 따른 다양한 떼기

위의 악보는 찬송가 실제 악보를 오르간에서 적절한 떼기를 주면서 연주하는 방법의 한 예이다. 찬송가 악보와 제일 많이 차이가 나는 것이 바로 알토와 베이스 즉 페달의 연주이다. 화성 부분에서 같은 음의 반복이 많을 때 모든 반복음을 다 치지 않고 긴음으로 묶어서 연주하고 있는 것을 볼 수 있다. 동시에 어떤 음을 떼어서 리듬을 살리는지도 알 수 있다. 같은 음의 반복음(동음 반복)의 연주법은 다음에 자세히 다룰 것으로, 이렇게 적절히 음을 떼어 주는 찬송가 연주는 성도들로 하여금 함께 호흡하면서 좀 더 편하게, 그리고 가사와 음악의 흐름을 인식하면서 좋은 찬양을 할 수 있게 한다. 특히 조심할 것은 각 절의 가사가 매절마다 같은 프레이징이 아닌 경우도 가끔 있기 때문에 찬송가 악보에 프레이징을 표시하는 습관을 기르는 것을 권한다. 좋은 호흡과 프레이징으로 된 좋은 찬송을 위해서는 오르가니스트는 자신이 계획한 프레이징으로 오르간 없이 먼저 찬송가를 입으로 불러 보는 것이 좋다. 그리고 실제 찬양에서 오르간을 연주하면서 자신이 함께 찬송하는 것도 좋다.

(3) 찬송가 속도(tempo) 설정

찬송가를 연주할 때 곡의 템포는 매우 중요하다. 템포는 성도들의 찬송을 뜻있게, 아니면 입으로만 겨우 하는 찬송이 되게 할 수 있다. 가끔 어떤 교회를 보면 모든 찬송가를 한 템포로 찬양하는 경우가 있는데 이것은 올바른 찬양법이 아니다. 어떻게 각기 다른 가사를 가진 다른 찬송이 같은 템포로 불려질 수 있단 말인가? 템포는 음악의 성격을 결정짓는 아주 중요한 요소이다. 템포 하나로도 찬송의 느낌 내지 분위기를 완전히 바꿀 수도 있다. 이런 의미에서 찬송가에 있는 모든 찬송은 다 다른 템포를 가지고 있다고 해도 과언이 아니다. 왜냐하면 모든 찬송가는 가사에서나 음악에서 다 다른 찬송가이기 때문이다. 이 지구상에 살고 있는 사람 모두가 다 다르듯이 우리나라 현행 찬송가 645장이 다 다르다고 생각하는 것이 맞다. 다시 말해서, 찬송가 645장을 모두 연주한다면 645개의 템포가 있을 수 있다는 것이다. 이 미세한 템포의 차이를 느낄 수 있다면 음악이 달라질 것이다.

기독교 TV에서 어느 목사님이 한 교회의 성장 여부를 그 교회의 찬송 빠르기에 연결시킨 적이 있다. "그 교회의 찬송가 템포가 빠르면 그 교회는 성장하고 있는 교회다"라고 말씀하신 것이다. 필자는 개인적으로 이 말씀에 반대한다. 그리고 이것은 매우 위험한 말씀이기도 하다. 빠르게 찬송을 하는 교회가 성장하는 교회라고 한다면 이 세상의 어느 교회가 성장 못할 교회가 있을까? 빠르게 찬송하는 것이 뭐 그리 어렵다고. 그것도 일주일에 몇 번만 그렇게 찬송하면 교회가 성장한다는데… 이것은 찬송에 대한 오해이다. 찬송가 한 곡 한 곡은 다 다른 곡이다. 찬송 하나하나는 각기 독특한 개성을 가진 예술 작품이다. 각기 다른 찬송가를 어떻게 다 똑같이 빠르게만 부를 수 있겠는가. 더구나 찬송가를 빠르게만 부르면 가사를 제대로 생각하면서 찬양하기 힘들다. 입으로 하는 찬양이 마음(*heart, soul*)과 영(*spirit*)이 함께 해야 하는데 몸이 그렇게 빨리 작동하면 마음과 영이 따라갈 여유가 없다. 아마도 그 목사님의 말씀은 찬송을 느릿느릿하게 열정도 없이 성의 없이 부르는 것은 좋은 찬송이 아니라는 말씀으로 이해하는 것이 타당하다. 그리고 그것은 성장하고 있는 교회라면 무엇을 해도 적극적이고 열심일 것이라는 의미로 해석된다.

어느 인디언의 한 예로서 한 여행자가 인디언의 안내로 여행하게 되었는데 며칠을 부지런히 말을 타고 온 후 인디언 안내자가 자기는 여기서 좀 쉬어야 하겠다고 말했다고 한다. 그 이유를 물으니 내 몸은 여기까지 왔지만 내 영혼이 아직 여기까지 못 오고 저기 멀리 있으니 내 영혼이 여기 올 때까지 기다려야 한다고 말했다는 것이다. 이 얼마나 감동적인 말인가. 우리는 뭐라도 다 빨리 하려고 한다. 그러다 보니 생각이 못 따라 올 뿐만 아니라 마음은 물론 영혼은 어디쯤 있는지 모르는 것 같다. 아니 언제 영혼에 관심을 가져봤는지 모르겠다. 그런데 영이신 하나님께 예배하는 성도들이 찬양할 때 마음과 영혼에 관심이 없는 사람들이 많다는 것이다.

템포를 설정할 때는 다양한 요소가 함께 고려된다. 즉 가사의 내용, 그리고 원칙적으로 가사와 밀접하게 연관되어 있는 음악의 특징, 회중의 규모, 회중의 연령대, 교회당의 잔향 정도, 예배의 성격 및 예배의 시간 등이 있다. 이러한 요소들은 오르가니스트가 찬송가 전주를 시작하기 전 템포를 설정할 때 필수적으로 생각하여야 할 것들이다. 여기서 이것을 좀 더 구체적으로 설명해 보겠다. 아래의 보기는 필자의 주관적인 견해도 있을 수 있음을 미리 밝힌다.

표 1. 찬송가 템포의 설정 근거

근거	빠른 템포	보통에서 느린 템포
가사의 특징	찬양과 경배, 기쁘고 즐거움	경건하고 묵상적
음악의 특징	밝고 경쾌한 곡, 적극적인 느낌의 곡	조용하고 차분한 곡
리듬의 특징	리듬이 강조되는 곡	리듬이 완만함, 선율적인 곡
회중의 규모	큰 규모의 회중	작은 규모의 회중
회중의 연령	젊은 연령	높은 연령
잔향의 정도	짧은 잔향	긴 잔향

예배의 성격	감사와 축제적인 성격	참회적인 성격
예배 시간대	오전 9-12시, 오후	새벽 예배 혹은 이른 오전, 저녁
찬송가 예	21장(다 찬양하여라) 64장(기뻐하며 경배하세)	85장(구주를 생각만 해도) 214장(나 주의 도움 받고자)

위의 표에서 두 가지 템포의 설정에 대하여 가장 기본적인 근거를 제시하였다. 실제 찬송가 연주에서는 위의 근거들의 다양한 조합을 통해 예배에서 찬송가의 적절한 템포를 오르가니스트는 찾아야 한다. 메트로놈(*metronome*)의 숫자에 없는 소수점 자리까지도 예민하게 느낄 수 있다면 각 찬송가는 아주 다양한 템포를 가질 수 있을 것이다. 찬송가가 다를 경우 당연히 템포가 다르겠지만, 한 찬송가에서도 예배의 성격이나 상황에 따라 다른 템포가 나올 수도 있다. 더욱이 교회 음악 전통이 오래된 서양의 교회에서는 한 찬송가 안에서 한 절 정도를 완전히 다른 템포로 찬송하는 경우도 있다. 예를 들면 한 절을 더 빨리 혹은 더 느리게 찬송하는 것이다. 이런 것은 한 절에서 다른 절로 갈 때 가사 내용의 급격한 변화가 있을 경우에 가능하나. 그러나 또 예외적으로 연결적인 가사의 전개에서도 한 절 정도를 더 다르게 찬양하기 위해, 혹은 가사의 특별한 의미 내지 음악적 변화를 주기 위하여 다른 템포를 시도할 수도 있다. 결국 다양한 템포는 찬송을 더 의미 있고 더 좋은 찬양으로 이끌기 위함이다.

이렇게 템포의 변화를 주고자 할 때 유의할 점은 오르가니스트가 템포를 다르게 하는 이유를 성도들이 이해하는 것이 중요하다. 그래서 성도와 오르가니스트가 항상 서로를 이해하고 함께 찬양을 하고 있을 때 이것은 가능한 것이다. 물론 처음에는 조금 어색할 수도 있으며 이해하지 못한 성도가 있을 수 있으나 점차 그 의미를 깨닫게 되면서 그런 변화로 인해 더 좋은 찬양이 될 것이다. 그리고 이런 계획은 예배 인도자와 오르가니스트가 서로 소통이 되어 함께 적극적으로 임할 때, 찬송가의 변화에서 오는 성도들의 어색함도 최소화 할 수 있을 것이다.

외국의 경우를 보면 성도들은 항상 오르가니스트가 어떻게 오르간을 연주하는 가에 귀를 기울이며 찬송하는 것에 익숙하다. 필자가 10년 동안 오르가니스트로, 성가대원으로, 그리고 교회를 방문하면서 공부하였던 미국의 여러 교회에서는 오르가니스트의 찬송가 연주가 찬송가 악보에 비해 그렇게 많이 다르거나 장식적이지 않았다. 그리고 26년이 지난 지금도 미국 교회 오르가니스트의 찬송가 연주는 예전에 비해 많이 발전되었다고 느끼지 않는다. 하지만 필자가 2000년 7월 바흐 서거 250주년 음악제 참석을 위해 처음 독일을 방문하여 바흐가 전임 교회 음악인(독일에서는 *Kantor*라 부름)으로 있었던 라이프치히(*Leipzig*)의 토마스(*Thomas*) 교회에서 주일 예배를 드렸을 때 오르가니스트의 찬송가 연주와 성도들의 찬송은 신선한 충격이었다.

독일 교회 예배에서 회중 찬송가의 오르간 연주에 대해서 필자는 책과 다른 여러 경로를 통해 대체로 알고 있었지만 실제로 그 장소에서 귀로 직접 듣고 눈으로 보았을 때는 상상한 것보다 훨씬 더 자유로운 음악이었다. 그들의 회중 찬송은 오르가니스트의 오르간과 성도들의 유니슨 합창의 새롭고도 창의적인 하나의 예술 작품 연주였다. 찬송가는 절이 바뀔 때마다 같은 찬송가의 반복이 아니라, 늘 새롭게 뭔가 다른 연주였으며, 기끔은 약간 다른 찬송가가 아니라 완전히 다른 음악인 경우도 많았다.

그러나 더 신기한 것은 성도들의 찬송이었다. 그들은 오르간을 지휘자로 여기는 듯, 오르가니스트의 연주에 맞추어 따라 부르고 있었다. 아무리 찬송가 전주가 길어도 서서 들으며 묵상하면서, 찬송할 것을 기다리며 음악을 들으면서 준비하고 있는 것 같이 보였다. 그리고 찬송을 시작하기 전 전주의 마지막 화성을 듣고, 그 화성이 멈추고 약간의 호흡이 있은 후 오르간에 맞추어 찬송을 시작하였다. 또한 그들은 한 절의 마지막 코드가 아무리 길어도 절대로 먼저 그 다음 절을 부르지 않았다. 그냥 기다리면서 충분히 호흡을 하고 다음 절을 기다리며 기대하고 있었다. 그러다 오르가니스트가 마지막 코드를 떼면 호흡을 하고 다음 절을 함께 불렀다. 그리고 템포나 음색이 달라지면 즉각 거기에 반응해서 느리게도, 빠르게도, 크게도, 작게도 불렀다. 오르가니스트를 지휘자로 생각하는 것이었다.

여기서 찬송을 부르기 전에 성도들이 호흡을 하고 들어가는 것을 자주 언급한 것은 찬송하는 방법에서 이것이 우리나라 찬송과 가장 많이 다른 점이었기 때문이다. 우리나라 교회 성도는 음이 떨어지자 말자 바로 찬양을 시작한다. 하지만 그들은 항상 음이 끝나고 호흡을 하고 다시 새롭게 다음 절의 찬송으로 들어갔다. 이것도 필자에게는 신기한 것이었다. 이것은 잔향의 차이에서 오는 이유가 가장 중요한 것이기는 하다. 물론 우리나라 사람들은 대체로 기다리는 것을 잘 하지 못하는 이유도 있다. 하지만 오르간 연주에서 유럽 교회의 긴 잔향은 마지막 코드를 연주하고 떼어도 그 소리가 남아있기 때문에 소리가 어느 정도 사라졌다고 느껴지면 다시 다음 절로 들어가는 것이었다. 그리고 오르가니스트의 첫 소리에 맞추어서 다시 찬양하는 것이다. 이런 여유와 여백은 예배를 더욱 편안하고 묵상적으로 만들고 있었다. 짜여진 순서에 따라 빈틈 없이 1초의 빈 공간도 주지 않고 꽉 채우는 예배에서 느끼지 못했던, 성령이 감싸고 있는 예배당 안에서 편안하게 쉬고 있는 느낌을 가질 수 있었다.

더구나 오르간은 2층 발코니에 위치하기 때문에 눈에 보이지 않는 오르가니스트이지만 귀로 들으며 지휘자를 믿고 따라가면서 찬양을 하고 있었다. 이것은 참으로 경이로운 것이었다. 그리고 성도들이 오르가니스트를 믿는 그 신뢰가 대단하게 여겨졌다. 이 정도의 신뢰라면 오르가니스트의 책임이 얼마나 무거우며, 그는 또 얼마나 연습을 해야 할지를 짐작할 수 있었다. 그러면서 성도들의 자세에서 문화적 수준을 느낄 수 있었다. 그들은 일반적으로 말하는 서양인들은 자기 마음대로라는 개인적인 성향을 예배 중에 전혀 드러내지 않았다. 예배에서는 무엇이든 함께 하는 자세였다. 그래서 서로 기다리면서, 혼자 튀는 모습은 찾아보기 힘들었다. 이런 것은 이들의 오래된 예배 전통에서 나오는 것임에 틀림이 없다.

현재 한국 교회에서 찬송가 템포는 너무 빠른 경우가 많다. 그래서 가사를 마음은 물론 입으로도 제대로 부르기 힘든 경우가 많다. 템포가 빠르면 성도들은, 특히 나이가 많은 성도들은 제대로 가사를 생각하면서 찬송하는 것이 힘들다. 그래서 그냥 적당히 입으로만 중얼거리다가 그칠 가능성이 높다. 여기서 말하는 것은 템포의 빠르고 느림만을 이야기하는 것이 아니다. 찬송가의 템포가 그 찬송가에 적절한 템포가 되어 성도들이 제대로 찬양하고 예배를 드리고 있느냐를 말하는 것이다. 그럼에도 불구하고 너무 빠른 템포는 좋은 찬양이 되기 힘들다. 찬양은 입으로 하지만 그 내용을 알지 못하고 부르는 것은 공허한 것이다. 그래서 가사의 내용을 머리로 알면서, 마음으로 느끼면서 영으로 부른다는 것[55]은 그만큼 마음의 여유가 필요한 것이다. 마음의 여유를 가지고 가사를 생각하면서 찬양하는 것은 템포가 그 찬송가에 적절할 때 가능하다.

반면 찬송가의 템포가 너무 느려서 찬송하는 것이 지겨운 나머지 습관적으로 아무 생각 없이, 혹은 딴 생각을 하면서 부르게 되는 경우도 종종 있다. 템포가 느린 찬송가를 연주할 때 오르가니스트는 특히 주의해야 한다. 피아노에 익숙한 우리나라 교회의 성도들은 오르간을 느리게 칠 때 그 박자를 더 알아차리지 못한다. 타악기적인 피아노의 박자는 분명하게 잘 들어오지만, 느린 템포인 경우 오르간에서는 박자를 드러

---

55 | 고린도전서 14장 15절 "…나는 영으로 찬미하고, 또 깨친 마음으로도 찬미하겠습니다"(표준새번역 개정판) "…I will sing with the spirit, and I will sing with the understanding also"(King James Version)

내기가 힘들어진다. 왜냐하면 오르간은 음들이 지속되면서 연결되어 소리가 나며, 또한 각 음의 세기가 똑같아서 강약의 구분을 피아노처럼 드러내는 것이 힘들기 때문이다. 숙련된 오르가니스트가 아닌 경우 많은 오르가니스트가 이럴 때 잘못 연주하는 경우가 많다. 느린 곡에서는 자신도 모르게 조금씩 천천히 템포가 느려지는 것이다. 뿐만 아니라 어떤 성도들은 오르간 소리가 늦게 나온다고 불평하기도 한다. 하지만 오르간 소리는 늦게 나오는 것이 아니라 음을 누를 때 피아노처럼 확실한 리듬을 느끼기 힘든 것뿐이다. 오르간의 이러한 소리 성격 때문에 느린 곡을 연주할 때는 더 템포가 가라앉을 수 있다. 그러므로 템포가 느려지지 않도록 오르가니스트는 곡의 전체 흐름을 잘 이끌고 가야 한다. 이때 오르가니스트는 찬송가 연주에서 리듬을 제일 우선해야 한다. 이것은 찬송가에서 오르가니스트의 지휘자 역할 때문이다. 오르가니스트는 늘 자신이 이끌고 갈 성도들을 생각하고 성도들에게 안정적인 템포를 통해, 성도들 앞에서 확실한 길잡이가 되어야 한다.

우리나라 찬송가와 서양의 찬송가를 비교해 보면 템포 지시에서 흥미로운 차이가 있다. 미국과 유럽의 찬송가에는 템포 지시가 없다. 찬송가 "나 같은 죄인 살리신"을 예로 들어보자. 미국의 장로 교회에서 많이 사용하는 찬송가 The Hymnbook[56]과 침례 교회에서 사용하는 찬송가 The Singing Church[57]에는 박자 표시(*meter*)가 3/4으로 있으나 빠르기에 대한 어떤 표시 내지 암시가 없다. 더구나 찬송가에 박자 표시도 없는 찬송가도 있다. 그 예로서 전례를 따르는 루터 교회 찬송가 Lutheran Book of Worship[58]과 미국 성공회 찬송가 The Hymnal 1982[59]는 찬송가에 박자 표시가 없다.

예전에 우리나라 찬송가에는 메트로놈 빠르기 숫자가 있었던 적이 있다. 같은 찬송가 "나 같은 죄인 살리신" 예로, 한국찬송가위원회에서 편찬하여 출판한 찬송가(*1967*)[60]는 메트로놈 표시도 빠르기말도 없다. 그런데 역사가 거꾸로 가는 것인지

56 | The Hymnbook, The Division of Christian Education of the National Council of Churches, USA, 1955, No. 275

57 | The Singing Church, Hope Publishing Company, USA, 1985, No. 278

58 | Lutheran Book of Worship, Augsburg Publishing House, USA, 2002, No. 448

59 | The Hymnal 1982, The Church Pension Fund, USA, 1985, No. 671

60 | 찬송가, 한국찬송가위원회, 대한기독교서회, 1967, 253장

1983년에 한국찬송가공회에서 출판한 소위 통일찬송가[61]에는 메트로놈 표시와 빠르기말까지 있다. 다행히 2006년에 한국찬송가공회에서 다시 출판한 새찬송가[62]는 빠르기말은 있지만 메트로놈 표시는 없어졌다.

빠르기말은 실제로 음악적으로 다르게 해석될 수 있는 것이 있기 때문에 찬송가에는 어떤 빠르기 지시 사항이 없는 것이 더 좋다고 생각한다. 빠르기 지시 사항은 찬송가를 한 템포로 제한하면서 잘못 적용될 가능성이 많아 회중 찬송가라는 본질적인 점에서 문제가 있다. 또한 앞의 표에서 나타난 찬송가 템포의 근거에서 보면 빠르기 지시 사항은 찬송을 가사에 따른 살아있는 찬양보다는 습관적이고 평범한 찬송으로 만들어버릴 위험이 많다.

일반 성도들은 메트로놈 표시가 무엇인지를 모르는 경우가 대부분이다. 그런데 이 표시를 아는 사람이 있다면 이것을 맹신할 가능성이 있다. 그래서 현재 우리나라 찬송가에 있는 빠르기 지시말은 절대적인 것이 아니라는 것을 오르가니스트는 기억하고 있어야 한다. 찬송가가 오랫동안 발달한 서양의 교회 찬송가에는 왜 그런 표시를 하지 않는지 생각할 필요가 있다. 이것은 그 많고 다양한 찬송가를 몇 개밖에 안 되는 빠르기말의 한계 안에 넣어서 찬양한다는 것은 불가능하다는 의미이다. 결국 앞에서 제시된 여러 가지 근거에 의해서 찬송은 각기 다르게, 그리고 가사와 음악에 맞는 다양한 템포로 적절하게 불러져야 한다는 것을 기억해야 한다.

오르가니스트의 찬송가 템포 설정은 매우 중요하다. 매절을 음악적인 표현 없이 기계적인 박자로 처음부터 끝까지 똑같이 연주하기만 하는 것은 음악이라 할 수 없으며 더구나 좋은 찬송이라 말하기도 힘들다. 살아있는 진정한 찬송이 되기 위해서는 가사와 음악을 근거로 적합한 템포에서 생동감 있는 오르간 연주가 필수적이며, 이것을 위해 회중 찬송의 지휘자인 오르가니스트는 끊임없는 연구와 노력을 해야 한다.

(4) 음색 설정(registration)과 음색 조합(stop combination)

오르가니스트는 회중 찬송가 연주를 위해 음색 연구를 많이 해야 한다. 특히 자신의 교회 오르간의 음색과 기능에 대해서 완전히 파악하고 있어야 한다. 오르간은 피아

---

61 | 찬송가, 한국찬송가공회, 생명의말씀사, 1983, 405장

62 | 찬송가, 한국찬송가공회, 예장출판사, 2006, 305장

노와 달리 발건반과 다양한 음색을 가지고 있기 때문에 서너 절 되는 찬송가를 한 음색으로만 연주하는 것은 극히 드문 일이다. 이런 오르가니스트가 있다면 그는 자신의 일에 마음이 없는 사람이라는 것 이외는 설명할 길이 없다. 이것은 찬송가의 매절을 다른 음색으로 늘 변경해야 된다는 의미라기보다 각 절의 가사에 따라 필요한 다양한 음색을 사용할 수 있다는 것이다. 가사가 다르다는 것은 음악이 다르다는 것과 같다. 그렇기 때문에 여러 절을 가진 찬송가 연주는 절에 따라 음색이 달라야 한다는 것이 이치적으로 맞다. 만약 오르간이 작아서 음색이 다양하지 않다면 음악에서 달라지는 것을 느낄 수 있도록 연주법이 달라져야 할 것이다. 이것은 성도들이 찬송할 때 절이 바뀌면서 새롭고 신선하면서 영적으로 깨어있는, 살아있는 찬양을 올릴 수 있도록 도와줄 것이다. 음색의 설정은 템포 설정의 요건과 서로 연관이 있다. 특히 가사의 성격, 음악의 특징, 회중의 규모, 예배의 성격과 시간대는 음색 설정에 더욱 영향을 미친다. 대표적인 예를 들어본다.

표 2. 회중 찬송가 인도를 위한 음색 설정

근거	큰 소리의 장엄한 음색	조용한 음색
가사의 내용	찬양과 경배	찬양과 경배의 가사도 가능 예수의 고난, 참회 혹은 묵상적 가사
음악의 특징	밝고 힘찬 음악	조용하고 묵상적인 음악
리듬의 특징	대체로 리듬적인 곡	덜 리듬적인 곡
회중의 규모	큰 규모의 회중	작은 규모의 회중
회중의 연령	젊은 연령	크게 좌우되지 않으나 높은 연령
잔향의 정도	긴 잔향 짧은 잔향에서는 유의하여 사용	크게 좌우되지 않음
예배의 성격	축제적, 밝고, 기쁘고 즐거운 예배	참회 성격의 예배
예배 시간대	오전 9-12시	새벽 예배, 오후 및 저녁 예배
찬송가 예	8장(거룩 거룩 거룩) 25장(면류관 벗어서)	463장(신자 되기 원합니다) 286장(주 예수님 내 맘에 오사)

위의 표에서 찬송가 연주의 음색은 템포 설정의 기준과도 서로 관계가 있다는 것이 드러났다. 이와 같이 찬송가 연주의 음색도 표에 나타난 근거와 기준에 따라 이 두 종

류의 음색 사이에서 다양한 음색을 만들어 낼 수 있다. 이것은 각 찬송가에 적용되는 것으로서 한 찬송가의 매절에서도 적용이 가능하다.

찬송가 연주의 음색 가운데서 몇 가지의 전형적인 음색 종류를 소개한다. 먼저 오르가니스트는 믹스츄어(*mixture*)와 리드(*reed*)의 사용에서 유의해야 한다. 이 음색들은 다른 음색에 비해 강한 편으로 음량(*volume*)과 함께 적절히 조절이 된 상태에서 사용하여야 한다. 오르간은 각 악기마다 스탑들의 세기가 조금씩 다르므로 항상 귀로 들어서 확인한 후 사용 여부를 결정해야 한다. 그 예로 계명대학교 아담스 채플 오르간의 스웰 건반에 있는 믹스츄어와 리드의 소리는 스웰 페달(*swell pedal*, 음량을 조절하는 페달)이 다 열렸을 때와 다 닫혔을 때의 차이가 아주 심하다. 특히 믹스츄어가 다 열렸을 때의 갑작스러운 날카로움은 곡에 충격을 줄 만큼 강해서 이 스탑을 쓰기 전에는 대체로 볼륨을 닫은 상태에서 스탑을 넣어야(*on*) 자연스러운 음악이 된다. 이처럼 오르간 스탑의 세기는 각 오르간마다 차이가 있으므로 음색 설정 전에 오르가니스트는 각 스탑의 세기를 파악하기 위해 특히 스웰 박스에 들어가 있는 음색은 닫은 상태와 연 상태의 소리를 꼭 비교해서 들어볼 것을 권한다.

또한 유의할 것은 찬송가 연주에서 대체로 사용하지 않는 음색은 맥놀이 음색 즉 실레스테(*Celeste*)와 운다 마리스(*Unda Maris*), 그리고 뮤테이션(*mutation*) 음색 즉 나자드(*Nasard* $2\,^{2}/_{3}'$)와 티어스(*Tierce* $1\,^{1}/_{3}'$) 등이다. 맥놀이 음색은 떨림이 있는 음색으로 직선적으로 강하게 이끌어야 할 음색에 불필요한 진동을 주어 음 전체에 비브라토(*vibrato*, 음이 떨리는 것) 현상을 줄 수 있기 때문에 특별한 성격을 위해 예외적으로 사용하는 경우를 제외하면, 회중 찬송가 연주에는 좋지 않는 음색이다. 또한 뮤테이션 음색은 유니슨 스탑(*unison stop*)[63]이 아니기 때문에 손으로 화성을 눌렀을 때 화성과 무관한 음들이 여러 성부에서 난다. 이로 인해 코드(*chord*)가 많이 나오는 상황에서는 화성적으로 모호해지며 지저분한 소리로 들릴 수 있다. 하지만 여러 기본 음색이 튼튼하게 잘 받쳐진 상태에서 뮤테이션 한 개 정도의 음색을 추가하면 전체 음색에 밝은

---

63 | 유니슨 스탑(unison stop): 오르간에서 한 음을 누르면 누르는 바로 그 음이 소리나는 스탑을 말한다. 즉 "도"를 누르면 "도" 음이 나는 스탑이다. 이 용어가 나오게 된 것은 오르간 음색 중에서는 누르는 음이 그대로 그 음을 내지 않는 음색이 있기 때문이다. 예를 들면 뮤테이션과 믹스츄어는 누르는 음이 소리가 나지 않는 스탑으로 뮤테이션 경우는 그 음의 배음인 "솔" 내지 "미"가 나며 믹스츄어는 그 음의 옥타브 높은 음과 배음이 함께 난다.

색채감을 줄 수 있어 조심해서 사용할 수 있다. 그리고 뮤테이션 스탑은 한두 개의 유니슨 스탑과 함께 어우러지면 아름다운 솔로를 만들 수 있으며, 맥놀이 음색은 기도송이나 묵상곡, 조용한 독창곡의 반주 등, *p* 혹은 *pp*의 조용한 음색으로 잘 어울리기도 한다.

다음은 구체적인 음색 설정 혹은 음색 조합의 다양한 사례를 소개한다. 여기서 오르간 관련 용어는 원어 그대로 쓴다.

① 두 손을 한 건반에서 연주할 경우(4성 코드 형태)

ff: foundation stop(*principal*과 *flute 8', 4', 2'*), mixture, reed stop을 다 함께

f: foundation stop, mixture, 작은 reed 혹은 reed 없이

mf: foundation stop과 작은 mixture 혹은 mixture 없이

mp: foundation stop 2' 혹은 4'까지

② 소프라노 선율을 솔로로 할 경우: 다양한 솔로 stop의 선택

reed stop: 강한 수평 reed 혹은 다양한 trumpet

mutation stop: flute 계열의 mutation 혹은 cornet

unison stop의 솔로: principal이나 조용한 flute 솔로

③ 테너 성부에 선율을 넣을 경우: 주로 강한 trumpet이나 수평 trumpet

④ 발건반 없이 손건반만 연주할 경우: 찬송가 여러 절 중에서 가사가 앞의 가사에 비해 많이 디크레센도한 느낌의 가사, 혹은 가사에 따라 첫 절을 발건반 없이 시작할 수도 있음

⑤ 무반주

어느 한 절이 앞의 절 가사 내용에서 급격한 변화가 있는 경우

참회의 성격이나 묵상 혹은 개인 고백 등의 성격

가사의 의미를 극대화 할 필요가 있는 경우

특히 사순절 기간에 적절함(예, "웬 말인가 날 위하여", "나 같은 죄인 살리신")

- 이 경우 오르가니스트는 예배 인도자와 서로 이해된 상태에서 시도할 것

찬송가를 무반주로 찬양하는 것은 찬송의 영적이고도 새로운 체험이 될 수 있다. 하지만 예배 인도자가 이 사실을 미리 알지 못해 인도자나 성도들이 오르간이 고장난 줄로 알고 당황하게 해서는 안 된다. 이런 무반주를 가끔 해온 교회라면 예배 인도자나 성도들이 이 찬송의 의미를 알고 오히려 더 열심히 적극적으로 찬송하는 기회가 될 수도 있다. 필자의 계명대학교 대학교회에서는 두세 번 정도 시도한 적이 있으며 앞으로 더 시도를 하려고 한다. 무반주 찬송은 교회에서 오랫동안 있었던 찬양 형태이다. 초기 교회와 중세 교회가 그러했으며 개혁 교회에서도 한동안 무반주로 찬송하였다. 기독교의 한 분파인 그리스 정교와 러시아 정교는 무반주 예배 음악이 특징이다.

악기가 있을 때와 없을 때의 찬송은 많이 다르다. 필자는 악기를 연주하는 사람이지만 어떤 면에서는 무반주 찬송이 성도들을 더 영적인 상태로 이끈다고 생각한다. 악기와 함께 찬양하는 것도 좋지만 오로지 사람의 목소리만으로 찬양하게 되면 가사에 더 집중할 수 있게 되고 하나님을 더 바라보지 않을까. 그리고 사람의 목소리는 그 자체가 훌륭한 악기이다. 다른 악기가 없이 사람 목소리 악기로만 찬양할 때의 그 깨끗하고 자연스러움에서 오는 경건함은 경험한 사람만이 알 것이다. 이때 성도들은 모두가 한 목소리로 제창을 할 수도 있고 찬송가의 4부 화성으로 찬송할 수도 있다.

위의 음색 설정 보기에서 다이내믹의 범위를 *mp*까지만 제시한 것은 찬송가 연주는 오르간이 지휘의 역할을 한다는 점에서 오르간 소리가 너무 작으면 그 역할이 힘들 수 있기 때문에 적어도 *mp*부터 세기를 설정한 것이다. 그럼에도 불구하고 회중 찬송가에서 *mp* 혹은 작은 볼륨은 특별한 의도와 의미가 있을 때 사용할 수 있다. 하지만 무반주 찬송도 가능하듯이 무반주에 가깝게 갑자기 다이내믹을 *p*로 작게도 가능은 하다. 이때도 무반주와 같은 사전의 준비가 필요하며 특별한 근거와 이유가 있어야 한다. 필자도 이런 다이내믹을 시도한 적이 있는데 이때 예배당 안은 꽉 찬 오르간의 소리에서부터 갑자기 성도들의 찬양 소리만 남게 된다. 이때 성도는 자신의 찬양을 더 들을 수 있으며 전체 찬양에 더 귀를 기울일 수 있게 된다. 그러면서 성도들은 오르간을 따라가던 상태에서 자신이 더 적극적으로 찬양을 붙들고 찬양할 수 있는 기회가 주어지므로 큰 의미가 있다고 생각한다. 이것 또한 성도들의 이해가 필수적이며 성도들이 자주 이런 다양한 찬양을 경험하게 되면 자연스럽게 예배에서 늘 깨어있을 수 있게 될 것이다. 이런 성도는 언제 이런 찬송을 하게 될지를 기대하면서 매절에서 새로운 마음으로 찬송할 수 있을 것이다. 예배자는 예배에 깨어 있어야 한다. 설교에서만 아니라 기도와 찬양 모든 순간에 깨어 있을 때 온전한 예배를 드릴 수 있다.

오르가니스트는 한 찬송가 안에서 가사가 매절 다르다는 이유로 모든 절을 다 다른 음색을 한다는 것에 부담을 가질 필요는 없다. 하지만 가사가 달라지면 음악이 변화한다는 점에서 음악에 맞는 음색의 변화는 필요한 것이라는 것은 알 필요가 있다. 다양한 음색을 사용하려면 음색에 대한 연구가 따라야 한다. 오르간은 음색에서 다양하다는 것이 악기의 고유한 특성이자 큰 장점으로, 음색을 다양하게 구사할 수 있는 것은 오르가니스트의 기본 능력이다. 그리고 이 능력은 평생을 통해서 길러진다.

그러므로 오르가니스트는 손건반과 발건반의 테크닉 못지않게 음색에 대한 뛰어난 감각이 요구된다. 이 감각을 키우기 위해서는 자신의 교회 오르간에 늘 앉아 스탑 하나하나를 빼면서 다양한 음색 조합을 실험하면서 스스로가 음색을 공부하는 길밖에 다른 길이 없다. 오르간이라는 악기는 한 회사에서 만든, 같은 모델의 같은 오르간 내역(*specification,* 54쪽 설명 참조)으로 된 전자 오르간은 있을 수 있어도 실제 그 악기가 각 교회에서 나는 소리는 다르다. 이것은 스피커의 위치와 교회의 잔향이 큰 요인이 되기 때문이라고 설명하였다. 그러므로 어떤 오르가니스트보다 그 교회 오르가니스트가 자신의 교회 오르간을 제일 잘 알고 있는 사람이며, 또한 그렇게 되어야 한다. 그래서 그는 자신의 교회 오르간을 충분히 이해하고 습득하여 그 오르간의 가능성을 최대한으로 살려 좋은 악기로 만들 책임이 있다.

그러나 동시에 오르가니스트는 너무 음색에만 의존하여 음색의 기교를 부리는 듯한 연주는 삼가해야 한다. 가끔 교회를 방문하여 예배를 드리면 오르가니스트가 열심히 오르간이라는 기계를 조작하는 느낌을 주는 경우가 있을 때가 있다. 필자도 음색을 바꿀 때마다 이런 음색의 변화에 너무 의존한 나머지 진정한 찬양을 잊고 있는 건 아닌지 조심스러울 때가 많다. 그냥 아름다운 소리인지 아니면 영적인 소리인지 이것은 참으로 중요하다.

오르간은 기계이다. 그 기계가 영감이 있는 악기로 살아나기 위해서 교회 오르가니스트는 이런 능력을 키워야 한다. 하지만 그것에 더 나아가서 그 능력이 왜 예배에 필요한지, 또 어떻게 사용할지를 고민해야 한다. 외적인 소리도 중요하지만 그 안에서 울려 나는 영적인 호소력은 오르간 찬송가 연주에 더욱 중요한 것이다. 가끔은 *mf*의 한 가지 음색으로 찬송가의 4절 모두를 연주하면서 다 다른 느낌으로 연습해 보는 것도 좋은 공부가 될 것이다. 음색만 바뀌는 것이 아니라 음악이 먼저 바뀌고 그리고 음색이 도와주는 것이 되어야 한다. 음색에서 영감이 함께 어우러진 소리와 그렇지 않으면서 단순히 다양한 음색을 나열하는 것과는 분명히 구분이 된다. 들을 귀 있는 자는 들을지니…

(5) 찬송가 연주의 오르간 음량(volume)

찬송가 연주의 음색과 볼륨은 관계가 있으면서도 관계가 없기도 하다. 특히 파이프 오르간에서는 파이프가 닫힌 소리와 열린 소리는 그 색감(*color-sense*)이 다르다. 오르간 연주곡에서 독일의 오르간 곡은 다이내믹이 커지면 일반적으로 음색도 많아지고 커진다. 하지만 프랑스 오르간 음악에서는 다이내믹이 커진다고 음색이 꼭 커지는 것은 아니다. 즉 프랑스 낭만 시기부터 오르간 음악의 다이내믹 표시는 음색의 변경이 아니라 스웰 박스를 열고 닫음의 지시이다. 이것은 음색은 변경하지 않으면서 오르간 소리의 음량을 조절하는 것이다.

오르간 음악에서 음량은 매우 중요하다. 이것은 음악의 표현에서 음색만큼이나 영향을 준다. 회중 찬송가 연주에서 오르간의 역할은 지휘자의 역할임을 강조하였다. 성도를 인도하는 역할로서 오르간의 음량은, 가사의 특별한 의미를 위해 음량을 작게 하는 경우를 제외하고는 원칙적으로 커야 한다. 작은 소리로는 인도자가 되기 힘들기 때문이다. 하지만 가끔 전자 오르간의 경우 교회의 잔향이 안 좋은 상태에서 스피커의 위치가 사람과 너무 가까울 때 오르간의 큰 소리를 불편해 하는 성도들이 종종 있다. 그래서 스피커 바로 옆에 앉은 사람은 오르간의 큰 소리로 인해 귀가 아파 소리를 작게 해달라고 하소연 할 때가 있다. 필자의 예전의 교회에서는 오르간 스피커가 성가대석 바로 위에 있었는데 오랫동안 큰 소리에 지친 성가대 대원이 그 스피커로 가는 전선을 가위로 잘랐던 적이 있었다.

이런 일은 해결하기가 힘든 사안이다. 그 교회 전자 오르간의 경우 스피커의 위치가 잘못된 것은 사실이지만, 교회당의 내부 구조상 스피커를 그 곳에 둘 수밖에 없는 상황이라면 어찌하겠는가? 어딘가는 스피커를 두어야 하고 누군가 그 근처에 앉아야만 한다면 그 사람은 힘들어 할 것이 분명하다. 스피커를 가능한 한 사람과 멀리 떨어져 설치할 수 있다면 제일 좋은 방법일 것이지만 불가능할 경우 결국은 예배 전체를 위해 누군가는 희생해야 하는 상황이 나올 수도 있다. 악기 회사와 교회는 이런 점을 감안하여 가능한 한 성도에게 직접적으로 오르간 소리가 다가가지 않도록 적절한 스피커 위치와 좋은 설치 방법을 모색해야 한다. 사람이 가까이 앉기 힘든 장소에 스피커를 두는 방법 등으로 대책을 세울 수도 있다.

원칙적으로 오르간의 회중 찬송가 연주 볼륨은 예배당의 맨 뒤에서도 분명하게 들릴 정도로 커야 한다. 오르간 소리가 충분하지 않을 때는 그 찬송은 힘이 없고 속도는 느려질 것이며 좋은 찬송이 되기가 힘들다. 오르간은 어떤 찬송가든 전체를 확실하게 이끌고 가야 한다. 가끔은 예배 시간에 누군가가 회중석 뒤쪽에서 오르간을 들어서 전체 음량을 점검하는 것이 좋다. 찬송가 연주는 찬송가 가사에 따라 음색 설정을 하기 때문에 그 소리는 늘 크지만은 않을 것이다. 음색과 볼륨을 잘 조정하여 찬송 인도를 안정적이고 확신 있게 해야 한다.

필자의 경험이 있다. 어느 예배를 마친 후 한 사람이 와서 찬송가 연주 음색을 *mp* 내지 *p* 정도로 줄여 달라고 했다. 오르간의 음색도 알고 있는 사람으로 플룻 한두 개 음색으로 해 달라고 한 것이다. 그 이유인 즉 오르간이 예배를 너무 압도하여, 너무 커서 시끄럽고 이 소리 때문에 예배에 오는 사람이 적어졌다고 하였다. 그래서 전주곡이나 후주곡 등 독주곡은 연주자에게 맡기지만 찬송가를 연주할 때는 조용하게 해달라는 것이었다. 청천벽력과도 같은 소리였다. 필자는 이 예배 후 많이 반성했다. 그 말에 일리가 있을 수도 있기 때문이다. '그동안 오르간 소리가 너무 컸나? 나 자신의 욕심을 내기만 했었는가… 그래서 예배에 오는 사람이 적어진 것이 내 책임은 아닌가…' 라는 생각에 그럴 수 있지 않을까 생각했다. 사실 예배 음악이 성도를 불편하게 하면 그 예배에 오고 싶은 마음이 줄어들 수 있다. 반대로 예배 음악이 좋으면 그 음악을 기대하면서 예배에 올 수도 있다. 물론 예배 음악에 따라 하나님께 나오고 나오지 않는다는 것은 하나님 앞에서 보면 성숙한 그리스도인의 모습이 아니다. 하지만 예배 음악에 책임이 있는 사람은 모든 점에서 지혜롭고 또한 최선을 다해야 하는 것은 사실이다.

필자는 반성을 하면서, 그리고는 몇 사람에게 의견을 들었다. 그런데, 물론 모든 사람에게 물어보지는 못했지만, 나머지 사람들의 반응은 의외였다. 그 날 오르간 찬송가 연주는 크지 않았으며 어떤 사람은 감동적이었다고 사무실로 전화를 한 사람도 있다고 하였다. 이것은 무슨 의미인가? 그러면 어떻게 찬송가를 연주하여야 하는가? 오르가니스트는 누구의 말을 들어야 하는가? 성도가 찬송가 연주의 음량에 대해 누군가 크다 혹은 작다는 것을 이야기할 때는 자신이 지휘자라는 것을 잊지 말고, 그리고 찬송가의 가사와 특징에 따라 음색과 음량을 결정하였다면 자신을 믿어야 한다. 그리고 오르간이 회중 찬송을 지휘하고 인도한다는 것을 아는 사람이 회중 가운데 앉아 들으며 찬양한 후 의견을 들어보는 것은 도움이 될 것이다.

예배 음악에서 가장 중요한 것은 회중 찬송가이다. 가장 중요한 축복의 순간에 오르간이 제 역할을 하지 못한다면 좋은 악기를 둘 이유가 없다. 오르간이 독주 부분에서만 제대로 소리를 내고 회중 찬송가에서 제대로 소리를 못 낸다면 이것은 우선 순위가 바뀐 것이다. 오르가니스트는 오르간의 음량에 대하여 확고한 개념이 있어야 한다. 성가대 찬양, 독창 반주, 그리고 독주의 음량은 곡에 따라 다 다를 것이다. 하지만 회중 찬송가는 곡과는 거의 상관없이 기본적으로 가져야 할 음량이 있다는 것이다. 거기서 찬송가의 성격에 따라 필요하다면 음색과 음량의 변화를 추가로 주게 될 것이다. 오르간은 밑에서 조용히 깔아주기만 하는 악기가 아니다. 매주일 역동적이고 감동적인 찬송이 우리나라 교회에서 울려 퍼지기를 기대해 본다.

(6) 아멘의 연주

찬송가의 아멘 연주에 대해서 한 때 잘못된 생각이 있었다. 아멘을 연주할 때 앞에서 불렀던 찬송가 음량에서 줄여서 조용하게 연주한 것이다. 현대에 와서 이렇게 하는 경우는 많이 없어진 편이지만 아직도 가끔 그런 경우를 본다. 아멘의 뜻은 "그렇습니다, 맞습니다, 그렇게 되십시오"라는 뜻이다. 그렇다면 아멘은 당연히 확고한 느낌으로 연주를 하는 것이 좋다. 가끔 곡의 성격에 따라 조용히 곡을 끝내야 할 때가 있을 수 있다. 그럴 때는 예외적으로 볼륨을 줄일 수 있으나 음색은 변경하지 않는 것이 원칙이다.

그리고 아멘 코드에서 찬송가 마지막 음과 아멘 음이 같을 때는 예전에는 찬송가 마지막 음을 연결하고 아멘의 화성만 다시 치는 경우가 있었으나 최근에는 원칙적으로 찬송가 마지막 음은 확실히 끊고 아멘으로 들어간다. 하지만 특별한 의미가 있어 아멘을 연결하고자 할 때는 가능하다고 본다. 찬송가는 가능한 한 다양하게 연주하는 것이 좋다. 이것은 물론 가사에 맞게 해석된 것이라야 한다. 다양한 화성적 전개와 반주 리듬의 변형은 찬송가를 새로운 예술 작품으로 만들 것이며 성도에게는 늘 새로운 느낌으로 찬송을 할 수 있게 도와주는 원동력이 된다. 아멘도 이런 점에서 약간의 변화는 가능하다는 의미이다.

아멘 연주에서 많이 질문을 받는 것은 마지막 "멘" 코드의 길이다. 필자는 언젠가 예배 후에 한 성도로부터 질문을 받은 적이 있다. "왜 아멘 마지막 코드를 길게 치나요?" 그리고 "왜 찬송가 한 절이 끝나고 다음 절을 갈 때 찬송가 악보에 쓰인 박자대로 안하고 더 길게 코드를 연주하고 다음 절을 가는가요?" 라고 물었다. 그것은 오르간 연주에서 마지막 음의 길이에 대한 질문이었다. 그 질문이 필자는 고맙게 생각되었다. 찬송할 때 의문이 생겼다는 것은 좋은 것이다. 결론을 말하면 오르간의 찬송가 한 절의 끝 코드와 아멘 코드는 피아노가 연주할 때보다 길게 연주한다. 그 이유는 오르간의 소리 때문이다. 피아노는 음을 길게 끌고 있으면 소리가 점점 사라지기 때문에 어떤 코드도 제 박자에 끊어도 자연스럽다. 오히려 피아노는 음이 사라지면서 그 허전함 때문에 제 박자를 다 안 지키고 다음 음으로 빨리 나오는 경향이 있다.

오르간 소리는 어떤가? 오르간 소리는 일단 손이 건반을 누르고 있으면 세기가 줄어들지 않는다. 그리고 또한 찬송가의 마지막 코드 아멘에서 오르간은 음량을 줄이지 않는다. 그렇기 때문에 찬송가의 두 박자 혹은 세 박자가 되는 아멘에서 박자대로 음을 끊으면 아주 갑작스럽게 느껴진다. 큰 소리가 서서히 사라지는 것이 아니라 갑자기 없어지는 그런 충격이다. 이런 충격을 완화시키기 위해 오르가니스트는 오르간의 소리가 건물 잔향 속에서 편안한 소리가 될 때까지 기다렸다가 끊는다. 이 시점은 오르가니스트마다 조금씩 다를 수 있으나 이해하기 쉬운 설명으로는 한 절의 마지막 코드와 "멘" 코드 위에 페르마타가 있다고 생각하면 된다. 그래서 성도뿐만 아니라 오르간도 호흡을 충분히 마무리하는 시간을 주는 것이다. 회중은 자신이 호흡이 되는대로 오르간보다 일찍 아멘을 끊어도 된다. 사람의 목소리 또한 서서히 디미누엔도 되기 때문이다. 하지만 오르간의 지속적인 소리 성격을 잘 아는 사람은 마지막 코드를 끊을 때 소리가 충분히 안정이 되어 결론에 도달했는지 귀를 기울일 것이다. 그렇지 않을 때 코드를 끊으면 갑자기 절벽으로 떨어지는 느낌을 줄 수 있다.

아멘은 찬송가의 마지막 음으로서 성도에게 찬송의 감동을 여운으로 남겨주는 것이어야 한다. 아멘은 찬송의 결론이다. 찬송의 종결이 급작스러워 당황하는 것은 좋지 않다. 잔향 속에서 살아 운동하는 소리의 파장을 들으면서 마지막 코드가 편안하게 안정적으로 내려앉는 느낌을 받을 때 오르가니스트는 코드를 뗄 수 있다. 그 타이밍(*timing*)은 때에 따라 다르기도 하다. 한 찬송가를 마지막 절까지 찬양한 감동에 따라 그 모습은 달라질 것이다. 아멘은 찬송을 마음에 심어주는 것으로 아멘이 어떻게 처리되느냐는 매우 중요하다.

2) 찬송가의 기본 연주법

(1) 레가토(legato)와 그 외 연주법

찬송가뿐만 아니라 오르간 음악의 연주는 기본적으로 레가토 주법이다. 레가토는 한 음에서 다음 음까지 음을 끊지 않고 연결해서 연주하는 주법으로 특히 곡의 주선율이 되는 소프라노 성부에서는 매우 중요하다. 그래서 레가토 연습은 오르가니스트가 좋은 음악을 만드는데 필수적이다.

하지만 조심할 것은 사람들이 가지는 오르간에 대한 잘못된 개념 즉 오르간은 음을 떼지(크게는 호흡) 않고 죽 붙어서 나야만 한다고 하는 오해이다. 이와 연관된 오해가 바로 오르간은 찬송가를 모두 레가토로 다 이어서 치는 것이 옳다고 생각하는 것이다. 이것은 우리나라 사람들에게 오랫동안 잘못 인식된 오르간에 대한 오해이다. 물론 오르간의 기본 주법은 레가토이다. 오르간은 음을 눌렀다 떼는 경우 바로 소리가 사라지기 때문에 아름다운 노래 선율을 만들기 위해서는 음들을 연결해서 매끄럽게 이어서 쳐야 하는 것이 맞다. 음을 이어서 치지 않고 만약 피아노처럼 쳤다가는 음이 뚝뚝 끊어져 음악이 아주 이상할 것이다. 하지만 이런 오르간이라도 아름다운 노래 선율을 만드는 데는 레가토 주법만 가능한 것은 아니다.

오르간 전공자가 처음 오르간을 배울 때는 바흐 등의 바로크 곡부터 시작하는 편이다. 그리고는 그 이후에도 바로크 작품을 늘 연주한다. 대학교에서 오르간 전공 학생은 매학기 바흐 곡을 연주한다. 바로크 작품의 연주법은 아티큘레이션을 통해서 논-레가토(*non-legato,* 레가토가 아닌 연주법, 즉 음을 각각 떼면서 연주하는 법)로 연주한다. 이 때문에 처음부터 바로크 곡의 아티큘레이션을 배우게 되는 학생은 이 연주법에 익숙한 나머지 오히려 오르간의 기본 연주법인 레가토를 잘 하지 못하는 경향이 종종 있다. 그러다 보니 예배 반주를 할 때 특히 찬송가 연주에서 더 어려움을 겪는다. 오르간 곡의 필수 레퍼토리가 바로크 곡이라는 것 때문에 오르가니스트는 자칫 잘못하면 레가토의 중요성을 잊을 수가 있다. 한 선율일 때는 물론, 복잡한 코드 경우에도 오르가니스트는 깨끗한 레가토로 연주해야 할 때가 많다. 레가토는 오르간의 가장 기본적이고 중요한 주법이다. 그러므로 오르간을 처음 배울 때 레가토와 함께 아티큘레이션도 잘 익혀야 할 것이다.

찬송가 연주에서 레가토가 원칙이지만 음악적 상황에 따라 레가토와 다른 주법으로 연주해야 할 때가 있다. 멜로디를 비롯하여 특히 발건반의 베이스 성부나 알토와 테너의 내성부, 즉 4성부 모두를 레가토만으로 연주할 때 좋은 찬양 인도가 힘들 때가 있다. 레가토로 모든 성부를 연주할 때는 오르간의 소리 특성상, 즉 모든 음이 어떻게 누르든 같은 세기로 나기 때문에, 결과적으로 음악에서 리듬이 많이 약해진다. 그렇기 때문에 오르간은 레가토의 원칙과 함께 다양한 연주법을 응용하여 연주할 때 훨씬 더 다이내믹한 찬송가 연주가 될 수 있다.

논-레가토 연주법에는 다양한 종류가 있다. 오르가니스트는 이 다양한 논-레가토 즉 아티큘레이션에 의한 음들의 표현법에 연구가 필요하다. 그 외 마르카토(*marcato*, 음을 각기 떼면서 힘주어 끊어 치는 주법) 주법이 있으며, 자주 사용되지는 않지만 스타카토 주법은 피아노의 스타카토 주법과는 다르기 때문에 익혀 놓아야 한다. 이렇게 다양한 연주법은 찬송가의 가사 내용과 음악적 성격에 따라 적절히 적용될 것이다.

다시 말하면, 찬송가 연주는 기본적으로 레가토이다. 하지만 아티큘레이션을 통한 논-레가토 주법으로 각 음들을 하나하나 떼면서 아름다운 노래를 만들 수 있었던 때를 기억할 필요가 있다. 바흐의 오르간을 위한 전주곡과 푸가는 물론 코랄 전주곡은 이렇게 음을 떼면서도 아름다운 노래를 만든다. 바로크 시기에는 오르간만 이런 주법을 한 것이 아니라 다른 악기들은 물론 성악곡도 이런 주법으로 연주하였다. 이후 고전기를 거쳐 낭만 시기에 들어오면서 음악은 음 하나하나의 의미보다는 좀 더 긴 프레이즈로 표현되면서 레가토를 비롯하여 긴 크레센도(*crescendo*)와 디크레센도(*decrescendo*)가 생겨나게 되었다. 이 시점에 오르간에는 소리의 음량을 조절하는 스웰(*swell*)이라는 기능이 새롭게 도입되면서 오르간 연주도 다른 기악곡과 같은 표현법을 쓰게 된다.

음악은 한 사회의 모든 것을 반영하는 예술 작품으로, 당연히 그 당시의 양식과 이상을 서로 공유한다. 더욱이 한 악기의 연주법은 당시 음악의 양식과 연주법이 서로 교류하게 되는 것은 말할 나위가 없다. 예를 들면 바로크 시기에 크게 발달한 현악 작품의 연주법이 오르간에 나타나며, 낭만 시기의 레가토는 물론 피아노에서 사용되는 스타카토(*staccato*) 등이 오르간 음악에 나타나는 것이다.

또한 오르간 연주법에는 예배당의 잔향이 중요하다. 잔향 상태에 따라 연주법이 다르게 적용될 수 있기 때문이다. 오르간이 설치된 유럽 교회당의 특징을 살펴보면 유럽의 건축 음향은 매우 뛰어나다. 그렇기 때문에 오르가니스트가 음을 떼어 연주하여도 그 소리는 예배당 안의 자연스러운 잔향 속에서 서로 이어지듯 노래처럼 선율로 들린다. 이에 비해 우리나라 예배당의 잔향이라고 하면 이에 비교할 수가 없다. 음악적인 음향을 고려하지 않고 오직 설교자의 육성이 마이크를 통해 잘 들릴 수 있도록 디자인된 우리나라 대부분의 교회당은 낮은 천정과 흡음을 주로 한 실내 건축 자재 때문에 울림이 거의 없는 상황이다. 이것을 대체로 음악인들은 죽은 공간이라고 말한다. 여기서 클래식 음악을 연주하면 음악은 살아있는 소리가 되지 않고 아무 반응이 없는 죽은 소리 같이 난다는 의미이다.

잔향은 결국 음악을 살아있게 하는데 가장 직접적인 영향을 주는 것이다. 잔향이 긴 유럽 교회의 오르간 소리와 잔향이 거의 없는 우리나라 교회의 오르간 소리를 비유하자면 이렇다. 잔향이 많은 곳의 오르간 소리는 그 소리가 파이프에서 울려나는 동시에 긴 잔향이라는 기포(*bubble*)들이 이 음들을 감싸면서 높고 넓은 교회당 안에서 부드럽게 떠다니는(*floating*) 것과 같다. 그래서 음들은 그 공간 안에서 살아서 움직이며 서로 반응하는 것이다. 반면 잔향이 없는 우리나라 교회에서 나는 오르간 소리는 소리가 나자마자 바로 교회당 벽이나 땅바닥에 있는 흡음재에 의해 흡수되어 버리고는 더 이상 활동을 멈추어 딱딱한 소리가 되어버린다. 그래서 잔향이 좋은 곳의 오르간은 논-레가토로 연주하여도 살아있는 소리로 아름다운 노래를 만들어 낸다. 이렇게 좋은 잔향은 소리를 살아있는 생명체로 움직이게 만든다.

그런데 우리나라 교회의 좋지 못한 잔향에서 오르가니스트는 예배당 안에 소리를 채우기 위하여 음들을 불필요할 만큼 길게 이어서 연주하게 되면서, 결과적으로 모든 음들을 죽 붙여서 연주하게 되는 습관이 생겨났을 수 있다. 오르간 소리는 음들을 길게 누르고 있으면 실제 소리보다 더 크고 시끄럽게 들릴 수 있다. 또한 음량이 줄어들지 않는 오르간 소리 때문에 오르간의 끊어지는 음은 피아노에 비해 표시가 더 많이 날 뿐만 아니라, 음을 뗐을 때 갑작스럽게 느끼기 때문에 오르가니스트는 오히려 음을 더 붙들고 떼지 않을 수도 있다. 그래서 오르가니스트는 줄어들지 않는 큰 소리에 대한 부담 때문에 아예 처음부터 가능하면 작게 연주하려고 할 수도 있다. 우리나라 예배당의 이런 상황으로 인해 오르간 연주법은 시작부터 근본적으로 서양의 주법과 다른 출발을 할 수밖에 없는 현실이 안타깝다. 그래서 성도들은 오르간은 큰 소리보다는 작은 소리로, 그리고 떨어지는 소리보다는 지속되는 소리에 편안함을 느끼고 이것을 더 선호하게 된 것이 나름 근거가 있는 사실이다.

잔향과 관련하여 연주법의 차이는 사실 상당하다. 우리나라에서 오르간 전공 학생의 오르간 연주법은 학교에서 배우는 것과 교회에서 실제로 연주하는 주법과는 조금씩 적용을 달리해야 하는 것이 현실이다. 그런데 우리나라 학교 파이프 오르간에서 공부한 사람의 연주법과 유럽 연주자의 연주법과 비교하면 또 상당한 차이가 있다. 이 모든 것이 오르간이 설치된 곳의 잔향에 따라 자연스럽게 나오는 다른 주법이다. 연주적 측면에서 보면 우리나라에서 가장 힘든 전공은 오르간과 성악이다. 성악가는 대체로 우리나라의 좋지 않는 잔향에서 노래하기 때문에 과하게 성대를 사용하여 노래(*over-singing*)하는 경우가 많아 성대를 일찍 상하게 하는 상황이 바로 한국의 실정이다. 또한 오르간 전공은 학교에서 어떻게 배우든 상관없이 학교 밖의 교회나 실제 연주하는 곳의 잔향이 너무 나쁘기 때문에 학교에서 배운 대로 연주하기가 힘든 현실이 대부분이다.

우리나라처럼 잔향이 좋지 않은 예배당 상황의 교회 오르가니스트는 레가토 주법을 더욱 잘 해야 한다. 하지만 동시에 찬송가의 가사와 음악의 성격에 따라 논-레가토 혹은 마르카토로 연주할 수 있으며 또한 그렇게 연주되어야 한다. 찬송가는 각각이 하나의 예술 작품이다. 예술 작품이라면 당연히 각 작품마다 특징과 개성이 있어야 하며 여기에 맞는 각각의 연주법 또한 있는 것이 당연하다. 레가토와 논-레가토 혹은 마르카토 주법의 찬송가 특징을 다음과 같이 크게 나누어 살펴본다.

표 3. 찬송가 연주법의 근거

근거	레가토 주법	논-레가토 주법 혹은 마르카토 주법
찬송가의 성격	조용하고 차분한 찬송가	힘차고 경쾌하며 행진곡풍 찬송가
음악의 특징	선율적인 곡	리듬적인 곡
회중의 규모	작은 규모	큰 규모
회중의 연령	크게 관련 없으나 대체로 높은 연령	젊은 연령
예배의 성격	참회나 고난을 주제로 한 예배	축제적인 예배
예배 시간대	특별한 관련은 없으나 특히 새벽 기도 내지 작은 모임	오전, 오후 혹은 성도의 찬양이 느려질 때
찬송가 예	315장(내 주 되신 주를 참 사랑하고) 539장(주 예수께 조용히 나가)	288장(예수로 나의 구주 삼고) 351장(믿는 사람들은 주의 군사니)

위의 표에서 주의할 것은 레가토 주법 찬송가라고 해서 찬송가 전체를 다 이어서 레가토만으로 연주해야 한다는 의미는 아니며, 또한 논-레가토 혹은 마르카토 주법 찬송가라고 해서 이 찬송가의 모든 음들을 다 떼서 치는 것만은 아니라는 사실이다. 가사와 음악적인 상황에 따라 그리고 위의 요건에 따라 한 찬송가를 연주하는 가운데 레가토로만 할 수도 있고, 레가토와 논-레가토를 적절하게 골고루 적용하면서 할 수도 있으며, 또는 주로 논-레가토로 혹은 마르카토를 섞어서 연주하는 찬송가가 있다는 것이다. 그럼에도 불구하고 소프라노에서는 특별히 각 음을 강조하면서 액센트(*accent*)를 주는

상황이 아니라면 한 단어는 대체로 이어서 연주하는 것이다. 찬송가 예를 들어보자.

악보 5, "찬양하라 복 되신 구세주 예수" 후렴 뒷 부분, 두 프레이즈 비교

위 찬송가 31장의 두 프레이즈는 음악적으로는 같은 부분이지만 가사가 다르기 때문에 다르게 연주하는 것을 예로 든 것이다. 왼쪽의 13마디의 가사 '주님 앞에'는 한 프레이즈로 레가토로 이어서 연주하지만 29마디의 가사 '찬양, 찬양'은 같은 단어가 두 번 반복하기 때문에 두 음만 레가토로 연주하고 그 다음 마디 전에, 반복하는 가사의 단어를 의미 있게 하기 위해 떼어서 연주하는 것이 좋다.

찬송가 연주법에서 마지막으로, 찬송가를 레가토로 잘 치기 위해서는 좋은 핑거링(*fingering*, 운지법, 손가락 번호)과 손가락 바꾸기(*finger substitution*, 한 음을 눌린 상태에서 손가락을 바꾸기) 연습이 많이 필요하다. 좋은 핑거링은 평소 연습 습관과 관계가 있다. 오르가니스트 중에는 연습할 때 아무렇게나 손가락이 가는대로 치는 사람이 있다. 그래서 중요하게 이어져야 할 선율이 생각 없이 연주할 때, 좋지 않은 핑거링으로 인해 음이 뚝뚝 떨어지는 엉성한 선율이 되는 경우가 허다하다. 필자는 늘 학생들에게 말한다. "손가락이 음악을 따라 가도록 해야지, 음악이 손가락을 따라가면 안 된다"고. 이것은 음악이 주인이라는 것으로, 손가락이 음악에게 봉사하는 것이며 음악이 손가락에게 봉사하는 것이 아니라는 의미이다. 우리가 하는 것은 결국 음악이며 이 음악을 위해 고통과 인내를 감수하는 것이다. 그렇기 때문에 우리의 수고가 헛되지 않기 위해서는 바른 핑거링이 요구된다. 음악이 레가토의 아름다운 선율을 필요로 한다면 손가락은 어떻게 해서라도 이것을 레가토로 만들어야 한다. 여러 번 그 패세지(*passage*)를 연습하는 가운데 가장 좋은 핑거링을 자연스럽게 찾게 될 것이다. 많은 오르가니스트들이 이런 인내심이 없이 그냥 몇 번 쳐보고 손가락이 가는 그대로 두는 경우가 많으며 이렇게 되면 그 음악은 성의가 없는 투박한 음악이 된다.

이런 철저한 핑거링에서 유명한 사람이 바로 20세기 프랑스의 대표적 오르가니스트

마르셀 뒤프레(*Marcel Dupré, 1886-1972*)이다. 그는 레가토 연주에 뛰어난 사람이었으며 심지어 바흐 곡도 레가토로 연주한 사람으로 유명하다. 그는 테크닉 면에서 완벽한 연주가인 동시에 훌륭한 작곡가로서 우수한 제자들을 많이 길러낸 스승이기도 했다. 오르가니스트는 핑거링을 정하기 이전에 그 패세지를 수십 번 반복 연습하면서 핑거링을 정하고, 정한 후에는 그 손가락 번호대로 늘 연주해야 한다고 한 그의 말은 유명하다. 그래서 그가 편집하여 출판한 악보들은 손가락 번호가 있다. 그가 편집한 바흐 오르간 곡에도 손가락 번호와 슬러 등이 표시되어 있는데 최근에는 인쇄가 되지 않는다. 그가 편집한 독일 낭만 오르간 음악인 경우에도 그는 원 작곡가가 써 놓지 않은 핑거링을 악보에 추가로 다 표기하고 있다. 이렇게 좋은 핑거링에 의한 철저한 연습은 레가토 연주뿐만 아니라 음악을 안정감 있게 만들어 주는데 중요한 역할을 한다.

그리고 손가락 바꾸기(*finger substitution*)는 피아노 연주법에서는 그리 많이 필요하지 않지만 오르간에서는 매우 중요한 기법이다. 이것은 한 음에서 손가락을 바꾸는 기술이다. 이 기술은 좋은 레가토를 위해서 필수적인 것으로 이 기술을 익히는 데는 시간이 많이 소요된다. 한 선율일 때는 물론, 화성으로 나올 때도 이 기법은 레가토를 위해서 늘 사용된다. 주의할 것은 이 손가락 바꾸는 것이 불필요하게 남용되어서는 안 된다는 것이다. 좋은 핑거링일 때는 이것 또한 많이 줄어들게 된다. 그러므로 좋은 핑거링을 바탕으로 필요한 손가락 바꾸기를 적절하게 사용하여 좋은 레가토 연주를 이루어 내는 것이 중요하다.

언젠가 필자의 제자가 필자의 독주회를 마친 후 한 말을 소개한다. 계명대학교 아담스 채플에는 오르간 연주를 비추어 주는 영상 스크린이 있다. 연주 내내 필자의 연주를 스크린을 통해 유심히 본 제자는 낭만 곡을 연주할 때 필자의 손가락이 거미가 거미줄을 치면서 옆으로 기어가는(움직이는) 그런 손 같았다고 말하면서 “아 레가토를 하려면 저래야 되는구나”하고 느꼈다고 말했다. 당시 제자의 그런 표현이 필자에게는 좀 특이하면서 섬뜻 하기는 했지만, 이 말은 레가토 할 때의 모습을 잘 표현한 것이라 생각한다. 필자는 제자가 그렇게 유심히 연주를 보면서 나름 자신에게 공부가 되었다는 것이 감사하고 제자가 기특했다. 이런 손가락 바꾸기 기술은 하루만에 이루어지는 것이 아니다. 오르간에 앉아 있는 시간이 많을수록 이런 연주는 누구나 앞당길 수 있는 주법이다. 그리고 각 음이 음악적 상황에서 가지는 의미와 중요성을 심각하게 생각할 때는 그 목표를 위해 필요한 기술을 연마하게 될 것이다.

(2) 동음(반복음) 연주법

동음(반복음, 한 성부에서 같은 음이 반복되는 것)을 어떻게 연주하는가 하는 것은 찬송가 오르간 연주에서 가장 어렵고 예민한 사안이다. 이 동음 연주법이라는 것은 당연히 소프라노 음(선율) 이외의 음들에 대한 것이다. 찬송가에서 소프라노는 주선율이기 때문에 동음 여부에 관계없이 당연히 모든 음을 연주한다. 물론 이 소프라노 음도 반복할 때는 각기 다른 길이의 표현으로 연주하는 것이 중요하기는 하다. 하지만 나머지 성부에서 반복음이 나타날 때는 그런 성격이 아니라 이 음을 다시 치는지 혹은 치지 않는지에 해당하는 사안으로 심각한 것이다. 찬송가를 오르간으로 연주할 때는 소프라노 이외의 성부, 즉 알토, 테너 그리고 베이스 성부에 나타나는 동음은 악보대로 다 칠 수도 있지만 다시 치지 않고 연결시키는 경우가 많다. 동음을 어떻게 연주하느냐에 따라 찬송가 연주법은 서로 많은 차이가 난다.

동음 연주법은 주로 오르간 찬송가 연주에 해당되는 사안이며 가끔 성가대 곡 반주에도 해당될 때가 있다. 동음 연주법이 오르간 연주에서 예민한 사안이 되는 경우는 그 곡들이 작곡될 때 오르간이라는 악기를 염두에 두고 작곡된 곡이 아닐 때가 많다. 왜냐하면 오르간 독주곡에는 이런 반복음 처리의 난제는 거의 없기 때문이다. 오르간 독주곡에서는 동음에 상관없이 당연히 악보 쓰인 그대로 다 연주한다. 작곡가가 작곡할 때 연주를 하면서 그 소리를 다 알고 악보에 옮겨 쓰기 때문이다. 물론 예외적으로 프랑스 낭만 이후의 곡 중, 코드 스타일로 나오는 부분에서 내성이 외성으로 갈 때, 그리고 외성이 내성으로 갈 때 그 두 음이 같은 음이라면 때에 따라 그 내성을 다시 치지 않는 경우가 있다. 그러나 이 경우는 같은 성부의 동음이 아니라 서로 다른 성부에서 동음으로 이어지는 경우이다. 아래 악보는 프랑크의 곡을 연주할 때 적용할 수 있는, 음을 다시 치지 않는 연주의 한 방법이다.

악보 6, 프랑크의 코랄 3번 가단조, 동음에서 내성 처리의 예

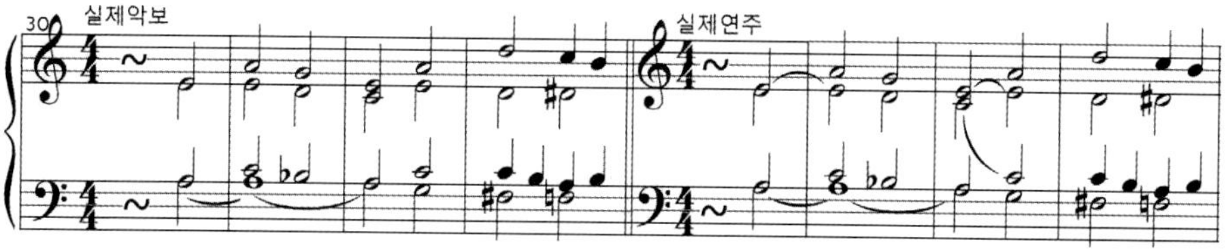

앞의 악보 마디 30에서 E음의 소프라노가 다음 마디의 첫 음에서 알토로 갈 때 이 경우에는 이 E음을 다시 치지 않고 소프라노 A음을 이미 눌러져 있는 E음 위에 살짝 얹는 느낌으로 연주하면 소프라노의 아름다운 레가토가 만들어진다. 또한 32마디에서 소프라노 E음도 알토 E음으로 가면서 다시 치지 않으며, 알토 C음이 테너 C음으로 갈 때에도 다시 치지 않고 C음이 눌러진 상태에서 베이스 G음만 누르면 이 두 코드는 프랑크가 원하는 찬송가같은 화성이 매끄럽게 잘 연주된다. 여기서 보는 것은 다른 성부와의 움직임에서 동음의 연주법에 해당하는 것이다.

우선 찬송가에 쓰여있는 악보에 관하여 외국의 찬송가와 우리나라 찬송가를 먼저 비교해 본다. 유럽 교회는 회중들이 가지는 찬송가와 오르가니스트가 가지는 악보가 다르다. 유럽 교회의 성도가 예배에서 보는 찬송가는 한국 찬송가처럼 4성부 화성으로 되어 있는 것이 아니라 찬송가 선율 밑에 1절 가사가 쓰여 있고 나머지 절들은 악보 아래 혹은 악보 옆면에 죽 나열되어 있는 경우가 대부분이다. 가끔은 아예 선율과 가사가 다 따로 되어 있기도 하다. 이것은 오르가니스트는 다른 악보를 가지고 있다는 의미로 오르가니스트가 즉흥적으로 찬송 선율에 다른 화성으로 연주할 수 있는 상황이 만들어진다. 그래서 성도는 오르가니스트가 찬송가를 어떻게 연주할지를 전혀 모른다. 이것은 회중이 악보를 읽을 줄 알든 모르든 상관이 없다. 이런 찬송가 악보 때문에 유럽의 성도들은 오르가니스트의 연주를 들으면서 기다리면서 찬송을 하는 이유가 되기도 한다. 이에 비해 미국의 많은 개신교와 한국 교회의 성도들이 가지고 있는 찬송가 악보는 4성부로 되어 있으며 기본적으로 피아노 악보이다.

오르간은 피아노와 달리 소프라노가 아닌 다른 성부에서 음이 반복될 때 이 음들을 연주하는 것이 상황에 따라 다른 것이 특징이다. 피아노의 경우는 동음, 비동음 상관없이 모든 음을 다 친다. 하지만 수직적인 화성으로(*syllabic & homophonic chordal style*) 작곡된 찬송가에서 오르간은 피아노처럼 그렇게 모든 음을 다 치면 그 음악은 분답하고 산만해질 뿐만 아니라 "음악"은 사라지고 분주한 "소리"만이 울려날 가능성이 높다. 특히 피아노는 4성부를 치더라도 건반 터치를 조절하면서 강조하고자 하는 음을 좀 더 세게 치면서 나머지 음들은 조용하게 칠 수 있다. 하지만 오르간은 한 건반에서 4성부를 치면 네 음 모두가 다 똑같은 세기로 나기 때문에 어느 것이 중요한 선율인지 알기가 힘들다. 오히려 반복되는 음이 내성에 있을 때 그것을 반복해서 모두 다 친다면 그 반복음은 계속 강조하는 음으로 들리게 되고, 결과적으로 그 음은 실제로 잘 들려야 할 선율을 방해할 것이다. 또한 어느 성부 관계없이 동음을 매번 다시

친다면 오르간 소리는 다 끊어지는 음들 때문에 좋은 노래가 되기도 힘들다.

그래서 오르간에서는 동음을 음악적 상황에 따라 다 치지 않는 때가 많다. 이것은 오르간 소리의 특징 때문이다. 피아노 음은 악보의 모든 음을 모두 다시 쳐주어도 귀에 불편하지 않으며 음의 강약을 달리 하면서 박과 리듬의 느낌뿐만 아니라 프레이징까지 자연스럽게 표현할 수 있다. 이것이 피아노의 매력 중의 중요한 부분이다.

이런 강약의 느낌과 리듬의 표현 그리고 프레이징은 오르간에서 음의 길이로 나타낸다. 즉 오르간에서는 강박의 음은 길게, 약박의 음은 짧게 연주함으로 강약의 느낌과 리듬을 표현하는 것이다. 이것은 바로 바로크 시대의 아티큘레이션의 기본 원리이기도 하다. 아래 곡은 강약에 따라 음길이가 길고 짧게 적용되는 예이다.

악보 7, 바흐의 토카타 라단조 BWV565 마지막 부분

위에서 보듯이 강박의 화성은 길게 연주함으로써 강박의 느낌을 드러내고 있으며 강박 전의 약박은 짧게 연주함으로 상대적으로 약박의 느낌이 확실히 나타난다. 바로크 음악은 기본적으로 아티큘레이션으로 모든 음을 다 다르게 연주하기 때문에 음악의 표현은 물론 강약의 리듬은 자연스럽게 나타난다.

하지만 소프라노 선율이 기본적으로 레가토로 해야 하는 찬송가 연주에서 내성에 동음이 있을 때, 위의 악보에서 나타난 음길이에 따른 리듬의 변화의 원칙에 근거하여 음악적 상황 즉 프레이징과 강조하는 화성 및 강약에 따라 그 음을 칠 수도 있고 앞의 동음과 묶어서 치지 않을 수도 있다. 이 연주법은 오르가니스트들이 매우 예민하게 적용해야 하는 사안으로 동음을 어떻게 처리하느냐에 따라 음악은 많이 달라진다. 동음 처리에 따라 편안하게 묵상적인 찬송가가 될 수도 있고 리듬적이고 역동적인 찬송가가 될 수도 있다. 오르가니스트마다 종종 동음 처리를 다르게 하는 결과로 이것이

처음 오르간 반주를 배우는 사람이 다소 혼란스러워 하는 중요한 이유가 되기도 한다. 어느 것이 옳고 그름이 아니라, 어떤 찬송가이며 어떤 예배 상황이었는지, 그리고 어떻게 연주하는 것이 더 적합하였는지는 찬송 연주의 결과가 말해 줄 것이다.

이제 찬송가 연주에서 동음 연주의 원칙과 원리를 구체적으로 알아본다. 동음 연주에서 제일 우선 생각해야 하는 것은 그 음이 어떤 박에 있느냐는 것으로 박의 강약의 위치가 중요하다. 다시 말하면 그 동음의 위치에 따라서 그 같은 두 음을 붙여서 길게 소리 나게 해서 강박을 만들던지, 혹은 두 동음을 떼어서 한 음 길이를 짧게 함으로 약박으로 만드는 것이다. 원칙적으로 강 - 약 사이의 동음은 붙여서 강박을 만들어 주며, 약 - 강 사이의 동음은 떼어야 약박과 강박이 드러난다. 이것은 오르간에서는 긴 음은 강박으로 짧은 음은 약박으로 들리기 때문이다. 이렇게 함으로써 오르간에서 리듬감은 살아나게 된다.

악보 8, 음길이를 다르게 함으로 박을 느끼게 하는 연주법

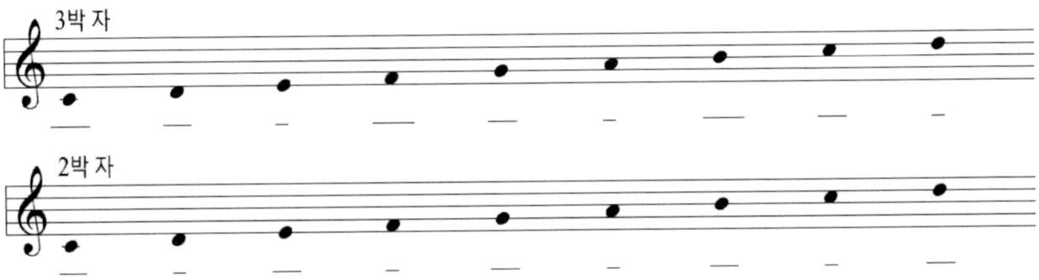

위의 표에서 보듯이 3박자 스케일에서 첫 박은 가장 길게 그리고 두 번째와 세 번째 박은 점점 짧아지면서 세 음이 한 그룹을 이루어 3박자의 리듬이 생기게 된다. 그리고 2박자의 스케일에서는 한 박은 길고 그 뒤의 한 박은 짧게 함으로 2박자의 리듬이 나오게 된다.

악보 9, 3/4박자와 4/4박자에서 강박의 수와 위치

그러나 이런 원칙이 모든 곡에 다 똑같이 적용되지 않는다는 것이 오르간 찬송가 연주의 또 어려운 점이다. 이런 원리는 4/4박자와 3/4박자 곡에서 각기 다르게 적용이 가능하며 같은 박자의 곡이라 하더라도 곡의 성격상 또한 다르게 적용되어야 할 때도 있다. 예를 들면 3/4박자에는 원칙적으로 강박이 하나만 있지만 3박자 리듬을 살리기 위해 곡에 따라 첫 박을 강으로 하고, 셋째 박은 약박이지만 리듬의 느낌을 주기 위해서는 이 제일 약한 세 번째 박 전에 두 번째 박의 동음을 끊고 세 번째 박의 음을 다시 쳐줄 수도 있다. 그리고 4/4박자에서는 강과 중강의 두 개의 강박이 있지만 곡에 따라 한 개의 강박만 있게 할 수도 있고, 혹은 세 번째 박인 중강도 느낌을 주어 두 개의 강을 만들 수도 있다. 악보9 예는 3박자의 경우 한 개의 강만 있으며 4박자의 경우 큰 강 하나와 중강 하나가 있다. 이것은 각 곡의 성격에 따라 결정되는 것으로 한 가지 정답이 있다고 말하기는 어렵다. 그리고 동시에 이 리듬감이라는 것은 예배 당시 오르가니스트의 판단에 따른 것으로 각기 해석이 다를 수 있다는 것이다.

결국 모든 연주에는 오르가니스트의 판단이 중요한 것으로 그만큼 해석의 차이에서 오는 책임감 또한 오르가니스트는 직시하고 있어야 한다. 필자의 경우에도 같은 곡의 같은 위치의 박이라 하더라도 회중들의 찬양의 상황에 따라 혹은 필자의 그 당시의 느낌에 따라, 이것은 특히 가사에 따른 느낌과 음악의 변화에 따른 것으로 성령께서 주신 것으로 믿고, 다르게 연주할 때가 가끔 있다. 이것은 음악이라는 특징 때문이다. 음악은 한 가지를 똑같이 반복하는 기계 소리가 아니다. 사람이 만드는 음악은 사람의 지정의와 영을 가진 소리이기에 이 소리는 언제든지 달라질 수 있다. 중요한 것은 자신의 판단이 흐려지거나 잘못되지 않도록 찬송에 늘 귀를 기울이면서 연주하는 것이다. 그리고 음들의 다양한 처리의 기본 원칙과 그 응용법을 익혀서 필요할 때마다 그것을 적용하는 것이다.

오르간은 다른 어떤 악기와 달리 연주자 자신의 해석과 연주법에 대한 권한이 많이 주어져 있다. 이것은 음색 설정과 음색 조합에서부터 연주법에 이르기까지 어떻게 보면 거의 무한한 선택과 가능성을 오르간은 연주자에게 제공한다. 이런 막대한 권한을 가진 연주자는 어떤 음악의 영역에서도 찾기가 힘들 것이다. 그렇기 때문에 오르가니스트는 권한에 따른 책임 또한 크다. 오르간은 상상력과 창의성이 끊임없이 요구되며 기본 원리를 응용하는 머리도 있어야 한다. 그래서 오르가니스트라는 직업은 참으로 흥미 있는 직이다. 그는 자기 마음대로 할 수 있는 권한을 악기 중에서 가장 많이 부여받은 사람으로 늘 도전받고 늘 새로운 소리를 찾아 나선다.

여기서 우선 동음이 내성, 즉 알토와 테너에서 나타날 경우 연주법에 대한 기본적인 원칙을 알아본다.

표 4. 동음 연주법의 근거

근거	동음을 뗄 경우	동음을 붙일 경우
전체적인 특징	활발하고 경쾌하며 행진곡풍의 찬송가	묵상적이고 조용한 찬송가
음악의 특징	리듬이 활발함	리듬보다는 선율적인 곡
리듬의 특징	8분음표가 많거나 붓점이 많음	4분음표나 2분음표로 온건한 리듬
강약의 관계	약박과 강박 사이의 동음	강박과 약박 사이의 동음
그 외 상황	당김음 사이의 동음 두 프레이즈 사이의 동음	한 프레이즈 안의 동음
예배의 성격	축제적이거나 활발해야 할 예배	참회나 묵상적인 예배
회중의 연령	대체로 젊은 연령	대체로 높은 연령
예배 시간대	오전, 점심 식사 후 오후, 저녁	새벽 예배
잔향의 정도	긴 잔향	짧은 잔향
찬양 상황	템포가 느려질 때	템포가 안정적으로 좋을 때
찬송가 예	358장(주의 진리 위해 십자가 군기) 40장(찬송으로 보답할 수 없는 그 사랑)	425장(주님의 뜻을 이루소서) 286장(주 예수님 내 맘에 오사)

위의 표는 동음 연주에서 가장 전형적인 특징을 들어 근거를 제시한 것으로 절대적인 원칙은 아님을 유의하기를 바란다. 동음의 처리는 결국 찬송가의 가사와 음악에 절대적인 영향을 주므로 위에 제시된 여러 근거를 복합적으로 해석하여 각 찬송가에 적용하여야 한다. 다시 말하지만 필자는 한 찬송가에서도 동음 처리를 다르게 할 때가 많다. 예배 당시 찬송의 실제 상황에 따라서 특히 템포가 느려질 때는 동음을 더 많이 떼서 리듬을 드러내 준다. 그러므로 오르가니스트는 찬송가를 연주할 때 원칙만 고수하지 말고 항상 현재 찬양이 어떻게 되고 있는지를 들으면서 필요할 때마다 연주법을 다르게 할 수 있어야 한다.

또 다른 주의점은 동음이 아무리 연속적으로 많이 나와도 한 마디 이상을 넘어가며 연결해서는 안 된다. 이렇게 될 경우 각 마디의 기본 박(강박)까지 없어지게 됨으로써 리듬이 모호해지고 음악은 박을 잃어 찬송가 인도("지휘!!")가 방향성과 추진력을 잃게 될 것이다. 가끔 찬송 연주를 들으면 동음을 너무 오래 지속해 오르간 소리가 벙벙하기만 하는 경우를 종종 본다. 예배 찬송가 연주에서 오르간은 명료하고 깨끗한 소리가 중요하다. 오르간의 이런 소리는 오르가니스트에게 전적으로 달려있다.

동음 연주에서 또 다른 어려운 점은 여러 내성부에서 동음이 있을 때 어느 성부의 동음을 붙이고 어느 성부의 동음을 떼느냐 하는 것이다. 일반적으로 내성 중에서 테너보다도 알토를 더 자주 뗄 수 있다. 왜냐하면 오르간에는 발건반이 있기 때문에 테너가 모든 성부 중에서 가장 안에 있는 성부이므로 테너를 지속시키고 알토를 떼는 것으로, 또한 알토를 뗄 때는 소프라노 선율이 상대적으로 더 잘 들리기 때문에 더 좋다. 오르간은 손과 발로 연주하는 것이 4성으로 보이나 실제 소리에서는 발건반이 있기 때문에 그 음역상 4성 안에서 한 옥타브 더 아래 소리가 추가로 나는 5성의 개념이다. 현악기를 예로 들면 바이올린1, 바이올린2, 비올라, 첼로, 더블베이스의 개념인 것이다. 물론 음색에서 스탑을 8', 4,' 2'를 사용할 경우 위의 옥타브 음들도 함께 나는 것이지만 실제 들을 때는 악보의 소프라노 음이 밝게 나는 것으로 들린다. 그러므로 알토보다는 테너가 전체 성부의 가장 가운데 있는 성부로서 만약 한 음만 붙일 수 있다면 이 테너가 되는 것이다. 그 다음 순서는 알토를 붙이게 된다.

여기서 중요하게 또한 설명할 것은 동음 연주법에서 내성부의 적용과 페달인 베이스 선율의 적용은 서로 많이 다르다는 것이다. 발건반에서 연주되는 베이스 동음은 특히 주의해야 한다. 오르간에서 리듬을 살리는 가장 중요한 성부는 발건반의 베이스이다. 손건반에서 아무리 깨끗하게 리듬을 잘 살렸다고 하더라도 발건반 베이스의 동음을 다시 연주하지 않고 가만히 그 음을 붙들고 있으면 그 음악의 고유 리듬은 다 없어지고 결국은 그 음악은 움직이지 않고 정체해 있는 상황이 된다. 이렇게 베이스는 음악의 움직임, 즉 생명에 가장 중요한 성부이다. 그래서 베이스 성부를 뿌리(*root*)라고 하지 않는가. 이것은 베이스가 화성의 성격을 결정짓기 때문도 있지만 이 베이스음의 움직임은 곧 전체에 가장 큰 영향을 준다. 이와 반대 현상으로 발건반에서 동음을 쓰인 그대로 다 떼서 연주할 때는 그 음악은 경쾌하다 못해 분답하고 불안하면서 긴장감을 주어, 결국은 음악이 스트레스로 작용하여 좋은 찬양이 못될 것이다.

현실적으로 보면 발건반의 동음을 다 쳐서 음악이 안 좋아지는 문제보다 발건반의 동음을 너무 오래 붙여서 생기는 문제가 훨씬 더 심각하다. 다시 말하면 발건반의 베이스 동음을 다 붙일 때의 결과는 베이스 선율은 원곡과 다른 변형된 리듬으로 재생

되는 것이나 다름없다. 그래서 원곡의 생명은 사라지고 찬송가는 힘을 잃고 무기력하고 무표정한 찬송가가 되는 것이다. 성도의 오르간에 대한 편견, 즉 오르간은 늘 음을 죽 "깔고" 있는 악기라는 편견은 대부분 이 발건반이 리듬을 살리지 않고 동음을 다 붙여서 정체되어 있기 때문에 생긴 현상이 주원인이다. 그런데 지금도 의외로 많은 오르가니스트들이 발건반의 동음을 한 마디 이상 지속해서 안 떼는 경향이 있다. 이것은 잘못된 리듬 해석으로 반드시 고쳐져야 될 부분이다. 음악을 잘 모르는 성도들이 그동안 이런 음에 익숙해져 있으니 고치지 않아도 괜찮다고 하면서 그대로 두는 것은 전문가가 할 일이 아니다. 전문가는 무엇이든 전문적으로 제대로 하는 사람이다. 발건반 동음 사용에는 더욱 세심한 리듬 해석이 필요하다.

아래의 예는 발건반의 동음을 오래 지속했을 때와 자주 떼어서 리듬을 살려주었을 때의 찬송가의 성격이 얼마나 변하게 되는가를 보여 준다.

악보 10, "주 안에 있는 나에게" 시작 부분, 찬송가 악보 그대로

악보 11, "주 안에 있는 나에게" 시작 부분, 페달을 붙인 연주

악보 12, "주 안에 있는 나에게" 시작 부분, 페달을 적절히 뗀 연주

악보 11의 첫 번째 연주는 이 찬송가를 슬픈 찬송가로 만들고 있다. 특히 발건반이 몇 마디에 걸쳐 G음을 움직이지 않고 계속 누르고 있다가 화성이 바뀌는 D음에서 드디어 바뀌는 아주 최악의 페달링(*pedaling*, 발건반 연주법)을 하고 있다. 베이스 라인이 움직이지 않고 가만히 있으면 리듬도 조용하여 명상적인 곡으로 들린다. 이때 찬송가의 템포도 느려질 것이고 기운이 없게 느껴진다. 하지만 악보 12의 두 번째 연주는 3박자 리듬이 드러나면서 경쾌하고 신나는, 즐거운 찬송이 된다. 이 찬송의 주제가 무엇인가? 주 안에 있는 자에게 "근심"인가 아니면 "기쁨"인가? 당연히 근심이 아니라 기쁨이다. 후렴에는 더 명랑하고 즐겁다. 할렐루야를 반복하면서 그야말로 즐거운 유빌라테 데오(*Jubilate Deo*, 하나님을 즐거워 함)이다. 그러기에 이 찬송가는 발건반의 동음을 더 자주 쳐줄수록 더 즐거워지는 곡이 될 것이다. 그런데 많은 오르가니스트들이 이 곡을 슬프고 근심의 곡으로 만들고 있다. 이 모든 것들은 발건반의 동음 처리가 올바르게 되지 않아서 일어난 결과다.

따라서 발건반 베이스 음의 동음은 내성보다 더 많이 떼야 한다. 아무리 동음이 계속 되더라도 한 마디 이상 떼지 않는 것은 좋지 않다. 적어도 한 마디에 하나의 강박은 있어야 한다. 그리고 한 마디 전체를 같은 음으로 지속할 경우에는 곡의 성격이 매우 차분하거나 조용한 찬송가에서는 가능할 수 있다. 그러나 밝은 곡에서, 2박 혹은 4박(*duple meter*) 곡인 경우 발건반은 한 마디 안에 강박에 한 번 혹은 강박과 중강 박에 한 번 즉 두 번을 쳐 준다. 그리고 때에 따라 세 번도 가능하다. 그리고 3박(*triple meter*) 곡인 경우는 강박과 제일 약한 박인 세 번째 박에 발건반을 다시 쳐 주어야 할 것이다. 결론적으로 발건반의 베이스 움직임은 곡의 생명과 연관된다. 발건반의 움직임은 곡을 경쾌하게도 차분하게도 만들 수 있는 큰 배의 키와 같은 것이라 할 수 있다.

3) 찬송가를 창의적으로 연주하는 법(Creative Hymn Playing)

우리나라 교회의 음악인들이나 스스로 음악을 잘 알고 있다고 생각하는 성도들, 그리고 특히 지휘자들이 종종 찬송가에 대해 가지는 오해가 있다. 그리고 이 글에서 교회 음악과 오르간에 대한 많은 오해에 관하여 지적해왔다. 이것은 모두 교회 음악에 대한 기본 지식의 결여로 인한 것이다. 다행히 최근에는 많이 나아지고 있지만 아직도 갈 길은 멀다. 여기서 언급할 오래된 오해 중 하나는, 찬송가에 쓰인 음표 하나하나 특히 찬송가에 있는 화성에 대하여 성경과 같은 권위를 부여하는 경우이다. 그래서 반주자가 찬송가를 다른 화성으로 치는 것을 옳지 않게 생각하고 허락하지 않는 것이다. 이것은 큰 오해이다. 찬송가는 성경이 아니다. 찬송가는 사람이 만든 것으로 예수님의 사도들이 혹은 선지자나 예언자들이 성령의 감동으로 쓴 하나님의 말씀[64]이 아니다. 더구나 지금 찬송가 악보의 화성은 작곡되었을 당시에는 없는 경우도 있다. 그리고 시간이 지나면서 서서히 화성을 가지게 되기도 하며 그 화성도 종종 다르게 나타나기도 한다. 특히 한 찬송가가 다른 교단의 찬송가에서 나타날 때는 더욱 그러하다. 국내에서도 한 곡이 다른 찬송가에 실렸을 경우를 비교할 수 있는데, 개신교의 찬송가가 가톨릭 성가에 실렸을 경우 부분적으로 화성이 다른 것은 물론 선율과 리듬도 종종 다르기도 하다.[65] 아래 예는 "이새의 뿌리에서"(찬송가 *2006, 101*장)를 다른 두 찬송가와 비교한 것이다.

악보 13, "이새의 뿌리에서", 찬송가 101장 시작 부분

64 | 디모데후서 3장 16절 "모든 성경은 하나님의 감동으로 된 것으로…"(개역성경)

65 | 가톨릭 성가, 한국천주교주교회의, 한국천주교중앙협의회, 2013, 98장

악보 14, "이사야 말씀하신", 가톨릭 성가 98장 시작 부분

악보 15, "Lo, how a Rose e'er blooming", The Hymnal 1982, No. 81

위에서 보듯이 같은 찬송가가 각기 화성과 리듬에서 다르게 나타나 있다. 심지어 박자 표시도 각기 다르며 악보 15 미국의 성공회 교회 찬송가는 박자 표시가 없다. 기독교 역사에서 초기 찬송가는 처음에는 무반주 제창(*unison*)이거나 간혹 수금이라는 현악기(*Psaltery*)가 조심스럽게 즉흥적으로 간단한 코드로 반주를 넣는 경우였다. 구약 성서에 보면 다윗과 솔로몬 시대에서 성전 예배 음악이 정비되면서 성전에 찬양대가 있고 악기를 하는 사람이 있었다. 이들은 찬양할 때도 마찬가지로 현악기가 즉흥적으로 자유롭게 찬양을 뒷받침하였다. 물론 축제적인 때에는 트럼펫 등 관악기까지 연주되었던 기록이 있다. 하지만 성전 예배의 음악이 개신 교회와 다른 것은 회중 중심이 아닌 성직자(레위인)가 회중을 대신해서 드리는 예배라는 것이다. 회중이 예배에서 하는 것은 간단한 응답송 정도였으며 중요한 음악은 모두 음악 전임 전문 사역자인 레위인 찬양대가 회중을 대신하여 찬양을 하였기 때문에 지금의 특히 우리 개신교 예배의 상황과 비교하기는 힘들다.

찬송가는 반주 부분뿐만 아니라 찬송 선율 또한 한 음 한 음이 절대적인 의미를 가지는 것이 아니다. 구약 시대나 초기 기독교 시대에 찬송 선율은 대체로 악보로 보존된 것이 아니라 구두로 전수되었기 때문에 전해지는 과정에서 선율의 변화 등이 자

연스럽게 나타나기도 했다. 그 이후 기보법이 서서히 생기면서 찬송가의 선율(당시 그레고리안 챤트)이 보존되기 시작하였으며 교회에서 찬송 선율은 어느 정도 통일을 이루게 되었다. 하지만 중세 교회에도 찬송은 무반주였으며 찬송가의 오르간 반주라는 것은 아주 오랜 세월 후의 일로서 교회와 지역의 차이가 있지만 대체로 1600년 거의 들어올 무렵이다.

파이프 오르간이 지금으로부터 거의 천 년 전에 교회 안으로 들어왔다는 것은 그 전까지는 교회 안에 원칙적으로 어떤 악기도 연주되지 않았다는 의미이다. 교회 안에 악기가 허용되면서 오르간이 처음으로 들어오게 되고 찬송가와 오르간이 교대로 절을 바꾸어 가며 연주하게 되었다. 오랜 전통이었던 찬송가의 무반주 제창은 오르간과 교대 연주를 하면서 조금씩 변화하게 된다. 그리고 시간이 흘러 오르간이 회중 찬송가를 인도하면서 연주하게 된 것은 바로크 시기로 들어오면서이며 이것은 역사적으로 중요한 변화로서 이에 예배에서 오르간의 역할이 본격적으로 늘어나게 된다.

그러나 찬송가 연주는 여전히 오르가니스트에게 맡겨진 것이었고 찬송가가 회중을 위해 4성 악보로 그려진 예는 드물다. 반주 악보가 나오더라도 이것은 오르가니스트를 위한 것으로 회중을 위한 것이 아니었다. 오르가니스트가 주어진 찬송 선율에 자신의 화성을 넣어 연주하는 관습은 오래된 교회 음악 전통으로 오르가니스트의 기본적인 능력에 속한 것이다. 이 전통으로 지금의 유럽 회중 찬송가는 단선율만이 있고 찬송가 연주는 오르가니스트의 전적인 재량이 되는 것이다. 이런 상황에서 독일에서는 다양한 화성으로 된 찬송가 연주법과 즉흥 연주가 많이 발달되어 있으며 이것은 교회 음악을 전공하는 사람에게는 필수로 공부해야 하는 과목이다.

미국 교회 오르가니스트는 유럽 정도는 아니지만 한국 교회의 찬송가 연주보다는 다양한 편이다. 미국 교회 오르가니스트가 유럽의 오르가니스트에 비해 찬송가 연주에서 다양하지 못한 것은 단지 오르가니스트의 책임이라기보다는 미국 교회의 전반적인 예배 전통이라고 할 수 있다. 미국 교회의 찬송가는 우리나라 교회의 찬송가처럼 찬송가가 4부 화성으로 채워져 있는 경우가 많다.

찬송가가 4부 화성으로 지금처럼 작곡되어 실린 것은 미국의 영향이 크다. 19세기 후반 미국에서 새로운 찬송가가 많이 보급될 때, 당시는 주로 독창자나 성가대, 그리고 중창단을 통하여 찬송가가 소개되는 경우가 많았다. 그래서 화성이 있는 찬양으로 소개된 찬송가는 자연스럽게 4성부 악보를 가지게 되었으며 이것이 주일 예배의 회중 찬송가로 불리게 된 것이다. 이것의 흔적이 바로 우리나라 찬송가에 실린 곡 중에서 4

부 합창곡처럼 되어있는 곡들이다. 찬송가 2006에도 이런 찬송가가 여러 곡 있다.[66]

이렇게 회중 찬송가의 4성부 화성은 다양한 과정을 통해 지금의 화성 악보로 된 것이다. 그러므로 찬송가의 4부 화성을 절대적으로 생각하여, 반주자가 바꾸어 연주하면 안 된다고 하는 것은 아무런 근거가 없다. 오히려 이런 제한은 찬송가의 다양하고 창의적인 연주를 통해 살아있고 역동감 있는 회중 찬송이 되는 길을 막는 장애일 뿐이다.

찬송가의 화성을 변경 없이 악보대로 연주하기를 주장하는 또 다른 이유를 필자가 들은 적이 있다. 그것은 반주자가 교회에서 찬송가 연주를 통해 인간적인 기교를 보여주려고 한다는 것으로 예배의 정신에 어긋난다는 생각이었다. 이것은 어떻게 보면 매우 성경적인 것으로 좋은 이유가 되는 듯하다. 혹시 오르가니스트가 그런 의도로 찬송가를 다르게 연주한다면 그것은 정말 옳지 않는 일임에 틀림없다. 하지만 그런 오르가니스트가 있다면 그것은 그 사람에게 국한된 일로서 이것을 보편화 하는 것은 타당하지 않다. 찬송가를 악보대로만 연주한다면 가사와 음악에 무감각한 연주가 될 것이며 동시에 오르가니스트는 찬송가 연습이 필요 없게 될 수도 있다. 준비와 연습이 없는 교회 음악은 결국 쇠퇴하고 말 것이다. 더 좋은 찬양의 길이 있다면 이 길을 가야하지 않겠는가?

오르가니스트는 늘 새롭고("새 노래로 찬양")[67] 감동이 있는 예배 음악을 위해 창의적인 찬송가 연주법을 실습하고 연구해야 한다. 앞서 설명하였듯이 가사가 바뀐다는 것은 음악이 바뀐다는 뜻이다. 다른 음악이라면 다르게 연주해야 하는 것이 더 타당하다. 서너 절 되는 찬송가를 처음부터 끝절까지 똑같이 연주를 하는 것과 다양한 화성과 성부 움직임으로 찬송가를 새롭게 들려줌으로써 성도의 찬송을 격려하는 것은 큰 차이가 있다. 사람은 같은 것을 되풀이 할 때는 긴장과 집중이 떨어진다. 또한 가사가 어떻게 바뀌더라도 음악이 상관없이 똑같이 흘러간다면 우리가 부르는 찬송은 생명을 잃게 된다. 그러므로 찬송가를 연주할 때 각 절에 따른 적절한 음색도 중요하

---

66 | 찬송가 2006에 실린 곡으로 합창곡 형태를 갖춘 곡: 37장(주 예수 이름 높이어), 50장(내게 있는 모든 것을), 220장(사랑하는 주님 앞에) 등 여러 곡이 있음

67 | 시편 96편 1절 "새 노래로 주님께 노래하여라…"(표준새번역 개정판) "Sing to the LORD a new song…"(New International Version)

지만 그와 함께 화성이나 리듬 등, 음악적인 부분도 함께 변화를 주면서 연주하는 것 또한 중요하다. 이렇게 될 때 찬송의 각 절은 성도들에게 새로운 영감을 주게 될 것이다. 다음은 찬송가를 어떻게 자유롭고 다양하게 연주할 수 있을지 기본적인 방법을 구체적으로 살펴본다.

(1) 발건반 베이스 라인에 경과음(passing tone) 추가

오르간 소리에 가장 많이 영향을 주는 것은 페달 즉 발건반이다. 이 저음 선율은 특히 찬송가에서는 화음과 리듬을 만드는데 가장 중요한 성부로서 이 페달 선율의 변화만으로도 찬송가 연주는 많이 달라질 수 있다. 여기서 가장 간단한 방법으로 손의 화성에 변화를 주지 않는 상황에서 베이스 선율에 경과음을 추가할 수 있다. 우리나라 교회의 경우는 찬송가를 피아노와 오르간이 함께 연주할 경우가 많다. 이때 피아니스트의 화성에 지장을 주지 않으면서 오르간이 좀 더 다양하게 연주할 수 있는 가장 쉬운 방법이 발건반의 베이스 라인에 경과음을 주는 것이다.

찬송가에 쓰인 베이스 선율은 대체로 단순한 형이다. 그래서 가끔은 베이스 음의 진행에서 음정 도약이 클 때도 있는데 찬송가 서너 절을 부르는 동안 이렇게 페달을 단순한 리듬으로만 쳤을 때 회중 찬송가는 무료해질 가능성이 많다. 그리고 이런 도약이 있는 베이스 선율을 똑같이 여러 절을 반복하게 되면 찬송가는 딱딱하고 경직될 수도 있다. 그렇다고 모든 절에서 이 베이스 라인에 변화를 줄 필요는 없지만 가끔 몇 절에서 반복되는 단순한 선율에 경과음을 추가하면 베이스 선율의 흐름은 부드러워지고 유연해진다. 이는 결과적으로 베이스 선율의 움직임이 많아져 음악은 활발해지고 화성적으로 다양해져 다이내믹한 찬송가가 된다. 특히 손의 화성이 그대로 지속하는 동안 베이스가 움직이면 기존의 화성에 다른 음, 즉 손의 같은 화성 아래에서 발의 경과음으로 인해 일시적으로 다른 화성이 만들어지면서 결과적으로는 음악적으로 풍부해지는 것이다. 베이스 선율의 경과음은 선율과 화성만이 아니라 리듬적으로도 다양하게 곡을 만들어 주는 역할을 하기 때문에 찬송가는 새로운 힘을 받으면서 활발해지고 생기가 돌게 될 것이다.

주의할 것은 모든 절에서 경과음을 넣는 것은 찬송가가 처음부터 끝까지 분답해질 수 있기 때문에 유의하여야 한다. 여러 절을 찬양하는 과정에서 변화를 주든가 다시 새로운 에너지를 필요로 할 때이든지, 찬송가의 마지막 절로서 곡의 클라이맥스를 만들 필요가 있을 때 발건반의 움직임을 더 만들어 곡을 역동적으로 종결하는 것이다. 그리고 그 경과음은 가능하면 다양한 것이 좋다. 한 찬송가에서 여러 절 동안 같은 경과음을 반복하여 사용하는 것은 가급적 피하고 다른 종류의 경과음을 구사하는 것이다. 이렇게 음악적으로 의미 있는 경과음을 추가하기 위해서는 오르간에 앉아서 찬송가를 두 손으로 연주하면서 발건반의 선율을 여러 방법으로 실험해 보는 것이 필수적이다. 이렇게 꾸준하게 연습과 실험 및 연구를 하는 사람에게는 좋은 음악적 아이디어라는 선물이 그에게 찾아올 것이다. 여기서 가장 간단한 예를 들어본다. 18마디에서 *표시를 한 음이 페달에서 경과음이다.

악보 16, "오 신실하신 주" 후렴 첫 부분, 베이스 라인에 경과음 추가

(2) 베이스 라인을 장식적인 멜리스마(melisma)[68] 형태로 하기

이것은 대체로 찬송가의 마지막 절에서 장엄하게 대단원의 클라이맥스를 만들 때 주로 많이 하는 기법이다. 이것은 페달에 추가된 경과음에서 좀 더 확대된 형태이다. 경과음은 음과 음 사이에 한두 음 정도를 추가하는 것으로 대체로 앞의 음에서 그 다음 음 사이에 한두 음이 다리(*bridge*)처럼 들어오는 것이다. 즉 이것은 사이음의 의미이다. 하지만 발건반의 멜리스마 형태는 경과음뿐만 아니라 한 음이 반복될 경우에도 넣을 수 있는 음이며 특히 손에서 같은 화성이 긴 박자로 나올 때 발건반의 베이스 선율을 여러 음으로 펼쳐서 장식하는 것이 전형적인 예이다. 발건반의 저음이 장식적인

68 | 멜리스마(melisma): 이것은 그레고리안 챤트에서 많이 사용되는 용어로 단어의 한 모음이 길게 장식적인 선율로 여러 음을 가지는 것이다. 챤트의 경우 대표적인 예가 알렐루야(Alleluia)의 "야(A)"와 글로리아(Gloria)의 "로(lo)"가 긴 멜리스마로 장식된다. 현재는 음악의 성부에서 다른 성부에 비해 한 성부가 많은 음으로 장식되는 것을 의미하기도 한다.

선율을 가진다는 의미는 음악이 극적으로 전개 내지 종결된다는 의미를 가진다. 베이스 선율에 이런 장식이 가능한 찬송가는 그리 많지 않을 수 있기 때문에 유의해야 한다. 이 찬송가는 대체로 찬양과 경배의 주제에 해당하는 찬송가로서 리듬적으로 위엄있고 화성적으로 잘 짜여진 찬송가가 잘 어울릴 것이다.

악보 17, "오 신실하신 주" 후렴 첫 부분, 베이스 라인을 장식

(3) 페달 포인트(pedal point, 발건반 지속음) 사용

페달 포인트라는 단어에서 알 수 있듯이 이것은 오르간 음악에서 생긴 용어로 오르간의 지속적인 소리의 성격을 음악에서 사용하는 작곡 기법이다. 즉 오르간에서 손이 자유자재로 화려하게 움직이는 동안 발건반의, 즉 페달의 한 음을 길게 누르고 있는 것이다. 이것은 베이스 음이 오랫동안 동음으로 반복될 때 그 음들을 연주하지 않는 연주법과는 다른 성격의 것이다. 이 페달 포인트는 당연히 저음에서 나타나는 것이나 가끔은 위의 성부에서도 지속음이 나타날 때도 있다. 길게 지속되는 저음 위에서 손건반의 화성이 계속 움직이면 이 저음은 결과적으로 위의 화성들과는 다양한 반응, 즉 화성적 혹은 비화성적으로 만나게 되면서 음악적 긴장을 만들어 낸다. 이런 성격 때문에 페달 포인트는 주로 음악을 클라이맥스로 만들 때 많이 사용된다.

그러나 페달 포인트는 이와 반대의 성격으로 평안하고 묵상적인 곡에서도 또한 사용될 수 있는 것으로, 발건반이 음직임 없이 가만히 있을 때의 고요함과 평정을 느낄 수도 있다. 그래서 페달 포인트는 음악의 상황에 따라 다르게도 적용된다. 페달 포인트는 바로크 시기의 많은 곡에서 시작 부분, 중간 부분, 특히 종결부 등에서 다양한 성격으로 사용되며 현대 작곡가들에게도 중요한 작곡 기법이 되고 있다. 바흐는 그의 오르간 곡에 페달 포인트를 종종 사용하고 있다.

악보 18, 바흐의 전주곡과 푸가 다단조 BWV 546 시작 부분

위의 곡에서 페달 포인트는 곡의 시작에서 나타나는 것으로 C단조의 거대하고 장엄한 음악이 특징이다. 특히 이 C음은 오르간에서 가장 낮은 음으로, 이 최저음이 곡을 열면서 한동안 움직이지 않고 머물고 있는 동안 양손에서 강한 코드가 주고 받는 이 음악적 상황은 그야말로 청중에게는 깊이와 강함을 동시에 주며 음악이 다음에 어떻게 전개될지를 기대하게 만든다.

찬송가 연주에서 이 페달 포인트는 특별한 의미로 사용될 수 있다. 찬송가의 시작 부분에서 발건반이 한 음을 지속하는 가운데 손에서 움직임이 전개되는 그 느낌은 편안함과 안정감이다. 그리고 서서히 음악이 시작되고 전개되는 자연스러움도 있다. 동시에 한 화성이라는 큰 틀 안에 작게 조금씩 움직이는 다양한 화성의 전개를 통해 찬송이 시작되는 느낌과 또 위로 올려지는 기대감을 가질 수 있다.

찬송가 시작 부분에서 페달 포인트를 사용하는 것은 찬송가의 성격과 맞아야 한다. 찬송의 내용이 우리의 마음을 천천히 열게 하고 묵상하게 하는 그런 성격일 때 잘 어울린다. 다음의 예는 찬송가 "곧 오소서 임마누엘"의 시작 부분으로 이때 페달 포인트를 사용하면 예수님의 오심을 기다리는 느낌을 더 드러낼 수 있다.

악보 19, "곧 오소서 임마누엘" 첫 부분

하지만 찬송가 시작 부분의 페달 포인트는 베이스 선율이 안정적이기는 하지만 움직임이 보류된 것이기 때문에 처음부터 활발하고 씩씩하게 움직여야 하는 찬송가인 경우에는 페달 포인트는 좋지 않다. 그러므로 오르가니스트는 곡의 성격을 잘 판단하여 사용 유무를 결정해야 할 것이다.

악보 20, "기뻐하며 경배하세" 첫 부분, 잘못 사용된 페달 포인트

위의 페달 포인트는 힘차고 씩씩하게 시작해야 할 찬송을 주저앉게 만들고 있다. 하지만 "주 예수 대문 밖에"의 찬송가는 시작 부분에 저음 Eb에서 페달 포인트를 사용하면 오히려 문을 서서히 여는 성격의 가사와 잘 맞아 좋은 찬송이 될 수 있다.

그 외 페달 포인트의 사용 위치는 찬송가 중간에도 가능하며 찬송가의 마지막 절에서 베이스 라인의 변화를 주기 위해서든지, 혹은 바로크 오르간 곡처럼 곡의 장엄하고 다이내믹한 종결을 원할 때, 혹은 마지막 절의 마지막 프레이즈에 사용할 수 있다. 이때 유의할 것은 발건반의 움직임이 없기 때문에 찬송을 인도하는 역할이 약화될 가능성이 있음을 알고 손에서 충분하고도 확고한 움직임을 줄 수 있어야 할 것이다. 그

리고 페달 포인트 이후에는 베이스 라인에서 화성을 해결로 이끄는 발건반의 움직임은 필수적이다.

악보 21, "기뻐하며 경배하세" 중간 부분, 좋은 페달 포인트

위의 찬송가 셋째 줄에서 보듯이 저음 D를 페달 포인트로 하게 되면 마지막 줄에서 큰 클라이맥스를 가져오면서 찬송을 종결할 수 있는 에너지를 가지게 된다. 그래서 이 경우는 마지막 절에 특히 잘 어울릴 것이다.

(4) 유니슨(unison)과 코드(chord)의 교대 사용

찬송가 연주에서 오르간은 유니슨과 코드를 프레이즈에 따라 교대로 사용할 수 있다. 오르간에서 유니슨의 효과는 피아노에서의 효과보다 크다. 그 이유는 오르간 소리는 피아노보다 배음이 적기 때문에, 한 음을 비교하면 피아노 음이 더 풍부하고 오르간 음은 더 간결한 느낌이다. 그래서 오르간에서 유니슨으로 곡을 치면 상대적으로 더 단순하고 직선적이면서 코드의 화성에서 나오는 느낌과의 대비가 더 극대화 될 수 있다. 그렇기 때문에 오르간에서 유니슨 연주는 대체로 두터운 화성과 대비로서 많이 사용한다.

찬송가 중에서 이 대비를 효과적으로 사용할 수 있는 곡이 있다. 그것은 주로 가사와 음악이 교창(*antiphonal*) 혹은 응창(*responsorial*)의 구조로 되어 있을 때 적절하다. 예를 들면 찬송가 29장 "성도여 다 함께" 찬송가에서 "할렐루야"가 앞의 프레이즈에 대응하여 세 번 나온다. 이런 경우 앞 프레이즈를 유니슨으로 한다면 할렐루야를 화성 코드로 가능한 것이다. 찬송가 69장 "온 천하 만물 우러러"도 같은 경우이다. 부활 찬송가 164장 "예수 부활했으니"도 마찬가지로 악보에서 이미 교창의 모습이 드러

나 있다.

악보 22, "성도여 다 함께" 첫 부분, 둘째와 넷째 마디 "할렐루야 아멘"

위의 찬송가에서 두 마디씩 서로 교대하는 음악적 구성이 나타난다. 둘째와 넷째 마디에서 "할렐루야 아멘"을 반복하고 있다.

악보 23, "온 천하 만물 우러러" 첫 부분

위의 찬송가는 한 프레이즈가 두 번씩 반복되고 있는 것을 보여준다. 앞의 프레이즈는 선창자의 노래이며 뒷 프레이즈는 앞의 프레이즈를 회중 등에 의해 되풀이 하는 형식으로 전형적인 응창 혹은 교창의 형태이다.

악보 24, "예수 부활했으니" 첫 부분, 둘째와 넷째 마디 "할렐루야"

위의 찬송가 또한 "성도여 다함께"와 유사한 형태로 두 번째 프레이즈와 네 번째 프레이즈에서 같은 선율인 "할렐루야"(원어로는 알렐루야, *Alleluia*)로서 멜리스마 챤트의 예이다. 가사가 바뀌는 선창자의 노래와, 같은 가사를 반복하는 회중 찬송의 예이다.

찬송가가 성도들의 화답 형태로 되어 있는 곡은 이렇게 유니슨과 코드를 교대로 연주하는 것이 오히려 음악적으로 더 적절하다. 이런 찬양법은 구약 성서 특히 시편[69]에서 많이 나타나는 것으로 성전 예배에서 회중이 응답하며 응창한 것은 여러 곳에서 볼 수 있다. 신약 성서에서도 교창의 흔적을 볼 수 있는데 성경에서[70] "화답하며"라는 단어는 교창 혹은 응창을 의미하는 것으로 학자들이 주로 해석한다. 이러한 예배 음악 연주 관습은 중세를 통해 교회의 오랜 역사와 전통이 되었다. 그러므로 이런 찬송가를 오르간에서 유니슨과 코드의 교대 형태로 연주하는 것은 찬송가의 구조에 따라 본래 의도한 것이기 때문에 예배에서 많이 실현해 볼 것을 추천한다.

찬송가의 구조가 이런 구조가 아니더라도 찬송가 연주에서 유니슨과 코드를 교대하면서 연주할 수 있는 찬송가는 더 있을 수 있다. 직접적인 교창의 흔적은 없지만 선율과 악구 구조상 오르간으로 유니슨과 코드를 교대로 연주할 때 또 다른 찬송의 느낌을 가질 수 있게 될 것이다.

아래는 "예수 부활했으니"를 실제로 예배에서 오르간으로 찬송가 인도를 할 때 유니슨과 화성의 교대 연주 방법을 악보로 만들었다. 여기서 베이스 선율은 발건반으로 연주한다.

악보 25, "예수 부활했으니" 첫 부분, 유니슨과 코드의 교대 연주

위의 악보에서 앞의 두 마디 "예수 부활했으니"는 유니슨으로 함으로써 절마다 계

---

69 | 시편 창법에는 antiphonal(교창), responsorial(응창), 그리고 direct(응창과 교창이 아닌 처음부터 하나로 죽 찬양하는 법) 연주법이 있다. Responsorial은 특히 선창자(혹은 예배인도자)와 성도의 응창으로서 대표적인 예가 시편 136편이다. "주님께 감사하여라"(선창자) – "그는 선하시며 그 인자하심이 영원함이로다"(성도). 선창자의 가사는 여러 절로 계속 바뀌지만 성도의 응답 부분은 같은 가사를 반복하는 것이 일반적이다.

70 | 에베소서 5장 19절 "…시와 찬미와 신령한 노래들로 서로 화답하며…"(개역성경)

속 바뀌는 가사를 더 잘 들리게 하고 또한 가사를 더 직선적으로 전달하도록 하였다. 반면 뒤의 두 마디 "할렐루야"는 반복하는 가사로서 선율의 특징상 장식하는 것이 더 적합하여 화성으로 연주하도록 배치하였다.

이와 같이 오르가니스트는 가사의 특징을 잘 살펴서 각 프레이즈에서 이런 배치가 있는지를 알아차리는 귀와 눈과 마음이 필요하다. 찬송가를 늘 평범하게 생각하는 마음에서는 이런 것을 알기가 힘들다. 새로운 찬양을 위해 귀와 마음을 열어 놓은 사람에게는 이런 보배를 발견하는 축복이 있을 것이다.

이 외에도 양손의 유니슨보다도 더 대비가 되는 것으로 한 프레이즈를 한 선율, 즉 소프라노 선율 하나만 연주하는 방법도 있다. 이것은 아주 예외적인 것으로 찬송가 전주에서도 가능하다. 이것은 묵상적이거나 참회적인 찬송가로서 느린 곡이거나 반대로 축제적인 곡에서 화려하게 장식적으로 시작할 때 적절할 것이다. 예를 들면 "웬 말인가 날 위하여"의 어느 한 절에서 소프라노 선율 하나만을 연주함으로써 거의 무반주에 가까운, 그러면서도 무반주와는 또 다른 느낌을 줄 것이다. 화성의 뒷받침이 없는 하나의 선율에서 주는 고요함과 정적은 성도의 찬양 소리만을 드러낼 것이다.

악보 26, "웬 말인가" 첫 부분, 한 선율로만 연주

현대를 살아가는 우리는 많은 소음에 시달리고 있다. 교회 밖은 물론 교회 안에도 요란한 음악이 있다. 거기에다 회중 찬송의 오르간 소리는 대체로 큰 편이다. 이런 소리의 환경에서 예상치 못한 조용한 소리는 성도들에게 갑작스러울 수 있지만 변화의 의미를 알게 된다면 내면의 소리에 귀를 기울이는 시간이 될 것이다. 찬양은 늘 소리가 커야만 좋은 찬양이 되는 것이 아니다. 작은 소리로도 우리는 찬양할 수 있으며 더구나 하나님은 인간이 만드는 소리에 귀를 기울이시는 분이 아니시다. 외부의 작은 소리는 성도로 하여금 안의 소리에 귀를 기울이게 할 수 있다. 찬송가 연주에서 오르간은 지휘자의 역할로 적절한 크기의 소리를 내는 것이 필요하지만 가끔은 이런 정적(*stillness*)의 순간을 통해 하나님을 더 느낄 수 있을 것이다.

(5) 찬송가의 다양한 화성 사용

찬송가를 다양하게 예술적으로 연주하는 방법을 앞에서 여러 가지로 알아보았으며 이제는 좀 더 구체적으로 찬송가를 변화시키는 방법을 제시한다. 찬송가의 화성은 대체로 단순한 기본적인 화성으로 되어있다. 그런데 이것은 대부분 우리나라 작곡가에 의한 찬송가와 번역된 미국 찬송가의 경우이다. 앞에서 살펴보았듯이 유럽 성도의 찬송가에는 대체로 화성이 없이 선율만 있다. 우리나라 찬송가의 화성은 작곡자의 원래의(*original*) 화성일 수도 있지만 나중에 화성이 채워진 경우도 있다. 선율에 화성을 입힌 작곡가는 찬송가에 표시가 된 것과 안 된 것이 있다.

찬송가 작곡가는 대체로 화성을 단순하게 쓰는 편이다. 이것은 찬송가가 아마츄어 교회 성가대나 중창단에 의해 연주된다는 것과 다양한 연령층과 지식층 및 문화층의 사람들이 모인 교회라는 것을 염두에 두고 가능한 한 쉽게 작곡되기 때문이다. 그러나 시간이 흐르면서 이 화성은 다른 화성으로 바꾸어지기도 한다. 영국의 전통적인 찬송가(*hymn*)나 독일의 찬송가(코랄, *chorale*)는 단순한 화성도 있지만 뛰어난 예술 작품처럼 화성이나 리듬 등에서 우수한 곡이 많다. 특히 독일 코랄은 바흐가 화성을 만든 것이 많으며 이것은 음악 전공자들의 화성 공부에서 종종 예로 드는 음악이기도 하다.

하지만 미국의 찬송가, 특히 우리나라 찬송가의 많은 부분을 차지하는 미국 찬송가의 화성은 음악사적인 면에서 볼 때 고전 내지 낭만 초기의 단순하고도 쉬운 화성이다. 이것은 이 찬송가 대부분이 19세기 후반의 복음 성가(*Gospel Song*)[71]에서 온 찬송이기 때문이다. 이 찬송은 회중들에게 쉽게 다가가고 감성적으로 호소하는 스타일의 음악으로 일반인들이 쉽게 부를 수 있도록 작곡된 곡이다. 선교 130년이 넘어 오면서 여전히 이 찬송가를 대부분 부르는 우리나라 교회 성도들은 지금 현대에 살고 있

---

71 | 복음 성가(Gospel Song): 미국 19세기 후반에 생기기 시작한 기독교 노래로서 무디(Dwight L. Moody, 1837–1899, 미국의 복음 전도자)의 전도 집회를 위해 생키(Ira D. Sankey, 1840–1908, 미국의 복음 성가 가수 및 작곡가)를 비롯한 그의 동역 음악인들의 찬양 음악의 하나로 나타난 것이다. 즉 주일 예배(Sunday Worship)의 찬송가가 아니라 교회 밖의 전도 집회(Meeting)나 부흥 집회 때에 사용하기 위한 찬양 노래였다. 그래서 쉽고 단순한 선율에 가벼운 리듬과 화성으로 작곡되었으며, 예전의 목회자나 성직자들이 대부분 가사를 쓴 찬송가(hymn)와는 달리 평신도들의 개인적인 신앙 고백이나 헌신의 시가 많다.

는 사람이지만 음악적 감각은 아주 구식(?)이라 할 수 있다.

물론 외국 찬송가의 화성도 20세기 화성을 자유자재로 구사하지는 않는다. 하지만 그들의 찬송가는 우리의 찬송가와 많이 다르다. 그들의 찬송가는 중세의 그레고리안 성가부터 20세기 말까지에 걸쳐있는 다양한 찬송가를 포함하고 있다. 그래서 그들의 찬송가 화성은 우리나라 찬송가보다는 더 다양하고 현대적인 화성일 뿐만 아니라, 또한 그들은 찬송가를 단순한 4성 화성의 악보대로만 연주하지 않기에 더 창의적인 찬송가 연주가 될 가능성이 높아지는 것이다.

유럽의 오르가니스트들은 찬송가 연주에서 자유자재로 화성과 리듬의 변화를 주면서 다양한 오르간 찬양이 되도록 늘 연습하고 연구한다. 또한 이것을 위해 오르가니스트를 위한 찬송가의 다양한 편곡 내지 변주들이 악보로 많이 출판되어 있다. 그리고 그들은 찬송가 연주에서 자신의 즉흥 연주도 한다. 그래서 그들의 찬송가 연주를 들으면 찬송가가 오르간 독주곡과 버금가는 예술 작품이라는 것을 느낀다. 그리고 교회의 성도 또한 이런 음악을 당연하게 생각하고 적극적으로 참여한다.

거기에 비하면 우리나라의 교회 상황은 어떤가? 오르가니스트가 찬송가 연주에서 다른 화성이나 다른 음을 추가하게 되면 지휘자 내지 장로 등 교회의 어른은 찬송가를 악보와 다르게 치지 말라고 경고(?) 아닌 경고까지 하는 경우도 있었다. 이것은 찬송가를 잘 모르는 것으로 인한 열심이라고 말할 수밖에 없으며, 구태의연한 것으로 교회 음악을 위시한 교회의 문화 예술의 앞날을 막는 일이 분명하다. 사람의 예술적 감각은 계발될 수 있는 것이며 또 계발되어야 한다. 이것은 음악 전공자든 일반인이든 모두에 해당된다. 지금 이해하지 못한다고 몇 년 후에도 이해하지 못한다는 법은 없다. 교육하고 경험하는 기회를 늘이면 예술적 감각은 발달하게 되어 있다. 새로운 것에 대한 호기심이 떨어지면 그 사회는 퇴보한다. 만약 교회가 스스로 나서서 발전하는 것을 막는다면 이것은 하나님의 백성이 아닌 경우에만 가능하다. 하나님을 닮게 창조된 인간이 스스로 나아지는 것을 포기하는 것은 어리석은 일이다.

중요한 것은 우리나라 오르가니스트에게 이런 화성적 감각의 자질이 부족하다고 말해서는 안 된다는 것이다. 자질이 부족한 것이 아니라 현실적으로 교회가 이런 자질을 포기하도록 하고 있는 것이다. 이것은 교회에서 찬송가의 창의적인 연주를 못하게 하는 경우가 많기 때문에 지금까지 길러지지 않은 자질이다. 여기에 또 다른 이유가 하나 있다. 이것은 오르간이 피아노와 혹은 피아노를 비롯한 다른 악기와 함께 찬송가를 연주하기 때문이다. 이런 경우는 오르간은 다른 악기와 똑같이 연주해야 하므로 화성을 다르게 연주할 수 없다. 가끔 교회 내에 편곡자가 있어 찬송가 악보를 편곡해서 주는 경우가 있다 하더라도, 이것도 똑같은 상황으로 편곡자가 준 악보에 쓰여있는 대로만 쳐야 한다. 결국은 오르가니스트 자신이 화성을 연구할 필요와 이유가 없어지면서, 특별한 동기와 계기가 없는 한은 오르가니스트는 찬송가를 연구하지 않게 된다. 이것은 오르가니스트가 스스로 이 재능을 포기해야 하는 상황으로 이런 한국 교회의 현실은 참으로 안타깝다.

하지만 적극적인 오르가니스트는 기회를 만들어야 한다고 생각한다. 교회의 이런 현실에서 자신의 계발에 노력하지 않는 것은 부끄러운 핑계에 불과하다. 피아노와 다른 악기가 없는 예배 시간은 언제든지 있다. 뜻이 있으면 길이 있기 마련이다. 그러므로 오르가니스트는 꾸준한 연습과 연구를 통해 늘 준비하면서 기회가 주어지는 대로 창의적인 찬송가 연주를 통해 더 좋은 찬양을 드리며 또한 성도들의 음악적 감각을 높여주도록 할 것이다. 가끔 사람들은 그렇게 해서, 감각을 높여 줘서 뭐 하느냐라는 질문을 한다. 뭘 하려고(*doing*) 뭘 하는 것이 아니다. 그런 사람이 되는(*being*) 것이 중요한 것이다 그런 사람이 되면 뭘 할 수 있는 것이다. 하나님 앞에서 사람은 늘 성장해야 한다. 몸도 마음도 특히 영성과 예술적 감각은 하늘나라 갈 때까지 자라야 한다. 그래서 하늘나라에 어울리는 사람이 되는 것이다.

이에 오르가니스트는 화성을 연구하는 일에 시간을 더 투자할 것을 권한다. 교회음악을 잘 모르는 교회나 성도에게 책임을 전가시키지 말고 자신이 교회 음악인이며 오르가니스트임을 기억하고 스스로 나서서 기회를 얻든지 못 얻든지 찬송가를 다양하게 연주하는 데에 노력을 다해야 한다. 다음은 찬송가 연주에서 기본적으로 화성의 변화를 주는 예들을 구체적으로 들어본다.

가. 반복되는 같은 화음을 다른 화성으로 바꾸기

영국의 찬송가와 독일의 코랄은 전통적으로 선율과 화성 모두 우수한 곡들이다. 그렇기 때문에 이들의 찬송가에서 같은 화성이 자주 반복되는 경우는 드물다. 어떤 경우는 4분음표마다 화성이 변하는, 화성적으로 뛰어난 찬송가도 있다. 다음의 찬송가 65장 "내 영혼아 찬양하라"는 영국 찬송가로서 여섯째 마디부터 10마디 이상 4분음표마다 화성이 변하고 있는, 찬송가 중에서 우수한 찬송가이다.

악보 27, "내 영혼아 찬양하라" 시작 부분

하지만 우리나라 찬송가 중에서 미국에서 작곡된 찬송가는 많은 경우가 같은 화성을 자주 혹은 오래 반복한다. 한 화성이 몇 마디를 계속하는 경우도 종종 있다. 이때 오르가니스트는 이 단조로운 화성을 다르게 연주함으로써 찬송가를 더 음악적이며 살아있게 만들 수 있다. 아래의 370장 "주 안에 있는 나에게"는 반복되는 G화성을 다르게 변경한 예이며 546장 "주님 약속하신 말씀 위에서"는 반복되는 Bb 화성을 발의 베이스 음에 변화를 주면서 전체 화성을 다채롭게 해주는 예이다.

악보 28-1, "주 안에 있는 나에게" 첫 부분, 단조로운 화성

악보 28-2, "주 안에 있는 나에게" 첫 부분, 변화시킨 화성

악보 29-1, "주님 약속하신 말씀 위에서" 첫 부분, 단조로운 화성

악보 29-2, "주님 약속하신 말씀 위에서" 첫 부분, 변화시킨 화성

나. 한 프레이즈의 화성 패턴이 똑같이 반복될 때 다른 화성으로 바꾸기

작품의 연주에서 한 프레이즈가 그대로 다시 반복되면 똑같이 연주하지 않는 것이 연주의 일반적인 원칙이다. 이때 연주자는 다이내믹을 다르게 하든지 연주법을 다르게 한다. 특히 바로크 시기의 오르간 곡에서는 아티큘레이션과 음색을 다르게 한다. 이것은 한 음악적 소재가 반복될 때는 단순한 반복이 아니라 다른 음악적 의미를 가진다는 뜻이기 때문에 똑같은 형태로 연주하지 않는 것이다.

찬송가의 구조는 몇 가지 형태가 있으며 그 중에서 많은 형태가 반복 구절을 가지

는 AAB와 AABA이다. 특히 독일 코랄은 대부분이 AAB(*Bar form*) 형식이다. 현재 한국 찬송가에 실린 독일 찬송가는 바흐가 화성을 만든 것으로 거의 4분음표마다 다른 화성을 구사하는 뛰어난 곡으로 A가 반복되더라도 오르가니스트가 추가로 화성을 다르게 할 필요성이 훨씬 덜하다.

하지만 대부분의 미국 번역 찬송가는 화성이 단조로우면서도 AAB 혹은 AA′BA′(특히 *B*부터는 후렴인 경우가 많음) 구조가 많다. 그렇기 때문에 A의 단조로운 화성을 다시 그대로 반복한다는 것은 찬송가의 반 내지 반 이상에 해당하는 부분이 무료해질 가능성이 높다. 그래서 A의 반복 부분은 다른 화성으로 가는 것이 좋은 찬양에 도움이 될 것이다. 아래 찬송가는 28장 "복의 근원 강림하사"로서 찬송가 구조가 AABA로 찬송가 첫째, 둘째, 넷째 줄이 다 같고 셋째 줄만 다른 찬송가로 악보대로 연주한다면 음악적으로 거의 정지되는 느낌이 난다. 이 찬송가의 연주에서는 똑같은 A를 다 다르게 할 수도 있으며, 혹은 처음 A 두 번을 각기 다르게 하고 마지막 A를 처음 A와 약간만 다르게 할 수 있다. 아래는 두 번째 A로서 가사 '한량없이 자비하심 측량할 길 없도다'를 다르게 연주하는 한 예이다.

악보 30, "복의 근원 강림하사" 두 번째 줄, 반복 프레이즈(한량없이 자비하심…)

다. 경과 화음(passing chord) 혹은 이웃 화음(neighboring chord) 넣기

경과 화음과 이웃 화음을 넣는 것은 그렇게 어렵지 않다. 발건반의 베이스를 함께 변경하면서 할 수도 있으며, 발건반은 그대로 두면서 손건반의 화성만 바꿀 수도 있다. 이때 주로 사용되는 화음은 7화음이나 9화음이 되는 경우가 많다. 일반적으로 7화음은 딸림7화음이 제일 익숙한 화음이지만 최근에는 여러 화성에서 7화음, 9화음, 가끔은 11화음까지 사용되는 편이다. 이것은 오르가니스트가 건반에서 손으로 움직이며 실험하면서 찬송가의 상황에 맞게 얼마든지 적절한 화성을 찾아낼 수 있을 것이다.

악보 31, "예수 따라 가며" 첫 부분, 경과 화음의 예

음악은 늘 새로운 감동을 주는 것이어야 한다. 그렇다고 찬송가를 화려하게 연주하라는 의미는 아니다. 찬송가는 여러 절을 통해 짧은 곡을 되풀이 하는 가운데 단순(*simplicity*)하면서도 영감이 있어야 한다. 늘 같은 느낌의 습관적인 찬양에서 눈을 번쩍 뜨이게 하는 것은 화성의 변화가 가장 직접적이다. 화성은 지적이고 이성적인 것이다. 아는 만큼 느끼기에 그 화성의 의미와 느낌을 모르는 사람이 많을 수 있다. 하지만 오르가니스트가 꾸준히 좋은 음악을 연주할 때는 이 또한 서서히 좋아질 것이다. 위의 악보는 449장 "예수 따라 가며"에서 같은 화음을 경과 화음으로 변화를 준 예이다.

음악에서 가장 깊은 감동을 주는 것은 화성이다. 리듬은 몸으로 바로 느끼게 하는 것이며, 선율은 감성적인 것으로 사람의 마음에 감동을 줄 수 있지만, 화성의 깊은 울림은 사람의 영혼까지 움직인다. 찬송가를 뛰어난 예술 작품으로 만드는 것은 전적으로 오르가니스트에게 달린 일이다.

라. 간단한 전조

찬송가 연주에서 화성적으로 변화를 줄 수 있는 방법에 또한 간단한 전조가 있다. 이 전조는 한 프레이즈 안에서 음악을 잠깐 환기시킬 수 있기에 찬송가에 신선함을 제공해 준다. 이 전조는 대체로 원조에서 조성적으로 가장 가까운 조로 옮겨가는 것이 전통적인 전조로서 예를 들면 F장조 곡에서는 딸림 조성인 C장조로 잠깐 갔다 오는 것이다. 아래는 "예수 따라 가며"의 두 번째 프레이즈 '우리 행할 길 환하겠네'에서 간단한 전조를 한 것이다.

악보 32, "예수 따라 가며" 두 번째 프레이즈

(6) 마지막 절에서 조성을 반음 올리기

찬송가의 여러 절을 부를 때 마지막 절을 반음 올려서 찬양하는 것은 찬송의 결론을 맺기에 좋을 때가 많다. 피치가 올라가면 위를 향해 올라가는 느낌과 밝아지는 현상이 나타나기 때문에 찬양하는 성도는 기쁨과 감사의 감동을 더 느낄 수 있다. 그렇다고 모든 찬송가의 마지막 절을 반음 올리는 것은 아니다. 이것은 그날 예배의 상황과도 관계가 있으며 그 찬송가의 성격과도 관련이 있다. 찬송가를 서너 절 부르게 되면 사람은 일반적으로 집중력이 떨어진다. 또한 음악은 가사와 함께 움직이는 것으로 마지막 가사가 극적인 결론으로 클라이맥스를 이루는 것이라면 지금까지 앞에서 불렀던 것과 다른 음악이 필요하게 된다. 이때 찬송을 반음 위의 조성으로 올리면 회중은 찬양이 업(*up*, 올라가는)되는 느낌을 받게 된다. 그렇게 함으로써 회중은 다시 새로운 마음으로 또한 마지막 힘을 다해 찬양하면서 찬송의 느낌은 배가 되고 자신의 찬양이 하나님께로 올라가는 환호의 순간을 경험하도록 도와줄 수 있다.

그러나 유의할 것도 있다. 모든 찬송가를 이렇게 조성을 올리면 이것 또한 습관이 되어 그 의미가 약화되면서 습관적이고 인간적인 기교로 전락할 위험도 있다. 또한 거룩해야 할 예배가 오히려 인간 중심으로 흘러갈 수도 있다. 그래서 한 주일 예배에서 서너 곡의 찬송가가 있으면 한 곡, 혹은 가끔 두 곡 정도 이렇게 할 것을 권한다. 동시에 이렇게 할 수 있는 예배의 성격과 찬송가의 요건을 잘 검토하여야 한다. 예를 들면 사순절에는 대체로 반음 올리는 것은 좋지 않다. 참회하는 성격에 맞게 오르간 소리도 너무 크지 않는 것이 좋으며 조성을 올리는 것은 전체 찬송을 밝게 만드는 것으로서 그 날의 예배 설교와 찬송가의 주제가 밝은 것이 아니라면 사순절에는 제한하는 것이 나을 수 있다.

사순절이지만 물론 예외는 있을 수 있으며 그 대표적인 예가 찬송가 149장 "주 달려 죽은 십자가"이다. 이 찬송가의 가사는 왓츠(*Isaac Watts, 1674-1748,* 영국의 신학자, 찬송 작시자)의 시로서 가사의 내용은 예수님의 십자가이다. 1절부터 4절까지 가사의 전개를 보면 "십자가를 생각함 - 십자가에 대한 성도의 감사의 마음 - 예수님의 십자가, 못 박힌 손과 발, 머리의 가시관을 구체적으로 조명 - 이러한 은혜에 대해 온 몸을 드리는 헌신의 기도"로 대결론을 내리는 구조이다. 이런 가사의 전개를 생각하면 이 찬송가는 사순절 찬송이지만 마지막 절은 반음 올려서 찬양할 수 있다. 필자의 경우도 이 찬송가는 거의 매번 마지막 절에서 조성을 올린다. 이 찬송은 늘 이렇게 이조하지만 필자는 매번 이 순간에 성령의 감동이 밀려오는 것을 느낀다. 이것은 단지 음악적인 결과로 보기보다는 찬양에서 간절함과 진실함의 결과라고 생각한다.

찬송 연주에서 조성을 올릴 경우 그 이조 과정을 살펴본다. 한 예로 예전에 필자가 서울 어느 교회를 방문하여 예배를 드렸을 때의 일이다. 그 교회에서는 예배에서 드리는 모든 찬송가의 마지막 절을 항상 반음 올려 찬양하였다. 그런데 오르가니스트는 마지막 절에서 그 이조 과정을 완전히 생략하고 앞 절의 마지막 코드가 끝나고 나서 그 다음 절에 바로 반음 올라간 조성으로 연주하였다. 예를 들면 3절의 마지막 코드까지 Ab조성으로 찬양하고 4절에서 바로 A조로 찬양하는 것이다. 필자로서는 너무 갑작스럽고 당황되는 것이었으나 성도들은 그냥 아무렇지 않게 찬양을 하였다. 나중에 알게 된 일이지만 그 교회의 담임 목회자가 예배 시간을 줄이기 위하여 전조 과정을 생략하고 바로 올린 조성으로 연주해 달라고 하였다고 한다. 그래서 그 교회에서 이런 관습은 오래되어 성도들도 다 알고 있어서 별 문제없이 지금껏 늘 그렇게 해오고 있다고 했다. 이것은 이조 과정이 생략된 것으로 좋은 예가 아니다. 아무리 이렇게 바로 올라간 조성으로 찬양하는 것이 오래 되어 모든 성도가 익숙하다 하더라도 그것은 음악적으로 무감각한 넌센스(*nonsense*)이다.

이조하는 과정은 다양할 수 있다. 외국의 경우는 대체로 여유 있게 찬송가 간주처럼 이조 과정을 가지는데 가끔은 아주 화려하기도 하다. 그 시간 동안 성도들은 마음으로 마지막 절을 기대하면서 기다린다. 그리고 오르가니스트의 이조 과정은 음악적으로 크레센도의 역할을 하기 때문에 이어 나오는 찬양을 더 강렬하게 만들어 준다. 하지만 아주 짧은 이조인 경우라면 앞 절의 마지막 코드를 바로 다음 조성의 딸림 코드(V화음)로 만들면서 페르마타(*fermata,* 음을 본래의 길이보다 약간 더 길게 하는 것) 해준다면 이 이조 과정은 5초 이상도 걸리지 않는다. 아래의 예는 "샤론의 꽃 예수"의 마지막 프레이즈에서 이조하는 과정을 보여준 것이다. 원조인 D조에서 Eb으로 옮아가는 과정으로 마지막 D조의 으뜸화음을 뒤에 올 Eb조의 딸림화음으로 만드는 과정이다.

악보 33, "샤론의 꽃 예수" 마지막 프레이즈(나의 맘에 사랑으로 피소서)

위에서 본 가장 짧은 이조 과정으로 드는 시간은 5초 미만이다. 그런데 이 5초가 아까워서 그렇게 비음악적인 찬양의 형태를 가진다는 것은 전문가의 양심으로도 용납되기 힘들 뿐만 아니라 그 어색함을 과연 하나님께서 어떻게 받아들이실지 모르겠다. 하나님 앞과 성도 앞에서 이 5초를 아껴서 무엇을 하겠다는 것인지 알 수 없다. 우리나라 교회 음악의 이런 현주소와 미래는 어떠할 것인가.

찬송가를 반음 올리려면 오르가니스트는 어떻게 준비해야 하는가? 오르가니스트는 앞 절의 마지막 코드에서 다음 절의 반음 올린 조성의 딸림화음으로 가는 과정을 찬송가에 그려 놓는 것도 좋다. 이 과정은 간단한 것이기 때문에 충분히 찬송가 악보에 그려 넣을 수 있다. 하지만 그 다음이 더 어려운 것으로, 달라진 조성으로 된 전체 찬송가 악보는 이조에 익숙하지 않는 오르가니스트라면 악보를 미리 준비하는 것이 좋다. 그리고 악보 없이 연주할 수 있을 때까지 많이 연습하는 것이다.

여기서 주의할 것은 가끔 우리나라 찬송가의 조성이 외국 찬송가에 비해 높은 조성으로 된 곡들이 많기 때문에 반음을 올릴 경우 음이 너무 높아 성도가 찬송하기 불편할 수 있다는 것을 유의해야 한다. 이런 때는 그 찬송가의 원래 조성을 찬송 처음부터 반음 낮추어서 시작하고, 나중에 올릴 때는 찬송가 악보의 조성으로 연주하는 것이다. 실제로 필자는 반음 조성을 올리는 것과 무관하게 우리나라 찬송가의 조성이 높으면 종종 내려서 연주한다. 예를 들면 우리나라 찬송가 305장 "나 같은 죄인 살리신"의 조성은 G조이다. 하지만 이 찬송가는 미국에서 가장 뛰어난 찬송가로 인정받고 있는 성공회 찬송가 Hymnal 1982에서는 F조로 되어 있다. 필자는 이 찬송가 경우에는 이렇게 F조로 처음부터 찬송을 하고 마지막 절에서 F#조성보다는 G조성이 편안하여 이렇게 조성을 올린다. 다른 예로는 찬송가가 A조성인 경우에는 대체로 Ab으로 시작하고 마지막 절을 A로 올릴 때가 적절한 편이었다. 하지만 이러한 것도 각 찬송가마다 다르기 때문에 전체 음역을 잘 살펴서 결정할 일이다.

이조를 할 때는 앞 절의 마지막 코드에서 이조를 바로 시작하여야 한다. 그렇지 않고 마지막 코드를 악보의 박자대로 길게 늘어뜨린 후 이조를 시작하면 회중은 그 다음 절을 부르기 시작할 수도 있다. 그러므로 회중의 혼란이 없도록 이조는 마지막 코드에서 바로 들어가는 것이 좋으며 반음 올린 조성은 회중이 새로운 음을 느낄 수 있을 만큼의 시간적 여유가 필요하다. 필자는 계명대학교 대학교회에서 마지막 코드에서 바로 다음 조성의 딸림화음으로 넘어가서 잠깐 페르마타 하는 방법으로 간단한 이조 과정을 택하고 있다. 하지만 좀더 길고 다양하게 해보고 싶은 마음은 있으나 아직 시도하지 못했다.

지금까지 찬송가의 창의적인 연주 방법을 알아보았다. 이 모든 것은 오르가니스트 자신이 이론만이 아니라 실제로 꾸준히 실습하는 것이 필수적이다. 이와 함께 제안할 것들이 있다. 그것은 바로 오르가니스트를 위한, 이미 출판된 다양한 화성으로 되어 있는 찬송가 편곡 등을 참조하는 일이다. 필자도 이 일의 중요성을 알고 이 책을 교정하는 동안 두 권의 찬송가 반주 편곡집을 출판하였다. 오르가니스트는 이것을 전적으로 다 옮겨올 수도 있겠지만 부분적으로 따올 수도 있다. 이것 이외에도 성가대 합창곡 중에서 찬송가 편곡으로 되어있는 곡을 참조하여 부분적으로 그 편곡을 인용하는 것도 좋다. 창조는 늘 모방에서 시작한다. 이렇게 좋은 편곡을 모방 내지 인용하면서 서서히 자신의 것이 만들어지는 것이다. 기존의 찬송가 오르간 편곡이나 성가대 찬양곡을 대할 때마다 유심히 살펴보고 회중 찬송가 연주에서 인용하는 것은 지혜로운 일이다.

우리 오르가니스트는 예배 음악을 발전시켜야 한다. 모든 인간은 어제보다 오늘이, 그리고 오늘보다 내일이 나아야 한다. 우리가 현재 하나님께 드리는 음악보다 내일 드리는 음악이 더 나은 음악이 되어야 하는 것은 하나님께서 보실 때 당연한 것이다. 하나님은 우리 인간이 성장하고 성숙하기를 원하신다. 하용조(*1946-2011*) 목사님의 설교에서 구원은 세 시제가 있다고 하였다. 과거 시제로서는 우리가 믿는 즉시 이미 구원을 받은 것이며, 미래 시제로서는 앞으로 천국에 가서 구원이 완성되는 것이라고 했다.[72] 그러면 현재 시제는 우리가 살아 있는 동안 구원을 일상에서 이루어 가며 사는 것이라고 하였는데 필자는 성도의 모든 것이 여기에 해당된다고 생각한다. 교회 음악은 늘 성장해야 한다. 하늘나라의 음악까지 늘 자라야 하는 것이다.

하나님은 우리나라 교회 혹은 우리가 속한 교회에서 들으실 수 없는 좋은 교회 음악을 다른 어느 곳에서 들으실 수 있다. 그렇기 때문에 어떤 면에서는 우리가 "하나님의 음악을 위해" 좋은 예배 음악으로 발전해야 한다는 것보다는, "하나님의 관심"이 우리의 성숙과 성장이라는 점에서, "우리를 위하여" 그리고 "우리를 보시고 계시는 하나님"을 생각할 때 우리는 앞으로 나아가야 하고 발전해야 하는 것이다.

4) 찬송가 전주

찬송가 전주는 각 교회의 전통을 따르는 것이 일반적이다. 유럽이나 미국의 경우 찬송가 전주는 대체로 찬송가 전체를 다 연주한다. 특히 유럽의 경우는 찬송가를 그대로 한 번 치는 정도가 아니라 찬송가 선율을 주제로 찬송가의 서주(*Introduction*) 내지 서곡(*Overture*)처럼 하나의 작품같이 자유롭게 연주한다. 그리고는 전주 마지막 부분에서 찬송가가 어떤 찬송가인지를 회중이 알 수 있도록 선율을 들려주고, 전주의 마지막 코드라는 것을 확실히 느끼도록 제시하면 회중은 자연스럽게 찬송을 시작한다. 이들의 전주는 오르가니스트의 음악적 기량과 찬송가의 성격에 따라 단순한 형태부터 자유로운 즉흥 연주까지 다양하다. 그래서 그들의 전주 길이는 오르가니스트가 주 중에 연습하면서 미리 계획하고 준비하며 가끔은 준비한 것을 바탕으로 예배 순간에 다르게 연주하기도 한다.

이렇게 유럽 교회는 예배 중 오르가니스트의 연주에 대한 신뢰도가 대단하다. 예배 중 연주곡 즉, 예배 사이사이에 필요한 짧은 간주곡, 특히 전주곡과 후주곡 선택을 위시하여 찬송가의 연주에 대해서는 전적으로 오르가니스트의 몫이고 권리이다. 그는 전체 예배를 계획하면서 이 많은 곡들을 선택하고 연습한다. 이것은 그들의 오랜 전통을 통해 교회 오르가니스트의 우수한 훈련 과정과 그들의 뛰어난 자질로 이것을 가능케 한 것은 사실이다.

---

72 | 하용조, 로마서 강해, youtube.com, 42회

이들에 비하면 우리나라 교회 오르가니스트의 훈련 과정과 자질은 아직 그들에 비해 너무나 많이 미흡하다. 우선 우리나라 교회는 예배 시간에 대해서 인색하다. 찬송가 전주의 길이와 관련된 예배 시간의 길이에 대하여 여기서 중요한 사안이 있다. 많은 교회는 예배가 누구를 위한 것인지 잊고 있는 것 같다. 무엇 때문에 시간을 단축시키면서 소위 효율성을 부르짖으며 예배를 한 시간 안에 끝내려고 하는지 알 수 없다. 이것은 사람이 집중할 수 있는 시간이라는 인간적 계산을 하나님의 예배 정신보다 앞에 내세우면서 성령의 역사를 제한하는 것이다. 언제 하나님께서 "너희들 예배가 길고 너무 오랫동안 하니 좀 짧게 하거라" 하신 적이 있단 말인가? 하나님께 물어는 보았는가? 왜 시간 앞에 사람이 절절 매면서 빨리빨리 예배를 해치우는 식으로 하는지 도무지 이해할 수 없다. 누구를 위해, 그리고 누구에게 예배를 드리는지도 불분명하다. 어쩌면 그들은 자신을 위해, 자신에게 예배를 하고 있는지도 모를 일이다. 기도는 짧게, 그리고 성경 본문도 짧게 한다. 심지어 어떤 교회는 예배가 길다고 찬송 횟수를 줄이는 경우도 있다. 그러면서 설교는 더 길게 하기도 한다. 이것은 하나님 말씀이 중요하기 때문에 성도에게 더 많이 들려주어야 한다는 좋은 의도처럼 보이나 정작 하나님께 드리는 살아있는 예배, 즉 찬양을 줄인다는 것은 하나님께 향하는 예배라기보다 사람을 위한 예배라는 인상이 강하다. 그런데 여기서, 사람을 위한 예배라는 것이 본질적으로 가능한 단어인지 생각해 보아야 한다.

그리고는 오히려 예배를 예배답게 하려는 오르가니스트에게 맞지 않는 요구를 한다. 찬송가 전주가 길어지면 짧게 하라고 주문한다. 예배 음악에서 모든 전주의 시작은 앞 순서와 빈틈이 없이 바로 연결되기를 바란다. 그리고 헌금 봉헌송도 봉헌에 맞추어 성도의 기다림이 없이 정확하게 끝나도록 요구한다. 이렇게 예배의 모든 순서를 제한된 시간 안에 넣어서 기계같이 움직이는 것은 예배의 정신에도 어긋난다. 이렇게 시간적 제한을 받는 상황에서 음악의 선택은 매우 어렵다. 그러다 보면 오르간 연주 중에 음악을 중단시키는 사례가 생기게 된다. 이것은 하나님께 드리는 예배에서 오르간 연주가 인간을 위한, 그리고 예배 "식"을 위한 소리 메꿈밖에는 되지 않는다는 것을 스스로 말하고 있는 것이다. 예배가 일사천리로 진행되는 것은 도대체 무엇을 위한 것인지 알 수 없다. 이때, 예배는 예배를 끝내기 위해 시작하는 느낌이다. 이 모두가 예배의 정신에서 멀리 가 있다.

우리의 예배는 너무 사람 중심이다. 하나님은 거의 안중에 없는 듯하다. 오르간 전주, 찬송가 템포, 성가대 찬양곡, 봉헌송 등의 모든 곡은 대체로 한 시간이라는 예배 시간의 제한을 받고 있다. 하지만 300여 년 전 바흐 시대에는 예배가 세 시간 이상이 걸렸다. 그래서 한 예배에서 예배 음악만도 1시간 이상이 넘었었다. 그럼 그 시대 사람들은 우리들보다 집중력이 더 좋았다는 말인가? 아니면 할 일이 없어서 그렇게 오랜 시간 동안 예배를 드렸고 지금 우리는 할 일이 많으니 빨리빨리 예배를 드리고 마쳐야 한다고 말하는 것인가? 가끔 대형 교회의 경우 우리 교회는 주일 예배가 여러 번 있으니 다음 예배에 지장이 없게 빨리 마쳐야 한다고 말한다. 도대체 이 모든 상황은 말이 되지 않는다. 이렇게 후딱 해치우는 예배는 예배가 아니라 "예배식"이고 하나의 인간적인 모임, 혹은 심하게 표현하면, 예배는 교회라는 회사에서 자기의 고객을 위해 만든 하나의 일요일 이벤트(*event*) 같다. 그 속에 하나님께서, 성령님께서 계실지 스스로 질문해야 한다. 그 안에 성령 충만이 아니라 사람의 기분 충만이라면 어떻게 할 것인가?

찬송가 전주는 회중 찬송을 이끌어 내는 중요한 연주이다. 찬송가 전주는 성도로 하여금 찬송을 기대하게 하고 찬양하고 싶은 마음을 불어넣어 주는 것이다. 이 전주 동안 오르가니스트는 이미 하나님께 찬양을 하고 있다. 그러나 동시에 오르가니스트는 혼자 자신의 연주 혹은 찬양에 빠져서 회중을 잊고 있으면 안 된다. 왜냐하면 전주는 성도들에게는 그 자체가 목적이 아니기 때문이다. 뒤에 이어올 회중 찬송에서, 온 영광과 환희가 하나님께로 향할 수 있도록 오르가니스트는 자신의 역할을 잊지 말아야 한다.

그렇기 때문에 찬송가 전주는 너무 짧게 하는 것은 좋지 않다. 예배 시간을 줄이기 위해 찬송가 전주를 짧게 한 줄만 하게 되면 성도들은 찬송을 충분히 준비하지 못한다. 이렇게 할 경우 성도들은 찬송가 첫 가사는 대부분 제대로 못 부르게 된다. 이것은 찬송의 시작부터 문제가 생기는 것으로, 좋은 찬양을 위해서는 찬송가 전주는 적어도 두 줄을 하는 것이 좋다.

그러나 예배의 마지막 찬송가에서 앞 순서와 연결하여 긴장을 늦추지 않고 예배의 결론으로 이어지기 원할 때가 있다. 이때 마지막 찬송가 전주를 한 줄만 하는 것은 가능하기도 하다. 필자도 가끔은 이렇게 할 때가 있다. 이런 경우 마지막 찬송가는 성도들이 찬송가 선율을 조금만 들어도 다 아는, 즉 찬송가가 아직 펼쳐지지 않았더라도 가사를 익히 알고 있어서 바로 찬송할 수 있을 만큼 익숙한 찬송가이어야 한다.

요즈음 대부분의 한국 교회 예배당에는 영상 스크린이 있어 예배의 모든 것을 비추어 준다. 그래서 가사가 먼저 영상에 나오기 때문에 짧은 전주가 더 용이할 수 있다. 그렇다고 가사가 늘 영상에 나오기 때문에 전주를 언제나 짧게 해도 된다는 것은 절대로 아니다. 눈이라는 몸은 준비될지 모르지만 찬송하기 위해서는 눈뿐만 아니라 영과 마음이 함께 준비되어야 하기 때문이다. 한 줄만으로 전주를 할 때는 찬송가 선율을 잘 드러내어 아주 단순하고 명쾌하게 전주를 해야 한다. 더욱 중요한 것은 이렇게 하는 것이 전체 예배의 결론에 적절한지를 잘 판단하여야 할 것이다.

찬송가 전주에서 마지막 코드에 대한 두 가지 견해가 있다. 우리나라 교회에서는 대부분 으뜸화음을 전주의 마지막 코드로 한다. 그러나 유럽이나 미국의 교회에서는 다른 화음, 많은 경우 딸림화음을 전주의 마지막 코드로 하는 경우가 종종 있다. 음악적으로 볼 때 딸림화음은 그 다음에 나오는 으뜸화음을 기대하게 하는 심리적 기능이 있다. 그러므로 으뜸화음보다도 딸림화음을 전주의 마지막 코드로 하는 것은 찬송 부르기를 기다리는 사람에게는 더 적절한 코드가 될 수도 있다. 이런 의미와 기능을 가진 딸림화음이라 하더라도, 현실적으로 현재 성도들이 익숙하지 않다면 갑작스럽게 시도하는 것보다는 조심스럽게 서서히 적용하는 것이 좋다. 그래서 성도들이 익숙해지는 시간을 가지게 된다면, 성도들은 으뜸화음으로 전주가 끝난 후 찬송을 시작하는 것보다는 딸림화유으로 끝난 후 찬송을 시작할 때 더 적극적으로 열성을 가지고 찬송할 가능성이 높아질 수 있다. 전주는 그 자체가 목적이 아니고 찬송을 잘 부르도록 이끄는 것이라는 점에서, 종결 느낌이 나는 으뜸화음이 아니라, 끝이 아닌 시작을 준비하게 하는 딸림화음 혹은 다른 어떤 화음을 제시할 때 성도들은 그것을 이어 받아 찬송을 시작하고, 만들고, 완성한다는 의미가 더 커질 수 있다. 그러나 동시에 찬송가의 다양한 연주를 위하여 매주 늘 같은 형태로 전주하는 것보다 으뜸화음과 딸림화음 등을 가끔씩 적절히 섞어 가면서 전주할 것을 권한다. 이런 일 또한 찬송가의 성격에 따라 결정할 수 있다.

우리나라 교회에서도 찬송가 전주가 시간의 제한을 받지 않으면서 다양하고 자유롭게 연주되기를 기대한다. 이 일은 오르가니스트가 먼저 앞서서 연습과 연구를 통해 좋은 전주를 만들고 소개할 때 현재의 전주 형태에서 서서히 조금씩 발달할 수 있을 것이라 생각한다.

2. 성가대 반주

오르가니스트가 예배에서 성가대를 반주하는 것은 시대, 지역, 그리고 교단과 각 교회의 특성 등 여러 요인에 의해 각기 다른 형태를 가지고 있다. 우리나라 교회의 성가대 반주는 대체로 피아노가 주악기이며 그리고 오르간, 그 다음에 교회의 여건에 따라 관현악기가 몇 대부터 시작하여 큰 규모 오케스트라까지 연주할 때가 있다. 이런 상황에서 국내 오르가니스트들의 성가대 오르간 반주는 크게 역할을 못하는 경우가 종종 있으며 가끔은 지휘자가 오르간에 대한 지식이 없어 성가대 반주에서 오르간을 빼는 경우를 어렵지 않게 볼 수 있다.

사람의 목소리와 흡사한 오르간이 얼마나 그리고 어떻게 합창 소리 즉 성가대와 잘 어울릴 수 있는지를 살펴보겠다. 오르간의 기본 음색인 파운데이션 스탑(*foundation stop*)[73]인 프린시펄과 플룻은 사람의 목소리와 매우 흡사하기 때문에 합창과 잘 어울린다. 동시에 오르간의 개성 있는 리드(*reed*) 음색[74]은 오케스트라 악기 등 다양한 색채감을 만든다. 예를 들면 오르간의 트럼펫, 오보에, 혹은 크럼혼(*krumhorn*) 스탑은 개성적인 솔로 음색으로 성가대의 합창 소리에 다양한 악기 소리를 넣어 합창 전체 음향을 더 풍부하고 다이내믹하게 해준다. 이것이 오르간은 종종 오케스트라에 버금가는 훌륭한 앙상블을 만들어 낸다고 하는 이유이다. 그리고 오르간 발건반의 베이스는 성가대의 베이스 파트를 보강해 주는 역할을 한다. 서양의 교회는 전통적으로 오르간과 합창으로 예배 음악을 이끌어 오면서 서로 함께 발달해 왔다.

사람들은 종종 성가대의 오르간 반주가 피아노 반주보다 합창 소리에 훨씬 좋은 역할을 한다고 말한다. 그러면서도 피아노는 원하는 음을 드러나게 침으로써 노래 부르는 사람에게 음을 들려주는 역할이 있어 피아노를 더 선호하기도 한다. 그러나 피아노는 음을 내는 그 순간에는 노래 부르는 사람에게 도움이 될지 모르지만, 음을 친 후 소리가 점점 사라지기 때문에 전체 합창 소리를 받쳐주지는 못한다. 또한 피아노

---

73 | 파운데이션 스탑(foundation stop): 오르간에서 기본 음색이라고 하며 오르간의 고유 음색인 프린시펄(principal)과 플룻(flute) 음색이 이 기본 음색에 들어간다. 기본이라고 하는 것은 음색 조합을 할 때 어떤 음색 조합에도 기본적으로 포함되는 음색이라는 의미도 가지고 있다.

74 | 리드(reed) 음색: 오르간 파이프에서는 실제 관악기에서 리드(reed)라는 떨판의 유무와 무관하게 관악기에 해당하는 음색을 통칭 리드라고 부른다.

의 개성적인 소리와 가끔은 날카로운 소리는 인성과는 다른 성격으로 오히려 이 두 소리는 앙상블 개념으로 보기에 더 적절하다.

피아노의 울린 후 점점 사라지는 소리는, 상대적으로 좋은 합창단이 독자적으로 소리를 잘 낼 때 합창을 드러냄으로써 피아노 반주가 더 의미 있을 수 있다. 그래서 오르간을 잘 모르는 지휘자가 전체 연주에서 합창 소리를 더 듣고 싶어할 때는 피아노를 선호하게 된다. 이것은 피아노 소리가 계속 빠지면서(디미누엔도) 합창이 더 잘 들리기 때문이다. 합창곡이 피아노 반주를 염두에 두고 작곡되었다면 그 곡은 그렇게 불려도 괜찮을 것이다. 사실 우리나라 교회 성가대 곡들의 대부분이 이렇게 작곡되었다. 하지만 이렇게 작곡된 곡이라 하더라도 오르간으로 반주하는 것과 피아노로 반주하는 찬양을 비교하면 오르간과 하는 것이 더 좋은 합창이 되는 것을 많은 사람들이 동의한다. 그 이유를 설명해 본다.

인성을 닮은 오르간은 성가대원의 개성적이고 다양한 소리와 거친 소리들을 하나로 아우르는 성격이 있다. 그래서 성가대의 전체 밸런스(*balance*)와 블렌딩(*blending*, 여러 다양한 소리를 배합하는 것)을 더 좋게 만들어 주는 역할을 한다. 한 때 필자에게 오르간이 사람의 하나하나 떨어져 있는 개성적인 소리를 풀같이 붙여 주는 것 같다고 말한 사람이 있다. 그렇다. 오르간은 각 사람의 부족한 점을 보완하며 채워줄 뿐만 아니라 개개인의 소리를 하나로 만들어 주는 악기다. 그렇기 때문에 약하고 규모가 작은 성가대에게는 오르간은 더할 나위 없이 훌륭한 반주 악기가 된다.

오르간이 합창을 더 강화시켜주는 역할에서 오케스트라와 같은 의미가 있다. 오케스트라 반주로 작곡된 클래식 교회 음악 합창곡들, 예를 들면 미사곡이나 오라토리오, 그리고 칸타타 등의 곡들은 오르간 반주가 당연히 피아노 반주보다 좋다. 이 곡을 피아노로 반주했을 때 음악의 허전함과 빈 공간은 오르간이 반주한 연주와 비교하면 확연히 느낄 수 있다. 즉 피아노로 반주했을 때는 오르간의 꽉 차고 풍부하고 장엄한 느낌 대신 속이 빈 것을 느낄 것이다. 오르간은 사람의 약한 부분을 오르간의 지속되는 소리로 채워준다. 크게도 작게도 오르간은 구석구석 빈 공간을 채워 준다.

미사곡 같은 큰 규모의 합창곡이 아니더라도 개신교 중에서 영국 성공회나 독일 루터 교회의 성가대 합창곡은 오르간 반주로 된 곡이다. 왜냐하면 그들의 교회당에는 전통적으로 오르간만 있기 때문이다. 이런 성가대 합창곡이 우리나라에 많이 보급되면 좋은 합창 음악 전통이 세워질 수 있으며 이에 따라 오르가니스트의 역할이 더 늘어나게 될 것이다. 이렇게 장점이 많은 오르간이 성가대의 반주로 쓰이지 않는다는 것은 예배 음악의 큰 손실이다. 이에 교회는, 그리고 지휘자는 오르간을 좀 더 알고(배우고) 나아가 적극적으로 사용하여야 할 것이다.

성가대 반주는 오르가니스트가 혼자서 연주하는 전주곡, 후주곡과 달리 다른 연주자들과 함께 하는 연주이기 때문에 또 다른 각오와 연습이 필요하다. 오르간은 실수하기가 매우 쉬운 악기이며 그 실수도 남에게 잘 들리고 표시가 많이 나는 악기이다. 그 이유는 이미 오르간 음의 특징에서 나왔듯이 음을 누른 이후에도 소리가 지속되고 피아노처럼 음 세기가 줄어들지 않기 때문이다. 그래서 오르가니스트가 실수한 음은 어떻게 감출 수가 없다. 오르가니스트는 합창곡의 다이내믹에 따라 곡의 중간에 오르간의 음색을 종종 바꿀 뿐만 아니라 건반을 변경하기도 하며, 두 발로는 발건반을 연주하면서 동시에 볼륨의 세기를 조절하기 위하여 익스프레션 페달(*expression pedal*) 즉 스웰 페달을 사용한다. 이런 복잡한 악기의 구조상, 오르가니스트의 성가대 반주는 피아노에 비하면 참으로 어려운 일이다. 그래서 열심히 연습하고 준비해서 반주해도 칭찬받기가 힘든 것이 오르간 성가대 찬양곡 반주라 할 수 있다.

여기서 한 가지 살펴볼 일은 피아노를 성가대 주반주로 하고 오르간은 합창 파트를 중복해서(*doubling*) 연주하는 경우이다. 이것은 좋은 합창 반주 모습이 아니다. 오르간이 합창 파트를 중복해서 연주할 경우 합창 파트는 성가대의 소리와 오르간의 소리가 더해져서 더 두텁고 커지면서, 처음 음은 클 수 있어도 바로 작아지는 가늘고 약한 피아노의 반주와는 불균형을 이루게 된다. 그 결과 합창 소리가 월등하게 크면서 전체 소리 모양에서는 역삼각형이 되는 이상한 앙상블이 된다. 합창 음악에서 무반주 합창이 아닌, 반주가 있는 합창이라면 반주는 반주 파트대로 음악이 있으며 그 역할 또한 중요하다. 작곡가의 의도에 따라 합창에 비해 반주가 작을 때도 가끔 있겠지만 대부분은 대등하게, 그리고 예외적으로는 반주 소리가 더 클 때도 있다.

많은 합창 지휘자들이 합창을 더 크게 들리게 하고자 하여 반주의 소리를 최소로 내도록 반주자에게 요구하는 사례가 종종 있는데 이것은 음악적으로 좋은 판단이 아니다. 성가대가 합창곡을 연주하는 순간에는 사람의 소리, 악기의 소리를 두 개로 나눈다는 것은 불가능하다. 합창 소리와 반주 소리는 하나가 되어야 한다. 합창 소리를 100% 하면서 반주를 50%만 한다는 것은 음악을 모르는 말이다. 물론 반주가 합창 소리를 무시하고 마음대로 소리를 내도 좋다는 것은 아니다. 중요한 것은 합창이 *ff*를 내면 반주도 *ff*를 해야 한다는 것이다. 작곡가가 악보 반주 부분에 예외적으로 합창 부분과 다른 다이내믹을 지시하지 않은 이상, 원칙적으로 합창과 반주가 같은 다이내믹을 하는 것이다. 그런데 지휘자가 악보와 상관없이 반주를 합창과 같은 다이내믹이 아니라 합창보다 작은 다이내믹을 요구하는 것은 결국 전체적으로 작은 음악이 될 것이며 따라서 좋은 합창 음악은 되기 힘들 것이다.

예를 들어 오케스트라 반주로 된 오라토리오나 미사곡 혹은 교향곡에서 합창이 나오는 부분의 음악이 *ff*가 되면 어느 것이 관현악 반주 소리이며 어느 것이 합창 소리인지를 구별하기 힘들다. 그것은 하나의 장엄하고 거대한 소리일 뿐이다. 만약 구분을 할 수 있다면 그것은 오히려 오케스트라 소리일 것이다. 그렇다고 오케스트라 소리가 더 크게 들린다고 합창 소리를 위해 오케스트라를 줄이도록 하는 지휘자가 있다면 그 지휘자는 정말 음악을 다시 공부해야 할지도 모른다. 그 외에도 *pp*나 *mp* 혹은 *mf* 등 어떤 다이내믹에서도 각자의 소리에서 합창과 반주는 함께 다이내믹을 만드는 것이다. 기본적으로 반주 소리가 합창을 방해한다고 생각하면서 반주를 최소화 하려는 지휘자가 있다면, 그는 아예 무반주 합창곡을 하는 것이 훨씬 음악적일 것이다. 어정쩡한 반주는 이상한 모양을 가진(*deformed*) 소리일 것이며, 그런 것보다는 차라리 반주가 없는 것이 더 낫다. 그렇다면 적어도 이상한 음악은 아닐 것이기 때문이다.

오르가니스트는 합창과 오르간이 균형 잡힌 소리로 좋은 앙상블이 되기 위해 늘 합창의 소리에 귀를 기울여야 한다. 합창과 반주가 "따로" 노는("*play*") 것이 아니라 "함께" "노는" 것이다. 이것을 전제로 오르간은 성가대 반주에 더 세심한 주의가 필요하다. 이것은 음색뿐만 아니라 볼륨도 함께 유의해야 한다. Flute 8'과 4' 등의 작은 음색은 아무리 볼륨을 크게 한다고 해도 그 소리는 벙벙해지기만 할 뿐 다이내믹한 소리로 커지지 않는다. 그래서 음색과 볼륨은 서로 연관도 있으면서 고유한 색채감(*color*)도 또한 중요하다. 오르가니스트는 이것을 잘 숙지하고 음량과 음색을 조절하면서 합창과 균형을 이루어 나가야 한다.

특히 오르간이 피아노와 함께 반주할 경우는 더욱 그러하다. 소리의 성격이 서로 다른 오르간과 피아노가 동시에 한 성가대를 반주할 경우에는 심각한 어려움과 문제가 생긴다. 특히 음을 누를 때 소리가 나는 순간(*attack point*)이 각기 다르기 때문에 몇 십 년씩 아주 오래 반주를 같이 해온 두 반주자가 아니라면, 같이 반주할 때 박(*beat*)이 서로 어긋날 가능성이 아주 높다. 거기다 16분음표 같은 빠른 음표에서는 두 악기는 거의 맞지 않을 것이다. 더욱이 서로 다른 소리가 나는 두 악기가 모든 음을 똑같이 연주한다는 것은 음악적으로도 비상식적인 일이다. 결론적으로 이런 연주는 전혀 음악적이지 않을 뿐만 아니라 두 반주 소리가 서로 어긋나게 들려서 오히려 음악을 망칠 수도 있다.

이런 상황에서는 한 악기로만 반주하든지 아니면 두 악기의 파트를 잘 나누어서, 혹은 편곡자가 두 악기를 위해 편곡(*arrange*)하여 서로 좋은 앙상블을 이루면서 성가대를 반주하도록 하는 것이다. 일반적으로 성가대는 한 악기로 반주해도 전혀 문제가 없으며 오히려 두 악기가 서로 맞지 않아 삐걱거리는 것에 비하면 한 악기 반주가 훨씬 예술적이며 정직한 것이다. 뭐든 많은 것이 좋다는 세속적 가치가 아니라, 적지만 그리고 작지만 제대로 된 아름답게 잘 맞는 합창을, 그리고 음악을 우리는 지향해야 한다.

성가대 곡 중에는 피아노와 잘 어울리는 곡이 있다. 최근에 미국과 한국에서 많이 작곡되는 CCM 스타일의 곡들은 대부분 피아노에서 작곡되면서 피아노 반주로 쓰인 곡들이기 때문에 피아노만으로 훌륭한 성가대 곡이 될 수 있다. 반면 유럽에서 작곡된 성가대를 위한 합창곡은 거의 모두가 오르간으로 예배드리는 교회에서 작곡된 곡들이기 때문에 오르간을 지정해 놓지 않았더라도 오르간이 반주 악기이며, 가끔은 악보에 오르간이라는 말을 써 놓기도 한다.

성가대를 오르간으로 반주하는 일은 찬송가를 연주하는 것과는 또 다른 어려운 점이 많다. 만약 악보에 반주를 오르간으로 지정해 놓은 곡이면 훨씬 수월하다. 일반적으로 그런 곡은 작곡가가 반주 악보에 건반, 음색, 볼륨, 가끔은 솔로 스탑 등을 표기하는 경우가 많다. 그래서 오르가니스트는 악보에 나타난 것을 기본으로 하고 연주하는 교회의 오르간 여건에 따라 약간의 조정만 하면 된다. 여기서 주의할 것은 오르간의 소리와 자신의 성가대의 소리가 균형을 이루도록 최종 음색을 조정하는 일이다.

악보에 오르간 반주를 지시했다는 의미는 그 곡은 대체로 영국 교회의 곡이거나 루터 교회 즉 유럽의 교회 합창곡일 경우가 많다. 영국의 교회 합창곡은 대체로 대성당의 합창곡으로, 잔향이 뛰어난 교회당에서 큰 규모의 성가대와 큰 오르간으로 연주하는 곡들이다. 그렇기 때문에 우리나라 예배당에서 이런 곡을 연주할 때는 오르가니스트 자신의 교회 성가대와 오르간, 그리고 대체로 국내의 아주 좋지 않는 잔향 등, 찬양하는 그 곡의 원래 연주된 상황과는 많이 다른 환경에서 연주한다는 것을 필히 기억해야 한다. 그래서 악보에 지시된 대로 음색을 한다면 그 교회의 성가대 찬양은 그리 만족스럽지 못할 가능성이 많다. 이럴 때는 심사숙고하여 자신의 교회 상황에 맞게 조절하는 것이 필요할 뿐만 아니라 가능하면 리허설 때 예배당 중앙에서 전체 밸런스를 들어 주는 사람이 필요하다.

필자의 7-8년 전의 일로서 주일 예배 성가대 찬양이 영국 작곡가의 대합창 스타일로 된 곡이었다. 그 곡은 당연히 오르간 반주였으며 작곡가가 기본적인 오르간 음색을 지시해 놓았었다. 본래 악보에 지시된 음색이라는 것은 작곡가가 그 부분에는 꼭 그 음색을 원한다는 의미이다. 음색 지시가 없는 부분은 연주자가 전후를 보면서 전체적인 앙상블 소리를 만든다. 필자도 이런 원칙에 따라 음색을 하고 전체적인 조정을 나름 했었다. 아담스 채플은 잔향이 좋아 오르간 소리가 잘 울려 퍼져나가고 큰 소리도 대체로 듣기가 편안한 곳이다. 그리고 계명대학교 대학교회의 성가대원 수는 20여 명 남짓하지만 울림이 좋아 성가대 소리가 잘 울린다. 필자는 지시된 음색을 원칙으로 하면서 교회 성가대원 수와 채플 오르간, 그리고 그 곡이 연주된 영국의 대성당에 비해서는 짧은 잔향의 아담스 채플이라는 것을 고려하여 나름 너무 센 음색은 빼면서 음색을 만들었다. 그럼에도 불구하고 그 결과는 오르간이 너무 컸었다. 찬양 중에 필자는 오르간이 크다고 느꼈으며 도중에 음색 조절을 조금 하였지만 여전히 좋은 소리는 아니었다. 필자가 지금까지 피아노와 오르간 반주를 합하면 성가대 반주를 약 40년간 해오면서 제일 아쉬웠던 성가대 반주가 그 곡이었다. 그 멋있는 영국의 장대한 합창에서 오르간과 성가대가 잘 어울리지 못했던 것이다. 이런 곡의 경우에는 오르간이 성가대와 리허설을 채플에서 특별히 따로 하면서 누군가 전체 밸런스를 들어주는 시간이 필요했었던 것이다. 이런 과정을 거치지 못한 것이 내내 아쉬움으로 남는다.

이런 일과는 조금은 다른 성격이지만 한국의 오르가니스트들에게 자주 일어날 가능성이 높은, 위험한 상황이 교회에 종종 있다. 이것은 우리나라 교회 성가대실에는 피아노만 있고 오르간은 대체로 없다는 것이다. 그래서 성가대 연습 때는 피아니스트가 주로 반주한다. 그리고 오르가니스트는 경우에 따라 연습에 참석만 하는 경우도 있고 참석하지 않는 경우도 종종 있다. 하지만 오르가니스트는 성가대 연습에 자신의 반주 여부와 상관없이 연습 시간에 참석해야 한다. 그래야만 곡을 충분히 알고 또 지휘자가 원하는 모든 자세한 사항을 악보에 표시할 수 있다. 이렇게 한 후 교회 오르간에서 연습하게 되면 성가대 없이 혼자서 연습하는 것이지만 그럼에도 불구하고 성가대의 찬양과 어울리는 소리를 낼 가능성이 높다. 자신이 성가대 연습 시간에 반주를 하지 않는다고 연습에 불참하는 오르가니스트는 불성실한 사람이라 해도 된다. 다른 예배를 반주하는 그런 중차대한 이유가 없는 한은, 그리고 그런 경우는 반주 시간을 조정해서라도, 성가대 연습에 필히 참석해야 한다.

성가대 연습 시간에 오르간이 함께 연습하지 못했다면 오르가니스트는 지휘자와 따로 시간을 내어 본당에서 오르간과 함께 성가대 곡을 연주하고 지휘하는 리허설을 가질 것을 권한다. 지휘자가 오르간에 대해 잘 모른다는 이유로 오르가니스트에게 모든 것을 맡기고 아무 의견을 주지 않는 것도 좋은 상황이 아니다. 지휘자는 적극적으로 오르간에 대해 알아야 하며, 오르간이 반주를 함께 하는 것이라면 지휘자는 성가대 곡의 오르간 음색을 전체적으로 점검하면서 오르가니스트와 함께 리허설을 가지는 것은 중요하다. 일반 클래식 음악 연주에서도 리허설 없는 연주는 불가능하다. 그렇다면 하나님께 드리는 찬양은 더 리허설이 필요하지 않을까.

오르간이 성가대실에 있는 것은 매우 중요하다. 예배당의 오르간 크기는 아니지만 비슷한 오르간을 두어서 연습 때 실제 예배처럼 피아노와 오르간이 함께 연습하면 예배 찬양은 훨씬 좋아질 것이 틀림이 없다. 가끔 어떤 교회는 성가대실에 오르간이 없어 성가대 연습할 때는 피아니스트와 오르가니스트가 교대로 반주를 하는 경우가 있다. 이 경우는 최선의 방법은 아니지만 차선일 수는 있다.

계명대학교 대학교회 성가대실에는 오르간이 없다. 그리고 교회에는 피아니스트가 없이 필자가 유일한 오르가니스트이자 반주자이다. 그래서 필자가 피아노로 성가대 연습 반주를 하고, 반주 악보에서 오르간을 지시한 곡이나 합창곡이 반주 부분과 맞추기 힘든 곡일 경우에는 예배당으로 건너가 오르간과 함께 최종 리허설을 가지기도 한다. 이때 필요한 것은 예배당 중앙이나 뒤편에서 지휘자 혹은 음악을 아는 사람이 전체 밸런스를 듣고 조정하는 일이다. 이전 필자의 예에서 성가대와 밸런스가 좋지 않았던 그때 성가대 곡은 불행히도 지휘자와 오르간에서 리허설을 하지 않았기에 더 아쉬운 점이다. 그 이후 이 일 때문만은 아니지만 자연스럽게 그 지휘자와는 매주 금요일 오후에 주일 성가대 곡을 오르간에서 리허설하는 시간을 가졌었다.

합창곡의 반주 부분에 특정한 악기 표기가 없는 경우와, 단순히 건반 악기("*keyboard*")라고 해놓은 경우에 특히 피아노적인 음형들로 이루어진 반주는 오르간에서 그대로 연주하면 안 된다. 다음 장에서 설명할 오르간 성가대 반주법을 응용하여 곡에 맞게 연주해야 할 것이다. 오르가니스트는 단순한 직이 아니다. 오르간은 그냥 치는 악기가 아니다. 연주하기 전에 많은 것을 검토해야 하고 오르간에 맞게, 예배에 맞게, 그리고 최종적으로 가끔은 반주하는 그 연주자 자신의 능력에 맞게 조정 혹은 편곡해야 하는 사안들이 늘 새롭게 나타난다. 그래서 게으른 오르가니스트는 오르가니스트로 존재하기조차 힘들다.

3. 피아노 악보를 오르간으로 연주하는 법

앞서 오르간과 피아노의 소리 특징에서 오르간과 피아노의 소리는 서로 다른 성격을 가졌음을 설명하였다. 최근 우리나라 교회에서 불리는 대부분의 성가대 곡 반주는 피아노 악보로 되어 있다. 이것은 피아노 반주로 작곡가가 악보를 만들었다는 의미이다. 그래서 이러한 곡을 악보대로 오르간이 연주하면 이상한 소리가 될 가능성이 아주 높다.

오르가니스트는 피아노에 없는 오르간의 발건반 연주를 비롯하여 피아노 반주로 된 악보를 오르간으로 연주하는 방법을 익혀야 한다. 이것은 한 곡이지만 오르간에서는 다른 연주법이 나오는 것은 오르간이 피아노와 다른 이유로서 피할 수 없는 부분이다. 오르가니스트는 피아노와 오르간 소리의 가장 중요한 차이점을 늘 기억해야 한다. 이것은, 1) 오르간 음은 피아노와 달리 손가락을 떼는 즉시로 음이 끊어지며, 2) 오르간은 피아노처럼 음을 디미누엔도하면서 지속시킬 수 없으며, 그래서 누르고 있으면 늘 같은 세기로 지속되며, 3) 오르간은 각 음을 피아노처럼 손가락 힘의 세기로 크게 작게 소리를 낼 수 없이, 모든 음은 세기가 다 똑같으며, 4) 그리고 오르간은 발건반이 있는 점이다. 아래 표는 피아노와 오르간 소리의 차이를 자세히 비교한 것이다.

표 5. 피아노와 오르간의 비교

악기	피아노	오르간
손건반 수	1건반	대체로 2건반에서 5건반
건반 음의 수	88음 (7옥타브 $^{1}/_{3}$)	대체로 60–61음(5옥타브) 가끔 56–57음
발건반	없음	대체로 32음(2옥타브 반, 도–솔) 가끔 29–30음
전체 음역	7옥타브 $^{1}/_{3}$	9–10 옥타브
음색의 변경	손가락 터치와 세 개의 발 페달	고유한 개별 음색(stop)을 다양하게 조합
소리의 성격	타악기적	관악기적
소리 메카니즘 (mechanism)	햄머로 현을 침	파이프 안의 바람이 관을 진동하여 소리 남 전자 오르간: 스피커에서 소리가 증폭되어 남

건반을 누른 후의 소리	바로 소리가 남	바람이 관을 진동한 후에 소리 남 전자 오르간: 바로 소리가 남
강약 기능	건반 터치에 의해 한 음씩 강약이 가능하며 점차적인 크레센도 가능 세 개의 발 페달 사용	건반 터치에 의해 강약 조절이 불가하며 음색 추가나 스웰(swell) 기능을 이용해 점차적인 크레센도 가능
음량	실내악적 악기로 보통 크기	오르간의 규모에 따라 대규모 오케스트라 이상의 소리까지 가능
전기 및 전자 장치 유무	없음	많은 전기 및 전자 장치 있음 모터를 비롯하여 음색 저장 버튼, 음색 변경 버튼 등

이제 구체적으로 피아노 반주 악보를 오르간으로 연주하는 방법을 알아본다.

1) 음색 사용 혹은 음색 조합

오르간 회중 찬송가 연주는 가장 큰 소리가 나는 주 건반인 그레이트(*Great*) 건반에서 한다. 하지만 성가대 반주를 할 때는 그레이트 건반은 가능한 한 사용하지 않는 것이 원칙이다. 큰 규모의 합창 경우에 *mf*까지의 다이내믹 경우에는 대체로 스웰(*Swell*) 건반 혹은 콰이어(*Choir*) 건반까지이며 *f* 내지 *ff* 정도 되면 그레이트 건반이 가능하다. 하지만 그레이트 건반의 음색은 작은 음색부터 부분적으로만 가능할 것이다.

파이프 오르간의 음색에서는 같은 종류의 음색, 예를 들면 같은 플룻 음색이라 하더라도 그레이트 건반의 플룻과 콰이어 건반, 스웰 건반의 플룻은 각기 다르다. 플룻 이름도 다를 뿐만 아니라 음색과 세기도 다른 것으로 그레이트 건반의 플룻이 제일 소리도 크고 음폭도 넓다. 이에 비해 스웰 건반의 플룻은 제일 작은 소리가 난다. 오르간의 모든 음색은 일반적으로 다 이렇게 배치되어 있다. 작은 스웰 건반부터 콰이어 건반, 그리고 그레이트 건반으로 점차 소리의 세기와 음폭이 커진다. 그래서 작은 소리를 낼 때는 그레이트 건반을 피하고 콰이어 건반이나 스웰 건반의 음색을 사용한다. 그 이유는 오르간이 너무 두터운 소리를 내면 합창 고유의 소리가 오르간에 묻혀서 깨끗하게 들리지 않기 때문이다.

파이프 오르간은 각 건반의 소리 배치가 이렇게 되어 있지만 전자 오르간은 상황이 다른 경우가 종종 있어 아쉽다. 스탑 이름도 분명히 다르고 건반도 다르기 때문에 그 소리가 달라야 하는 플룻 종류[75]들이 전자 오르간에서는 모두 거의 비슷하게 들리는 경우가 허다하다. 그래서 한국에서 전자 오르간을 사용하는 교회의 오르가니스트는 오히려 어쩌면 이런 점에서 고민을 덜 해도 좋을지 모르겠다. 이것은 오르간 음악의 발전에는 큰 걸림돌이기도 하다. 덜 고민하고 덜 연구해도 된다는 것은 결코 좋은 것이 아니기 때문이다. 파이프 오르간에서 음색 이름이 다르면 그 소리는 다르다. 오르가니스트는 자신의 교회 오르간의 음색을 연구하면서 스탑에서 이런 차이점이 있는지 없는지를 파악해야 한다. 그래서 성가대 반주는 회중 찬송가나 독주가 아님을 명심하고 너무 큰 소리나 두터운 소리가 아닌, 그렇지만 오르간의 고유한 소리와 함께 합창과 균형을 이루면서 좋은 앙상블을 만들어 내도록 한다. 다음 표는 성가대 반주의 가장 기본적인 음색을 몇 가지 제시한 것이다. 여기서 영어 표기에서 건반은 대문자로 시작하였고 스탑 이름은 모두 소문자로 통일한다. 그리고 다이내믹에 따른 음색은 중형 성가대인 경우이며 대형 성가대는 조금 더 많은 음색이 가능할 수 있다.

표 6. 다이내믹에 따른 성가대 반주 음색

다이내믹	건반	손건반의 음색	발건반의 음색
pp	Swell	flute 8'	작은 16' + 작은 8' flute 혹은 gedackt = ①
		string 8' + celeste 8'	
		flute 8' + celeste 8'	
p	Swell	위의 *pp* 음색형 그대로	①과 거의 동일
		pp 음색 각각 + flute 4'	
		pp 음색 모두 + flute 4'	
mp	Swell	위의 *p* 음색형	①과 거의 동일 혹은 ① + 8' = ②
		p 음색형 + 작은 prestant 4'	
		p 음색형 + 작은 principal 8'	

75 | 플룻 계열의 음색: 오르간의 음색 중에서 플룻 계열의 음색이 제일 다양하다. 오르간의 플룻 소리는 실제 수십 가지에 해당하며 그 대표적인 것이 Flute, Gedackt, Bourdon, Open Flute, Stopped Flute, Blockflöte, Rohrflöte, Spitzflöte, Waldflöte 등이다.

mf	Swell	위의 *mp* 음색형	②
		mp 음색형 + 작은 flute 2'	
	Swell + Choir	*mp* 음색형 + 작은 flute 2' + Choir flute 8'	② + 16' = ③
		mp 음색형 + 작은 flute 2' + Choir flute 8' + flute 4'	
f	Swell + Choir	위의 *mf* 음색형 + Choir principal 8'	③ + octave 8' + 작은 4', Swell을 Pedal로 커플러
	Swell + Choir + 작은 Great	*mf* 음색형 + Choir principal 8' + Choir principal 4' 혹은 Swell의 작은 mixture + Great 작은 flute 8'	위와 비슷
ff	Swell + Choir	위의 *f* 음색형	위의 음색 + 4'
	Swell + Choir + 작은 Great	*f* 음색형 + Swell reed 음색들	위의 음색 + 콰이어 Pedal로 커플러, 혹은 Pedal 작은 reed

2) 펼친 화성 혹은 아르페지오 연주법

펼친 화성 혹은 아르페지오는 전형적인 피아노 음형으로서, 피아노에서는 음을 지속시키는 발 페달을 사용함으로써 이 펼쳐진 음들이 자연스럽게 서로 이어지고 겹치면서 아름답게 들린다. 이것은 피아노의 매력이기도 한 것으로서 이렇게 아름다운 화성으로 남는 것은 피아노 소리의 특징 때문에 가능한 것이다. 즉 피아노 음은 건반을 친 후에 소리가 점점 디미누엔도 되면서 사라지기 때문에 지속 페달을 사용할 때 음들이 겹쳐지기는 하지만 두터운 화성이 아니라 엷은 안개 같이 여리고 신비한 화성 감각으로 나타난다. 그래서 이런 아르페지오는 피아노에서 이상적인 것으로 아름답게 들린다.

악보 34, 아르페지오에서 피아노와 오르간의 소리 비교

하지만 위의 악보에서 보듯이 피아노와 오르간의 아르페지오는 다르다. 오르간은 손가락을 떼는 즉시 음이 바로 사라지기 때문에, 오르간에서 아르페지오를 연주하면 피아노에서 들리는 지속적으로 남아있는 화성의 뒷받침이 없이 각 음이 다 떨어져 나간다. 물론 이것은 이론적인 것으로서 실제 유럽의 교회 같은 좋은 잔향의 홀에서는 이렇게 떨어지는 음들도 어느 정도 겹쳐져 연하게 화성적으로 들릴 수는 있다. 그럼에도 불구하고 오르간의 음은 자체적으로 울림을 만들 수 없기 때문에 피아노 아르페지오의 풍부함과 비교하면 화성적으로 많이 빈약하다. 더구나 우리나라 교회의 상황에서는 오르간의 모든 음들은 떼는 즉시 다 사라질 것이다. 그렇다고 음을 눌린 후에 디미누엔도 되지 않고 같은 세기를 유지하는 오르간 음들을 다 겹치게 아르페지오를 한다면 결과적인 소리는 아주 두텁고 센 소리로 오히려 합창에 더 방해가 될 것이다. 오르간에서 아르페지오 음형을 다 겹쳐서 연주할 경우는 일반적으로 크레센도를 할 때이다. 이것은 오르간에서는 음이 많을수록 큰 소리가 되기 때문이다. 음들이 많으면 더 많은 파이프에서 소리가 난다는 의미로 당연히 소리의 세기는 커진다. 아래의 예는 바흐의 곡으로 마디 130에서 음들이 더 많아지고 쌓이면서 크레센도의 효과를 만들어 내고 있다. 이런 것은 바로크 곡에서 다이내믹을 키울 때 종종 사용하는 기법이다.

악보 35, 바흐의 파싸칼리아 다단조 BWV 582

오르간에서 이런 크레센도의 의미가 아니라, 피아노에서의 아르페지오 화성처럼 오르간에서 연주하는 방법에는 두 가지가 있으며, 많이 사용하는 방법은 두 건반을 사용하는 것이다. 즉 한 건반에서 한 손은 작음 음색으로 아르페지오의 화음을 코드로 눌러 지속시켜 주고 다른 건반에서 다른 손으로 그 펼친 화음을 악보대로 한 음씩 연주하는 것이다. 어느 손이 코드를 혹은 아르페지오를 연주하느냐는 것은 대체로 음역에 따라 결정되는 것으로, 이와 관계없이 오른손이 아르페지오를 치고 왼손이 코드를 칠 수도 있다. 이렇게 아르페지오를 연주하면 피아노에서 나는 음향은 아니지만, 오르간에서 잔잔하면서도 깨끗하게 펼쳐진 아르페지오의 음과 조용하게 지속시키는 화음을 동시에 들을 수 있어 오히려 작은 실내악의 앙상블 같은 효과를 줄 수 있다. 아래의 악보는 말로테(*Albert H. Malotte, 1895-1965*)의 "주의 기도"로 첫 부분의 전주에서 아르페지오를 연주하는 방법을 보여준 것이다.

악보 36, 말로테의 "주의 기도" 첫 두 마디 전주, 아르페지오를 두 건반에서 연주

아르페지오 연주의 다른 방법은 이 음형을 악보의 음길이대로 연주하는 것이 아니라 악보 음길이보다 조금씩 길게 쳐서 두세 음이 서로 겹치게 하는 것이다. 이때 화성에 따라 한 음에서 두세 음까지 다양하게 겹치게 할 수 있다. 그리고 리듬의 느낌에 따라 겹치는 음을 많게 혹은 적게, 각각 다르게 적용한다. 강박에는 좀 더 많은 음이 겹치는 것이 좋으며 약박으로 갈수록 겹치는 음은 적어야 한다. 즉 아르페지오 음들을 겹치게 할 때는 너무 많은 음들이 겹쳐져 음악에서 불필요한 크레센도가 만들어지지 않게 할 것이며 또한 한 아르페지오 음형 안에서 화성이 바뀌면 같은 화음 안에서만 아르페지오 음들을 겹치도록 하는 것이다.

악보 37. 말로테의 "주의 기도" 첫 두 마디 전주, 아르페지오를 한 건반에서 연주

오르간에서 아르페지오 음형이 잘 연주되면 피아노보다 더 좋은 아르페지오가 될 수도 있다. 여기서 아르페지오를 두 손건반으로 연주하는 방법에서 적절한 음색 세 가지 유형을 제시한다.

p: 반주 - celeste 8' + gambe 8'

아르페지오 - flute 8'

mp: 반주 - celeste 8' + gambe 8' + 혹은 gedackt 8'

아르페지오 - flute 8' + flute 4'

mf: 반주 - celeste 8' + gambe 8' + gedackt 8' + 혹은 flute 4'

아르페지오 - flute 8' + flute 4' + 혹은 flute 2'

위의 유형은 각자의 오르간 상황에 따라 당연히 조정이 될 수 있다. 자신의 교회 오르간에서 이런 조합으로 밸런스가 적절한지를 잘 들어서 판단한 후 스탑을 더 넣을 수도 뺄 수도 있다. 그리고 아르페지오가 *f*의 다이내믹에는 각 건반에서 프린시펄 스탑이 각각 추가되기 시작할 것이다. 이 경우는 아름다운 아르페지오라기보다 강렬한 음악의 움직임을 묘사하는 것으로 많은 스탑들이 들어갈 수 있다. 그리고 이때는 두 손건반이 아니고 한 건반에서 아르페지오를 연주하는 방법으로 하는 것이 좋은 경우가 많다.

3) 발건반의 사용

찬송가를 연주할 때는 발건반을 사용하는 것이 원칙이다. 발건반 음색은 주로 16'(한 옥타브 낮은 음)과 8'부터 시작한다. 그래서 발건반이 있다는 의미는 피치상 기본 베이스 음과 동시에 한 옥타브 아래의 음, 즉 두 음이 있다는 뜻이며, 이 때문에 음악은 더 풍성하게 된다. 이것은 오케스트라에서 첼로에 더블베이스(*Double Bass*)가 추가되는 것과 같은 상황이다.

발건반의 풍부한 음악적 장점에도 불구하고 찬송가에 여러 절이 있을 때 가사와 곡의 상황에 따라 발건반 없이 손건반만으로 연주할 경우가 있다. 하지만 이것은 특별한 의미와 표현을 위한 것으로 예외적인 것이다. 그러나 성가대 반주나 기악 반주에서 오르간의 발건반 사용은 좀 더 자유롭다. 성가대 반주에서 발건반을 사용하는 것은 쉬운 일이지만 발건반을 사용하지 않는 것은 오히려 더 어려운 일이다. 여기에는 음악적 예민함과 음악적 이해가 선행되어야 하기 때문에 오르가니스트는 곡의 연구가 필수적이다.

합창 음악의 반주에서 성부 구조(*texture*)나 음역 등에 따라 발건반을 사용하지 않아야 하는 경우와 하지 않는 것이 더 나은 경우가 종종 있다. 오르간은 처음부터 끝까지 무조건 발건반의 저음이 계속 있어야 한다는 것은 좋지 않은 선입견이다. 이 때문에 가벼워야 할 음악을 발건반 사용으로 오히려 무겁고 어둡게 만들 수도 있다. 이에 발건반을 사용하지 않아야 하는 경우와 하지 않는 것이 더 좋은 경우를 구체적으로 살펴본다.

(1) 무반주 합창곡 반주 혹은 곡 중 무반주 부분에서 오르간이 도울 경우

무반주 합창의 의미는 악기가 없는 합창이다. 무반주 합창은 사람의 목소리만으로 하는 것으로 합창의 가장 아름다운 형태이다. 이때 부득이하게 오르간이 합창을 도와줄 경우 오르간은 최소의 소리가 적절하다. 그리고 발건반의 16' 스탑은 베이스 선율에서 한 옥타브 낮은 소리를 내기 때문에 발건반을 사용할 경우 그 합창은 본래의 소리에서 한 옥타브 아래 음이 추가된 것으로 작곡가가 의도한 소리가 아니며, 그 소리는 둔하고 탁한 소리가 된다. 그렇기 때문에 이때는 우선적으로 발건반 없이 손건반만으로 해야 한다. 하지만 손건반의 레가토(*legato*) 연주를 위하여 "세 번째 손"의 도움이 필요하다면 발건반의 자체 음색은 모두 없애고 손건반의 음색을 발건반으로 내려서(*couple*) 발로 베이스 음을 연주함으로써 손이 하는 것을 도와줄 수 있다. 이렇게 되면 양손은 적은 성부로 훨씬 편하게 레가토를 할 수 있을 것이다.

(2) 곡의 전주가 높은 음역이나 중간 음역에서 시작한 후 낮은 음역으로 갈 경우

성가대 곡의 전주는 그 다음 이어서 시작될 합창 음악의 성격을 만들어 주는 것으로서 매우 중요하다. 이것은 성가대원이 음악적으로 충분히 준비할 수 있는 시간을 제공한다. 그래서 전주의 첫 음부터 음악은 살아 있어야 한다. 가끔 전주에서 처음에는 무슨 박자이며 무슨 음악인지 모르다가 서서히 느낌이 오는 경우가 있다. 하지만 전주는 그래서는 곤란하다. 특히 짧은 전주라면 이 짧은 몇 마디 안에, 특히 첫 음에서 무슨 음악인지 말할 수 있어야 한다. 연주회를 가면 좋은 연주자는 첫 음에서 벌써 자신의 모든 것 그리고 그 음악의 모든 것이 느껴질 정도로 첫 음의 성격이 확실하게 나타난다. 이때 그 첫 인상은 전체 곡에 매우 중요하다.

전주가 성가대 합창 시작 부분과 템포가 같든지 다르든지 상관없이 지정된 템포에 따라 전주는 완전한 하나의 음악 자체가 되도록 연주한다. 그래서 전주가 높은 음역에서 시작한다면 그것은 작곡가의 특별한 의미가 주어진 것이다. 하늘에서 내려오는 은혜 혹은 축복의 메세지 등 작곡가의 의도와 음악의 성격을 그대로 살려야 한다. 그러기 위해서는 발건반의 무거운 움직임은 이때에는 피해야 하는 것이다. 발건반의 저음이 없다가 반주 음역이 아래로 내려오면서 발건반의 저음이 나타날 때는 한없는 평안과 안정감을 준다. 발건반 사용의 유무는 음악에 지대한 영향을 주며 음악의 성격을 결정짓는 데 큰 역할을 한다.

악보 38. 하이저의 "주의 이름 영화롭도다" 시작 부분 전주

위의 악보는 하이저(*Elwood Kenney Heyser, 1862-?*)의 "주의 이름 영화롭도다"의 전주 시작 부분으로 하나님의 영광이 하늘에서 땅으로 내려오는 느낌을 준다. 여기서

두 마디는 물론 네 마디 모두를 발건반 없이 연주하는 것이 당연하다.

(3) 합창 성부에서 베이스 성부가 없는 경우의 반주

오르간 반주자는 합창 성부와 반주 부분 양쪽을 다 잘 알고 있어야 한다. 이것은 피아니스트의 경우와 많이 다르다. 피아니스트는 악보 그대로 반주를 하지만 오르가니스트는 여러 상황에 따라 피아노 반주 악보대로 치지 않는, 혹은 칠 수 없는 상황이 있다. 그 근거가 대부분은 오르간의 악기 특성상 그리고 합창 부분의 변화에 따른 것이다. 그래서 오르가니스트는 자신의 반주 부분만 열심히 연주하는 것이 아니라 합창 부분을 참고하면서, 특히 발건반 성부를 둘 것이지 없앨 것인지를 판단해야 한다.

악보 39, 헨델의 〈메시아〉 "주의 영광" 합창 시작 부분

반주가 합창 성부와 무관하게 독자적인 음악 형태로 가는 것이라면 합창 성부에서 베이스 성부가 없어도 반주 음악의 상황에 따라 발건반은 사용할 수 있다. 하지만 반주 부분이 합창 성부를 따라 움직이는 곡인 경우에서 베이스 성부가 도중에 나오지 않을 때는 발건반을 안 할 수도 있다. 그렇기 때문에 베이스 성부가 없어졌다면 지금까지 베이스 성부와 같은 반주부의 저음을 연주를 하고 있었던 발건반은 당연히 연주

하지 않는 것이다. 이런 경우는 많은 합창곡에서 나타나기 때문에 합창 악보와 반주 악보를 세심하게 비교하면서 적절하게 발건반의 유무를 선택할 수 있을 것이다. 악보 39는 헨델의 〈메시아〉 "주의 영광"으로 합창이 시작되는 부분이다. 전주 후 11마디에서 알토 성부만 시작할 때 오르간의 페달은 사용하지 않는 것이 좋다. 그리고 베이스와 테너, 소프라노가 함께 나오는 14마디 둘째 박에서 페달이 나오는 것이다.

(4) 음악이 *ff*의 큰 소리에서 *pp*로 급격히 변했을 경우

합창에서 *ff*에서 *pp*로 가는 급격한 다이내믹의 변화에는 대체로 발건반 성부를 없애는 것이 낫다. 특히 소리의 크기에서 보더라도 발건반이 연주를 하지 않으면 발건반의 저음 전체 소리가 사라짐으로써 소리는 많이 약하게 된다. 또한 발건반의 16'이 없을 때는 베이스 성부가 한 옥타브 아래에서 나지 않음으로 *pp*를 더 효과적으로 할 수 있다. 이는 결과적으로 음악의 극적인 변화를 드러내는 것이다. 다이내믹이 *ff*에서 *pp*로 갈 때 예외적으로, 합창 부분의 음역이 저음으로 내려가면서 *pp*를 원할 때는 발건반의 16'이 필요할 수도 있기 때문에 유익해야 한다. 아래의 곡은 링크(*Christian H. Rinck, 1770-1846*)의 "경배하라 우리 하나님"의 중간 부분이다. 여기서 합창이 *f*로 가다가 갑자기 *p*로 선회한다. 이때는 페달을 사용하지 않는 것이 다이내믹의 변화를 더 드러낼 수 있다.

악보 40, 링크의 "경배하라 우리 하나님" 중간 부분

(5) 프레이즈가 반복될 때, 한 프레이즈를 발건반 없이 반주 가능

음악에서 프레이즈나 음형 등이 반복될 때 두 번째 것은 원칙적으로 다르게 표현한다. 즉 연주를 다르게 한다는 의미이다. 이것은 다이내믹이나 아티큘레이션을 다르게 함으로써 표현할 수 있다. 이런 연주법은 바로크 시기의 악곡에서 가장 많이 나타나는 것으로 이것을 한 작품에서 광범위하게 사용할 때는 에코(*echo*, 되울림)라는 기법

으로 나타나기도 한다. 바로크 시기 음악에서는 하나의 프레이즈를 반복하는 경우도 있지만 작은 음형을 단위로 반복하는 경우도 많다. 그래서 이 반복하는 음형은 하나는 크고 하나는 그에 대한 대비 혹은 반향, 즉 되울림으로서 작게 하는 경우가 대부분이다. 오르간 곡에서도 이런 에코 기법은 종종 나타나며, 이때 다이내믹의 변화를 음색과 아티큘레이션의 대비로 함께 표현한다. 이것은 바로크 시기의 아기자기한 음악적 묘사의 성격을 만들어 주는 대표적인 작곡법이며 연주법이다.

합창곡에서 이렇게 프레이즈의 반복이 나타날 때 오르가니스트는 음악의 흐름을 잘 보고 앞 프레이즈를 발건반 없이 할지, 뒤 프레이즈를 발건반 없이 할지를 결정해야 한다. 많은 경우 대체로 뒤 프레이즈에서 발건반 없이 연주할 가능성이 높지만 꼭 그렇지만은 않기 때문에 음악의 전후를 잘 살펴야 한다. 그러나 음악이 점점 크레센도 되는 상황에서 프레이즈가 반복되는 것이라면 발건반이 있는 것이 좋을 수도 있으며 오히려 음색을 더 추가할 수도 있다. 음악은 사실 예측불허이다. 모든 음악은 각기 다르기 때문에 각 곡에 따르는 음악적인 해석과 연주법의 설정은 늘 변할 수 있다는 것은 음악인에게 가장 어려운 점인 동시에 즐거움이기도 하다. 예술가는 정해진 트랙을 따라 그대로 밟아 가는 것이 아니라 새로운 길을 만들어 가기 때문이다.

(6) 장엄한 음악이 저음에서 나오다 갑자기 음역이 위로 올라가는 경우

이런 경우는 대체로 높은 음역에서 음악의 극적인 변화가 나타나고 있는 때이다. 높은 음역에서 발건반이 있으면 음악 자체가 무거워질 가능성이 아주 높다. 그렇기 때문에 발건반의 사용은 자제한다. 하지만 이것은 아주 예민한 사안으로 반주자의 뛰어난 예술적 판단이 요구되는 때이다. 위의 음역에서 *pp*라면 발건반 사용은 하지 않는 것이 좋다. 하지만 높은 음역에서 여전히 *fff*를 유지하면서 강한 음악이라면 발건반의 16' 스탑은 음악적 상황에 따라 생략할 수도 있을지 모르나 발건반 자체 음색은 그대로 둘 수도 있다. 발건반 소리 자체를 뺀다는 것은 그만큼 소리의 세기를 줄이는 결과가 되기 때문이다. 그렇기 때문에 16'만을 없앨지 발건반 자체 음색을 모두 없앨지는 곡의 상황에 따라 판단할 것이며 이때 당시의 다이내믹이 중요한 요인이 될 수 있다.

(7) 성가대 곡에서 독창 혹은 중창 부분이 있을 때

여기서는 음악의 흐름과 전개를 참고하여 발건반을 하지 않을 수 있다. 이때 발건반을 없애는 것은 음악적인 변화를 위한 음향의 대비를 위해서이다. 조심할 것은 합창에서 독창이나 중창으로 가면 일단 음악이 작아지는 상황이기 때문에 반주까지 작아지면 전체 음악이 갑자기 지나치게 왜소해질 우려도 있다. 그래서 독창이나 중창 부분의 다이내믹이 *p*나 *pp*인 경우는 발건반 사용을 자제할 수도 있지만 *mp*이거나 *mf*인 경우는 발건반을 할 수도 있기 때문에 유의해야 한다. 그럼에도 불구하고 합창에서 독창이나 중창으로 음악이 바뀌면 발건반의 유무를 떠나서 음색은 뒤로 물러서면서 작은 스탑들로 구성을 하는 것이 중요하다. 아래 악보는 로시(*Giachino Rossi, 1792-1868*)의 "하늘의 주" 전주의 후반부이다. 전주에서 *ff*로 장엄하게 시작하였으나 소프라노와 베이스의 듀엣이 조용하게 시작하므로 전주에서 나왔던 페달을 여기서 사용하지 않는 것이 더 효과적일 수 있다.

악보 41, 로시의 "하늘의 주" 전주 후반부

위의 음악적인 상황 외에도 곡의 전체적인 내지 부분적인 상황에 따라 발건반을 사용하지 않는 경우가 훨씬 더 좋을 때가 있다. 그러므로 오르가니스트는 발건반을 기본적으로 사용하면서 반주를 연습하되, 동시에 부분적으로 발건반 없이 연주를 해봄으로써 어떤 것이 더 좋은 것인지 스스로 들어가며 결정해야 한다. 이것은 평소 오르가니스트가 음악에 대한 이해가 깊어야 가능한 것으로, 모든 악기 연주자가 그렇듯이 오르가니스트 또한 단순히 테크닉만으로는 좋은 연주자가 될 수 없다는 것을 말하는 것이다. 오르가니스트가 음악의 해석과 분석에 풍부한 지식과 깊은 이해가 없을 때는 이렇게 스스로 판단하고 결정해야 하는 많은 상황에서 좋은 결정을 하기가 힘들 것이다.

4) 높은 음역의 화음이나 선율을 연주하는 방법

이 말은 피아니스트에게 이상하게 들릴 수 있다. 음악에서 악보의 음은 아무리 높아도 그 음은 작곡가가 실제로 그 소리를 염두에 두고 작곡한 것이다. 특히 대부분의 작곡가는 작곡할 때 기본적으로 피아노에서 곡을 치면서 악기에 맞는 음역대로 작곡하기 때문에 피아니스트는 물론 모든 연주자는 악보대로 연주하는 것이 당연하다. 여기에는 반주 악보도 또한 포함된다. 그런데 오르가니스트는 오르간 독주곡[76]이 아니라 반주 악보인 경우 그 반주가 피아노 반주를 위한 악보라면 특히 높은 음역에서 많은 음들로 된 코드(*chord*)는 악보대로 칠 수 없다. 그리고 오히려 치면 안 좋은 경우가 더 많다.

피아노 악보에서 높은 음역의 코드를 오르간에서는 왜 그대로 치면 안 되는가? 첫째 이유는 오르간 음역은 피아노 음역과 달라 다섯 옥타브로서 피아노에서 나는 소리가 오르간에서는 없는 음일 때이다. 이때는 그 음을 칠 수 없다. 그 다음 이유는 작곡가가 그 반주 부분을 피아노로 작곡한 것으로 그 반주를 오르간으로 연주하였을 때 실제 소리는 작곡가가 의도한 소리가 아닐 가능성이 높다. 이것은 피아노 소리와 오르간 소리가 다르기 때문으로 작곡가의 잘못이 아니다. 그 사람은 피아노 반주를 위해 반주 부분을 쓴 것이며 피아노 외에 다른 악기가 반주를 한다면 그것은 그 악기 반주자의 책임이 되는 것이다. 이런 상황에서 지휘자는 혹은 오르가니스트는 그 곡을 피아노로만 반주를 할 것인지, 아니면 오르간과 함께 할 것인지를 결정하고 오르간이 함께 한다면 그 반주는 오르간에 맞게 조정해야 한다.

세 번째로 그 높은 음역의 코드를 그대로 치면 좋지 않는 이유는 오르간의 스탑과 소리의 특징에 있다. 오르간은 대체로 여러 음(여기서 스탑)을 섞어서 소리를 만든다. 그 결과 오르간의 한 음은 실제로 한 음이 나는 것이 아니라 섞은 여러 음들이 함께 난다. 예를 들면 8', 4'와 2' 스탑을 함께 사용한 음색이라면 도(*Do*)를 눌렀을 때 그

---

76 | 여기서 오르간 독주곡도 가끔은 오르간에 따라 악보대로 연주가 불가능한 경우가 있다. 현대의 오르간 손건반 음역은 61개의 음 즉 다섯 옥타브인 경우가 가장 넓은 음역이다. 하지만 오르간 중에는 61음이 되지 않는 오르간이 종종 있다. 유럽의 많은 악기들은 이 61음이 아닌 경우이다. 고악기가 이러하며 최근 건축되는 악기도 음역이 61음이 아닌 경우가 많다. 미국에서는 이런 악기가 많지 않으나 독일 악기인 경우에는 많다. 계명대학교 아담스 채플의 슈케 파이프 오르간도 손건반의 음이 61음이 아닌 58음이다. 즉 위의 Bb, B, C음이 없다.

기본 도라는 음과 함께, 한 옥타브 위의 도, 그리고 두 옥타브 위의 도, 즉 세 개의 다른 피치의 도가 함께 소리 나는 것이다. 그러므로 다이내믹이 *pp*나 *p*인 경우에는 한두 개의 8' 스탑을 사용하기 때문에 누르는 그 음이 나지만, 그 외 여러 스탑이 들어 있는 *mp* 이상의 다이내믹에서는 기본음과 높은 음이 함께 들어있는 소리가 나는 것이다. 그런데 오르가니스트가 높은 음역에서 여러 음으로 된 코드 반주를 악보 그대로 그리고 음 모두를 다 연주하면 그 결과는 피아노의 상황과는 아주 다른 것이 된다. 여기서 오르간 음색이 믹스추어와 리드까지 함께 들어있는 상황이라면 그 소리는 더욱 최악일 수 있다. 아래는 오르간에서 여러 스탑으로 음색을 하였을 때 실제 소리 나는 음들을 표시한 것이다.

악보 42, 오르간에서 실제로 나는 소리

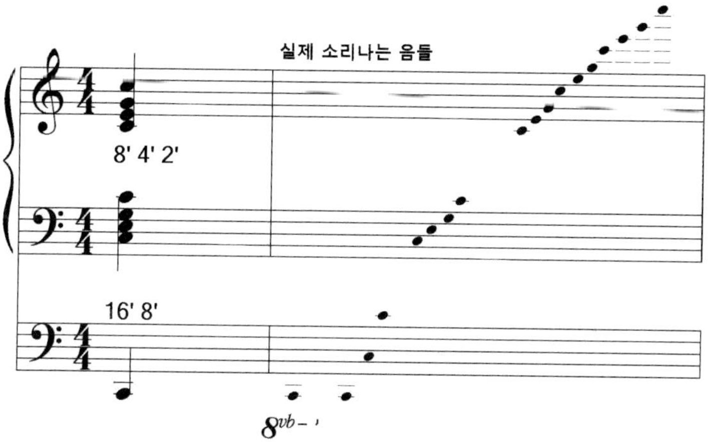

위에서 보듯이 오르간의 8', 4,' 2' 음색 소리는 실제 악보의 피치보다 한 옥타브의 음과 두 옥타브 위의 소리가 함께 나게 된다. 하지만 실제로 두 옥타브 위의 높은 음을 치는 것과는 다르게 오르간에서는 높이 올라가는 음일수록 크게 나지 않기 때문에 중간 음역에서 이런 코드는 단지 소리가 밝아지는 느낌이 든다. 하지만 피아노 반주를 위한 악보를 오르간으로 높은 음역에서 여러 음색으로 된 코드를 연주할 경우에는 상황이 다른 것이다. 이때 이로 인한 날카로운 소리는 사람의 귀에는 물론 음악적으로도 좋지 않다. 그러므로 높은 음역에서 두터운 코드가 나올 때는 1) 한 옥타브 밑에서 치든지, 혹은 2) 스탑에서 2'는 빼고 4'까지 하면서 악보대로 치는 것도 가능하다. 또 다른 방법으로는 3) 많은 음으로 된 코드를 화성에 필수적인 기본 서너 음만 치면서 중복되는 음들을 빼는 방법이다. 음악적으로 하나의 화성 감각을 느끼기 위해서는 세 음만 있어도 되기 때문이다. 그리고 4) 이때 오른손은 한 두 음만 치고 왼손의 저음은 대체로 쓰인 대로 치든지 혹은 적어도 오른손의 음보다는 많이 치는 것도 한 방법이다.

위의 1)의 방법에서 유의할 점은 한 옥타브 아래에서 연주할 경우 실제로 위의 피치는 적절하게 있지만 기본음이 한 옥타브 내려온 상황이기 때문에 음악의 성격이나 느낌이 달라질 수 있다는 것이다. 그래서 음악은 긴장감과 업(*up*)된 느낌이 줄어들 가능성이 있다. 그렇기 때문에 오르가니스트는 어느 순간에 한 옥타브를 내려서 연주할지 잘 판단해야 하며, 악보에 쓰인 대로 연주하되 위의 2)번 방법과 3)번 방법의 경우에서 잘 선택할 일이 남는다.

악보 43, 슈베르트의 "주 여호와 나의 목자" 중간 부분

높은 음역에서 여러 음을 한꺼번에 치는 코드가 아니라 아르페지오의 펼쳐진 음으로 나오는 경우에도 오르간 연주법은 비슷하다. 그리고 높은 음역에서 솔로 선율이 나올 경우의 연주에도 이런 원리를 적용할 수 있는 곡이 가끔 있다. 합창곡 반주에서 피아노의 아주 높은 음역에서 아름다운 선율이 나올 때가 가끔 있다. 이런 경우 가능하면 8' 정도의 스탑으로 그 음대로 연주할 수도 있지만 가끔은 한 옥타브를 내려 연주해도 듣기에 좋은 경우도 있다. 위의 곡은 슈베르트(*Franz P. Schubert, 1797-1828*)의

"주 여호와 나의 목자"의 중간 부분으로 반주에서 높은 음역이 보인다. 이 경우에 마디 80의 셋째 박부터 왼손은 다른 건반에서 쓰인대로 작은 음색으로 화성을 연주하고 오른손의 셋잇단음표는 한 옥타브 내려서 4' 음색만으로 연주할 수도 있으며, 혹은 8' 스탑만으로 하여 악보대로 연주도 가능하다.

높은 음역이 아닌 중간 음역에서 솔로 선율이 나오는 경우에도 2' 등의 높은 피치 스탑은 솔로에 좋지 않다. 오히려 오르간의 다양한 솔로 스탑들 중에서 잘 선택하면 충분히 좋은 선율을 만들어 낼 수 있다. 이렇게 솔로 성격의 선율이든, 아니면 단순한 반주 음형이든 관계없이 높은 음역의 음들은 오르간에서 실제로 어떻게 소리가 나는지를 잘 알고 스탑을 선택해야 한다. 특히 전주는 가온C에서 두 옥타브 위의 선율인 경우 한 옥타브 정도는 내려서 치는 것도 좋을 수 있다. 아래의 경우는 또 다른 방법의 연주로서 악보대로 연주하되 오른손의 높은 음역의 코드는 음을 빼고 가장 위의 음만을 연주하는 방법을 보여 주고 있다.

악보 44, 나운영의 "여호와는 나의 목자시니" 중간 부분

높은 음역의 코드와 선율을 어떻게 연주하는가는 아주 능숙한 오르가니스트라도 여간 어려운 일이 아니다. 그리고 어느 것이 더 좋은 결정인지는 그때 상황에 따라 다른 것으로 교회의 잔향, 성가대의 규모, 곡의 규모, 그리고 특히 교회 오르간의 소리 특징에 따라 다른 적용이 나올 것이다. 음악의 연주에서 표현이라는 것은 한 가지 방법만이 있는 것은 아니다. 음악의 해석과 연주법은 천차만별이라 해도 과언이 아니다. 한 연주자라도 한 곡에서 때에 따라 다른 해석을 할 수 있는 것이 예술이다. 그래서 예술의 영역은 끝도 없다. 그렇기에 사람으로 하여금 끝없는 연구를 하게 하는 것이며, 그래서 무한한 가능성이라는 열린 세계에서 자유로울 수 있다.

5) 솔로 음색 사용

솔로 음색을 사용한다는 것은 곡에서 한 선율이 주선율이고 나머지 성부는 화성적인 받침을 준다는 의미이다. 주선율은 많은 경우 소프라노 성부에서 나오지만 테너에서도 종종 나오며 예외적으로 알토와 베이스에서도 가능하다.

오르간은 다양한 음색을 가지고 있다. 이 다양한 음색은 화성적으로 함께 소리를 낼 수도 있으며 솔로로서 그 특징적인 음색을 드러낼 수도 있다. 즉 이 스탑들은 각기 자신의 고유한 소리를 가지고 혼자서, 혹은 같이 소리를 만든다. 대부분의 스탑은 각기 혼자서 좋은 솔로로 쓰일 수 있다. 그래서 오르가니스트는 자신의 교회 오르간에 앉아 모든 스탑의 색깔을 하나하나 들어가며 솔로의 가능성을 알아보는 것이 중요하다. 솔로는 리드 스탑만 가능한 것이 아니고 파운데이션 스탑 즉 프린시펄이나 플룻까지도 가능하다.

그러나 스탑 중에는 혼자로만 소리를 내도록 만들어지지 않고 함께 소리를 내도록 만들어진 스탑도 있다. 이것은 맥놀이 음색과 뮤테이션(*mutation*), 그리고 믹스츄어이다. 대표적 맥놀이 음색은 celeste 8'로서 이것은 일반적으로 다른 파이프의 피치보다 조금 높게 튜닝 된다. 그래서 이 음색이 플룻이나 현 음색과 함께 연주되면 두 개의 서로 다른 피치가 부딪히면서 홀 안의 잔향과 함께 자연스러운 떨림이 생기게 된다. 그래서 이 스탑은 혼자서는 떨림을 만들 수 없기 때문에 늘 다른 스탑과 함께 사용된다. 예외적으로 celeste 8'이 celeste II로 되어 있는 경우가 있는데 이것은 자체 소리가 두 파이프에서 나는 음색이다. 그래서 이 한 음색 안에 한 파이프는 정상 피치, 다른 하나는 높은 피치로 조율하여 이 스탑을 연주할 때는 이 두 개의 다른 피치가 한 스탑에서 동시에 나면서 서로 떨림을 만들어 낸다. 그러므로 이 스탑이 다른 스탑과 함께 사용될 때는 더 풍부한 소리가 된다.

뮤테이션 스탑은 유니슨 스탑과는 다른 스탑으로 이 스탑을 연주하면 연주하는 그 음이 소리 나는 것이 아니라 다른 음, 즉 그 음의 배음이 소리 난다. 예를 들어 도(*Do*) 음을 누를 때 nasard $2^{2}/_{3}$'인 경우는 솔(*Sol*), tierce $1^{1}/_{3}$'인 경우는 미(*Mi*)가 소리 난다. 이 스탑 또한 전통적으로는 혼자서 사용되지 않고 기본 8' 스탑이나 8'과 4'

와 함께 사용된다. 이렇게 만들어진 소리는 기본음과 인위적인 배음[77]이 합쳐지면서 솔로 음색이 만들어진다. 이렇게 다른 소리가 나는 배음 스탑이 오르간에 있는 의미는 이것이 다른 스탑, 예를 들면 플룻 등의 스탑과 함께 솔로 음색을 만들 뿐만 아니라, 코드의 화성적인 음악에서는 비음의 성격을 주면서 전체 음색에 독특한 색채감을 주는 것이다. 이 뮤테이션 스탑은 전통적으로 프랑스 오르간에 많이 있으며 프랑스 언어의 특유한 비음의 성격이 오르간에서도 나타나는 것을 볼 수 있다.

믹스츄어 또한 고음에서 유니슨 음과 배음이 모여 있는 묶음 스탑(*Block Werk*)[78]으로 몇 개의 파이프가 함께 소리 난다. 파이프 수는 각 믹스츄어의 크기에 따라 다르며 작은 믹스츄어는 대체로 II에서부터 큰 믹스츄어 X까지로 다양하다. 이 믹스츄어는 기본 파운데이션 스탑의 8', 4', 2' 혹은 16'까지 아래에서 탄탄한 기본음들이 잘 받쳐진 그 위에 올려지면 강하면서도 밝고 찬란한 소리를 만들게 된다.

위에서 설명한 세 가지 스탑은 오르간에서 독특한 스탑으로, 맥놀이 음색은 신비한 잔향과 떨림을, 뮤테이션은 솔로와 색채감을, 믹스츄어는 밝고 강한 효과와 두터운 화성에 추진력과 속도감을 더해준다. 현대 오르간 음악에서는 뮤테이션과 믹스츄어 스탑이 전통에서 벗어나 현대적 감각에서 새로운 사용법을 통해 색다른 색채를 제공하기도 한다.

성가대 반주에서 오르간은 오케스트라처럼 여러 모습으로 합창과 어울릴 수 있다. 특히 한 악기에서 다양하고 개성적인 솔로 음색을 만드는 것은 오르간만이 가능하다. 아래 표는 오르간에서 가능한 다양한 솔로와 이 솔로를 위한 반주 음색을 보여 준다.

---

77 | 배음(Over Tone 혹은 Partial Tone): 배음은 하나의 음을 구성하는 여러 음들 중 기본음보다 높은 정수배의 진동수를 갖는 모든 위의 음들을 말한다. 각 음은 실제로 한 음으로만 되어 있는 것이 아니라 기본음과 이런 배음들이 모여서 만들어진 음이다. 이 배음의 수에 따라 악기 소리의 특징이 만들어진다. 배음이 많은 악기로서 관악기는 오보에이며, 건반 악기 중에는 쳄발로가 가장 많고 그 다음이 피아노며 오르간은 이 중에서 가장 배음이 적은 악기이다. 그래서 오르간에서 이런 인위적인 배음을 음색에 함께 사용함으로써 솔로 음색을 만들기도 하며 화성적으로 사용될 때는 색채감을 더하게 된다.

78 | 묶음 스탑 혹은 묶음 파이프(Block Werk): 오르간에서 대부분의 스탑은 한 음을 누를 때 한 파이프에서 소리가 난다. 하지만 한 음을 누를 때 한 소리가 아니라 여러 소리가 나는 스탑이 있는데 이것을 묶음 스탑 혹은 묶음 파이프라고 한다. 대표적인 스탑이 믹스츄어와 코네(cornet) 스탑이다. 한 스탑에서 몇 개의 파이프가 소리 나는지는, 다른 말로 하면 묶음 파이프의 크기는 로마 숫자로 표기한다. 예를 들어 Mixture IV라면 이 스탑에서는 한 음을 누를 때 네 음, 즉 네 개의 파이프가 소리를 낸다는 뜻이다.

여기서도 오르간 관련 용어는 영어 소문자로 쓴다.

표 7. 솔로 음색과 이를 위한 반주 음색

솔로 음색	반주 음색	음악적 특징
trumpet	foundation stop(principal & flute) 8' 혹은 + 4' trumpet이 충분히 강하면 2'도 추가	오르간에서 가장 많이 사용하는 솔로로서 팡파르나 축제적인 성격
krumhorn	flute 8' 혹은 + 4'	오르간의 고유 reed 솔로 음색으로 가늘지만 강한 개성을 가짐 가끔 트레몰로(tremolo)를 넣음
oboe	flute 8' 혹은 + 4' 가끔 string stop 8' 혼자 혹은 추가	낭만적이고 표현적인 곡에 적절
clarinet	위와 비슷하게 적용	oboe보다는 부드러운 음색으로, 위와 같이 적용할 수 있음
flute 8' + nasard $2^2/_3$'	flute 8' 혹은 + celeste (혹은 string stop) 혹은 celeste 8' + string stop 8'	조용하고 부드러운 묵상
flute 8' + tierce $1^1/_3$'	celeste 8' + string stop 8' 혹은 string stop 8'	조용하고 부드러운 묵상 더 여리고 표현적인 음악
principal 8'	flute 8' 혹은 + 4' 혹은 위의 음색	중간 음역이나 아래 음역에서 내면적인 솔로로 묵상적
flute 8'	celeste 8' 혹은 + string stop 8'	높은 음역에서 어울리는 조용하고 부드러운 묵상

여기서 덧붙여 설명하면, 리드 솔로를 할 때 그 리드 스탑만 사용하는 것이 아니라 리드의 특징에 따라 프린시펄이나 플룻 스탑을 함께 사용해도 좋다. 그럴 경우 그 솔로는 한층 더 강해지던지 부드러워질 것이다. 특히 krumhorn이나 oboe 등은 개성적이고 뾰족한 경우가 있기 때문에 혼자만 사용할 경우 가늘고 날카로울 때가 있다. 그래서 플룻 등의 스탑을 함께 사용하면 훨씬 부드러워질 수 있다.

하지만 리드 스탑에 추가 스탑을 넣을 경우 솔로의 고유한 색깔을 흐리게 할 수도 있기 때문에, 이 점을 유의하여 서로 도움이 되는 정도에서 추가 여부를 결정하기를 권한다. 또한 각 오르간은 스탑의 이름이 같더라도 소리의 색깔과 세기가 다를 수 있기 때문에 늘 연습할 때 개개 솔로 스탑을 들어보며 실험해 보아야 한다. 그런 후에 곡에 어울리는 솔로를 정할 수 있다. 예를 들면 oboe나 krumhorn이 부드러운 소리이면 *p*(피아노)의 아름다운 솔로에 좋겠지만 혹시나 날카롭고 크다면 *p*의 음악에서는 적절하지 않을 것이다.

이것의 예로 계명대학교 슈케 오르간의 두 번째 건반인 포지티브(*Positiv*) 건반에 있는 oboe는 프랑스 오르간의 oboe보다 강하고 직선적이다. 그래서 Franck의 곡 연주에서 oboe 음색이 필요할 때는 가끔 세 번째 건반인 스웰 건반의 trumpet을 대신 사용할 때가 많다. 게다가 이 포지티브 건반은 볼륨을 조절할 수 없기 때문에 더욱 불편할 때가 있다. 이와 다른 상황으로 전자 오르간의 트럼펫은 충분히 크지가 않다. 그래서 강한 트럼펫을 원할 때는 여기에 날카로운 다른 스탑을 함께 넣어 연주하면 도움이 되기도 한다.

솔로 음색으로 선율을 연주할 때 또한 중요한 점은 반주 부분이다. 오르가니스트는 솔로와 반주 부분의 균형(*balance*)을 잘 들으면서 반주의 크기를 조정해야 한다. 종종 솔로를 잘 드러내기 위해 반주 부분을 너무 작게 하는 경우가 있다. 이것은 음악의 전체 밸런스에서노 문세가 되지만 음악적으로도 좋은 판단이 아니다. 오르간 음악의 경우 이 반주 부분은 대체로 대위적인 움직임이 많으며 솔로 선율 못지않게 음악적으로 중요한 부분이다. 반주는 솔로를 충분히 받쳐주는 것은 물론 반주 자체의 음악도 의미를 가지면서 함께 좋은 앙상블을 이루도록 하는 것이 중요하다. 반주가 솔로 선율을 방해해서도 안 되겠지만 반주 소리를 너무 약하게 하여 반쪽 음악을 만들어서도 안될 것이다.

4. 성악 독창 및 기악 독주 반주

우리나라 성악 독창자들은 오르간 반주를 대체로 좋아하지 않는 편이다. 여기에는 나름 타당한 이유가 있다. 하나는 경험의 부재이다. 우리나라의 성악가들은 오르간으로 독창을 해본 적이 없는 사람이 대부분이다. 경험이 없다면 그럴 수 있다. 그러나 경험은 있지만 그 경험이 좋지 않을 때 다시 하고 싶지 않는 경우가 있을 수 있다.

독창자가 오르간에 익숙하지 않을 때 한두 번 오르간과 연주한 후 오르간을 좋아하기는 쉽지 않다. 더구나 한국 교회의 오르간은 전자 오르간이 대부분으로, 또한 대체로 잔향이 없는 교회당으로 인해 딱딱한 소리가 일반적이다. 반면 피아노는 잔향이 없어도 자체 울림을 만들기 때문에 독창자가 노래할 때 여유 있고 편안한 공간을 준다. 또한 피아노는 독창자에게 노래하는 음을 잘 들리도록 도와줄 수 있기 때문에 성악가들은 피아노를 더 선호할 수도 있다. 이렇게 피아노가 독창의 좋은 반주를 하고 있다고 생각하는 상황에서, 혹시라도 오르가니스트가 독창 반주를 잘 하지 못했을 때는 더더욱 오르간으로 반주를 할 이유가 없어진다. 오르간 독창 반주는 또 다른 반주 기술의 한 부분이다. 이것은 피아노처럼 조금의 음악적인 센스만으로 얻어지는 기술이 전혀 아니다. 앙상블 기회가 잘 없는 오르가니스트에게 독창 반주는 또 하나의 도전이다.

파이프 오르간으로 예배를 드리는 유럽이나 미국의 경우 성도들은 어릴 때부터 교회에서 오르간을 듣고 보아왔기 때문에 오르간 소리에 익숙할 뿐만 아니라 오르간과 함께 노래한다는 자체는 그들에게 자연스러운 일이다. 그래서 그들은 합창을 비롯하여 독창 등 오르간과 연주하는 데 편안하다. 그리고 관현악 앙상블 반주 같은 느낌을 주는 오르간을 오히려 더 좋아하고 의지한다. 뿐만 아니라 교회는 대부분이 오르간으로 예배를 드리며 교회당 안에 피아노가 없는 교회가 더 많다. 이런 경우는 선택의 여지도 없다.

여기에 비해 우리나라 성악가들은 그렇지 않다. 대부분의 성악가들은 어릴 때부터 늘 들어왔던 피아노, 즉 자신이 부르는 음을 꼭꼭 짚어주는 타악기 같은 피아노가 없으면 음을 잘못 잡을 정도로 피아노에 의존한다. 그리고 관현악 반주에는 또 힘들어한다. 왜냐하면 피아노는 즉각적으로 음을 바로 소리 내지만 관현악은 활로 현을 그으며 특히 관악기는 파이프 오르간과 마찬가지로 바람이 관을 진동한 후에 소리가 나기 때문에 그 음이 좀 늦게 나는 것처럼 느끼기 때문이다. 그럼에도 불구하고 성악가는 이 관현악 반주를 또 다른 점에서 좋아한다. 그것은 소리 내는 과정에서 사람의 호흡과 유사하다는 점이다. 그리고 그 풍부한 관현의 울림은 성악가로 하여금 여유 있는 공간을 주기도 하기 때문이다.

오르간은 바로 이 관현악 반주와 많은 공통점이 있다. 소리가 나는 그 발성 지점(*attack point*)과 울림 그리고 다양한 음색을 낸다는 점이다. 그럼에도 불구하고 성악가들이 관현악 반주는 환영하고 좋아하면서도 오르간 반주는 긍정적인 사람이 드물다. 오르간이 관현악 앙상블과 같은 소리를 제공하지만 아직까지는 익숙한 피아노와 노래 부르기를 택하는 편이다.

그런데 파이프 오르간인 경우에 반주를 꺼리는 또 다른 이유를 듣는다. 작은 전자 오르간이 아니라 큰 파이프 오르간일 때는 악기는 좋아 보이지만 혹시나 이 어마어마하게 보이는 오르간이 자신의 소리를 다 "잡아 먹는 것"(?)은 아닐까 걱정하면서 오르간을 또 한번 멀리 한다. 파이프 오르간의 다이내믹은 아주 넓다. *pp*에서 *ff*까지 오르간의 다이내믹 범위에서 연주자에 따라 얼마든지 독창 소리를 "안 잡아 먹을" 수 있다. 그리고 파이프 오르간은 관현악 반주 이상의 소리를 줄 뿐만 아니라 파이프 오르간이 대형 악기, 그리고 특별해 보이는 악기라는 점에서 파이프 오르간 반주는 사실 독창자나 기악 연주자에게 매력이 있는 악기임에 틀림이 없다. 하지만 우리나라의 현실은 교회에 전자 오르간이 많기 때문에 독창 반주는 아직은 그들에게 어려운 일일 수 있다. 최근의 전자 오르간은 많이 발전하여 파이프 소리에 많이 가까워졌지만 성악가들의 생각은 아직도 별로 달라진 것 같이 보이지 않는다.

악기란 익숙하기에 달렸다. 오르간은 사람의 목소리와 많이 닮았기 때문에 성악을 든든한 후원자처럼 잘 도와줄 수 있다. 오르간은 교회에 들어오면서부터 성악과 항상 같이 있으면서 교회 음악의 중심을 이루었다. 성악과 오르간은 교회에서 수백 년을 함께 연주해 온 가장 친한 친구로서 악기 중에서 가장 잘 어울리는 앙상블이다.

그럼에도 불구하고 우리나라 성악가들은 대체로 오르간을 잘 모른다. 그리고 오르간 반주를 시도하는 것이 쉽지 않은 것 같다. 오르간 소리는 피아노처럼 직접적이지 않다. 파이프 오르간의 소리는 멀리 떨어진 파이프에서 나며, 전자 오르간은 멀리 있는 스피커에서 난다. 처음에는 이 소리가 멀게, 그리고 느리게만 느껴질 수 있다. 그러나 시간이 흐르면 이런 오르간 소리는 독창자로 하여금 편안한 큰 울타리 같아서 독창자가 마음껏 자신의 소리를 내면서 임의대로 호흡과 템포를 조절할 수 있는 큰 공간이 된다는 것을 깨닫게 될 것이다. 이것을 체험하면서 오르간을 좋아하기까지는 시간이 필요할 수 있다. 하지만 필자의 경우, 오르간 반주로 처음 독창을 한 사람은 모두가 좋아하였다. 물론 이것은 아담스 채플의 좋은 오르간과 좋은 잔향이 많은 역할을 한 것이 사실이다. 그럼에도 불구하고 우리나라 성악가들은 오르간과 노래하는 경험이 부족하여 오르간 반주의 가능성을 잘 모르는 것 같다. 그래서 오르간과 함께 노래하는 데에 적극적이지 않으며 또한 오르가니스트에게 기회를 많이 주지 않는 것 같다.

성악가들이 오르간 반주를 적극적으로 생각하지 않는 또 다른 중요한 이유는 오르가니스트의 연주에 문제가 있는 경우이다. 이것은 오르가니스트가 반주를 잘못하는 경우로 오르가니스트의 전적인 책임이다. 오르간으로 독창 반주를 하는 것은 성가대 반주보다 더 어려운 작업이다. 여러 사람의 합창 반주보다 한 사람의 독창 반주는 다이내믹에서 더 세심해야 하고 주의를 요하기 때문이다. 특히 피아노 악보를 오르간으로 쳐야 할 경우 오르가니스트는 유의할 것들이 많다. 이 모든 것들은 성가대 반주에서 나온 원칙들을 기본 토대로 하면서 반주할 수 있다. 여기서 음색에서 주의 사항을 알아본다.

1) 두터운 그레이트(*Great*) 건반은 사용을 자제하고 콰이어(*Choir*) 건반이나 스웰(*Swell*) 건반을 사용

   전자 오르간의 경우 그레이트 건반과 스웰 건반 음색의 차이가 별로 없을 때가 있기 때문에 자신의 교회 오르간을 참고하여 결정한다.

2) 적은 스탑 수를 사용

   스탑 수가 많으면 자연적으로 음들이 두터워져서 독창 소리가 오르간 소리에 파묻힐 수 있으니 조심한다. 자신의 노래 소리를 오르간이 다 "잡아먹는다"는 성악가들의 하소연을 들어서는 안 된다. 한 피치당 한 스탑 정도로 사용하고 맑고 깨끗한 소리로 성악을 뒷받침해 준다.

3) nasard $2^2/_3$'와 tierce $1^1/_3$' 등 뮤테이션 스탑의 사용을 자제

   이 음색은 앞서 설명하였듯이 유니슨 음이 아닌 솔(*Sol*)이나 미(*Mi*)를 내기 때문에 이 음색을 사용할 경우 음정 자체가 모호해진다. 많은 독창자들이 오르간 반주에서 음정을 잘못 찾겠다고 호소한다. 물론 이것은 독창자가 오르간 소리에 덜 익숙해서 그렇기도 하지만 오르가니스트의 잘못된 스탑 사용일 경우도 있다.

4) 트레몰로(*Tremolo*) 사용 금지

   트레몰로는 반주 음정을 불안하게도 하며 독창자의 소리도 흔들어 놓을 수 있다. 하지만 반주 부분에서 오르간만 나오는 전주나 간주 혹은 후주 등에서 솔로 스탑을 사용할 때 표현을 위해 트레몰로를 넣는 것은 가능하다.

성악 반주에서 음색 다음으로 유의할 것은, 오르간 연주에서 자주 언급되는 것으로 리듬의 문제이다. 오르간은 피아노에 비해 덜 리듬적인 악기이다. 그래서 오르가니스

트는 이 리듬 처리에 민감해야 한다. 오르가니스트가 리듬에서 세심한 주의를 하지 않으면 오르간 반주는 그냥 흐물흐물하고도 정체된 소리가 되면서 독창자의 노래가 흘러가는 것을 방해할 가능성이 높다. 더 심각한 것은 오르간 소리가 생명이 없는 죽은 소리가 되는 것이다. 리듬적으로 표현하기 힘든 오르간("기계")에게 생명을 넣어주면서 연주하는 것은 쉽지 않다. 이미 주지한 바대로 오르간은 손가락의 건반 터치로 소리가 달라지지 않는다. 그러기에 음악적 표현은 아티큘레이션과 프레이징, 아고긱 액센트(*agogic accent*)[79], 그리고 볼륨 페달(*expression pedal* 혹은 *swell box*)로 세기를 조절하는 정도이다. 이것은 오르가니스트로서 어려운 기술에 해당된다. 그리고 이 어려운 것을 잘 수행하였다고 해도 막상 성악 독창자들은 피아노만큼 느낌이 직접적으로 오지 않을 수 있기 때문에 한두 번 함께 노래해서는 좋아하기가 쉽지 않다. 이럴 때 독창자가 새로운 영역과 음악에 대한 호기심과 도전 의식이 없다면 구태여 익숙하지 않는 길을 가려고 할 이유가 없는 것이다.

이런 서로의 덜 익숙함을 뛰어 넘기 위한 노력과 시간의 투자가 적극적이지 않을 때는 오르간 반주는 그 영역이 좁아질 수밖에 없다. 오르가니스트가 교회에서 회중 찬송가 연주만으로 그 소임을 다하는 것으로 스스로 위로하고 있다면 이것은 오르간의 많은 가능성을 포기한 것으로 안타까운 일이다. 특히 원곡이 오케스트라 반주의 곡이라면 피아노 반주보다 오르간이 훨씬 더 적절하다. 다양하고도 풍부한 소리를 제공할 수 있는 오르간 반주는 늘 도전하고 연구할 영역이다.

이제 여기서는 오르간과 다른 악기와의 앙상블에 대하여 알아본다. 오르간의 기악 반주는 성악 반주와 마찬가지다. 오르간은 어떤 악기와도 앙상블이 가능하다. 특히 원곡이 협주곡 같이 오케스트라 반주로 된 것이라면 피아노보다 오르간이 더 적절하다. 하지만 우리나라에서 오르간과 다른 악기의 연주가 흔하지 않다. 오르간과 다른 악기와의 창의적이고 새로운 소리는 많은 가능성을 가지고 있다. 어떤 면에서는 성악 독창 반주보다 기악 독주 반주가 오르가니스트에게는 더 수월할 수 있다. 특히 관악기 경우는 오르간과 소리의 성격도 비슷하기 때문에 더 잘 어울린다.

---

79 | 아고긱 액센트(Agogic accent): 이것은 음길이를 길게 함으로써 액센트의 효과를 내는 것으로 실제 악보에서 주위의 음들보다 긴 음을 주어 액센트의 효과를 가져오는 것이 있으며, 그 외는 대체로 연주에서 액센트를 주고자 하는 음을 다른 음에 비해 약간 길게 연주하면서 만들어 낸다.

우리나라 현실은 대부분 사람들이, 그리고 대부분 연주가들도 오르간 반주에 대해 아는 바가 거의 없다는 것이다. 그렇기 때문에 먼저 배운 오르가니스트들이 적극적인 자세로 이런 연주를 찾아서 해야 한다. 악기 연주자가 스스로 오르가니스트에게 찾아와서 오르간 반주를 부탁하는 일은 드물 것이다. 교회에서 오르가니스트들이 이런 앙상블의 기회를 일 년 내내 한 번도 만들지 못한다는 것은 노력이 부족하다고 할 수 있다. 그리고 오르간에 대한 마음이 그만큼 적다는 뜻이 될 수도 있다. 아니면 편하게 오르간을 대충 하면서 굳이 어려운 일을 벌이고 싶지 않은 마음일 수 있다. 이 모든 것은 하나님 앞에서 올바른 자세가 아니다. 맡은 자에게는 충성이라고 하지 않는가.

글의 앞부분 오르가니스트 자질에 관한 내용에서 오르가니스트는 이런 모든 일에 적극적이고 스스로 찾아서 하는 사람(*self-starter*)이 되어야 한다고 말했다. 오르간에 대해 무지하고 편견이 있는 우리나라 사회에서 오르간 음악이 발전하는 길은, 특히 예배에서 귀히 쓰임을 받는 길은 스스로 개척하는 길뿐이다. 이 일에 세상 사람 아무도 관심이 없다 하더라도 하나님께서는 관심이 있으시다는 것은 확실하다. 그렇다면 무슨 말이 더 필요한가.

5. 예배 전주곡

예배 전주곡은 예배의 시작을 알리는 음악으로 교회의 전통이나 오르가니스트의 의도와 관계없이, 엄밀하게 말하면 그 자체가 예배이다. 하지만 우리나라 대부분의 교회는 전주곡을 예배 전에 예배를 "준비"하는 음악으로 생각한다. 그래서 전주곡을 연주하는 동안에 성도들은 예배당에 들어와서 자리에 앉고 예배 시작을 기다리면서 주위의 소음 대신에 음악을 듣든지 아니면 예배 준비에 필요한 일들에 관심을 둔다. 그래서 예배 전주곡은 예배 전의 분위기에 어울린다고 생각하는 조용히 깔아주는(?) 음악을 선호한다. 그리고는 이 조용한 음악을 배경으로 하여 가끔은 기도도 한다.

하지만 예배 전주곡은 예배를 "위한" 음악이 아니다. 예배 전주곡은 예배의 시작이며 예배 "자체"이다. 이런 의미에서 전주곡은 하나님께 드리는 음악이다. 그래서 전주곡이 연주되는 동안 성도들은 예배가 시작되지 않았다고 마음대로 떠들고 하는 것은 안 된다. 하나님께서 듣고 계시는데 누가 어떻게 그 연주를 방해한다는 말인가. 그렇기에 또한 이 연주를 중단시킬 자격이 있는 사람은 아무도 없다. 하나님께서만 가능하시다. 이런 예배의 정신이 살아 있다면 그 교회는 진정한 교회이며 진정한 예배가 될 것이다. 여기에서 오르가니스트는 물론 성도는 교육을 받아야 한다. 우리의 무지 때문에 하나님께 드리는 예배가 무례하고 인간 중심적으로 가는 경우가 허다하다.

예배에서 오르간 전주는 오페라의 서곡과 같다. 오페라 서곡이 오페라의 시작이며 오페라의 한 부분인 것 같이 전주도 예배의 한 부분이다. 오페라 서곡은 오페라의 내용과 성격 등 전체적인 줄거리를 가지고 있으며 동시에 청중들에게 오페라의 전개를 기대하게 하고 결국 오페라의 대변자 역할을 한다. 오페라가 지금과 다르게 한 때 사람들이 웅성웅성 하면서 즐기던 때가 있었다. 이런 점에서 보면 예배 전주곡은 오페라 서곡보다 더 의미가 있는 예배 음악이다. 오르간 전주는 하나님을 예배하는 동시에 그 주일의 예배 성격을 결정짓고 예배를 열며 회중으로 하여금 자신들이 드리는 예배를 기대하게 한다.

오르가니스트는 대체로 예배(우리가 보통 말하는 "예배식") 전 10분 이상에서 30분까지 전주곡을 연주한다. 성도가 예배당에 들어오면 그때부터 예배의 시작이다. 기도와 묵상으로 시작하고 연주되는 음악을 들으면서 예배의 상황이 된다. 예배는 하나님 앞에서 자신을 내려놓고 하나님께 향하여 하나님을 경배하는 것이다. 그래서 전주곡 시간은 바로 예배의 시간이 되는 것이다.

우리나라의 경우 예배가 시작되기 전 예배당 안은 예배 준비위원의 준비하는 모습이나 성도들의 잡담이 종종 보인다. 이것은 좋지 않은 것이다. 예배 전 예배당은 모든 것이 예배로 다 준비되어 있어야 한다. 30분 전에 성도가 예배당에 들어와도 그는 앉아서 혼자 예배할 수 있어야 한다. 준비가 덜 된 예배일 때는 예배 전이 분주할 것이다. 하지만 잘 준비된 예배당 안은 오로지 예배로 이미 차 있고 경건한 묵상이 흐를 것이다. 이것은 예배당 입구 혹은 현관에서도 마찬가지이다. 들어오면서 크게 인사하면서 떠들고 하는 모습은 예배당 현관이라도 좋은 모습이 아니다. 예배당은 기도하는 곳이고 예배하는 곳이다. 세상적인 일을 하는 곳이 아니다. 더욱이 주일 예배를 드리는 그 시간의 예배당은 더욱 그렇다.

이 귀한 시간에, 우리나라 교회에는 다양한 전주곡 형태가 있다. 국내 교회의 예배 전주는 악기 연주, 회중이 함께 찬양, 그리고 영상을 틀고 조용한 음악을 들려주는 등의 모습으로 크게 나뉜다. 악기 연주에는 관현악 앙상블 혹은 오르간의 연주이다. 하지만 성도들의 찬양도 많은 교회가 하고 있는 실정으로 가끔은 드럼(*Drum*)을 비롯하여 실용 음악의 여러 악기 반주로, 예배 전에 소위 분위기를 잡고자 하는 교회도 있다. 예배의 정신과 본질에서 어느 것이 더 적합한지는 다음 기회에 논하기로 하고 오르간 전주에 관하여 구체적으로 알아본다.

오르간 전주는 교회의 오래된 전통으로 중세 이후부터 교회 음악의 중요한 부분이다. 많은 작곡가들이 이를 위하여 오르간 곡을 작곡하였으며 오르가니스트 또한 많은 시간을 들여 이 전주곡을 위하여 연습한다. 중세 예배에서 찬송은 무반주로서 오르간은 성악과 교대 연주를 하면서 짧고 단순하게 오르간을 연주하였다. 하지만 오르간 독주곡 부분에서는, 즉 전주곡과 후주곡, 봉헌송, 그리고 성찬식 음악들은 오르간의 기능과 악기의 모습을 좀 더 보여주는 음악이었다. 예배 중에 오르간의 이런 역할은 오르간을 발달시키는 중요한 요인이 되었을 뿐만 아니라 예배 음악 또한 이러한 음악을 통해 예술성에서 더 뛰어날 수 있었으며, 하나님을 기술적(*skilled*)으로 찬양할 수 있는 기회가 된 것이다. 예배에서 오르간 독주의 기회가 없었으면 오르가니스트의 전문성은 많이 약화되었을 것이며, 교회 음악 또한 서양 음악에서 전문적이고 예술성이 높은 장르가 되기 힘들었을 것이다. 이처럼 악기의 독주 순서는 성가대의 수준 높은 찬양만큼이나 예배 음악과 교회 음악에서 중요한 의미가 있다.

그러면 오르가니스트는 전주곡으로 어떤 곡을 연주할 수 있을까? 예배 전주곡으로 가능한 오르간 곡은 크게, 1) 기독교 신앙을 가진 작곡가의 곡으로 교회 성격의 창작곡, 2) 일반 클래식 오르간 곡으로 음악 성격이 교회 예배에 어울릴 수 있는 창작곡, 3) 코랄을 비롯한 찬송 선율에 의한 곡 등이다.

일반적으로 오르간 작곡가는 교회 오르가니스트인 경우가 대부분이기 때문에 그들의 곡은 예배용으로 가능한 편이지만 곡의 제목을 살펴보는 것이 안전하다. 그리고 가능한 한 다른 기악곡이나 성악곡의 오르간 편곡은 예외적으로 할 것이다. 오르간 원곡으로서 예배를 위해 작곡되고, 예배에서 연주된 오르간 곡은 많이 있다. 이런 곡들은 예배를 위하여 이상적으로 작곡된 곡으로서 예배뿐만 아니라 오르가니스트의 기량을 높이는 데에도 유용하다. 더구나 이 곡들은 처음부터 하나님 찬양을 목적으로 태어났기 때문에 예배용으로 이보다 더 적합한 음악은 없을 것이다. 여기서 구체적으로 연주곡들을 살펴본다. 작품의 설명 순서는 시대와 상관없이 필자가 예배에 가장 적합하다고 생각하는 순서이다.

1) 바흐(Johann Sebastian Bach, 1685–1750)의 오르간 곡

바흐의 오르간 작품은 모두가 예배용으로 연주될 수 있다. 그의 작품들은 역사상 최고의 예배 전주곡으로 오르간 클래식 중의 클래식이다. 바흐가 오르간 곡을 작곡할 당시 그는 교회 오르가니스트로서 대부분 실제로 예배를 위하여 이 곡들을 작곡하였으며 그렇게 또한 연주되었다. 그의 악보에 쓰여있는 S. D. G.는 이후의 많은 교회 음악인들에게 영향을 주었다. Soli Deo Gloria "오직 하나님께 영광" 이것은 바흐의 모든 작품에 배어 있는 사상이며 신앙 고백이다. 평생 루터교의 신실한 신앙인으로 살았던 바흐는 음악사적으로 최고의 작곡가로 평가받는다. 바흐의 뛰어난 오르간 곡은 대체로 테크닉적으로 어려운 곡이기 때문에 많이 연습해야 한다. 하지만 그의 곡 중에는 난이도가 중간 정도의 곡도 있기 때문에 일 년 중에 많이 연주하지는 못하더라도 일정한 곡의 수를 정하여 전주곡으로 연주할 것을 권한다.

바흐의 오르간 곡은 크게 자유 형식의 작품(*Free Work*) 즉 코랄 선율에 근거하지 않은 곡과, 루터교 찬송가 코랄 선율에 의거한 코랄 작품(*Chorale Work*)으로 나뉜다. 먼저 코랄 선율에 의거하지 않은 작품으로는 전주곡과 푸가, 토카타와 푸가, 환상곡과 푸가, 오르간 소나타, 오르간 협주곡, 파사칼리아(*Passacaglia*), 전원(*Pastorale*), 그리고 단일 악장으로 푸가, 환상곡, 그리고 전주곡 등이 있다. 악장이 있는 곡은 길이에 따라 예배에서 한 악장씩 연주해도 좋다. 이 곡들은 가사가 없기 때문에 예배의 성격에 맞추어 곡을 결정하는 것이 쉽지 않을 수 있다. 하지만 훈련된 오르가니스트라면 곡을 연습하면서 곡의 분위기나 느낌, 그리고 전체적인 성격을 스스로 파악할 수 있기 때문에 전주곡의 시기를 결정하는데 크게 어려움이 없을 것이다. 그리고 나아가 오르간 곡에 관한 많은 연구 논문과 책들을 참고할 수도 있다.

바흐의 자유 형식 작품들은 대체로 위엄이 있고 장엄한 스타일로서 오르간의 웅장하고 경건한 소리가 특징이다. 이 곡들은 성도들이 하나님의 임재를 생각하며 예배를 긴장감과 기대감으로 준비할 수 있게 하는 좋은 곡들이며, 연주자에게는 도전과 연습이 많이 필요한 곡이다. 오르가니스트가 바흐의 마음을 가질 수 있다면 이 음악은 가장 이상적인 예배 전주곡이 될 것이다.

바흐는 또한 독일 루터 교회의 찬송가 코랄 선율에 의거해서 많은 곡을 작곡하였다. 그의 코랄 작품 모음집으로는 Orgelbüchlein(오르간을 위한 작은 책, 교회력에 따른 코랄), 18 Chorales, Clavier-Übung Part III의 코랄, Schübler Chorales, 그리고 코랄 파르티타(변주곡 형태)가 있으며, 한 곡씩 작곡된 코랄도 많이 있다. 코랄은 찬송가 가사 제목과 그 내용이 있기 때문에 예배의 성격에 따라 각기 적합한 전주곡으로 정하기가 비교적 쉽다. 물론 이것을 위해서 독일 가사의 번역 내지 번역된 가사를 조사하는 수고가 따를 것이다. 바흐의 코랄 작품은 길이가 다양하며 2분 정도의 짧은 곡부터 10분 이상의 변주곡까지 다양하다. 특히 코랄 변주곡은 각 변주 악장의 성격을 참고하여 전체곡을 적절하게 나누어 연주할 수 있다. 바흐의 오르간 작품은 작품번호 BWV[80] 525에서 771까지, 957, 1085, 1090에서 1121까지, 그리고 1128이다.

2) 멘델스존(Felix Mendelssohn-Bartholdy, 1809-1847)의 오르간 곡

멘델스존은 독일 낭만 시기의 대표적인 클래식 작곡가 중에서 몇 안 되는 루터교 신앙의 뛰어난 작곡가이다. 그의 음악은 교향곡, 협주곡, 실내악곡, 그리고 오라토리오를 비롯한 교회 합창곡 등으로 낭만 시기의 전형적인 음악적 특징들을 잘 드러내는 것으로 유명하다. 그는 1829년 베를린에서 20세라는 젊은 나이에 당시 역사에 묻힐 수도 있었던 바흐의 마태수난곡을 지휘 연주함으로써 바흐 음악을 부활시킨 사람이기도 하다. 그는 피아노를 비롯하여 바이올린과 오르간을 잘 연주하는 연주자, 지휘자, 작곡가로서 짧은 일생이지만 값지게 보낸 사람이다.

그의 오르간 작품은 자신의 평소 작곡법보다 더 진중하고 바로크적이며 교회 전통을 많이 따르고 있다. 그의 대표적 오르간 곡은 여섯 개의 오르간 소나타와 세 개의 전주곡과 푸가로서 모두 교회 예배용으로 적합하다. 이 곡들 또한 난이도가 있어 연습이 많이 필요한 곡이므로 계획을 통해 일 년 중 몇 회 연주가 가능하다. 소나타의 경우 3번 A장조(*7-8*분의 *1*악장과 *3*분 정도의 *2*악장)와 6번 d단조의 변주곡 악장을 제외하면 개별 악장이 대체로 5-6분 내지 그 미만으로서, 예배 전주곡으로 한두 악장으로 나누어 연주하기에 그리 어려움은 없을 것이다. 소나타 1번, 3번, 6번의 악장 중에는 코랄 선율이 나타나기도 하며, 다른 소나타도 코랄의 직접적인 인용은 없지만 교회 노래의 느낌을 주고 있어 교회에서 연주하기에 좋은 곡이다. 또한 세 개의 전주곡

80 | BWV(Bach-Werke-Verzeichnis): 바흐 작품 목록으로 독일의 볼프강 쉬미더(Wolfgang Schmieder, 1901-1990)가 체계를 세웠다. 그래서 가끔은 BWV 대신에 S. 를 사용하는 경우도 있다.

과 푸가는 한 곡으로 혹은 나누어서 연주도 가능하다.

멘델스존의 음악은 독일 낭만의 서정성과 화성의 풍부함을 가지고 있으면서 동시에 바흐의 음악 정신을 많이 닮아 있다. 그는 푸가를 즐겨 쓰면서 작품의 많은 곳에서 바로크적 모방 기법을 종종 사용하고 있다. 멘델스존의 오르간 음악은 선율, 리듬, 화성 이 모든 부분에서 안정적이고 경건한 교회 음악의 스타일을 가지고 있어 교회에서 연주하기에 적합하다.

3) 프랑크(César Franck, 1822–1890)의 오르간 곡

프랑크는 프랑스 낭만 시기의 대표적 작곡가로 신실한 가톨릭 신앙인이었다. 그는 미사에서 오르가니스트인 동시에 예배자로서의 경건한 자세를 보여주었던 작곡가로 그의 음악이 이것을 대변한다. 그의 작품 대부분은 당시 외적으로 화려함을 추구했던 프랑스 낭만 음악과 달리 내면적이고 온건하며 묵상적이다. 특히 그의 오르간 곡은 이러한 성격을 더 나타내 보이고 있다. 그의 오르간 작품은 대표적으로 12곡이 있으며, 그 중 Grande Pièces Symphonique이 가장 긴 20분이 넘게 걸리며 나머지는 중간 길이로서 다양한 곡들이다.

이 12곡은 형식적으로 악장 혹은 부분(*section*)으로 나뉘어져 있기는 하지만 완전 종지로 악장을 구분하고 있지 않는 것이 많다. 그 중에는 나누어서 연주하기 어려운 곡으로서 전주곡으로 한 번에 다 연주해야 할 경우도 있다. 이 때문에 프랑크 곡을 예배 전주곡으로 연주하기 위해서는 장기적인 계획이 필요하다. 즉 나누기 힘든 곡은 한 곡으로 특별히 계획하는 것이 좋으며, 악장으로 뗄 수 있는 곡의 경우는 악장을 나누어 연주한다. 하지만 완전 종지가 나오지 않는 경우에도, 나누어질 부분의 곡 전후를 살펴서 두 부분으로 나누어 전주곡으로 연주하도록 곡을 조정할 수 있다. 이때 종결구(*cadence*)가 필요하면 곡에서 적절히 인용할 수도 있고 마지막 프레이즈를 연장하면서 오르가니스트 스스로가 종결구를 만들 수도 있다. 이렇게 할 때는 모든 것이 자연스럽고 음악에 무리가 없어야 하는 것으로 오르가니스트는 매우 신중하게 접근해야 할 것이다.

또한 프랑크 곡을 연주하기 위해서는 레가토 연주에서 특별히 연습을 많이 하여야 한다. 프랑스 낭만 곡은 레가토가 원칙이며 바흐 등 바로크 작품 연주에서 익숙한 아티큘레이션이 레가토 연주에서 장애가 되지 않도록 각별히 유의해야 한다. 많은 학생들이 프랑크 곡에서 레가토 연주에 어려움을 겪고 있다. 프랑크 곡은 손가락의 화려한 테크닉을 구사하는 경우가 많지는 않지만 선율과 화성에서 레가토의 어려움이 있으며 또한 곡의 성부 구조(*texture*)가 뛰어나 손가락 운지법(*fingering*)의 어려움이 많이 따른다. 인내심을 가지고 철저하게 연습할 때 프랑크의 음악은 살아날 것이다.

프랑크의 오르간 곡은 성도에게 교회의 영적이고도 깊은 내적 묵상을 주기에 적절한 곡이다. 그의 대부분의 오르간 곡은 기도와 찬양의 선율이 늘 내재해 있다. 그의 음악은 현대 사회에서 요란하고 가벼운 음악과는 대조적인 곡으로 성도에게 경건하고도 영감이 있는 음악이 될 것이 분명하다. 교회에 이런 음악이 자주 연주되어 세상이 주지 못하는 음악을 통해 하늘의 위로와 평안이 임할 것을 기대한다.

4) 독일 바로크 시기의 자유 형식 오르간 작품(Free Work)과 오르간 코랄 작품(Chorale Work)

바로크 시기 독일에는 많은 작곡가들이 교회에서 지원을 받으며 교회에서 활동하였다. 특히 오르간 곡은 당시 교회 음악으로서, 곡을 작곡한 사람은 교회 작곡가인 동시에 교회 오르가니스트였다. 그들은 바흐처럼 교회 예배를 위하여 늘 작곡하고 연주한 사람들이다. 즉 그들은 자신의 신앙적 고백으로 혹은 직책상 임무로서 오르간 곡을 작곡하는 사람들이었다. 바흐의 오르간 작품이 좋은 예배 전주곡이 되듯이 그들의 곡 또한 모두 좋은 예배 음악이다. 바로크 시기에는 이렇게 오르간을 위한 자유 형식의 작품과 코랄 작품이 많이 작곡되었다. 오르가니스트는 이 악보들을 어렵지 않게 구할 수 있기 때문에 좋은 예배 음악으로 늘 옆에 두기를 권한다.

이들의 자유 형식 작품들은 바흐 곡과 비교하면 대체로 길이가 조금씩 짧은 편으로 더 용이하게 예배에 사용될 수 있다. 난이도 또한 바흐 곡보다 비교적 조금 수월하며, 대신 음악적 느낌은 진지한 바흐 곡에 비해 밝고 명랑한 편으로 연주자나 성도들은 바흐 곡보다 더 쉽게 이해하며 편안하게 느낄 수 있다. 우선 독일 바로크에 영향을 준 르네상스 시기의 네덜란드 작곡가 즈벨링크(*Jan Pieterszoon Sweelinck, 1562-1621*)의 곡 또한 좋은 예배 전주곡이다. 그는 칼빈 시편 찬송은 물론 독일 코랄 선율에 의거한 곡을 많이 작곡하였다. 그리고 독일 바로크의 작곡가 중에서 바흐 곡 다음으로 많이 연주하는 작곡가의 곡은 북스테후데(*Dieterich Buxtehude, 1637-1707*)의 곡으로서 그는 많은 오르간 곡을 작곡하였으며 자유 형식 곡의 길이는 7-8분이 대부분이다. 이 곡들은 바로크 곡 중에서 한 곡으로 전주곡을 할 수 있는 최고의 작품으로 우수한 오르간 곡이다.

코랄 작품의 종류에는 간단한 코랄 전주곡(*chorale prelude*), 코랄 푸가(*chorale fugue*), 좀 더 긴 길이의 코랄 판타지(*chorale fantasie*), 장식적인 코랄 작품(*ornamented chorale*), 코랄 변주곡(*chorale variation*) 혹은 코랄 파르티타(*chorale partita*)로 크게 나뉜다. 코랄 변주곡이나 코랄 파르티타는 길이가 긴 곡으로 자유 형식의 작품처럼 변주들의 구성상 나뉠 수 있는 곳에서 나누어 전주곡으로 연주할 수 있다.

예배 전주곡으로 코랄 작품을 연주하는 방법에서, 오르가니스트는 먼저 코랄 선율을 처음부터 끝까지 연주한 후 그 작품을 연주하는 것이 좋다. 이때 코랄 선율을 제시할 때는 여러 가지 방법이 있다. 선율을 유니슨으로, 혹은 4부 화성으로, 그리고 손건반만, 발건반도 함께, 혹은 이 두 가지를 섞어가며 다양하게 코랄을 연주할 수 있다. 바로크 시기 독일의 대표적인 오르간 작곡가는 바흐와 북스테후데를 비롯하여 발터(*Johann Gottfried Walther, 1684-1748*), 뵘(*Georg Böhm, 1661-1733*), 파헬벨(*Johann Pachelbel, 1653-1706*) 등 독일 전역에서 훌륭한 작곡가들이 많이 있다.

5) 고전기 이후부터 낭만 시기의 오르간 곡

바흐의 죽음과 함께 바로크 시기는 끝이 나고 짧은 로코코(*Rococo*) 시기가 잠깐 이어진 후 고전기로 들어가게 된다. 이 시기 동안 교회 음악은 급격히 쇠퇴하면서 오르간 음악은 다른 클래식 음악의 발전에서 뒤로 밀려나게 된다. 교회를 떠나 궁전이나 연주회장에서 활동하는 작곡가가 늘어나면서 교회 음악은 당시 교회에 남아있었던 교회 음악인들에 의해 명맥을 이어가는 정도로 약화되었다. 이런 상황에서 고전기의 오르간 곡은 연주회용이나 교회 예배 곡에서도 큰 발전을 이루지 못하였으며 오르간 작품 또한 남아 있는 곡이 많지 않다.

고전기의 대표적인 예배 오르간 음악은 모차르트의 교회 소나타라고 불리는 서간경 소나타(*Epistle Sonata, Church Sonata*)[81]이다. 이 곡들은 총 17곡이며 모차르트가 잘

---

81 | 서간경 소나타 혹은 교회 소나타(Epistle Sonata, Church Sonata): 모차르트가 Salzburg 대주교의 요청으로 작곡한 곡으로, 미사 중 Epistle(사도 서신)을 읽은 후 Gospel(복음서)을 읽기 위해 성단의 예

츠부르그(*Salzburg*) 대주교의 요청으로 그 곳의 대성당 음악인으로 있을 때 미사 중에 연주를 위해 작곡한 곡이다. 이 곡의 난이도는 중간이며 한 곡이 3분에서 5분 정도의 곡으로 전주곡으로 한 곡 내지 두 곡을 연주하면 적절하다. 원곡은 작은 관현 앙상블과 오르간을 위한 곡이지만 오르간 솔로로 편곡이 되어 있으며 악보는 쉽게 구할 수 있다.

낭만 시기에 들어오면 오르간 음악은 독일의 멘델스존과 프랑스의 프랑크에 이르러 본격적인 발전을 하게 된다. 이 시기에 작곡된 오르간 곡은 예배에 적합한 곡도 있지만 연주회용 오르간 곡들도 있기 때문에 예배를 위한 곡을 선정할 때 바로크 시기의 작품보다는 신중할 필요가 있다. 하지만 낭만 시기라 하더라도 기본적으로 대부분의 오르간이 교회에 있었으며, 이 시기의 곡들 또한 대부분 교회 스타일로 작곡된 곡이라는 점에서는 변함이 없다고 봐도 무난하다. 다시 말하면 오르간 곡은 교회를 염두에 두고, 또한 많은 작곡가가 교회의 오르간에서 작곡한 곡이기 때문에, 작품 제목에 있어서 교회 성격이 아닌 것이 드러나는 특정한 곡을 제외하면 예배 전주곡으로 선정하는데 크게 어려움이 없을 것이다.

클래식 음악은 교회 음악에서 나왔기 때문에 어느 작곡가든 특히 오르간 곡인 경우에는 더 교회적일 수밖에 없는 것이 오르간 음악의 특징이다. 예를 들면 슈만(*Robert Schumann, 1810-1856*)의 오르간 곡으로 6개의 Fugues on BACH는 물론 4개의 Sketches와 6개의 Etudes 또한 예배 전주곡으로서 가능한 곡이다. 특히 Sketches와 Etudes는 낭만 시기의 건반 악기 곡 중에서 성격 소품(*Character Piece*)[82]이라고 불리는 곡으로 당시의 작곡가들이 이런 유형의 곡을 많이 작곡하였다. 이 성격 소품 중에는 교회와 어울릴 수 있는 곡이 많이 있다. 제목에서 특별히 세속적인 의미가 아니라면 오르가니스트가 어떤 동기와 마음으로 연주를 하는가가 더 중요할 것이다. 낭만 시기 중반으로 오면서 오르간이 연주회장에 설치되기 시작하며, 연주회용 오르간 음악 또한 작곡되면서 오르간의 새로운 영역에서 발전이 이루어진다.

배 집례자 모두가 회중석 가운데로 이동하는 동안 불리는 층계송(Gradual)으로 작곡하여 연주하였기 때문에 서간경 소나타(Epistle Sonata)라고 부르며 통칭 교회 소나타(Church Sonata)라고도 한다.

82 | 성격 소품(Character Piece): 이 곡은 19세기 피아노 곡의 한 형태로서 한 가지 아이디어나 표제에 근거하여 작곡된 곡이다. 이것은 주로 피아노 곡에 해당하지만 오르간은 물론 가끔 다른 기악 작품에서도 사용되기도 한다.

이외에도 기독교적인 제목의 곡, 혹은 순수 클래식 곡으로 기독교 작곡가의 오르간 곡은 예배 전주곡으로 가능한 것이 많다. 낭만 시기의 독일에서는 오르간 소나타가 많이 작곡되었으며 프랑스에서는 오르간 소나타와 특히 오르간 심포니(*Organ Symphony*)[83]가 많이 작곡되었다. 이 두 오르간 음악은 여러 악장으로 된 곡으로 개별 악장으로 예배 전주곡이 가능하다. 1악장과 마지막 악장은 물론, 특히 느린 악장의 제목이 코랄(*choral*), 아리아(*aria*), 안단테(*andante*) 등 노래 악장 성격의 곡은 충분히 가능하다. 하지만 스케르초*(scherzo)*나 춤곡 등의 제목인 경우는 곡의 성격에 따라 신중하게 결정할 것이다.

낭만 시기의 연주회용 오르간 곡을 예배 전주곡으로 선정할 경우 유의할 작품은, 오르간 곡이지만 가끔 교회 스타일과 먼 음악들이다. 이런 곡들은 교회와 어울리지 않는 세속적인 곡들도 있기 때문에, 그 곡이 유명하다는 이유로 혹은 자신이 좋아한다는 이유로 전주곡으로 연주하는 것은 위험할 수 있다. 그 곡이 교회적인지, 신앙을 표현한 것인지, 결국 하나님을 찬양하고 예배하는 것인지, 아니면 인간을 즐겁게 하는 것인지를 영의 눈으로 분별하는 것이 중요하다.

낭만 시기의 오르간 소나타 작곡가 중 뛰어난 작곡가는 20곡의 소나타를 쓴 독일의 라인베르거(*Josef Gabriel Rheinberger, 1839-1901*)이다. 그는 시기적으로는 독일의 중기와 후기 낭만에 해당되는 사람으로 그의 음악은 거의 낭만 중기의 성격이다. 그의 음악은 온건하고 절제되어 있으며 시적이고 유연하다. 그리고 그의 곡은 화성적으로 뛰어나며 서정적인 동시에 많이 난해하지 않으며 표현에 있어서 극단적이지 않고 자연스럽고 실내악적인 분위기이다. 각 악장은 조직적으로 잘 짜여 있으며 개별 악장 대부분이 예배 전주곡으로 적절한 음악이다.

낭만 시기의 오르간 코랄 작품은 다양하다. 독일의 경우 찬송가 한 절에 의거한 2-3분의 아주 짧은 코랄 전주곡이 있는 반면 15분 이상의 대규모 코랄 판타지 형태

83 | 오르간 교향곡(Organ Symphony): 프랑스 낭만 시기에 나타난 오르간 음악의 한 장르로서 소나타의 규모보다 큰 음악이다. 교향곡이라고 이름한 것은 이 곡이 오르간에서 오케스트라 교향곡의 소리와 버금가는 음색과 음향을 구사하면서 동시에 대규모 작품이라는 의미가 들어 있다. 프랑크의 Grande Pièces Symphonique에서 그 첫 모습을 볼 수 있으며 뷔도(Charles-Marie Widor, 1844-1937)에 의해 본격적으로 작곡되기 시작한다. 당시 유명한 Cavaillé-Coll이라는 교향악적인 오르간이 이 대규모 오르간 교향곡이 탄생하는 데 많이 기여하였다.

의 곡들도 있다. 이 작품들도 전주곡으로 많이 활용될 수 있다. 낭만의 쉬운 화성은 성도들에게 거부감이 없겠지만 후기 낭만의 반음계적 화성은 다소 부담이 될 수 있기 때문에 천천히, 그리고 서서히 연주 횟수를 늘려가는 방법을 취하면 좋다. 큰 규모의 곡이더라도 장기 계획을 세워 일 년에 한 번 정도는 곡을 나누어서 전주곡으로 연주하기를 권한다.

낭만 시기의 대표적 코랄 작품은 브람스(*Johannes Brahms, 1833-1897*)의 11개의 코랄(*Eleven Chorales*)이다. 이 코랄의 난이도는 중간이며 길이 또한 3-4분이기 때문에 예배 전주곡으로 뛰어난 곡이다. 이 곡은 브람스의 화성에서 나타나는 깊이와 따뜻함이 고루 배어 있다. 브람스와 대조적인 코랄 작품 작곡가로는 레거(*Max Reger, 1873-1916*)로서 그의 짧은 코랄 곡들은 대체로 후기 낭만의 반음계적인 화성으로 되어 있기 때문에 반음계 화성에 익숙하지 않는 성도들을 위하여 천천히 조금씩 교회에서 사용 빈도를 높이는 방법이 좋다. 그의 대표적인 오르간 작품인 코랄 판타지는 15분 이상의 대규모 곡으로 대체로 판타지와 푸가로 나누어져 있으며 이 부분을 나누어서 연주가 가능하다. 대신 판타지 부분의 마지막 코드가 완전 종지가 아닌 경우가 많기 때문에 나누어 연주할 경우 곡의 종지(*cadence*) 내지 종결구의 조정이 필요할 수도 있다. 그리고 몇 곡은 판타지만도 10분에 상당하는 긴 곡들도 있어 이 판타지 자체도 필요하다면 적절한 부분에서 나누어 연주할 수 있다. 하지만 이런 경우는 곡의 상황에 따라 신중하게 결정해야 한다. 다행히 레거의 코랄 판타지는 변주곡 형식으로 되어 있는 것이 많기 때문에 곡을 잘 분석하여서 한 판타지를 나누는 것은 그렇게 어렵지 않을 수도 있다. 레거의 코랄 판타지는 난이도 면에서 아주 높은 곡으로 연주자로서 오랫동안 연습을 해야 하는 곡이다. 오르간 연주자로서 음악적으로, 기술적으로 끊임없는 발전을 위해서 꼭 시도해 보기를 추천한다.

위에서 언급한 대표적 작곡가의 작품 이외에도 많은 오르간 곡이 있다. 낭만 시기의 작품은 어떤 면에서는 성도들에게 가장 친숙할 수 있는 음악이다. 그래서 오르간 음악을 잘 모르는 성도에게 낭만 곡으로 접근하는 것은 오르간을 좋아하게 하는 지혜로운 방법이기도 하다. 바로크 시기의 오르간 곡은 매우 많으며 또한 오르간적으로 우수한 것은 사실이지만, 그렇다고 바로크만 고집할 것이 아니라 오히려 낭만의 좋은 오르간 곡을 더 자주 연주하는 것은 성도들에게 오르간 전주라는 시간을 더 기다리게 만들 수도 있다. 바로크를 넘어서 고전 내지 낭만으로 오르간 음악을 확장하기를 권한다.

낭만 오르간 음악에서 성도들의 선호도를 자주 언급한 것은, 오르가니스트가 연주하는 음악은 하나님께 드리는 것이지만 성도들을 통해서 함께 드릴 때 더 의미가 있기 때문이다. 성도를 전혀 고려하지 않고 하나님만 생각하는 음악은 공동 예배의 성격에서 온전한 음악이 되기 어려울 수도 있다. 공동 예배라는 것은 결국 전 성도가 함께 하나님을 예배하는 것으로서 오르가니스트의 전주는 오르가니스트뿐만 아니라 전 성도가 함께 이해하고 느끼고 감동할 때 하나님께서도 함께 하실 것이며 그 예배가 더 의미가 있을 것이라 생각한다.

6) 현대 클래식 오르간 곡

현대 클래식 음악은 아이러니(*ironic*)하게 현대 사람에게 익숙하지 않은 음악이다. 현대 사람이 왜 현대 음악을 모르고, 또 왜 익숙하지 않다는 말인가. 현대 사람은 현재 어디에서 사는 사람들인가. 그러면 현대 사람은 무엇을 좋아하고 무엇에 익숙하다는 말인가. 더구나 교회 성도는 더 그렇다. 역사적으로 볼 때 적어도 바흐까지는 교회 음악은 당대에 작곡되고 연주되는, 즉 당시로서는 현대 클래식 음악이었다. 현재에 살면서 현재의 음악으로 예배를 드렸다는 의미이다. 바흐는 예배를 위하여 많은 칸타타와 오르간 음악을 작곡하였는데 이것은 당연히 당시의 현대 클래식 음악이며, 동시에 바로 모두 예배 음악이다.

그런데 바흐는 당대의 대부분의 작곡가들과는 다른 점이 있었다. 바로크 시기의 끝자락인 당시, 새로운 음악적 양식들이[84] 들어와 있었지만 바흐는 저물어 가는 바로크 음악 양식을 붙들고 바로크 음악에서 최고의 꽃을 피웠다. 다른 말로 하면 바흐의 음악은 당시 음악보다는 전통을 따르는 보수적인 음악으로 생각할 수 있다. 어쩌면 이때부터 교회는 현대의 음악 양식에서 조금씩 뒤에 밀려났을 수도 있다. 교회 음악의 대가이면서 교회 음악의 이상적인 작곡가 바흐는 역사적인 입장에서 보면 그는 당시 구식 음악이라고 할 수 있는 바로크 양식을 붙들고 있었던 것이다.

---

84 | 여기서 새로운 양식이라면 바로크 다음의 음악 양식으로 로코코 양식(Rococo Stile), 갈란테 양식(Galante Stile), 감성과다주의 양식(Empfindsamer Stil), 그리고 더 나아가 신고전(Pre-Classic)과 고전(Classic) 양식을 말할 수 있다.

바흐가 왜 이렇게 당시 새로운 음악 양식을 받아들이지 않고 사라져가고 있는 바로크 양식을 가지고 곡을 썼는지 그 이유는 구체적으로 알려져 있지 않다. 하지만 바흐는 바로크 양식으로 교회 음악의 절정을 이루었으며 음악사상 최고의 작곡가로 불린다. 이것은 어쩌면 세상의 유행에 별로 관심이 없었던 바흐의 성정을 보면 바흐다운 면모로 보인다. 그리고 새롭게 유행하는 양식들은 대부분이 사람들의 즐거움을 위한 궁정 음악 등 세속 음악 양식이었기 때문에 교회 음악 양식과는 어울리지 않는다는 것을 바흐는 알고 있었던 것 같다. 꼭 이 이유 때문만은 아니지만 그 이후부터 교회 음악은 대체로 당시의 세상의 음악에 비해 전통적이고 보수적인 양식을 띠기 시작한다.

바로 바흐가 그랬듯이 멘델스존이 그랬다. 지금도 여전히 많은 교회 음악 작곡가들은 교회 곡을 쓸 때 자신의 다른 작품에 비해 덜 현대적으로 작곡한다. 그러나 바흐와 멘델스존의 곡이 덜 음악적이거나 덜 예술적인 것이 아니라는 것에 주목할 필요가 있다. 이들의 곡은 모두 뛰어난 작품들이다. 그런데 현대로 올수록 교회 음악은 음악적 스타일은 물론 음악적 질에서 바흐와 다르게, 즉 진보적인 현대 음악 양식보다는 화성과 표현 방법에서 덜 예술적이며 쉽게 작곡하는 경향이 있다. 이것은 자신이 돈을 지불하고 연주회장에 연주를 들으러 오는 클래식 음악 애호가들과 달리, 교회 성도는 음악을 듣기 위해 돈을 지불하는 것이 아니며 또한 그 회중은 음악을 모르는 층부터 음악을 잘 아는 다양한 회중으로 구성되어 있다는 것을 고려한 결과일 수도 있다. 하지만 바흐와 멘델스존의 예술적으로 뛰어난 교회 음악 작품들을 생각하면 이것 또한 변명일 수 있다.

현재 클래식 작곡가의 현대 음악은 평이한 음악에 익숙한 교회 성도들에게 여전히 이해하기 어려운 곡일 수 있다. 거기에다 우리나라 교회 음악은 서양에 비해 시대적으로 훨씬 더 뒤떨어져 있다. 이런 상황에서 우리나라 교회 오르가니스트는 현대 곡을 예배 전주곡으로 정하기가 쉽지 않다. 하지만 현대를 살아가는 현대 사람이 현대 곡을 모른다는 것도 이상한 일이다. 현대에 교회 오르가니스트가 있듯이 음악 작품 또한 계속 작곡되고 있다. 단지 그 곡들이 현대 양식이냐 과거 양식이냐가 다를 뿐이다. 가능하면 현대 기법으로 작곡된 오르간 작품을 일 년에 한두 번은 연주할 것을 권한다.

현대 오르간 작품 중에서 덜 비화성적인 곡, 교회 성격을 담은 곡, 전주곡과 푸가 제목 같은 순수 클래식 오르간 곡, 그리고 코랄 등 찬송 선율에 의한 곡을 조금씩 시도하는 것이 좋다. 이런 전주곡을 통해서 성도들의 귀는 더 열리게 될 것이며 화성의 이해가 넓어지게 될 것이다. 현대 곡에는 성도들에게 알려져 있지 않은 좋은 작품이 많이 있다. 오르가니스트가 관심과 노력을 기울이지 않은 것을 성도들의 귀를 핑계로 돌리는 것은 정직하지 않는 자세다. 현대 클래식 음악 작곡가의 곡으로서 덜 현대적이며 예배에서 좋은 곡으로 영국의 본 윌리암즈(*Ralph Vaughan Williams, 1872-1958*)의 세 개의 웨일즈 찬송가에 의한 전주곡이 있다. 이 곡은 중간 정도 난이도의 곡으로서 화성적으로 난해하지 않으며, 영국의 고풍스럽고 위엄 있는 스타일로 쓰여 있어 교회에서 귀하게 쓰일 수 있다.

현대 음악 양식으로 테크닉적으로 어렵고 음악적으로도 난해하지만 교회 예배 음악으로 뛰어난 곡의 대표적인 예는 프랑스 현대 작곡가 메시앙(*Olivier Messiaen, 1908-1992*)의 작품이다. 그의 오르간 곡은 가톨릭 교회 예배를 위한 전형적인 예배 음악이다. 그의 화성은 종교적 신비감으로 가득 차 있다. 하지만 이것을 알고 들으려면 이것을 연주하는 오르가니스트가 있어야 한다. 그래야 듣는 귀가 생기는 것이다. 메시앙 이외에도 프랑스뿐만 아니라 독일에는 뛰어난 오르간 연주자와 작곡가의 곡들이 많이 있다 독일의 디스틀러(*Hugo Distler, 1908-1942*)는 천재적인 교회 음악가로 우수한 교회 오르간 작품들이 있다. 모른다고 덮어놓지 않고 적극적으로 좋은 현대 음악을 소개하는 현대에 살아가는 오르가니스트가 필요하다.

7) 현대 작품 중 교회 작곡가의 찬송 선율에 의한 오르간 곡

현대 클래식 작곡가 외에 교회 오르가니스트 혹은 지휘자로서 교회 음악을 작곡하는 사람들이 많이 있다. 이들의 오르간 곡은 현대 클래식 음악 작곡가들의 곡에 비해 대체로 덜 어려운 것이 사실이다. 현재 우리나라에도 많은 외국 교회 작곡가들의 오르간 곡들이 소개되어 있으며 국내 작곡가의 곡들도 있다. 매주 예배 음악을 준비하는데 많은 시간을 들이기 힘든 오르가니스트인 경우는 이런 곡들이 유용할 것이다. 실제로 학생들이나 비전공자 오르가니스트들이 전주곡 혹은 후주곡으로 인해 많은 스트레스를 받으면서 예배를 준비할 때가 있다는 것을 종종 듣는다. 이런 현실을 생각하면 너무 어렵지 않으면서도 예술성이 있는 곡의 필요성을 느낀다. 필자도 이런 필요성을 느끼고 찬송 선율에 의한 전주곡을 작곡하고 있지만 난이도가 높지 않으면서도 예술성이 뛰어난 곡을 쓰기란 여간 어려운 일이 아니다. 이 말은 오르가니스트가 그런 곡을 발견하는 것이 쉽지 않다는 의미다.

우리나라 교회에서 많이 소개된 현대 교회 음악가 혹은 교회 오르가니스트에 의한 예배를 위한 오르간 곡의 대표적 작곡가는 헬드(*Wilbur Held, 1914-2015,* 미국 성공회 교회), 휴스태드(*Donald Hustad, 1918-2013,* 미국 침례 교회), 영(*Gordon Young, 1919-1998,* 미국 감리 교회), 그리고 만쯔(*Paul Manz, 1919-2009,* 미국 루터 교회) 등이 있다. 이들은 모두 미국의 뛰어난 교회 오르가니스트들로서 자신의 교회 예배를 위하여 오르간 곡은 물론 성가대 곡도 작곡한 그야말로 교회 음악인들이다. 이들은 특히 찬송가 선율에 의한 곡*(Hymn Prelude)*을 많이 작곡하였으며 예배 음악으로 연주할 수 있는 곡들이 많이 있다.

여기서 현재 많이 나와 있는 찬송 선율에 의한 오르간 곡 중 어떤 곡을 선택할 지에 대한 유의점을 알아 본다. 첫째는 음악적으로 그리고 테크닉적으로 너무 평이하여 연습을 별로 하지 않아도 되는 곡은 자주 연주하지 않기를 제언한다. 여기서 준비와 연습이라는 것은 각자 오르가니스트의 능력에 따라 다를 수 있다. 자신의 가진 달란트에 따라 준비와 연습은 각기 다르게 적용될 것이다. 이것은 능력이 있는 오르가니스트는 적게 연습을 해도 되고 능력이 덜한 사람은 연습을 많이 해야 된다는 의미가 아니다. 성경에 달란트 비유가 있다.[85] 달란트를 적게 받은 사람도 많은 사람도 모두가 자신의 능력 안에서 최선을 다하는 것이 중요하다. 즉 모두가 연습하고 준비를 철저히 해야 한다는 의미이다. 그래서 그 곡의 난이도의 적용은 사람에 따라 다를 것이며 오랜 연습의 해(*year*)가 거듭된다면 결국은 대부분의 오르가니스트가 연주하는 곡의 난이도는 서로 비슷해질 것이다. 예배는 준비한 예배에서 하나님께 영광이 되고, 하나님의 은혜가 내려온다.

덧붙일 것은 세속적인 스타일의 곡, 예를 들면 CCM, 재즈(*Jazz*), 그리고 감상적이거나 단순한 화성을 반복하는 곡 등은 가급적 피하는 것이 좋다. 이런 스타일의 음악은 오르간에 잘 어울리지 않을 뿐만 아니라 성도들에게는 탄산 음료 같아서 당장은 듣기 좋을지 모르지만 영적으로나 정신적으로 성숙하게 하는 깊이가 있는 곡이 아니다. 예술적이고 음악적 질이 높은 곡은 순간적인 효과에 연연하지 않는 곡이다. 연습을 좀 더 하더라도 좋은 음악을 예배에 올리는 오르가니스트의 마음이 중요하다.

---

85 | 마태복음 25장 14절-30절

8) 가톨릭 교회의 예배용(미사) 오르간 곡

지금까지 예배용 오르간 음악을 알아본 것은 대체로 개신교 교회의 음악이다. 여기서 추가할 수 있는 것은 가톨릭 교회 예배용으로 작곡된 오르간 곡으로 오르간 미사(*Organ Mass*)와 챤트(*Chant*, 혹은 *Plainsong*, 단선율 성가 혹은 평성가)에 의거한 오르간 작품이다. 개신교 목회자 중에는 가톨릭의 모든 것을 반대하는 사람들이 있다. 칼빈이 그랬다. 하지만 가톨릭 교회에서 작곡된 곡이라 하더라도 개신교 교회에서 연주되어도 전혀 문제가 되지 않는 곡들이 많이 있다. 교회가 다르다는 이유로 가톨릭 교회의 좋은 음악을 개신교에서 반대하는 것은 편협한 생각이다. 가톨릭 음악 중에서 성악곡 중 미사곡은 합창 연주회뿐만 아니라 개신교 교회에서도 자주 연주된다. 그 이유는 그 가사에 있다. 미사곡과 챤트 곡에는 개신교의 교리와 전통에 위배되지 않는 찬양곡이 많이 있다. 그래서 개신교 교회에서 팔레스트리나의 무반주 합창곡 연주를 가끔 들을 수 있는 것이다. 개혁자 루터가 가장 좋아한 작곡가는 중세의 죠스캥 드 프레(*Josquin des Prez, 1450/55-1521*)였다. 물론 루터 당시는 가톨릭 교회 음악만이 있었을 뿐이다. 만약 가톨릭 음악을 개신교 교회에서 연주할 수 없다면 르네상스까지 대부분의 교회 음악은 개신교 교회에서 연주가 불가능하며 바로크 곡도 상당 부분 연주가 불가능 할 것이다. 교회가 다르다고 해서 뛰어난 교회 음악의 연주를 제한하는 것은 교회 음악의 발전에서 볼 때 큰 장애가 된다. 더욱이 그것은 하나님을 찬양하는 교회 음악의 본질에서 볼 때 하나님 앞에서 인간적인 변명일 것이다.

하지만 여전히 개신교 교회 성도들은 가톨릭 음악에 거부감을 가질 수도 있다. 그러나 가사가 없는 곡이라면 개신교 교회에서 반대하는 것은 명분이 없다. 왜냐하면 이 곡들도 다 같이 하나님을 찬양하는 예배용 오르간 음악이기 때문이다. 가톨릭 교회에서는 코랄이 가톨릭에서 분리된 루터 교회의 찬송가임에도 불구하고 이미 오래 전부터 이 코랄을 예배에서 부르고 있다. 또한 루터교의 신실한 신앙인인 바흐의 오르간 곡과 합창곡도 가톨릭 교회에서 연주되고 있다. 이것은 하나의 목적, 하나님을 찬양한다는 그 목적에서 그 곡이 적합한지를 고려하는 것이 중요하다는 의미이다. 하나님을 찬양하는 데에 교단과 교파는 의미가 없는 것이다.

프랑스 가톨릭 교회에는 훌륭한 오르가니스트가 많이 있다. 프랑스에서는 중세부터 시작하여 르네상스를 거쳐 바로크 시기에 이르도록 오르간 미사곡은 예배에서 주요 오르간 음악으로 발달하였다. 오르간 미사(*Organ Mass*)[86]는 중세 예배에서 성악과 오르간의 교대 연주(*Alternatim*)로 생겨난 것으로, 현대 가톨릭 미사에서는 교대 연주를 하지 않지만 아직도 가끔 작곡되고 있다. 미사곡의 가사는 크레도(*Credo*)의 신앙 고백과 함께 모두가 하나님께 기도하고 찬양하는 가사이다. 오르간 미사곡은 키리에(*Kyrie*), 글로리아(*Gloria*), 크레도(*Credo*), 상투스-베네딕투스(*Sanctus-Benedictus*), 아뉴스 데이(*Agnus Dei*)의 5악장 구조가 일반적이다. 여기에 Elevation(거양성체)를 비롯한 성찬 음악과 봉헌송이 대체로 함께 작곡되며 가끔 입례송과 폐회송 등 개신교 교회에서도 익숙한 용어의 음악이 추가되기도 한다. 바로크 시기 오르간 미사의 개별 악장은 대체로 2-3분, 길게는 5분 정도의 짧은 곡으로 곡의 성격에 따라 예배 전주곡 혹은 후주곡으로 한두 악장을 연주할 수 있을 것이다. 오르간 미사곡은 가톨릭 성가가 인용되기는 하지만, 같은 찬양의 가사로서 예배 음악이 충분히 될 수 있다.

또한 챤트 선율에 의거한 작품도 아베 마리아(*Ave Maria*, "마리아여 칭송받으소서") 등과 같이 개신교 교리와 반대되는 성가곡 이외에 순수하게 하나님을 찬양하는 가사의 경우 개신교 교회 예배에서 연주될 수 있다. 바로크 시기에 많이 작곡되었으나 한동안 줄어들었던 챤트에 의한 오르간 곡은 19세기 후반 가톨릭 교회의 시실리안(*Cecilian*) 운동 이후 본격적으로 많이 작곡되기 시작하였다. 프랑스의 현대 오르가니스트 투흐너미흐(*Charles Tournemire, 1870-1939*)와 랑글레(*Jean Langlais, 1907-1991*) 등의 작품은 챤트에서 나오는 교회 선법(*church mode*)적인 화성으로 종교적 신비감이 뛰어난 곡들이다. 이런 영감이 있는 곡들이 개신교 교회에서 연주되지 못한다면 현대 20세기의 뛰어난 많은 오르간 곡들이 레퍼토리에서 사라질 것이다. 이런 음악적 손실보다 더 중요한 것은, 이것은 하나님 중심으로 생각해야 할 예배의 정신에 어긋난 일이라는 것이다.

가톨릭 교회 오르간 음악에는 오르간 미사와 챤트에 의한 곡 이외에, 독일 바로크의 자유 형식 작품처럼 챤트에 근거하지 않은 오르간 곡도 많이 있다. 독일과 마찬가

---

86 | 오르간 미사(Organ Mass): 르네상스 시대 이탈리아 가톨릭 교회에서 본격적으로 발달한 오르간 음악이다. 미사 성가의 절을 노래(성가대, 혹은 선창자)와 오르간으로 교대하여 연주함으로써 비롯되었다. 예를 들면 Kyrie에서 가사 Kyrie eleison 세 번, Christe eleison 세 번, 마지막 Kyrie eleison 세 번을 오르간과 노래가 서로 교대 연주하게 되면 총 9절의 가사 중 오르간은 네 번 혹은 다섯 번 연주가 생기게 된다. 이런 방식으로 Gloria, 가끔 Credo, Sanctus, Agnus Dei 가사의 절을 교대 연주하면서 이 다섯 악장의 오르간 연주 부분을 다 모으면 하나의 Organ Mass 모습이 된다.

지로 프랑스 또한 당시 오르가니스트는 모두가 교회 오르가니스트였기 때문에 특별히 세속적인 제목이 아닌 경우는 예배용으로 가능하다. 바로크 시기 오르간 음악은 대부분 당시 교회적인 느낌을 주기 때문에 세속 음악과 구별하는 것이 쉽지 않다. 그러나 바로크 시기에 발달한 프랑스의 궁정 음악과 극음악 등은 음악적 스타일에서 교회 음악과 상당히 다르다.

프랑스의 바로크 시기는 독일과 다르게 세속 음악이 많이 발달하였으며 교회 음악은 이에 비해 부진한 상황이었다. 이것은 결국 교회 음악의 쇠퇴로 이어지면서 서서히 교회 선법에서 지금의 장단조 조성(*tonality*)을 더 많이 사용하는 화려하고 장식적인 건반 음악이 발달하게 되었다. 특히 이 시기에 프랑스에서 많이 발달한 건반 악기는 쳄발로(*cembalo*)로서 많은 작품이 작곡되었다. 따라서 이런 스타일로 쓰인 곡은 신중할 필요가 있다. 그렇기 때문에 오르간 미사가 아닌 경우는 곡의 제목에 유의하여 곡의 스타일을 파악한 후 예배 전주곡의 가능성을 판단하는 것이 좋다.

이 시기의 대표적 작곡가로 그리니(*Nicolas de Grigny, 1672-1703*)의 오르간 음악은 교회의 경건성과 영성이 승화되어 나타난 뛰어난 작품들이다. 그는 당시의 세속적인 스타일에 편승하지 않고 교회 선법을 사용하면서 유연한 성부의 움직임과 뛰어난 성부 구조(*texture*)의 짜임새를 통하여 최고의 오르간 음악을 만들어 냈다. 그의 작품으로는 오르간 미사와 오르간 찬송(*Organ Hymn*)[87]이 있다. 그 외에도 쿠프랭(*François Couperin, 1668-1733*) 등 여러 작곡가의 미사곡과 찬송가가 있다.

프랑스 낭만 시기의 오르간 예배 음악은 바로크 시기보다는 많지 않다. 낭만 시기는 오히려 연주회용 작품들이 많이 작곡되었다. 하지만 이 곡들 또한 교회 오르가니스트에 의해서 작곡되고 교회에서 연주된 곡으로서 예배에서 사용될 수 있다. 그리고 낭만 후기로 가면서 챤트에 의거한 작품과 미사 중에 사용될 3-5분 정도의 짧은 곡들이 길망(*Alexandre Guilmant, 1837-1911*)을 비롯한 여러 작곡가들에 의해 많이 작곡되기 시작하였다. 이 음악 또한 가사가 있는 경우에는 가사에서 유의하는 것 외에는 모두가 개신교 예배에 사용될 수 있다. 곡 제목이 개신교 예배 순서에 없는 가톨릭 교

---

87 | 오르간 찬송(Organ Hymn): 가톨릭 교회의 오르간 음악으로 챤트가 노래와 오르간으로 교대 연주될 때 오르간이 연주한 절(verse)에 해당하는 오르간 곡 부분만을 모은 것이 오르간 찬송이다. 오르간 미사와 같은 시기의 연주 관습에서 나타난 오르간 음악 형태이다.

회의 예배 용어인 경우에도 개신교 교회에서 사용될 수 있다는 것이 필자의 생각이다. 한 하나님을 예배하는 마음으로 작곡된 곡은 모두가 예배 음악이다.

9) 바로크 시기까지 영국과 이탈리아의 오르간 곡

오르간 음악은 바로크 시기에 독일이 가장 발달하였으나 그 후 낭만 시기 이후부터는 프랑스에서도 오르간 음악이 크게 발달하면서 세계적으로 영향을 준다. 여기서 추가할 수 있는 국가가 영국과 이탈리아이다. 이탈리아에서는 르네상스 시기 많은 오르간 곡들이 작곡되며 영국은 르네상스 시기와 바로크 시기에 골고루 곡이 있다. 이탈리아의 대표적인 오르간 음악은 가톨릭 교회 예배를 위한 오르간 미사곡과 자유 형식의 곡으로 토카타, 칸쪼나(*canzona*), 리체르카레(*ricercare*), 푸가 등 다양하다. 자유 형식의 곡들은 당시 쳄발로로 연주되기도 하였지만 오르간 곡으로도 우수한 곡이다. 영국의 경우는 성공회 교회 예배를 위한 오르간 곡들로 버스(*verse*)와 볼룬터리(*voluntary*)[88]라는 전주곡 같은 성격의 곡이 크게 발달하였다. 스탠리(*John Stanley, 1712-1786*)는 볼룬터리의 뛰어난 작곡가이며, 볼룬터리는 지금까지도 작곡되는 곡으로서 순수 창작곡에서 지금은 찬송 선율에 의거한 찬송가 볼룬터리(*Hymn Voluntary*) 등 여러 형태를 띠고 있다.

이탈리아 오르간 곡은 성도들이 익숙하지 않은 곡으로 생소할 수 있으나 색다르고 고풍스러운 특징으로 일 년에 한두 곡은 가능하다. 그리고 영국 곡 또한 성도에게 잘 알려져 있지 않은 곡이지만 오히려 친근감을 줄 수 있다. 그 이유는 작곡 시기는 르네상스와 바로크 시기이지만 영국 작품의 스타일은 호모포니 음악(*homophony,* 단성부 음악)[89]이 더 많고, 단순하고 담백하며 밝고 편안하기 때문에 성도들이 다성부 성부 구조로 좀 어렵게 여겨지는 독일의 음악보다는 더 좋아할 수 있다. 볼룬터리는 많은 작품이 있기 때문에 자주 연주할 수 있다.

---

88 | 볼룬터리(Voluntary): 르네상스 시기 영국 오르간 음악의 한 형태로서 예배의 시작 혹은 끝에 주로 연주되었으며 오르가니스트가 "임의대로" 자유롭게 연주하는 성격의 곡이다. 바로크 시기로 가면서 푸가가 포함되어 있는 몇 개의 부분이 있었으며, 18세기의 전형적인 모습은 느리게 시작하고 뒤에 빠른 템포의 푸가로 이어지는 구조를 가지고 있다.

89 | 호모포니(homophony): 단성부 음악으로 각 성부가 모방 기법을 통해 독자적인 움직임을 가지는 다성 음악(polyphony)과 반대되는 음악이다. 이 음악은 한 성부, 많은 경우가 소프라노, 에서 주 선율이 나오고 나머지 성부들은 이 선율을 받쳐주는 화성으로 일관하는 음악 형태로서 그 대표적인 것

10) 자신의 찬송가 오르간 편곡 혹은 즉흥 연주

마지막으로 예배 전주곡으로 추천할 것은 오르가니스트 자신의 오르간 찬송가 편곡 내지 즉흥 연주이다. 오르가니스트는 누구나 찬송가 선율에 의하여 자신이 스스로 편곡하고 즉흥 연주할 수 있는 능력을 가지고 있다. 이것은 유럽의 오르가니스트에게는 필수적인 것이다. 그들의 즉흥 연주만큼은 아니더라도 우리나라 오르가니스트들이 가지고 있는 잠재 능력을 키워서 적극적으로 예배에서 사용하기를 권한다. 우리에게는 그런 능력이 있다. 단지 사용하지 않고 묻어 놓았을 뿐이다. 이것은 다음 장에서 구체적으로 다룰 것이다.

11) 예배 전주곡의 일 년 계획

지금까지 소개한 오르간 작품들로 오르가니스트는 예배를 위한 예배 전주곡의 일 년 계획을 세울 수 있다. 계획은 중요하다. 아무 계획 없이 생각나는 대로, 그때그때 악보장에 보이는, 혹은 소개받은 곡으로 예배를 준비하는 것보다 장기적인 계획을 통해 예배를 준비하는 사람은 늘 발전하는 사람이다. 글에서 제시한 레퍼토리를 바탕으로 아래 표에서 일 년 동안 전주곡 선정에서 전체 비율의 가이드 라인을 제시해 본다. 여기서도 오르간 관련 용어와 작곡가는 원어로 쓴다.

표 8. 예배 전주곡의 일 년 레퍼토리 비율

곡의 종류	총 52주 중 주일 횟수	비율 100	대표적 작품과 작곡가
Bach의 Free Work	4	7.7	prelude, toccata, fantasie, fugue 등
Bach의 Chorale Work	5	9.6	18 Chorales, Orgelbüchlein, 그 외 chorales
바로크 시기 다른 작곡가들의 작품	6	11.5	Sweelinck, Buxtehude, Walther, Böhm, Pachelbel 등의 Free Work와 Chorale Work
낭만 시기 소나타 악장	4	7.7	Mendelssohn, Rheinberger, Guilmant 등

이 찬송가이다.

그 외 고전과 낭만 시기 작품 및 Organ Symphony 악장	8	15.4	Mozart, Brahms, Franck, Widor, Vierne 등
현대 작품	3	5.8	Reger, Hindemith, Pepping, Messiaen 등
현대 교회 작곡가 작품 Hymn Prelude	9	17.3	Held, Hustad, Young, Manz 등의 찬송 선율에 의한 작품들
가톨릭 교회 오르간 음악 Organ Mass, Chant-based Work	4	7.7	de Grigny, Tournemire, Langlais 등
이탈리아와 영국 작품	3	5.8	Frescobaldi, Gabrieli, Purcell, Handel, Stanley 등
자신의 오르간 편곡 혹은 즉흥 연주	6	11.5	찬송가 선율에 의한 자신의 편곡 혹은 즉흥 연주
총계	52	100	

위의 표에서 제시된 것은 순전히 필자의 제안이다. 일 년을 52주로 나누어 이렇게 골고루 다양한 오르간 곡들을 연주할 수 있다고 가정을 한 것이다. 이 외에도 각자의 필요나 영감에 따라 더 다양한 곡을 추가할 수 있으며 더 열심히 하고 싶을 경우에는 난이도가 있는 곡의 비율을 높이는 것이다. 이렇게 일 년을 계획하고 오르간 반주를 하는 사람과 별 계획 없이 하는 사람과는 상당한 차이가 있을 것이다.

가끔 학생들이 전주곡에서 교회 성도들이 다른 요청을 할 때 어떻게 해야 할지를 묻는다. 그때마다 필자는 말한다. 요청할 때는 그 다음 주는 당장 그렇게 준비할 수 있으면 하라고 권한다. 하지만 그 이후는 다시 자신의 계획대로 하는 것이다. 전문 음악인은 자신의 목표와 계획을 가지고 있는 사람이다. 성도들이 원하는 대로만 한다면 그 음악은 발전이 없을 것이다. 왜냐하면 그들은 비전문가이기 때문이다. 전문가가 비전문가의 의견 100%를 그대로 반영해서 한다는 것은 비전문적인 일을 한다는 것과 같은 의미이다. 그러면 그 교회는 성장하지 못할 것이다. 그래서 전문가는 항상 미래를 생각하고 성숙을 목표로 전진하는 사람이다. 혹 비율로 말을 하자면 성도들이 원하는 바는 최대가 49%를 넘지 않는 선에서 하도록 하고 51%는 자신의 이상을 따라서 하기를 권한다. 이렇게 하다 보면 51%가 아니라 60%, 70%까지 할 수 있을 것이다.

필자는 계명대학교 대학교회 온지 이제 20년이 지났다. 처음에는 성도들의 요청에 약간은 조정을 하였지만 전주곡과 후주곡은 이제 완전히 100% 필자의 계획과 생각대로 하고 있으며 이에 대해 이의를 제기하는 성도는 이제 없다. 필자가 생각하기는 교회에 온지 7-8년까지는 조심스러울 때도 있었지만 이제는 어떤 곡을 연주해도 믿어주는 느낌이다. 필자도 사실은 위의 표를 생각하면 많이 미흡하다고 느낀다. 하지만 늘 다양하면서 또 성숙하게 만들어 주는 그런 예배 음악을 준비하려고 노력하고 있다.

예배 전주곡에서 특별한 자신의 계획을 만들기가 힘들 때는 위의 표에 따라 시도해 볼 수 있으며 가끔은 자신의 곡을 위의 표에 비추어 자신이 어느 정도 도전적이면서도 다양한 레퍼토리를 연주하고 있는지 점검을 하는 기회가 되기를 바란다. 이렇게 하는 것이 여러 해 반복될 때, 계획하면서 하는 오르가니스트와, 계획 없이 하는 오르가니스트와 그 교회의 성도는 수 년 후에 완전히 다른 오르가니스트와 성도들이 되어 있지 않을까?

6. 후주곡

예배 후주곡은 전주곡과 같이 예배 음악이다. 이것은 성도와 오르가니스트가 하나님께 드리는 마지막 찬양이다. 후주곡의 위치가 예배에서 성도를 위한 축복 기도 이후이다 보니 성도들은 축도가 마치면 예배가 끝난 것으로 생각하는 경우가 많다. 하지만 후주곡은 전체 예배를 종결하는 음악이다. 후주곡이 전주곡과는 조금 다른 개념이 가능한 것은 축도 후라는 점에서 각 교회의 전통에 따라 다를 수 있을 것이다. 예를 들면 축도 후에 서로 평화의 인사를 나눌 수도 있고, 묵상하는 사람, 기도하는 사람, 기쁘게 찬양하는 사람 등 성도 각각의 자유로운 시간을 가질 수도 있는 것이 축도 후라는 특별한 시간이다. 이처럼 후주곡의 시간에는 각 교회의 전통에 따라 다를 수 있겠지만 후주곡을 연주한다면 이것은 여전히 하나님께 올리는 찬양이라는 점에서 전주곡과 같다.

예배 후주곡은 서양의 오르가니스트에게는 예배 음악 중에서 가장 자유로운 부분이다. 이때는 자신의 능력을 과시한다기보다 시간에 구애됨이 없이 오르가니스트가 구상하는 대로 음악을 할 수 있다는 점이 가장 의미 있다. 연주곡으로는 그 날 예배의 기도와 찬양, 그리고 말씀 전체를 하나로 묶을 수 있는 것이 좋다. 그래서 오히려 곡을 계획하여 미리 선정하는 것이 더 어렵다. 이것이 유럽의 오르가니스트가 즉흥 연주를 많이 하는 이유 중 하나일 것이다. 20분도 좋고 30분도 좋고 그들은 축도 후에 이렇게 연주를 한다. 듣는 이가 있든 없든 상관없이 오르가니스트는 연주한다. 더욱이 오르가니스트는 회중을 볼 수도, 의식할 수도 없는 곳에 있기 때문에 더 자유롭다. 이때가 오르가니스트는 가장 자유로우면서도 가장 영적일 수 있는 상태일 것이다. 성도의 입장은 어떨까?

우리나라에서는 후주곡이 다양하다. 성가대의 찬양, 악기의 연주, 성도들이 함께 찬양, 음반(*CD*)의 음악을 틀어주는 것, 예배 중 성가대 찬양을 녹음한 것을 재생, 그리고 오르간 연주 등이다. 그래서 오르간에게 기회가 많지 않은 편이지만 오르가니스트는 이런 독주의 기회를 가능한 한 많이 가지도록 노력해야 할 것이다. 가끔은 축도 후 텅 빈 예배당에서 혼자서 오르간으로 찬양하고 있는 자신을 발견하게 될 때 크나큰 은혜가 될 것이다.

후주곡의 레퍼토리는 전주곡과 맥락을 같이 한다. 대신 예배를 여는 음악과 예배를 종결짓는 음악이라는 다른 성격이 있으므로 곡의 성격상 이에 맞는 곡을 정하기를 제안한다. 여기에 적합한 곡의 내용으로는 대체로 찬양이 가장 좋다. 성도들이 "아멘" 하면서 예배당을 나설 수 있도록 하는 것이다. 예배의 성격에 따라 조용하거나 느린 곡도 가능하겠지만 사순절이나 강림절을 제외하면 대체로 빠르고 장엄한 곡이 어울릴 것이다. 가끔은 성도들이 후주곡 연주 동안 성도들과 서로 인사를 하면서 오르간 소리가 큰 것을 좋아하지 않을 수도 있겠지만 외국의 경우 그런 예는 없다. 오르가니스트는 자신의 소임을 다하는 것이며 그런 사람에게 예의를 표하지는 못할망정 불평할 일은 아닌 것이다. 그것은 더구나 하나님께도 예의가 아니다.

서양의 경우 오르간으로 후주할 때 많은 성도가 후주 끝까지 경청하고 마치면 박수를 치는 경우를 가끔 본다. 여기서 예배의 후주곡으로 사람이 박수를 받아도 되는가 하는 의문이 들기도 한다. 예배 시작부터 끝까지 수고한 오르가니스트에 대한 인간적인 감사와 격려는 어떤 의미에서는 좋을 수 있지만 감사와 격려라면 예배를 다 마치고 개인적으로 이야기하는 것이 더 나을 것이다. 중요한 것은 예배의 시작부터 끝은 항상 하나님만이 영화롭게 되는 시간이라는 것을 기억할 필요가 있다. Soli Deo Gloria.

마지막으로, 오르가니스트가 독주곡으로서 전주곡과 후주곡을 정할 때 가능한 한 다른 기악곡의 편곡 작품은 마지막 선택으로 하기를 권한다. 이것은 오르가니스트의 자존심이다. 오르간에는 좋은 오르간 작품이 많이 있다. 이 작품들을 우선적으로 연주하는 것은 당연한 일이다. 가끔 오르간으로 잘 편곡된 다른 기악곡들이 있을 때는 예외적으로 시도해 볼 수 있으나 일 년 중에 한두 번 이상은 넘지 않기를 제안한다.

자신을 사랑하지 않는 사람이 남을 사랑할 수 없는 것을 우리는 다 알고 있다.

오르가니스트에게 전주곡과 후주곡은 자신의 연주 기량을 높여주는 데 귀한 기회가 된다. 그렇기 때문에 이 연주를 어떻게 하느냐에 따라 오르가니스트의 전문성을 평가할 수 있다. 이것은 자신의 기량을 위해 곡을 선정하라는 의미가 아니다. 연주적 측면에서 볼 때 난이도가 있는 곡을 연주하기 위해 힘든 연습 과정을 거치면서 오르가니스트는 자란다. 이렇게 자라는 연주자는 예배 음악 즉 찬송가 연주와 다른 반주도 잘 할 수 있다. 어떤 연주라도 그 사람의 모든 것이 나타나기 때문이다. 이것은 오르가니스트가 얼마나 자신의 일에 헌신적이고 열심이 있는지, 그리고 연구하는 성실한 사람인지도 판가름이 된다. 동시에 그의 음악적 성향이나 스타일도 드러나며 나아가서는 그 교회의 음악적 수준이나 스타일에도 큰 영향을 준다. 특별히 연주자의 기교를 보여주기 위해 작곡된 곡을 제외하면, 난이도가 있는 곡은 대체로 깊이가 있는 곡으로서 연주자뿐만 아니라 듣는 사람도 정신적으로 영적으로 자라게 하는 음악이다. 하나님은 물론 성도들에게 다양하고도 좋은 음악으로 예배하는 오르가니스트가 되기 위해 오늘도 끊임없이 연습이 필요하다.

제5장

찬송가 편곡
(Hymn Setting, Hymn Arrangement)

1. 곡의 구성 및 편곡 과정 계획

2. 곡의 내용 계획

제5장

찬송가 편곡
(Hymn Setting, Hymn Arrangement)

오르가니스트는 연주곡으로 늘 스트레스를 받는다. 오르가니스트는 예배 전주곡과 후주곡, 성찬을 위한 곡, 봉헌송, 그리고 때에 따라 예배 시간 사이사이에 즉석으로 무언가를 연주해야 할 때가 종종 있다. 이럴 때 미리 연습하여 준비된 음악이 있다면 참으로 다행한 일이다. 하지만 이렇게 예기치 않은 경우를 위해 충분한 레퍼토리를 가지는 것은 결코 쉬운 일이 아니다. 그리고 그런 상황에서는 몇 분(*minute*)을 연주할지 예상하기도 힘들다. 이때 혹 준비된 곡이 있으면 그 곡을 연주할 수도 있지만, 그런 독주곡이 없더라도 즉석에서 성도들이 가장 익숙하게 아는 찬송가 선율로 편곡을 하면서 연주할 수 있다면 예배의 순간순간에 긴장하지 않고 늘 편안하게 예배에 임할 수 있을 것이다. 이것은 자신의 찬송가 편곡일 수도 있고 즉흥 연주일 수도 있다.

서양의 오르가니스트는 전통적으로 이런 연주에 뛰어난 사람들이다. 특히 즉흥 연주는 오르간과 재즈, 그리고 쳄발로를 제외한 기악 음악 분야에서는 많지 않는 연주 형태이지만, 학교의 오르간 전공 교과 과정에는 있을 만큼 중요한 영역이다. 한국 교회는 오르가니스트라는 위치와 예배의 구조상 이런 기회가 많지 않다. 예배 반주에서 피아노는 물론 다른 앙상블도 함께 있는 경우가 많아 오르간에 이런 기회가 오기는 더 힘들다. 또한 예배 중에 간주곡 형태의 음악이 필요한 부분은 별로 없다. 필요하지 않다고 계발하지 않는 것은 소극적인 오르가니스트이다. 묻혀있는 자신의 재능을 일깨우는 것은 자신의 창의성과 연주 기량을 향상시킬 뿐만 아니라 예배에 직접적인 도움을 준다. 오르간 독주로서 찬송가 편곡과 즉흥 연주라는 용어를 여기서 함께 사용하는 것은 찬송가 편곡을 우선 익히고 나아가 필요할 경우 예배에서 바로 실행할 수 있기 때문에 이 두 가지를 함께 설명을 한다.

찬송가 편곡은 작곡가만이 하는 영역으로 생각하고 어렵게 생각할 필요는 없다. 오르간은 발건반과 적어도 두 손건반, 그리고 다양한 음색을 가지고 있다. 그래서 한 찬송가를 여러 번 다양하게 연주할 수 있다. 이것을 더 확대하고 발전시키면 찬송가 편곡으로 이어진다. 찬송가를 다양하게 연주하는 습관에서 나아가 편곡으로 발전하는 것은 오르가니스트에게 사실 자연스러운 일이다. 평소 찬송가를 유심히 살피고 또 가사와 음악의 발전에 어울리는 다양한 찬송가 연주를 해온 오르가니스트가 오르간에 앉아 더 자연스럽고 더 좋은 전개를 찾아 가면서 악보에 옮겨 쓰게 되면 이것이 바로 찬송가 편곡이 되는 것이다.

찬송가 편곡은 찬송가의 다양한 연주법과 이어지는 것으로 이것은 또한 하나의 예술 작품이다. 찬송가 선율을 사용하고 있지만 다른 화성, 다른 리듬, 다른 구성 안에서 가끔은 선율의 변화까지 새롭게 곡을 만드는 것이다. 찬송가는 하나하나가 뛰어난 노래이다. 찬송가 편곡은 이 노래를 오르간 연주곡으로 바꾸는 일이다. 찬송가 편곡은 이 노래의 가사와 음악에서 영감을 얻어 자신의 음악적 지식과 음악적 표현 방법을 동원하여 새로운 예술 작품을 탄생시키는 일이다.

편곡을 시작하기 전 오르가니스트는 곡의 전체적 구상을 먼저 한다. 1) 길이의 정도, 2) 구성, 3) 다이내믹의 과정, 4) 템포, 5) 음색, 6) 건반 사용, 7) 성부의 구조 형태, 예를 들면 화성적인 코드로 할 것인지 솔로 형태로 할 것인지, 솔로 경우에는 어느 성부에서 솔로를 사용할 것인지 등 많은 것들을 사전에 구상하고 시작할 것을 권한다. 이렇게 할 때 곡의 전체 뼈대가 먼저 만들어지고 그 안에서 살들이 붙을 수 있다. 그리고 이런 계획이 먼저 있을 때 서로 개성 있고 다른 편곡이 될 가능성이 높다. 그렇지 않을 때는 편곡하는 곡마다 비슷한 모습을 가질 수 있기 때문에 나중에는 새로운 아이디어와 창의성이 결여된 곡들이 나올 수 있다. 음악은 예술이다. 이것은 늘 새로운 것이라는 의미가 된다. 새로운 해석, 새로운 상상을 동반하는 것이 예술이며, 처음에는 만족스럽지 못하더라도 잘 계획되고 꾸준히 새로운 것을 시도한다면 찬송가의 단순한 편곡이 아니라 찬송 선율에 의한 예술 작품이 될 것이다. 이것이 오르가니스트로서 편곡자의 목표이다.

찬송가 편곡(*Hymn Setting, Hymn Arrangement*)의 종류는 다양하다. 기본적인 전주곡(*prelude*) 형태 이외에도 변주곡, 환상곡, 토카타 등 다양하게 작곡할 수 있다. 이 글에서는 현재 교회 오르가니스트들이 어렵지 않게 접근할 수 있는 찬송가 전주곡(*Hymn Prelude*)으로 편곡하는 법을 소개한다. 아래에서 찬송가 편곡의 구체적인 방법을 제시해 본다.

1. 곡의 구성 및 편곡 과정 계획

1) 서주 혹은 도입부(Introduction)

찬송가 편곡 구성에서 서주 혹은 도입부를 둘 수 있다. 물론 이 부분 없이도 바로 찬송가 선율로 들어갈 수 있다. 이것 또한 다양한 편곡법의 하나이기는 하지만, 전형적이고도 또 일반적인 구성이라는 점에서 서주가 있는 것이 더 자연스러울 때가 많다. 서주는 찬송가 선율과 무관할 수도 있고 찬송 선율을 인용할 수도 있다. 인용할 경우 곡의 특징적인 선율을 가져오는 것이 좋다. 예를 들면 찬송가의 마지막 프레이즈, 혹은 후렴 첫 프레이즈, 찬송가의 첫 프레이즈 등이다.

악보 45, "저 장미꽃 위에 이슬", 마지막 선율을 사용한 서주[90]

90 | 김춘해 편곡, "저 장미꽃 위에 이슬"(2016)

악보 46, "예수 나를 위하여", "예수님, 예수님" 후렴 선율을 사용한 서주[91]

여러 프레이즈 중에서 어떤 것을 가져올 것인가는 찬송가마다 다르기 때문에 오르가니스트의 세심한 관찰력이 필요하다. 동시에 같은 찬송가를 두 곡 이상 다른 편곡으로 할 경우에도 그 인용하는 선율은 또 다를 수 있는 것이 이 서주 부분이다. 아래의 예들은 중간 부분의 프레이즈와 첫 프레이즈를 서주에 사용한 경우이다.

악보 47, "내 주 되신 주를 참 사랑하고", 중간 부분의 선율을 사용한 서주[92]

악보 48, "예수로 나의 구주 삼고", 첫 선율을 사용한 서주[93]

91 | 김춘해 편곡, "예수 나를 위하여"(2016)

92 | 김춘해 편곡, "내 주 되신 주를 참 사랑하고"(2014)

93 | 김춘해 편곡, "예수로 나의 구주 삼고"(2014)

편곡자가 어떻게 곡을 만드느냐에 따라 곡은 각기 다른 것이다. 선율의 한 프레이즈를 인용하는 것 외에도 찬송가의 어떤 특정한 음형(두 음, 혹은 세 음…)이나 리듬을 가지고도 서주를 만들 수 있다. 아래의 예는 찬송가 "웬 말인가 날 위하여"의 편곡으로 찬송가의 첫 음정(도-파)을 사용하여 발전시킨 형태로 서주를 만든 것이다.

악보 49, "웬 말인가 날 위하여", 첫 음정을 주제로 사용한 서주[94]

악보 50, "주 하나님 지으신 모든 세계", 창작 서주[95]

위의 예는 짧은 서주로서 찬송가 선율에 의거하지 않고 새로이 창작된 서주이다. 여기서 찬송가 선율을 전혀 인용하지 않음으로써 곧 나올 찬송 선율을 기대하게 하는 긴장감이 있는 동시에 묵상의 분위기를 만들어 주고 있다. 아무런 암시도 없이 묵

94 | 김춘해 편곡, "웬 말인가 날 위하여"(2014)

95 | 김춘해 편곡, "주 하나님 지으신 모든 세계"(2014)

상하는 가운데 드디어 들려오는 찬송 선율은 다이내믹과 관계없이 직접적이고도 강렬할 수 있다.

이와 같이 서주는 찬송가의 선율 없이도 자신의 창작 선율로 만들 수 있다. 이런 경우는 자신의 음악이 더 많이 들어갈 것이다. 편곡에서 구성은 기존 회중 찬송가와 다른 구성을 가질 수 있으며, 화성은 찬송가와는 공통되는 부분과 다른 부분이 고루 있으면 좋다. 그래서 편곡이라는 것이다. 그런데 서주에서 선율 자체도 찬송가에 의지하지 않는다면 자신이 곡을 새롭게 쓰는 의미로서 오랜 편곡 경험을 통해 이러한 것도 가능하게 될 것이다.

서주의 길이는 일반적으로 전체 길이와 균형을 이루어야 하며 서주가 길면 뒤에 나오는 곡도 길 경우가 일반적이다. 그러므로 서주는 너무 짧지 않는 것도 좋지만 적절한 길이로서, 예를 들면 전체곡이 40-50마디의 곡이라면 4-8마디 정도가 적절하다. 서주의 템포는 뒤에 나오는 찬송가 부분의 템포와 같을 수도 있고 다를 수도 있다. 또한 다이내믹도 작게 혹은 크게 등 전체 곡을 어떻게 구성하여 전개시키고 발전시켜 결론을 내리는지에 따라 각자 다르게 적용할 수 있다.

주의할 점은 이 서주는 회중 찬송가 전주와는 다른 것이어야 한다는 점이다. 그래서 찬송가의 선율과 화성을 그대로 옮겨 오는 것은 피해야 한다. 이것은 회중 찬송가와 다른, 찬송가 전주곡이라는 음악 작품으로서 오르가니스트 자신의 음악적 구상과 표현이 들어가 있는 새로운 창작물이어야 한다.

2) 찬송가 1절

서주로 시작한 곡은 찬송가 첫 절로 들어간다. 찬송가 여러 절 중에서 가사는 원하는 절을 선택하며, 시작은 대체로 1절을 하는 것이 무난한 편이다. 여기서 찬송 선율은 다양하게 나타날 수 있다. 솔로로 혹은 화성적인 코드로 찬송가는 제시될 것이며 첫 절은 곡의 얼굴이기 때문에 중요하다. 가사를 면밀히 살펴보아 4성부 화성이 적절한지 솔로가 적절한지를 선택하고 그 솔로 또한 어떤 성부로 할지 결정한다. 많은 경우가 소프라노에서 솔로로 작곡하는 것이 수월할 수 있다. 하지만 어떤 성부가 쉽고 어려운 것을 떠나서 가사의 특징상 솔로가 내성부로 즉 테너로, 음악의 한 가운데 들어가는 것이 가사를 더 의미 있는 묵상과 내면적인 표현이 된다면 그렇게 할 것이다. 이처럼 솔로의 성부는 곡의 성격을 드러내기도 한다는 것을 기억해야 한다.

또한 한 절 동안 솔로나 코드 형태를 교대로 사용할 수 있다. 음악과 가사의 특징에 따라 이 두 가지를 적절히 배치하는 것이다. 솔로 성부 또한 한 절을 연주하는 동안 소프라노에서 테너로 옮길 수 있다. 솔로의 성부 변화는 음악적으로 두 프레이즈가 대비되는 현상이 있을 때 사용하면 좋을 것이다.

그리고 솔로 형태에서 코드 형태로 가는 가장 전형적인 찬송가는 후렴(*refrain*)[96]이 있는 찬송가이다. 예전의 찬송가에는 이 후렴을 코러스(*chorus*, 합창)라고 표기한 적도 있다. 이 찬송가들은 대부분 19세기 후반의 미국 복음 찬송으로서 매절 다른 가사가 있는 앞의 부분은 독창자가 부르고, 같은 가사를 반복하는 후렴 부분은 합창단이 화성으로 불렀던 역사적인 배경이 있다. 그렇기 때문에 찬송가 편곡에서도 이런 표현 방법이 잘 어울리는 것이다. 그럼에도 불구하고 후렴이라고 늘 코드 형태로만 작곡하는 것은 또 하나의 평범한 편곡이 될 수 있으므로 전체곡을 잘 구상하여 다른 곡들과 비교하여 개성을 가질 수 있도록 하면 좋다.

첫 절은 다음에 올 절을 위해 가능한 한 많은 변화는 자제하는 것이 좋다. 그리고 찬송가 선율이 처음 등장할 때부터 너무 많은 변화가 있으면 성도들도 이해하기가 힘들 수 있으며 집중하기도 어려울 수 있다. 그래서 첫 절에는 화성과 내성의 움직임에서 약간의 변화를 주는 것이 좋다. 그러므로 서주에 이어, 편안하고 그러나 확신에 찬 찬송이 되도록 할 것이다. 그럼에도 불구하고 이것은 예배에서 회중 찬송가를 인도하는 것과는 다른, 회중이 목소리로 하는 찬양을 멈추고 귀로 들으며 마음으로 하는 찬양이라는 점을 기억해야 한다.

이 부분의 길이는 대체로 찬송가 그대로이지만 다이내믹과 음색, 및 템포는 자신이 결정한다. 이것은 첫 절의 편곡이기 때문에, 예외적으로 특별한 의미를 부여하는 것이 아니라면 템포는 대체로 찬송가의 템포 그대로 내지 여기에 가깝게 하는 것이 좋으며 다이내믹과 음색은 편곡자가 결정한다. 이것은 독주곡이라는 점에서 전체 구성에 따라 얼마든지 달라질 수 있다.

---

96 | 후렴(refrain): 음악에서 구성적인 의미를 가지고 지속적으로 반복되는 부분. 찬송가에서 여러 절이 있을 때 앞의 부분은 절에 따라 가사가 바뀌지만 후렴의 성격을 가진 뒷 부분이라면 같은 가사를 반복한다.

3) 간주

첫 절이 끝나면 다음 절로 곧 이어서 진행하면서 간주를 생략할 수도 있다. 하지만 대체로 간주가 있는 것이 자연스럽다. 간주는 서주의 길이 정도로서 전조 과정을 길게 잡으면 좀 더 길어질 수 있다. 간주의 내용은 서주 혹은 첫 절의 한 부분일 수도 있으며 새로 작곡할 수도 있다. 아래 곡은 간주를 서주와 같은 내용으로 한 것이다. 곡이 Ab조에서 A조로 이조하였기 때문에 조성만 다르고 음악은 같다. 물론 간주 직전에 Ab조에서 A조로 가는 짧은 전조 과정이 있었다.

악보 51, "내 영혼에 햇빛 비치니", 서주와 같은 간주[97]

악보 52, "예수 나를 위하여", 새로 창작한 간주[98]

---

97 | 김춘해 편곡, "내 영혼에 햇빛 비치니"(2016)

98 | 김춘해 편곡, "예수 나를 위하여"(2016)

앞의 악보 52는 새로 창작한 부분이 들어가 있는 간주로 간주의 시작은 F조의 서주처럼 시작하였으나 반음계적으로 전개해 나가면서 작은 발전을 이루며 E조로 내려가는 과정을 보여준다.

중요한 것은 이 부분은 다음 절로 넘어가는 연결 부분(*bridge*)이라는 것으로 뒤에 나올 음악에 따라 소박하게 할 수도 있으며 크게 발전시킬 수도 있다. 그러면서 이어서 나타날 곡의 전개를 예견할 수 있다면 좋을 것이다. 여기서 종종 조성을 바꾸기 위해 전조 과정을 거치기도 한다. 아래는 또 다른 전조 과정을 거치는 예이다.

악보 53, "저 장미꽃 위에 이슬", 간주 부분의 전조 과정[99]

두 번째 절에서 전조의 여부는 곡과 가사의 성격이 중요한 요인이 된다. 여기서 전조는 매번 하는 것은 아니며, 그리고 조성을 올리는 것만도 아니며, 올릴 경우 반음이 아닌 더 먼 거리의 조성으로 갈 수도 있다. 이것 또한 선율과 전체적인 곡의 느낌이 중요하며 먼 조성으로 바뀔 때는 그만큼의 자연스러운 전조 과정이 필요하다. 다음 악보는 단순한 형태의 전조 과정이지만 F조에서 Bb으로 가면서 찬송가 선율의 피치상으로는 많이 변화가 된 먼 조로 옮겨간 상황이다.

99 | 김춘해 편곡, "저 장미꽃 위에 이슬"(2016)

악보 54, "웬 말인가 날 위하여", 간주 부분[100]

4) 2절 혹은 추가 절

편곡에서는 간주에 이어 2절 혹은 추가 절로 이어지면 좋다. 찬송가 편곡에서 한 절만으로 구성된 편곡은 짧기 때문에 시작하다 마치는 느낌을 줄 수 있다. 추가 절이 있는 것은 음악의 전개에서 발전의 여유와 기회가 있어서 좋다. 여기서 2절 혹은 추가 절이라고 한 이유는 첫 절의 선택과 마찬가지로 편곡을 할 때 찬송가의 여러 절 중에서 원하는 절의 가사를 정하는 것이 좋기 때문이다. 기악곡은 일반적으로 가사를 동반하지 않지만 찬송가 편곡에서는 찬송가 가사가 중요하다. 그래서 찬송 선율을 두 번 인용한다고 말하지 않고 첫 절은 대체로 찬송가의 시작으로 1절을 하며, 그 다음은 편곡자의 선택에 의한 것으로 2절 혹은 추가 절이라고 말하는 것이다. 두 번째 절의 선택은 편곡자가 곡을 어떻게 구상하느냐에 따른 것이다. 종종 마지막 절을 이때 사용함으로써 곡이 좀 더 종결되는 확고한 느낌을 줄 수도 있다.

또한 여기서 1절 혹은 2절 등, 절이라는 단어를 사용하였기에 이 곡을 변주곡이라고 생각할 필요는 없다. 이 곡은 찬송가 전주곡(*Hymn Prelude*)으로서 찬송 선율이 두 번 나오는 것으로 보면 된다. 변주곡이라면 적어도 서너 절은 더 있는 경우가 대부분이다. 여기서 변주적인 기법은 보여주고 있지만 서주, 간주, 전조 과정, 그리고 코다 등이 함께 있으면서 곡 전체가 이어지는 하나의 곡이기 때문에 각기 변주 악장으로 나누어지는 변주곡과는 다른 것이다. 이런 구조가 찬송가 전주곡의 가장 전형적인 구조다. 하지만 바로크 시기의 작곡가들은 한 절로만 된 코랄 전주곡을 많이 작곡하였

---

100 | 김춘해 편곡, "웬 말인가 날 위하여"(2014)

으며 대표적인 것이 바흐의 오르간 소곡집(*Orgelbüchlein*)에 실린 코랄 전주곡이다. 찬송가 전주곡이 더 발전하면 찬송가 환상곡(*Hymn Fantasia*) 그리고 찬송가 토카타(*Hymn Toccata*) 등으로 나타난다.

2절 혹은 추가 절에서는 좀 더 발전한 음악의 형태를 띠는 것이 좋다. 1절에서 다소 온건한 진행을 하였다면 여기서는 음악이 좀 더 새롭고 확장되면서 발전되어 곡이 절정으로 가도록 할 것이다. 화성적으로, 성부 구성적으로, 또한 리듬적으로 긴장을 더 줄 수 있으며 찬송 선율도 필요하면 변형도 가능하다. 그리고 이 부분은 연주 테크닉적인 면에서도 난이도가 있을 수 있는 부분으로 곡의 전체 성격을 만들면서 최종 결론을 내는 부분이다. 템포는 다소 자유로울 수 있으며 앞의 부분과 대조적인 템포를 가질 수도 있다. 음색과 다이내믹에서도 *ff*의 대합창일 수 있는 반면 내면의 묵상으로 아주 작게 결론을 낼 수도 있다. 이 절에서는 찬송 선율의 마지막 프레이즈를 한 번 더 반복하는 것도 좋다. 여기서 반복할 때 리듬의 확장을 사용하면 더 극적인 결론을 내릴 수도 있다. 아래의 예는 마지막 프레이즈의 음가를 확대한 것으로 프레이즈 끝에 페르마타를 붙였다.

악보 55, "내 영혼에 햇빛 비치니", 두 번째 절[101]

5) 코다(coda)

코다는 서주와 성격이 반대되는 것으로 곡을 마무리 하는 부분이다. 여기서는 서주

101 | 김춘해 편곡, "내 영혼에 햇빛 비치니"(2016)

를 반복할 수도 있으며 완전히 새로운 것으로 곡을 종결할 수도 있다. 코다는 전체 곡의 성격을 결정하고 재확인하면서 찬송가의 아멘 성격을 가진다.

이 코다는 장식된 아멘 프레이즈 형태도 좋다. 합창곡에서는 장식되고 확장된 아멘 프레이즈가 마지막 부분에 종종 있으며 특히 푸가 스타일로 된 아멘은 교회 합창의 전통이기도 하다. 이 대표적인 예가 헨델의 〈메시아〉 중에서 마지막 곡 합창 "아멘"이다.

악보 56, 헨델의 〈메시아〉 "아멘" 시작 부분

영국의 교회 음악 작곡가 러터(*John Rutter, 1945-*)의 합창곡 "주 너를 지키시고"의 마지막 부분에 푸가는 아니지만 성부들의 모방으로 시작하는 아름다운 아멘 코다로 감동적인 부분이 있다. 하나님의 축복이 하늘에서 평안과 위로로 내려오는 모습을 연상시키는 이 부분은 현대에 작곡된 많은 합창곡 중에서 대표적인 아멘 부분이다. 또한 우리나라 찬송가(*2006*) 638장의 "주 너를 지키시고"에서도 푸가 스타일의 아멘이 끝 부분에 있다. 찬송가 편곡에서도 이런 아름다운 코다를 만들 수 있다. 아래의 예는 필자의 곡으로 짧지만 여운을 남기는 아멘 종지가 들어있다.

악보 57, "예수 나를 위하여", 코다와 아멘[102]

102 | 김춘해 편곡, "예수 나를 위하여"(2016)

참고로 코다의 끝 부분에 찬송가의 아멘 프레이즈를 넣을 경우 앞의 음악적 소재와는 다른 새로운 것을 할 수도 있으며 서주나 간주 혹은 각 절의 음악을 다시 인용할 수도 있다. 특히 서주를 거의 그대로 반복하는 방법도 때에 따라 아주 효과적일 수도 있다. 어떤 소재를 가져와서 만들던지 곡의 종결이라는 점에서 곡의 전체를 다 품을 수 있는 종결이 되도록 할 것이다. 찬송가 선율에 의한 오르간 편곡은 가사는 없지만, 특히 마지막의 아멘은 누구나 입으로 그리고 마음으로 따라 부를 수 있다.

악보 58, "저 장미꽃 위에 이슬", 코다로서 서주를 반복[103]

위의 악보 58은 아멘이 없는 코다로서 서주를 거의 그대로 반복하는 예이다. 시작과 끝을 같게 하는 것은 여러 점에서 곡에 안정감을 주기 때문에 가사의 성격에 따라 잘 어울리는 곡들이 있을 것이다.

2. 곡의 내용 계획

곡 구성을 계획하였으면 그 다음은 각 부분마다 곡을 어떻게 쓸 것인가를 구체적으로 계획한다. 한 곡이 하나로 되면서 통일감(*unity*)과 동시에 그 안의 부분에는 각각의 특징도 가지고 있어야 한다. 한 가지 방법만으로 전체 곡을 만들

103 | 김춘해 편곡, "저 장미꽃 위에 이슬"(2016)

어 가는 것은 좋지 않다. 다양한 작곡법으로 각 부분을 구성하면서 또 전체를 하나로 만드는 음악의 유기적(*organic*) 관계가 필요하다. 여기서 성부 구조(*texture*), 화성, 음색과 다이내믹, 음역, 템포 등의 요소를 살펴본다.

1) 성부 구조(texture)

작곡에서 성부 구조를 결정하는 것은 제일 어렵고도 중요한 일이다. 이것은 음악의 성격을 결정하는데 중요한 요인이 된다. 음악에서 한 음 한 음은 생명과도 같아서 그 음이 하나일 때와 여러 음들이 함께 나타날 때, 그리고 그 여러 음들이 서로 수평적인 관계(*polyphonic*)를 가질 때와 수직적인 관계(*homophonic*)를 가질 때 등 그 음악은 각각 다르다. 이것은 생명의 현상에서 한 개체 안의 각 부분이 각기 다른 생명의 현상을 보이는 동시에 하나의 생명체를 형성하는 것과 같은 이치이다.

코드로 된 화성의 사용은 음악을 단순하게 만들 수는 있지만 좀 더 직선적이고 강렬할 수 있는 반면 솔로일 때는 곡에서 자유로움과 여백을 느낄 수 있다. 특히 여러 음들이 각기 수평적으로 그리고 각 성부가 대등하게 움직이는 다성 음악(*polyphonic*)은 갈등 구조를 나타내기에 좋으며 강렬함과 클라이맥스를 만들기에도 적절하다. 그래서 많은 작곡가들이 대합창의 마지막 부분을 이 다성 음악으로, 즉 푸가(*Fugue*)로 종결하는 경우가 많다고 앞서 언급하였다. 이런 성부 구조가 바로크 시기는 물론 클래식 이후의 합창 즉 모차르트나 베토벤, 그리고 브람스 등의 작품에서도 종종 등장하는 이유가 바로 이것이다.

다성적인 오르간 곡을 작곡하기는 매우 어렵다. 이것은 수 년의 작곡 경험과 연주 경험이 뒷받침될 때 가능한 것으로 오르가니스트의 능력 중 마지막 단계에 해당하는 것이다. 그래서 여기서는 이 작곡법은 언급을 하지 않을 것이다. 하지만 다성 음악의 가장 초보적인 것으로 부분적으로 짧은 모방적인 프레이즈를 등장시키는 것은 가능할 것이다.

악보 59, "다 찬양하여라", 모방적 서주[104]

오르가니스트에게 좀 더 쉬운 성부 구조는 코드 형태이거나 솔로 형태이다. 솔로 선율의 위치는 곡의 성격을 반영하는 것이기 때문에 중요하다. 하지만 처음 편곡을 하는 오르가니스트는 솔로를 소프라노에 두는 것이 가장 쉽기 때문에 이렇게 시작할 수 있다. 편곡에 익숙해지면 테너 솔로도 시도할 것을 권한다. 테너 솔로는 또 다른 느낌이 있다. 오르간 연주에서 가장 한 가운데 있는 테너 솔로는 내면적이고도 간절함을 의미한다. 이 솔로는 아름다운 작은 스탑에서 큰 트럼펫까지 여러 성격을 가질 수 있다.

이런 테너 솔로로 유명한 오르간 곡이 프랑스 바로크 시기의 Récit de Tierce en Taillé(테너에서 *Tierce*가 솔로로 나오는 곡)이다. 당시 프랑스 오르간 음악에서는 발건반의 저음이 아주 제한적으로 있었던 상황으로 테너 솔로가 나올 때는 발건반의 사용이 필수적이기 때문에 이런 곡의 의미는 매우 크다. 이는 결과적으로 아름다운 솔로뿐만 아니라 발건반의 저음으로 인해 성부적으로 더 풍부하고 깊이 있는 음악이 되기도 한다. 당시 이런 곡에 가장 뛰어났던 작곡가가 그리니(*de Grigny*)이다.

솔로의 또 다른 가능성은 베이스에서 솔로이다. 베이스 성부에서 솔로가 나온다는 의미는 발건반에서 주선율이 나온다는 뜻이다. 전통적으로 발건반에서 선율이 나올 때는 대체로 강하고 웅장한 성격이다. 발건반의 음색 posaune 16'이나 trumpet 16', 그리고 가끔은 32' 스탑의 발건반의 장대한 선율은 음악에서 큰 결론을 맺을 때 주로 사용된다. 여기서 발건반은 종종 두 발로 두 음, 즉 두 발의 옥타브 진행을 통해 더 장엄한 느낌을 줄 수 있다.

104 | 김춘해 편곡, "다 찬양하여라"(2017)

이런 대표적인 예가 프랑스 낭만 후기부터 나타났던 화려한 토카타이다. 이 토카타의 특징은 손건반의 빠른 음형의 연주 아래에서 긴 음표로 된 주선율이 발건반에서 등장하는 것으로, 소나타나 오르간 심포니 같은 여러 악장으로 된 대규모 곡의 마지막 악장에 자주 사용되었다. 이런 작법을 토카타 스타일이라고 하며 현재까지 많은 작곡가들이 곡의 클라이맥스 부분과 결론 부분에 사용하고 있다. 이 곡의 대표적인 예가 유명한 뷔도(*Widor*)의 오르간 교향곡 5번의 마지막 악장 토카타이다.

이후 토카타는 곡의 한 부분이나 악장으로서만 아니라 독립된 하나의 곡으로 발전하였다. 토카타가 단일 악장으로 쓰일 때는 대체로 연주회의 마지막 곡으로 주로 쓰이며 가끔은 연주의 시작을 알리는 화려한 전주곡이 되기도 한다. 이런 성격으로 찬송가 선율에 의한 토카타도 종종 작곡되고 있다.

하지만 발건반은 늘 장대하기만 한 것이 아니라는 것 또한 오르가니스트는 알 필요가 있다. 무겁게 느낄 수 있는 발건반이지만 아름다운 선율이 나올 수 있다. 아래의 곡은 바흐의 슈블러 코랄 중의 한 곡으로 페달에서 4'의 음색으로 코랄 선율이 나온나.

악보 60, 바흐의 "Wer nur den lieben Gott" BWV 647, 코랄 선율이 나오는 부분

이후에도 오르간 곡 중 발건반에서 4' 혹은 8' 스탑만으로 연주되는 곡들이 있다. 현대에 와서 발건반의 성격은 더 확대되었으며 그 대표적인 작곡가는 메시앙이다. 그는 발건반에서 16' 스탑이 없는 경우가 종종 있다. 오히려 발건반에서 1' 혹은 믹스츄어 솔로까지 나오는 경우도 있다. 이런 다양한 발건반의 적용은 오르가니스트에게 음색 사용(*registration*)의 무한한 가능성을 열어 준다.

솔로 작법과 또 다른 것으로 유니슨(*unison*) 작법이 있다. 음악에서 유니슨은 특별

한 의미가 있다. 건반 악기 곡에서 여러 성부를 사용하는 것이 아니라 한 손에 한 음씩 그것도 같은 음 즉 유니슨으로 나올 때 이것은 어떤 의미인가? 유니슨은 뭔가 결연의 의미가 있을 때, 그리고 특히 대비를 원할 때 주로 사용한다. 유니슨은 담백하며 직선적인 동시에 몇 음이지만 같은 음이라는 의미에서 주위를 집중시키는 힘이 있다.

찬송가 연주에서 이 유니슨 연주의 의미를 언급한 바와 같이 찬송가 편곡에서도 이 유니슨 작법을 적절하게 사용하면 곡의 깊이와 의미를 더 살릴 수 있다. 이 유니슨 부분을 코드의 수직적인 화성 부분과 교대로 사용하게 되면 이 두 음악의 특징들이 대비를 이루면서 의미 있는 표현이 나올 것이다. 유니슨은 양손 유니슨 혹은 양손과 발건반의 유니슨으로 나타날 수 있다. 그리고 이 유니슨이 더 나아가 한 성부의 한 선율만도 가능하다. 이 경우 어느 성부에서도 가능하며 소프라노 혹은 베이스, 즉 발건반의 한 선율 등 이 또한 특별한 의미가 있다.

코드로 곡을 쓰는 것은 가장 일반적인 경우이다. 이 코드 또한 어떤 모양을 가지고 있는가도 각각 다를 수 있다. 코드라는 것은 성악으로 말하면 합창이라는 의미이다. 다 함께 그 가사를 노래한다는 의미에서 솔로와는 다른 의미를 가진다. 코드의 형태는 곡에서 솔로와 적절히 균형을 이루면 좋다. 1절에서 솔로를 하였으면 2절 혹은 추가 절에서는 코드로 나올 수 있다. 또한 앞의 부분에서 코드가 찬송가와 같이 일반적인 리듬을 취했다면 다음에 나올 때는 다른 리듬으로 코드를 쓸 수 있다.

마지막으로, 성부 구조에서 발건반의 유무는 곡의 느낌에 큰 영향을 준다. 발건반은 기본적으로 음악의 근간(*foundation, root*)으로 기초 역할을 한다. 그래서 일반적으로 사람은 이 기초를 든든하게 느낄 때 안심한다. 하지만 음악에서는 이 기초가 없어진다고 해서 곡이 무너지는 것은 아니다. 적절한 상황에서 이 기초가 잠시 사라질 때는 오히려 지금까지의 음악으로부터 자유함과 평안함, 그리고 이완(*release*)을 느낄 수 있다. 특히 발건반이 없이 높은 음역에서 화성이나 선율이 나올 때는 이 땅의 음악이 아닌 천상의 음악으로 다가온다. 낮은 저음은 음악적으로 많은 장점과 의미가 있는 동시에 잘못 사용될 경우 사람을 짓누르는 느낌을 줄 수도 있다. 특히 오르간의 발건반은 더욱 그렇다. 그러므로 이 발건반의 성부를 적절하게 놓아줌으로써(*release*) 음악이 긴장(*stress*)에서 이완으로 갈 수 있으며, 듣는 이에게 천국의 평화를 누리는 순간을 줄 수 있다.

곡의 성부 구조를 정리하면 편곡은 솔로 스타일에서부터 2성, 3성, 4성, 5성 등 다양한 성부 구조를 가질 수 있다. 이 성부 구조는 곡의 부분마다 조금씩 다르게 할 수 있으며 이것은 성부 수의 변화를 통해 얻을 수 있다. 가끔은 곡 전체를 한 가지의 성부 수로 할 때 듀오(*Duo*), 트리오(*Trio*), 그리고 여러 종류의 성부를 가진 다양한 푸가 등이 있으며 이것은 바로크 시기의 독일과 프랑스 오르간 곡들에 많이 나타난다.

2) 화성

이 글에서 오르가니스트의 화성 감각은 여러 주제에서 언급되었다. 화성 감각은 작곡가의 중요한 작곡 기술이며 재산으로서 오르가니스트는 꾸준히 연구하고 습득해서 화성의 영역을 넓혀 나가야 한다. 이론적으로 화성을 공부하는 것도 도움이 되지만 가장 좋은 것은 자신이 직접 오르간에 앉아 건반에서 손을 옮겨 가며 다양한 화성을 경험하는 것이다. 음악에서 화성은 가장 지적인 것으로 이성과 논리가 전제되어야 하는 영역이다. 그래서 음악학자는 음악적인 질을 논할 때 이 화성을 이야기한다. 부자연스러운 화성은 사람을 당황하게 만들며 늘 같은 단순한 화성의 반복은 음악을 무디고 지루하게 만든다. 하지만 자연스러우면서도 예상치 못한 화성의 전개는 사람에게 신선하고도 미지의 넓고 광활한 세계를 펼쳐 보이는 순간이 된다.

교회 오르가니스트의 찬송가 편곡은 교회 성도를 위한 것이라는 점에서 난해한 화성은 사용하지 않더라도, 다양하고 신선한 화성을 찾아내는 연구가 필요하다. 서주와 간주, 그리고 코다에서 찬송가와는 뭔가 다른 화성이 사용되는 것은 거의 필수이다. 또한 첫 번째 절에서는 화성 변화가 적은 것이 좋으며 두 번째 절에서는 좀 더 과감한 화성의 변화를 시도하면 좋다. 그래서 필요하면 전조를 하고 화성을 더 적극적으로 멀리 가도록 한다. 이렇게 하면서 곡은 큰 모양을 만들게 된다. 마지막 부분에서는 곡의 원조로 복귀할 수도 있고 전조된 조성으로 마감할 수도 있다. 이것의 선택은 기존 찬송가의 성격이 가장 중요한 동시에 자신의 곡 설정이 마지막 키(*key*)가 될 것이다.

구체적인 화성의 변화나 그 방법에서는 앞장의 찬송가를 다양하게 연주하는 법에서 다룬 화성 부분과 발건반의 다양한 변경 등을 자세히 참고할 수 있다. 화성의 이해와 감각의 폭을 넓히기 위해서는 여러 종류의 음악을 많이 듣는 것과 특히 낭만 후기 이후의 음악을 더 많이 들으며, 듣기만 할 것이 아니라 오르간에 앉아 직접 실습하는 것이다.

3) 다이내믹과 음색

오르간의 다이내믹과 음색은 직접적인 관련이 있다. 편곡자는 곡의 전체적인 다이내믹을 어떻게 시작해서 어떻게 마칠지, 이 전개를 구상해야 한다. 이것 또한 찬송가의 성격이 가장 중요한 요인이지만 편곡자가 다르게 설정할 수도 있다. 1) *ff*로 시작과 끝을, 2) *pp*로 시작과 끝을, 3) *ff*로 시작하여 *pp*로 끝나며, 4) *pp*로 시작하여 *ff*로 끝나는 등 *mp*, *mf*, *f*의 부분적인 다양한 설정이 있을 것이다. 이런 계획에서 또한 다양한 음색을 구사할 수 있다.

오르간의 음색은 편곡자가 직접 자신의 교회 오르간에서 다양하게 시도하면서 결정할 일이다. 어떤 솔로를 할 것인지, 코드로 한다면 어떤 음색이 그 부분에서 적절한지, 발건반의 사용 유무와 음색 등은 곡을 예술 작품으로 만드는 데 큰 기여를 한다. 다이내믹에 따른 음색은 앞장의 찬송가 연주와 성가대 반주 설명에서 자세히 기술하였으므로 참고하기를 바란다. 유의할 것은 음색에서도 통일감이 중요하다는 점이다. 음악적으로 같은 부분이 나올 때는 특별한 이유가 없는 한, 같은 음색을 사용하는 것이 좋다. 음색은 바로 곡의 성격이기 때문이다. 하지만 같은 부분의 반복이더라도 음악적으로 다른 느낌을 주고 싶으면 다른 음색을 사용할 수 있다. 음색은 또한 성부 구조와도 대체로 연관이 있는 것으로, 곡의 모든 요소들이 서로 함께 유기적인 관계를 이루면서 서로 대치되는 부자연스러움이 없어야 한다.

다이내믹에서 중요한 것은 급격한 다이내믹의 변화는 특별한 의미가 있을 때 사용하는 것으로 남용은 자제해야 할 것이다. 또한 한 곡 안에서 다이내믹의 폭이 너무 작은 것은 대체로 좋지 않은 것으로, 성찬 음악 등 조용한 성격의 음악이나, 이와 반대로 화려하고 축제적인 팡파르 혹은 토카타의 성격의 곡들을 제외하고는 한 곡 안에서 적절한 다이내믹의 변화는 필요하다. 음악이 너무 비슷한 다이내믹으로 *p*나 *mp*에서만 있을 경우 곡이 답답하거나 곡이 그 안에서 자라지 못하고 맴도는 듯한 아쉬움을 줄 수 있다. 반대로 3-4분 되는 찬송가 편곡에서 너무 큰 다이내믹의 범위는 일반적인 찬송가 편곡에서는 좋지 않은 구성으로 신중해야 한다. 음악은 생명이다. 시작하고(태어나고) 자라고(성숙하고) 종결을(완성) 짓는다. 어떤 찬송가 편곡이든 이에 따라 계획된 다이내믹의 과정이 필요할 것이다.

4) 음역

작곡에서 음역 배정은 또 하나의 기술이다. 다이내믹과 마찬가지로 음악이 항상 어느 음역의 울타리 안에서만 오고 가는, 갇혀 있는 듯한 느낌을 줄 때 그 음악은 생명을 잃는다. 그러기에 음역 면에서도 계획이 있어야 한다. 1) 시작과 끝을 위 음역에서, 2) 시작과 끝을 아래에서, 3) 위에서 시작하고 아래에서 끝을, 4) 아래에서 시작하고 위에서 끝을, 혹은 이와 관계없이 5) 전체 곡을 중간 음역에서 일관하는 등, 이 외에도 다양한 설정이 있을 수 있다. 이 또한 곡에서 적절하게 배열되고 통일감을 주어야 할 것이다.

특히 높은 음역 혹은 낮은 음역에서 두 손이 함께 연주할 때는 독특하고도 의미 있는 음악적 상황을 뜻한다. 음역은 사람에게 주는 느낌이 각기 있다. 가장 전형적인 예로는 높은 음역은 천국을 나타내기도 하며 낮은 음역은 사람의 내면의 간절함을 드러내기도 한다. 오르간은 특히 이런 대비가 잘 드러나기 때문에 작곡에서 유용하게 사용될 수 있다.

이 음역 설정은 앞서 설명한 솔로 음역 설정도 참고하기를 바란다. 음역의 선택은 찬송가의 가사가 중요한 요인이 된다. 음악은 그 자체가 언어적인 기능이 있을 뿐만 아니라 가사가 있는 곡에서는 가사를 실제로 표현하기도 하였다. 이것은 바로크 시기의 수사학과 연결되며 음악에서는 가사 그리기(*Word Painting*)[105]로 나타난다. 그래서 천국은 높은 음역, 지옥이나 죽음 등은 낮은 음역이나 음정이 위에서 아래로 떨어지는 것 등으로 표현되기도 하였다. 이런 작곡의 원리는 바로크 시대에만 사용된 것이 아니라 현대까지도 작곡의 기본 어법 중의 하나다. 찬송가 가사는 편곡에서 절대적인 요소가 되는 것을 잊지 않아야 한다.

---

105 | 가사 그리기(Word Painting): 가사에 나타나는 단어를 음악에서 직접적으로 음표로 나타내는 것으로 바로크 음악에서 가장 중요한 요소이다. 바흐를 비롯한 바로크 시기 작곡가들의 오르간 작품, 특히 코랄 작품은 이 기법으로 쓰여져 있기 때문에 곡의 연주를 위해서 가사를 아는 것이 필수적이다. 가사 그리기의 대표적 음형으로는 "타락"이나 "죽음"에서 음정이 갑자기 떨어지는거나, "지나가는"이라는 가사에서는 반음계로 나타나며, "기쁨"의 표현으로 빠른 음형이 반복적으로 상승하는 것 등이 있다.

5) 템포

곡의 템포는 기본적으로 찬송가의 템포와 비슷할 수 있다. 하지만 찬송가 편곡은 회중 찬송가 연주가 아니라 독주곡이라는 점에서 좀 더 자유로울 수 있다. 즉 찬송가 편곡의 템포는 기존 찬송가보다 더 빠르게도 더 느리게도 가능하다는 의미로서, 회중 찬송가로서 충분히 나타내지 못한 곡의 음악적 특징을 더 드러내는 것이다. 또한 곡의 각 부분에서 부분적인 템포의 변화도 가능하다. 이것은 전후의 음악에 변화를 줄 뿐만 아니라, 가사의 특정적인 단어의 강조를 위해 사용될 수 있으며, 곡의 긴장과 이완에 적절히 사용될 수 있다. 특히 느린 템포로 음악이 물러나는 경우 이완은 물론 대비의 효과로서 다음 음악에 강렬함을 더해준다. 첫 번째 절 부분과 두 번째 절 부분에서 가사가 확연히 다른 경우에는 다른 템포로 하는 것도 좋다. 그리고 종결부에서 원하는 템포로 전체를 마무리하면 된다.

찬송가 편곡 작품은 회중 찬송을 인도하는 연주가 아니라 독주를 위한 독립적인 한 곡으로서 찬송가의 성격과 특징을 극대화 할 수 있다. 예를 들면 그리스도의 죽음에 관한 찬송가의 경우, 회중 찬송일 때는 템포를 너무 느리게 할 수 없다. 회중 찬송은 다 함께 찬양하는 것으로 너무 느리면 많은 사람의 목소리 전체를 하나로 하기가 힘들기 때문이다. 하지만 오르간 솔로 곡으로서 더 묵상적이고 기도하는 곡이 되기 위해서라면 회중 찬송가 템포보다 더 느리게 할 수 있다.

그리고 곡의 종결 부분에서 마지막 프레이즈를 반복할 경우 다른 템포로 반복하면서 그 의미를 더 드러낼 수 있다. 찬송가 편곡은 오르가니스트 개인의 고백이 성도 공동의 고백이 될 수 있는 것으로서, 음악적으로 더 개인적이고(*personal*) 자유로울 수 있다는 점을 생각하고 템포를 설정하기를 권한다.

6) 그 이외의 요소, 리듬과 박자 및 선율의 변화

위에서 언급한 음악의 내용 외에도 작곡에서 다른 요소들이 있다. 그 중 리듬이나 박자의 사용법이다. 회중이 부르는 찬송가의 리듬은 오랫동안 성도들에게 하나의 고정 관념처럼 인식되어 있는 것이다. 이것이 다르게 나타날 때에 찬송가는 다르게 변한다. 주의할 것은 현대 대중 음악에서 자주 나오는 당김음(*syncopation*)이나 재즈 리듬의 사용은 자제하는 것이 좋다. 현재 성도들과 성가대원에게 익숙한 많은 CCM 스타일의 곡은 오르간에는 어울리지 않는 스타일이다. 그렇기 때문에 오르가니스트 자신은 이것에 익숙하다 하더라도 클래식 음악의 전통적인 리듬과 박자, 그리고 오르간 음악의 전통적인 작곡 기법에서 많이 벗어나지 않기를 제안한다. 그런 스타일의 곡은 예외적인 곡으로만 한정할 것이다.

한 곡에서 박자(*meter*)의 변화는 적극적으로 시도하면 좋다. 두 박과 네 박(*duple meter*)에서 세 박(*triple meter*)으로, 혹은 그 반대로 박자의 변화는 곡의 신선함을 준다. 특히 6/8박의 곡을 두 박의 곡으로 혹은 이와 반대로 할 경우 이 모두, 음악은 상당히 다르게 느껴질 것이다. 긴장감과 극적인 전개에서 이런 박자의 변화는 좋은 요소가 된다.

그리고 특정한 가사의 의미를 더 표현하거나, 가사의 프레이징에서 앞 부분과 뒷 부분을 완전히 분리하는 것이 좋을 경우, 특히 마지막 절에서 마지막 프레이즈 전의 음을 페르마타(*fermata*) 하는 경우도 가능하다. 아래의 예는 찬송가 "웬 말인가 날 위하여" 편곡의 마지막 부분으로서 마지막 프레이즈의 마지막 음 전에 페르마타를 한 경우이다. 이 페르마타를 통해 마지막 가사를 한 번 더 묵상하는 기회가 되기도 하며, 여기서 호흡을 잠깐 함으로써 마지막의 긴 음을 더 편안하게 낼 수 있다. 오르간은 악기이지만 연주하면서 함께 호흡하는 것은 노래와 다를 바가 없다.

악보 61, "웬 말인가 날 위하여", 코다의 마지막 프레이즈[106]

---

106 | 김춘해 편곡, "웬 말인가 날 위하여"(2016)

곡 중 프레이즈에서 이렇게 적절한 페르마타의 사용이 있을 때 이것은 음악의 흐름에 반전을 주며 곡의 강조 부분을 드러내어 곡을 확장시킬 수도 있다. 이런 것은 또한 기존의 회중 찬송가와 다른 면모를 보여주는 것으로 편곡이 예술 작품으로 되는 길 중의 하나이다.

찬송가 편곡에서 그 외에 또 언급할 수 있는 것은 찬송가의 선율을 장식하거나 변경할 수 있다는 것이다. 선율의 변경은 듣는 성도에게는 익숙하지 않을 수 있기 때문에 1절은 가능한 한 자제하고 추가 절 부분이 좀 더 가능하다. 반면 서주나 간주 및 코다에서는 오히려 찬송 선율이 그대로 나오는 것보다는 변형되어 나오는 것이 더 좋다. 찬송가 선율을 변경할 경우 바로크 코랄 중에서 나오는 소프라노의 장식된 멜리스마(*melisma*) 형태도 가능하다.

지금까지 찬송가를 편곡하는 과정을 자세히 살펴보았다. 편곡을 시작할 때 오르가니스트는 먼저 전체 구상을 하는 것이 필요하다. 물론 곡을 써 가면서 자연스럽게 이어지는 경우도 있으며 또한 생각하지 못한 것들이 떠올라 편곡이 순탄하게 나아갈 때도 있지만 가끔은 난관에 봉착하여 앞으로 한 음도 더 나아갈 수 없을 때가 있다. 이럴 때 곡의 전체 구성을 미리 생각해 놓으면 그 부분을 건너 뛰어서 다른 부분을 우선적으로 쓸 수도 있다. 그리고 다시 그 부분으로 돌아가서 곡을 쓰면 음악이 또 매끄럽게 연결되기도 한다.

찬송가를 편곡하는 것은 오르가니스트에게는 축복이다. 오르간에서 편곡은 그리 어렵지 않다. 이것은 피아니스트보다 오르가니스트가 훨씬 더 유리하다. 악기가 여러 가능성을 열어 놓고 도와주고 있기 때문에 자신이 조금만 새로운 문을 열면 그 문이 또 다른 새로운 문들을 더 열어주게 될 것이다.

제6장

그 외 교회 오르가니스트에게 필요한 사안들

1. 교회 오르가니스트가 준비할 것

2. 오르간에 관한 질문

제6장

그 외 교회 오르가니스트에게 필요한 사안들

1. 교회 오르가니스트가 준비할 것

오르가니스트는 악기 특성상 준비할 것들이 많다. 연습할 때는 물론이고 특히 연주할 때는 준비할 것들이 더 많다. 여기서 이러한 것들을 잘 살펴보고 오르가니스트로서 늘 준비된 사람이 되도록 한다. 오르가니스트가 평소 연습 때 가지고 다니는 것은 우선 오르간 신발부터 오르간의 악기 상태 기록을 위한 수첩까지 다양하다. 연습과 연주에 필요한 것들이 잘 구비될 때는 연주자는 훨씬 효율적이고 편하게 연습과 연주에 임할 수 있다. 이런 준비는 서양의 오르가니스트들에게는 오래된 관습으로 그들의 평소 모습에서 역시 오르간의 오랜 역사를 느낄 수 있다. 작은 것부터 시작하여 한국의 오르가니스트가 좋은 습관을 들이면 이 또한 우리의 좋은 전통과 역사가 될 것이다.

1) 예배 당일과 예배를 위한 연습에 필요한 것

(1) 오르간 신발

오르간 신발은 오르가니스트에게 가장 필수적인 것이다. 아주 예외적으로 가끔 바로크 곡을 연주할 때 오르간 신발을 신지 않는 경우가 있다. 이 경우는 바로크 곡 연주에서 아티큘레이션으로 하는 페달링(*pedaling*)이 발의 앞굽(*toe*)으로만 하기 때문에 가능할 수 있다. 물론 이 경우는 이런 연주에 익숙한 사람일 것이며 늘 오르간 신발로 연주하는 사람은 신발 없이는 온전한 연주가 힘들 것이다.

현재 오르간 신발은 대체로 국제적으로 통일되어 있는 편이다. 나라별로 모양은 조금씩 다르지만 가장 중요한 신발 굽의 높이는 거의 비슷한 것으로, 일반적으로 발건반에서 검은 건반과 흰 건반 높이의 차이에 해당한다. 그래서 발건반 연주 시 검은 건반에서 흰 건반을 연주할 때 발의 모양이 평형을 유지할 수 있도록 도와준다. 특히 발의 앞굽(*toe*)과 뒷굽(*heel*)을 다 사용하면서 레가토로 연주할 때는 이 오르간 신발은 많은 도움을 준다. 그래서 오르가니스트에게는 악보만큼이나 소중한 것이 오르간 신발이다.

오르간 신발은 항상 청결하게 통풍이 잘 되는 깨끗한 가방에 넣고 다니는 것이 좋다. 가끔 학생들이 종이 가방이나 비닐 가방에 넣고 다니는 것을 볼 수 있는데 이것은 좋지 않은 습관이다. 보기도 안 좋을 뿐만 아니라 신발에도 좋지 않다.

오르간 신발의 재질은 가죽으로서 유연함이 제일 중요하다. 발건반의 레가토와 발목의 빠른 움직임을 위해서 신발은 부드러워야 하는 것이다. 오르간 신발은 편안하면서 발을 안정감 있게 감싸주면서, 발건반에 발을 놓았을 때 발건반의 감각을 발에서 느낄 수 있는 섬세한 재질이 좋다. 그리고 신발의 아래 겉면은 가죽의 안쪽 면처럼 부드러우면서도 미끄럽지 않아야 한다. 이것은 발건반을 연주할 때 발이 건반에서 미끌어지면 안되기 때문이다. 오르간 신발을 전문적으로 만드는 곳에서는 이런 원칙을 고수하고 있다.

오르간 신발은 가능하면 두 켤레가 좋다. 한 벌은 교회 오르간에 두고 한 벌은 연습 오르간에 두든지 혹은 자신이 들고 다니는 것이다. 급할 때 여분의 신발은 중요하다. 교회 오르간에 신발을 둘 경우 항상 깨끗하고 정리가 된 상태로 잘 보관해야 한다. 오르간 주변에 이리저리 오르간 신발이 굴러다니는 인상을 주면 안 된다. 만약 본인이 유일한 오르가니스트인 경우는 문제가 되지 않겠지만 오르가니스트가 여러 명인 경우에는 오르간 신발은 가능하면 본인이 들고 다니는 것이 좋다.

오르간 신발의 관리는 늘 철저하게 해야 한다. 너무 낡기 전에 신발을 교체하는 것은 물론 연주가 있을 때는 연주 날짜 가까이 새 신발로 바꾸는 일은 연주에 큰 차질을 줄 수 있기 때문에 주의해야 한다. 또한 오르간 신발은 오르간을 연주할 때만 신는 것이며 그 이외에는 신고 다니는 것을 금해야 한다. 오르간 신발을 신고 가끔 연습실들을 오고 다니는 학생의 경우 이 신발에 흙이나 먼지 등이 붙어서 오르간 페달에 옮겨 가게 된다. 먼지는 악기 고장의 요인이 되는 것을 잊지 말아야 한다.

최근의 오르간 신발은 다양한 색으로 만들어진다. 교회 오르가니스트는 검정색 한 가지 색도 좋으며 연주회를 위해 흰색 내지 색채감 있는 신발을 주문하는 경우도 가능은 할 것이다. 오르간 신발을 귀하게 여기는 것은 좋으나 특히 여자 오르간 신발의 색이 너무 요란한 것은 다시 생각해 볼 일이다. 남자의 경우는 대체로 모두 검정색으로, 왜 여자인 경우는 오르간 신발까지 다르게 해야 하는 이유가 있을까? 이런 불필요한 것에 시간과 정신을 쓰다 보면 정작 오르간에 들어갈 시간이 줄어들지 않겠는가. 사소한 것은 절대로 사소한 것이 아니다.

(2) 악보 폴더(folder)

교회를 방문하면 오르간 연주대 위에 여러 악보가 산만하게 놓여 있는 것을 흔히 볼 수 있다. 물론 이것은 꼭 오르가니스트의 책임만은 아닌 경우도 있다. 예배 중에 예정에 없던 찬송가나 CCM을 갑자기 부를 경우가 있어 찬송가와 CCM 악보가 오르간 옆에 있을 수도 있다. 원칙적으로 예배는 준비된 예배이어야 한다. 예배를 준비하지 않고, 계획하지 않고 즉흥적으로 드리는 예배는 성령에 의존하여 드리는 예배라기보다 인간적이고 무성의할 가능성이 있다. 일주일 동안 미리 생각하고 연구하면서 준비해서 드리는 예배를 성령에 의존하지 않는, 인간이 만든 예배라고 할 수 있을까? 준비가 있는 예배가 하나님께서 보실 때 더 정성스럽지 않겠는가? 그렇다고 예배 중에 즉석에서 찬송을 부르는 것을 억지로 자제한다는 것도 어떤 의미에서는 예배의 정신에 맞지 않을 수 있다. 하지만 예배 중에 계획되지 않고 일어나는 찬양이나 순서는 성도나 예배음악을 이끄는 사람들에게 혼란을 주지 않는 선에서 조심스럽게 하여야 한다는 의미이다.

오르간은 피아노처럼 악보를 펴고 바로 연주가 가능한 악기가 아니다. 오르간을 연주하기 전에 음색과 볼륨을 정해야 하고 어떤 건반에서 시작할지도 생각해야 한다. 그렇기 때문에 예배 순서마다 각각의 악보를 찾아서 악보를 펼치고 곡의 연주적 상황을 점검하고 오르간을 연주하려면 이미 늦다. 그러므로 오르가니스트는 매주일 예배를 위하여 예배에 필요한 모든 음악을 예배 순서대로 하나로 만들면 제일 좋다. 예를 들면 한 폴더에 예배 음악 모두를 넣어서 한 음악이 지나가면 자동으로 다음 음악이 펼쳐져 있는 그런 상황이 되도록 한다면 그 복잡한 오르간의 기능에도 불구하고 바로바로 다음 음악을 여유 있게 연주할 수 있을 것이다.

오르가니스트에게 악보 폴더는 매우 유용한 것이다. 이것은 악보를 단순히 모아서 넣는다는 의미보다는 넘기기 좋게 악보를 편집하고 다시 만들어서 폴더에 넣을 수 있기 때문이기도 하다. 앞장에서 설명하였듯이 오르간은 손을 건반에서 떼는 즉시 음이 사라지므로 프레이징을 위해 의도적으로 건반에서 손가락을 떼는 것이 아니라면, 특히 레가토 주법의 곡에서는 가능한 한 건반에서 손이 떨어져 있는 순간이 짧아야 한다. 피아노의 경우는 음들이 남아 있기 때문에 이런 어려움은 적다. 하지만 성가대 찬양곡을 오르간으로 반주를 하면서 악보를 넘길 때는 소리가 나지 않는 음들이 생길 가능성이 높다. 그렇기 때문에 성가대 악보는 필요하면 넘기기 쉽게 편집을 해서 악보 폴더에 넣어서 사용하기를 권한다. 특히 한 권의 책으로 나온 성가대 곡은 책이 커서 페이지가 잘 넘겨지지도 않으며 앞의 페이지가 다시 넘어오는 위험도 있다. 그래서 그런 악보를 넘길 경우 더 많은 음들이 생략될 가능성이 있다. 최근에는 지휘자와 반주자를 위해 스프링 바인더(*spring binder*)로 된 성가대 악보가 나와 있어 예전보다 불편함은 덜었지만 페이지를 넘기느라 손을 떼는 동안 음들이 사라지는 것은 막을 길이 없다.

찬송가 또한 오르가니스트는 그 주일 예배에서 부르는 찬송가를 복사하여 한 폴디에 예배 순서대로 넣어서 사용하기를 권한다. 이것은 두터운 찬송가에서 한 장을 찾는 시간을 줄여 주게 되어 오르간 전주가 들어가는데 여유를 주게 된다. 뿐만 아니라 찬송가의 얇은 종이 악보보다는 찬송가를 복사하면 종이가 좀 더 두터워져서 이 악보에 오르가니스트가 필요한 손가락 번호(*fingering*), 레가토, 프레이징, 발건반 표시(*pedaling*) 등 여러 사항을 적기가 더 수월하기 때문에 이 폴더는 아주 유용하다. 찬송가를 복사하여 쓸 경우 찬송가의 원래 크기보다 확대하여 복사하면 악보가 여백이 많아 여러 표시를 여유 있게 할 수 있어 좋다.

필자의 한 예로 현행 찬송가가 처음 인쇄되어 나왔을 때 교회의 한 권사님께서 반주자를 위한 스프링 바인더로 된, 그리고 크기도 회중용 찬송가보다 큰, 아주 잘 생긴 찬송가를 필자에게 선물하셨다. 필자는 그 권사님이 참 감사하였다. 아마도 많은 오르가니스트가 교회에서 이런 사랑을 받을 것이라 생각한다. 피아니스트에게 미안한 말이 될지 모르지만 교회 사정을 잘 알고 성도를 사랑하는 사람이라면, 매주 주 중에 교회 나와서 오르간을 연습하는 오르가니스트를 그렇지 않는 피아니스트보다 귀하게 여길 것은 당연한 일이 아니겠는가? 그런데 선물로 받은 이 찬송가는 지금도 필자의 채플 사무실 책장에 꽂혀 있다. 다른 사람에게 줄 수도 있지만 그곳에 두면서 늘 감사를 잊지 않기 위함이다. 그리고 오르가니스트로서 다시금 마음을 잡고 책임감을 느끼기 위함이다.

이렇게 준비한 악보 폴더에는 예배 순서에 따라 전주곡(가끔 원곡 악보로도 가능) - 성가대 개회송 - 찬송가 - 기도송 - 찬송가 - 헌금송 - 성가대 찬양 - 찬송가 - 축도송 - 후주곡의 순서로 악보가 들어가 있어 예배를 위한 만반의 준비가 된다. 그래서 오르가니스트는 어떤 상황에도 이 폴더 하나만 있으면 된다. 이것으로 여러 악보를 복잡하게 들고 다니는 일은 없어지며 오르가니스트 자신도 예배 준비에 훨씬 가벼운 마음이 될 수 있다.

참고로 비닐 커버가 있는 악보 폴더는 비닐이 빛에 반사되어 눈에 좋지 않다. 또한 악보에 필요한 사항을 연필로 수시로 쓸 수 있도록 이 비닐 커버는 없어야 한다. 가끔 이런 비닐 커버로 된 악보를 보면 필자는 의아해진다. 도대체 아무 것도 악보에 적지 않고 어떻게 곡을 연주하나? 제대로 연주하려는 오르가니스트라면 이것은 불가능하다.

(3) 메트로놈(Metronome)

음악 전공자에게는, 특히 기악 전공자에게는 메트로놈은 필수품이다. 이것은 자신의 연주 템포를 정확하게 잡아주기 때문에 연습할 때 없어서는 안 되는 것이다. 특히 이것은 성가대, 기악 앙상블, 그리고 성악 독창이나 기악 독주의 템포를 메트로놈으로 파악하여 악보에 기입하면 그 템포에 맞추어 연습할 수 있게 도와준다. 자신이 예배에서 연주할 각 곡의 메트로놈 빠르기를 가지고 있으면 일주일 동안 그 템포로 준비할 수 있어 주일 예배에 큰 도움이 될 것이다. 특히 한국의 많은 교회의 성가대 연습은 오르가니스트의 반주로 하기보다는 피아니스트의 반주로 한다. 그렇기 때문에 오르가니스트는 이런 경우를 위해서도 메트로놈이 거의 필수적이라 할 수 있다. 만약 지휘자가 실제 예배 찬양에서 리허설 때 연습한 템포와 다른 템포를 하더라도 일단 규칙적인 템포라는 면에서는 다시 조정하는 것은 크게 어려움이 없을 것이다.

가끔 오르가니스트의 템포가 피아노에 비해 느리다는 불평을 종종 듣는 것은 실제로 오르간이 늦는 경우보다는 사람이 느리게 느끼는 경우가 많다. 그럼에도 불구하고 실제로 느리게 연주하는 오르가니스트도 가끔 있다. 특히 파이프 오르간의 저음인 경우는 소리가 나는 파이프가 길어서 실제로 조금 더 그렇게 느낄 수 있다. 하지만 이런 미세한 차이는 보통 사람의 귀에는 거의 느낄 수 없기 때문에, 사람이 늦게 난다라고 느끼는 것은 건반을 눌러 소리가 나는 순간 지점(*attack point*)의 차이라는 것을 잊지 말기를 바란다. 하지만 이런 상황에서도 메트로놈은 음을 더 정확한 박에 나오도록 도와주기 때문에 연습 때 유용하다.

가끔 연주자 중에 박자가 일관적이지 않고 자주 흔들리는 경우가 있다. 필자의 수업에서 그런 학생이 있었다. 한 학생은 아주 심해서 전체 연주를 듣고 있는 동안 제대로 된 박을 거의 한 번도 느낄 수 없이 계속 오락가락 하는 연주였다. 필자가 그 학생에게 연습할 때 메트로놈을 얼마나 사용하는가를 질문했을 때 그 학생의 답이 충격이었다. 당시 그 학생은 대학교 3학년이었지만 그 때까지 평생 한 번도 메트로놈을 사용한 적이 없다고 하였다. 어떻게 그런 일이 가능한지 모르겠다. 그래서 박자에 있어서 그 학생의 연주는 필자가 들은 연주 중 최악이었다. 규칙적이고 안정적인 음악의 박과 흐름을 위해서는 메트로놈은 악기 연주자에게 가장 친한 친구가 될 것이다. 필자가 아는 외국의 한 연주자는 자신의 "가장 친한 친구는 메트로놈과 고양이"라고 말한 적이 있다.

연습에서 메트로놈 사용은 연주자에게 자신이 연주하고 있는 음악의 기본 흐름 혹은 맥박(*beat*)을 몸이 느끼고 기억하게 해주기 때문에 기악 연주자에게는 좋은 습관이다. 평소 이렇게 연습하는 사람은 실제 연주 상황에서 아무리 당황해도 몸이 익힌 박을 쉽게 놓치지 않는다. 필자의 경우 미국 유학 시절 음악 대학의 오르간 연습실을 지나가면 오르간 소리는 잘 들리지 않아도 메트로놈 소리가 "딱! 딱!" 하면서 규칙적으로 나는 것을 자주 경험했다. 이런 습관은 곡의 안정적인 템포와 함께 연주자에게도 자신감을 준다.

유의할 것은 메트로놈은 기계라는 것이다. 그래서 음악의 완성 단계에서는 메트로놈에 의지하지 않고 필요한 음악적 표현을 연습해야 한다. 표현도 연습이 필요하다. 음악적 해석과 표현 없이 기계적으로만 연습한 사람은 실제 연주에서도 음악을 표현하기 힘들다. 몸에 익숙하지 않는 것은 할 수 없기 때문이다. 표현도 연습해서 자신의 몸에 익숙해지는 시간이 필요하다. 그래서 메트로놈은 좋은 것이지만 음악적인 것은 담기가 힘들기 때문에 연습 상황에 따라 적절히 사용하는 것이 필요하다.

최근에는 이 메트로놈이라는 기계 대신 스마트폰의 어플리케이션(*application*)을 가져와 메트로놈을 사용하기도 한다. 이것은 기계를 들고 다니는 불편함을 없애 주기는 하지만, 들고 다니면서 눈에 보이기 때문에 더 자주 사용할 수 있는 것을, 보이지 않기 때문에 소홀히 할 수 있는 위험도 있다. 전공자라면 메트로놈과 함께 연습하는 것은 당연한 일이다.

(4) 필기 도구

오르가니스트가 또한 늘 지참해야 하는 것은 필기 도구로서 연필과 지우개이다. 연필은 다양한 색도 좋으며 대신 지울 수 있는 연필이어야 한다. 이것은 오르가니스트뿐만 아니라 모든 연주자에게 해당되는 사항이다. 피아니스트 혹은 다른 악기 연주자들보다 오르가니스트가 이것이 더 필요한 이유는 악보에 연주와 관련된 여러 사항을 적을 것이 많기 때문이다. 핑거링은 물론 볼륨의 크기 정도, 음색, 건반 위치, 메모리 번호, 페달링, 그리고 악보에 지시된 다이내믹에서 추가할 다이내믹의 변화 등등 실제 오르가니스트의 악보는 복잡하다.

손가락 번호를 악보에 기입하는 것은 피아니스트와 공통이지만, 실제로 오르가니스트에게 손가락 번호 표시는 더 많이 필요하다. 그 이유는 오르간은 기본적으로 레가토 주법이기 때문에 음들을 레가토로 이어서 치려면 오랜 연습을 통해 얻어지는 좋은 손가락 번호를 악보에 표시해야 한다. 가끔 학생들이나 오르가니스트의 악보에 손가락 번호가 하나도 없는 것을 볼 때면 신기하다. 어떻게 이런 일이 가능한가. 이 경우는 레가토를 하지 않고 손가락 가는 대로 아무렇게나 치던지 아니면 레가토는 하되 손가락이 많이 고생하는 경우일 것이다. 그래서 불필요한 손가락 변경(*substitution,* 한 음에서 손가락 변경)이나 손가락 꼬임이 많던지 안 좋은 핑거링으로 손 모양이 많이 망가져 편안한 음이 안 나오게 된다. 좋은 핑거링은 좋은 음을 내게 되고 결국 좋은 음악이 된다. 악보에 손가락 번호를 쓰는 것은 좋은 습관이다.

전공자들 가운데 핑거링 표시에서 극단적인 두 형이 있다. 한 사람은 아예 아무것도 적지 않는다. 이 사람의 경우 필자가 레슨 때 적어 주면 그 이후에 이 번호만 여전히 남아 있으며 자신이 추가로 표시한 손가락 번호는 계속 없다. 다른 형은 모든 음표에 핑거링 표시가 다 되어 있는 경우이다. 이 경우는 학생이 참 대단하기는 하지만 꼭 쓰지 않아도 될 번호까지 다 쓰게 되면 악보가 너무 복잡하게 보인다. 그래서 연습할 때 눈이 쉽게 피로해져서 이 또한 좋지 않은 경우라 할 수 있다. 연주자는 각기 자신의 연습 방법이 있다. 하지만 좋은 습관이라는 것은 누구에게도 공통적인 것으로 지나친 표시는 서서히 적게 조절하는 것이 바람직하다. 또한 악보에는 발건반을 위한 발표시(*pedaling,* 왼발, 오른발, 앞굽(*toe*), 뒷굽(*heel*) 등의 표시)도 한다. 이 페달링도 핑거링처럼 반복적인 연습을 통해 좋은 페달링을 정하게 되고 그것을 적어서 연습과 연주에서 안정적인 음악이 되도록 해야 한다.

여기서 지적할 것은 오르가니스트가 연필이 아닌 볼펜으로 종종 표시를 하는 경우가 있는데 이것은 오르가니스트에게는 치명적이다. 왜냐하면 오르간은 각 악기가 다르기 때문에, 특히 건반이나 음색 저장 번호는 더욱 다르다. 같은 곡을 다른 오르간에서 연주할 때는 핑거링을 제외한 나머지 오르간에 관련된 대부분의 표시들은 다 바꾸어야 한다. 이때 지워지지 않는 볼펜 등으로 표기를 하였을 경우 그 악보를 수정하게 되면 악보는 그야말로 지저분하고 어지러워진다. 그래서 아예 새 악보를 준비해야 할 경우가 허다하다. 오르가니스트는 볼펜을 멀리 해야 한다. 옆에 있으면 어제든지 사용할 수가 있기 때문이다.

연필은 필통에 넣고 다니든지 오르간 안에 깨끗하게 보관해도 무방하다. 오르간 위에 너저분하게 이것저것으로 늘어놓는 것은 오르간의 품위를 떨어뜨리며 오르가니스트가 연주에 집중하는 데도 방해가 된다. 아담스 채플의 오르간에는 연필 두 개만 있다.

오르가니스트는 또한 지우개가 필요하다. 자신의 독주곡이나 성가대 곡을 연습할 때 음색은 종종 바뀔 수 있기 때뮤에 지우개는 필수적이다. 그래서 성악은 물론 기악의 모든 연주자는 지우개가 필수적이다. 대신 아담스 채플 오르간에는 지우개가 없다. 하지만 오르가니스트는 개인적으로 지우개를 가지고 있어야 한다. 지우개를 오르간에 두지 않는 것은 악보에서 지우개를 사용할 때는 오르간에서 하지 말고 연습 후 오르간을 다 닫고 다른 곳에서 해야 하기 때문이다. 학생이나 채플 연주자들에게 필자는 늘 얘기한다. 오르간에서, 특히 오르간 보면대에서 "절대로!" 지우개를 사용하지 말 것을 강력하게 얘기한다. 하지만 가끔 전문 오르간 연주자인 경우에도 오르간 보면대에서 지우개를 사용하는 사람이 있다. 이것은 오르간이라는 악기를 전혀 배려하지 않고 다른 연주자를 또한 생각하지 않는 나쁜 습관이다. 오르간에서 지우개를 사용하면 그 먼지와 찌꺼기가 건반 사이로 들어가서 오르간 고장에 직접적인 원인이 된다. 이것을 모르고 지우개를 사용한다는 것은 상식적으로 이해가 되지 않으며, 만약 알고도 그렇게 한다면 자신밖에 모르는 이기적인 행동으로, 결국은 악기를 손상시키는 무지막지한 무례함이다. 이런 사람인 경우 그는 그것을 깨끗이 치워도 모자라는 판에 대체로 그 찌꺼기를 자랑스럽게(?) 남겨놓는 경우가 대부분이다. 이런 경우 오르가니스트로서는 최악이다.

또한 악보를 붙일 수 있는 테이프도 오르가니스트가 가지고 다니면 좋다. 오르가니스트는 원활한 연주를 위해 악보를 편집할 경우가 많다. 이것을 위해 테이프를 항상 준비하여 3-4쪽의 악보는 필요한 만큼 복사하여 하나로 붙이는 것이 필요하다. 연주 중에 악보를 넘기지 않고 연주할 때는 훨씬 안정적인 연주를 할 수 있으며 빠지는 음이 없기 때문에 음악은 당연히 좋다.

그리고 작은 스티커도 있으면 좋다. 악보에 음색을 연필로 기입하면 연주를 도와주는 사람이 보기가 힘들기 때문에 가끔 작은 스티커를 악보에 붙여 음색 번호를 쓰기도 한다. 이때 그 스티커는 흰색이면 제일 좋다. 스티커에는 글자를 두텁게 쓸 수 있어 편리하지만, 스티커 색 자체가 짙은 색일 때는 악보가 그 많은 스티커로 인해 복잡해지며 혹시 청중이 보이는 연주대라면 청중에게까지 그 영향이 간다. 가끔 학생들이 도와주는 사람을 위해서 파란색이나 붉은색 스티커를 사용하는 경우가 있으나 좋은 선택이 아니다.

(5) 편집된 악보 준비

오르가니스트의 악보는 피아니스트의 악보와 다를 수 있다. 다르다는 것은 곡은 같지만 그 페이지 모양이 다르다는 의미이다. 대부분의 출판사들은 연주자가 페이지를 쉽게 넘기도록 배려하여 악보를 출판하지 않는 것 같다. 악보는 대체로 마디 수에 따라 일률적으로 전체 간격에 따라 만들어져 있다. 그래서 음악이 한참 절정으로 향하면서 손가락이 바쁜데도 악보가 다음 페이지로 넘어가는 경우가 종종 있다. 이런 경우 연주자는 연습부터 당황하게 된다.

최근에는 악보 넘기기에 지장이 없도록 연주자를 최대한 배려하여 악보가 쓰여 있는 경우가 있다. 필자의 경우 미국 유학 시절로 거의 30년 전에 구입한 악보로서, 미국 작곡가 델로 조이오(*Norman Dello Joio, 1913-2008*)의 오르간 곡에서 한 페이지가 비어 있다. 이 모음곡은 전체가 다섯 곡으로 1, 2, 4 악장은 각각 두 쪽이며 5악장이 여섯 쪽, 그리고 3악장이 다섯 쪽이다. 그래서 이 작곡가 혹은 출판사는 3악장 다음에 오른쪽 한 페이지를 완전히 비웠는데 백지가 아니라 아름답고도 특이한 그림이 그려져 있다.[107] 이 얼마나 음악적인 발상인가. 한 곡이 왼쪽 페이지에서 끝나고 그 다음 곡이 두 쪽 혹은 짝수 쪽으로 된 곡일 경우 이렇게 한 페이지를 비우는 것이 연주자에게 좋다는 판단이기 때문이다. 하지만 일반적으로 출판사는 대체로 연주자를 이렇게 배

---

107 | Norman Dello Joio, Five Lyric Pieces, Edward B. Marks Music Corporation, 1975, p. 11

려하지 않는 것 같다. 좋은 출판사는 조금은 나은 경우를 본다. 예를 들면 가능하면 곡이 덜 바쁘게 움직이는 마디에서 페이지를 넘기도록 전체 마디 진행과 배치를 조정하는 것이다. 이것도 상당히 진보한 것으로 볼 수 있으나 유감스럽게도 그 이후 아직도 필자는 델로 조이오의 악보처럼 빈 페이지 악보를 본 적이 없다.

오르간 연주곡에서 특히 여러 악장으로 구성된 곡의 한 악장이 세 쪽일 경우 페이지를 넘기며 연주하는 것은 분답한 일이다. 한 페이지를 옆에 두면 되는 것을 왜 넘기는가. 넘기는데 지장이 없더라도 마찬가지이다. 또한 오르가니스트 중에는 많은 경우 옆에서 음색 변경과 페이지 넘기는 것을 도와주는 사람만 생각하고 악보 준비에 소홀한 사람도 있다. 한 곡을 가능하면 한 눈에 보는 것은 곡의 전체를 본다는 의미에서 시각적으로도 중요하다.

성가대 곡뿐만 아니라 전주곡이나 후주곡 등의 독주곡도 가능하면 혼자서 넘길 수 있도록 악보를 편집하여 다시 만들기를 권한다. 아니면 악보를 넘기는 사람이 필요하다. 하지만 예배에서는 누군가 오르가니스트를 옆에서 도와주기를 기대할 수 없으며 그렇게 해서도 안되는 상황이다. 그리고 오르가니스트는 스스로 해야 한다. 혼자서 할 수 있는 일을 다른 사람의 도움을 받으면서 한다는 것은 어른이 할 일이 아니나. 악보의 부분적인 편집은 꼭 필요하다. 가끔 어떤 반주자는 5-6페이지나 되는 악보를 병풍처럼 길게 다 펼치는 바람에 보면대가 어수선해지는 경우도 있다. 이것은 좀 과할 수는 있다. 자신이 음악의 각 마디를 잘 보면서 음악에 지장 없이 악보를 넘기는 곳을 찾아서 악보를 다시 편집하면 된다.

이 일에서 필자가 가장 감동을 받은 오르가니스트가 있다. 그는 미국 텍사스 달라스의 Park City Baptist Church의 오르가니스트였다. 그 교회를 처음 방문하였을 때 필자는 2층에서 오르가니스트가 가장 잘 보이는 위치에서 예배를 드렸다. 성가대 찬양 순서에서, 성가대 곡을 들으면서 오르가니스트를 보니 오르가니스트가 한 번도 악보를 넘기지 않고 있었다. 그 찬양곡은 나름 긴 곡이었다. 필자는 그 상황이 신기하여 자세히 보니 그 오르가니스트는 약 10여 페이지에 해당하는 성가대 악보를 작게 축소 복사하여 하나의 큰 악보로 만들어 반주하고 있었다. 그 악보를 준비하느라 그는 시간을 꽤 들였을 것이다. 그 모습이 필자에게는 참 귀하게 보였고, 지혜로운 오르가니스트라 생각했다.

필자의 경우는 그 정도는 아니다. 필자는 눈이 좋지 않아 작은 악보는 익숙하지 않을 뿐만 아니라 한 눈에 너무 많은 악보는 시각적으로 복잡하게 보여 정신적으로 여유가 없게 느낀다. 그렇기 때문에 각 사람의 성격과 상황에 따라 자신에게 맞는 악보 편집을 권한다. 필자의 경우는 넘기기 어려운 부분이 있으면 필요한 마디만큼 악보를 복사하여 옆에 혹은 악보의 빈 칸 등 악보 안에 붙이기도 하고 가끔은 뒤 페이지의 몇 마디를 앞 페이지에 그려 놓기도 한다. 이것은 곡이 많이 길지 않는 반주 음악인 경우이다.

하지만 독주인 경우는 또 다르다. 독주곡은 대체로 긴 곡으로서, 필자는 연주할 독주곡은 원본을 그대로 복사하여 다시 악보를 만든다. 마디를 자르고 붙이고 해서 혼자서 악보를 넘기면서 음색 변경 등 모든 것을 스스로 할 수 있도록 악보를 준비한다. 이것은 주일 예배 전주곡은 물론, 필자의 독주회 준비 과정에서 늘 하는 중요한 일이다. 연주는 지극히 개인적인 일이며 그렇기 때문에 혼자 스스로 하는 것이다. 누구에게 의지해서 하는 것은 그 음악이 자신의 음악이 되는 것에 장애를 줄 수 있다.

오르간 연주에서 사람이 도와주는 경우는 대체로 악보를 넘겨주는 것도 있지만 음색 변경을 도와주는 일이 더 큰 일이다. 하지만 음색을 변경할 때 연주자 자신이 변경하는 것이 가장 정확한 타이밍(*timing*)임은 말할 필요가 없다. 하지만 다른 사람이 도와준다면 그 타이밍은 연주자가 원하는 타이밍과는 종종 맞지 않는다. 연주자와 아주 친하고 또 리허설을 많이 했다고 하더라도 자신이 직접 하는 것과는 그 간격이 다를 수밖에 없다. 음악은 0.00몇 초에 따라 달라진다. 이처럼 음악은 아주 작은 초를 다루는 것이다. 그렇기 때문에 작지만 이 작은 시간 차이를 허용할 수 없는 것이 연주자의 자세가 되어야 한다.

연주를 혼자서 스스로 하는 일에 관하여 유럽의 오르가니스트는 좀 다른 경우가 많다. 이 주제는 글의 뒷 부분에서 다룰 것이기는 하지만, 음색 변경을 연주자 스스로 하는 것이 불가능한 오르간이 있다는 것이다. 이런 경우라 하더라도 연주자가 악보를 편하게 보고 또한 음악의 전개를 미리 예측하면서 연주하기 위해서는 악보 편집은 아주 유익하다.

악보를 편집하여 다시 만들 경우 유의할 것은 이 악보를 가능한 한 일찍 만드는 것이 좋다. 특히 독주곡은 매우 중요하다. 연주자가 편집하여 다시 만든 악보에 눈과 몸이 익숙해져서 연주하는 도중에 악보 위치를 놓쳐도 눈이 알아서 찾아 갈 수 있는, 몸이 악보의 위치를 저장하는 시간이 필요한 것이다. 가끔 연주자가 악보를 늦게 만들어 음의 위치를 못 찾아 당황하는 경우들을 본 적이 있다.

연주 중에 악보를 넘긴다는 것은 오르가니스트에게는 불편한 현실이다. 더구나 매일 불편한 악보로 연습하는 것은 지혜롭지도 못한 일이다. 그래서 자신이 연주할 곡의 악보를 연주에 지장 없이 넘길 수 있게 다시 편집하는 일은 귀한 일이다. 대부분의 오르가니스트는 그렇게 하지 않는 것 같다. 예배에서 이런 철저함과 세심한 준비는 그 사람의 하나님께 대한 마음이다.

(6) 녹음기

오르가니스트는 자신의 연주를 종종 다시 들어보는 시간이 필요하다. 그 이유는 오르간을 연주하면서 자신이 듣는 소리와 뒤에서 성도가 듣는 소리는 대체로 상당히 차이가 있기 때문이다. 전자 오르간의 경우 스피커가 자체 내장 스피커일 경우도 마찬가지이며, 스피커가 외장으로 오르간과 떨어져 교회당의 다른 구석이나 2층 등에 설치되어 있을 때는 더욱 심각하다. 최근에는 오르간 자체에 녹음 장치가 있어 자신의 연주를 다시 들어볼 수 있게 하는 오르간이 있다. 이런 자체 녹음 장치가 있는 경우도 실제 교회당 안에서 울려 퍼지는 소리와는 차이가 있다. 왜냐하면 실내의 잔향 상태가 최종 소리를 결정하기 때문이다. 그래서 이런 녹음은 연주자 자신의 연주를 점검하는 데는 유용하지만 실제 예배당에서 회중이 듣는 소리를 알고 싶을 때는 또 다른 상황이 된다. 과거에는 녹음기를 가지고 다니는 불편함이 있었으나 최근에는 스마트폰에 이런 기능이 있어 쉽게 녹음할 수 있다.

전자 오르간이든 파이프 오르간이든 자신이 연주하면서 듣는 소리와 예배당 중간에 앉아서 듣는 소리는 많이 차이가 있다. 왜냐하면 파이프가 넓게 그리고 아래와 위로 펼쳐져 설치되어 있기 때문에 오르가니스트는 자기와 가까운 파이프의 소리는 크게 듣지만 먼 쪽의 파이프에서 나는 소리는 작게 들을 수밖에 없다. 그래서 오르가니스트 자신이 연주하면서 듣는 소리는 전체적으로 회중석에서 듣는 소리와는 다르다. 따라서 자신이 연주하는 소리를 제대로 듣고 조정하기 위해서는 연습할 때 회중석 한가운데서 녹음을 하여 들어볼 필요가 있다. 녹음 상태의 소리는 녹음기의 성능에 따라 특히 저음인 경우 실제의 소리와 다를 수 있지만 그럼에도 불구하고 들어보는 것은 도움이 된다. 그래서 전체 소리의 크기와 손건반과 발건반의 균형, 그리고 솔로 선율이 잘 드러나는지 등 세심히 점검하여야 한다. 특히 발건반의 저음과 손건반의 밸런스는 오르간 연주대에서 듣는 것과 다를 경우가 종종 있다. 이런 과정을 오래 거치게 되면 오르가니스트는 오르간의 전체 소리를 잘 이해하게 되어 청중석에서 어떻게 들릴 것이라는 것을 알게 될 것이며 이를 위한 녹음은 적게 필요할 수 있다. 오르간의 실제 소리의 전체 밸런스를 알아보는 가장 좋은 방법은 음악적으로 신뢰하는 사람에게 회중석에서 들은 것을 물어보는 것이다. 기계에서 녹음된 오르간 소리는 특히 발건반 저음에는 정확하지가 않아 한계가 있다.

녹음으로 제일 유익한 것은 자신의 연주를 점검하는 것이다. 녹음한 것을 악보를 보면서 다시 들으면서, 점검한 내용을 악보에 표기한 후 다음 연습 때 수정하고 보완하는 일은 연주를 앞둔 사람에게 매우 중요한 일이다. 녹음된 상태의 소리는 실제 듣는 소리와 달라서 특히 울림이 대체로 없는 상태의 소리로서, 자신이 연주한 것을 아주 냉정하게 들여다 볼 수 있게 한다. 그래서 자신의 연주 녹음을 처음 들을 때는 매우 당황하게 된다. 필자도 그랬었다. 자신이 이렇게 이상하게 연주하는가 하고 실망할 것이다. 이것은 어느 정도는 사실이다. 녹음기에서 들리는 음악이 좋지 않으면 실제로 자신의 연주가 좋지 않을 가능성은 높다. 녹음한 것을 처음 들으면 자신이 표현하고자 했던 것들이 잘 드러나지 않는다는 것을 발견한다. 그래서 호흡과 프레이징, 액센트, 아티큘레이션, 크레센도와 디크레센도의 다이내믹 등을 더 적극적으로 해야 함을 느낄 것이다.

녹음은 자신의 또 다른 귀가 된다. 물론 이 귀가 좋은 스승이 되도록 잘 키워야 하겠지만 열심히 듣는 훈련을 통해 더 좋은 귀가 될 수 있다. 대신, 녹음하는 일은 곡이 거의 완성 단계에 이를 때 하는 것이 좋다. 곡이 미흡한 상태에서 녹음하고 들어 보는 것은 제대로 된 연주와 해석을 평가하는 데는 한계가 있다.

(7) 초침이 있는 시계

오르가니스트는 예배의 시작에 민감할 수밖에 없다. 교회마다 다르겠지만 예배를 10시 혹은 11시 "정각"에 시작하기를 원하는 목회자가 있다. 사실 이것에 대해 필자는 다르게 생각한다. 하나님께서 시간 정각에 오시는가? 좀 이르면 어떻고 좀 늦으면 어떤가? 전지전능하시고 무소부재하신 영원의 세계에 계시는 하나님께서 인간이 설정한 시간에 제한되시는가? 오히려 시간은 정각이더라도 성도의 마음이 준비가 되지 않았다면 그것이 더 큰 문제인 것이다. 지정한 시간을 지키는 것은 사람과의 약속이기 때문에 옳다. 하지만 초까지 맞추기 위해 이미 연주되고 있는 음악을 끊는 것은 아니라는 의미이다. 물론 예외적으로 그 예배가 방송으로 나가는 것이라면 시간에 좀 더 민감할 수 있다. 그럼에도 불구하고 전주곡이 좀 더 방송에 들어가면 안 된다는 법이 있는가? 오히려 이것은 더 자연스러운 모습일 수 있다.

공적으로 약속한 시간을 사람이 지킨다는 의미에서 시간은 나름 중요하기는 하다. 꼭 이런 목적은 아니지만 오르간에 초침까지 있는 시계가 있으면 오르가니스트는 자신의 전주곡의 길이를 연습할 때 정확히 잴 수 있으며, 예배 시간에 맞추어 전주를 끝낼 수 있어 유익하다. 가끔 오르간 자체에 초침은 아니더라도 숫자 시계가 있는 것도 도움이 된다. 오르가니스트는 자신이 연주하는 곡의 길이를 잘 알고 있는 것은 여러 점에서 좋다. 봉헌송과 묵상곡 등 독주곡이 있을 때 이 시계는 많은 도움이 된다. 유의할 것은 예배 내내 이 시계를 의식하는 것은 좋지 않다. 예배 준비에 유익한 시계가 실제 예배를 방해하면 안 되기 때문이다. 예배는 인간이 설정한 시간이라는 한계와 제한에서 자유로울 때 영적인 예배가 가능할 것이다. 최근에는 오르간에 시계가 장착되어 있는 경우가 있어 나름 다행이기는 하지만, 연습 때 먼저 자신의 곡의 길이를 점검하면서 연습하는 습관은 중요하다.

필자는 예배 전주곡인 경우는 늘 시간을 재면서 연습한다. 그래서 혹시 곡이 7-8분 이상의 곡이면 성가대 연습을 마치는 즉시 예배실로 와야 한다. 오르가니스트는 예배 전주곡을 담당하기 때문에 예배 전 성가대 연습이 길어지면 불안해진다. 하지만 곡의 정확한 길이를 알고 있으면 나름 상황에 잘 대처할 수도 있다. 작곡가에게는 미안한 일이지만 필요하면 곡의 부분을 생략할 수도 있고 편집해서 연주할 수도 있다. 어떤 때는 계획된 곡을 아예 연주하지 못하고 다른 곡을 연주하는 경우도 필자에게 있었다. 물론 이런 일은 예외적인 일이긴 하나 오르가니스트가 자신의 연주곡의 길이를 정확히 아는 것은 예배를 준비하는 사람으로서 필요한 철저함이다.

(8) 연습 일기장

연습 일기장은 특히 기악을 전공하는 사람에게는 아주 중요한 것이다. 이 일기장은 연주자에게 장기적인 계획과 목표 달성을 위한 과정을 점검해 주는 것으로서 연주회를 앞둔 사람에게는 더욱 도움이 된다. 이 일기장 혹은 수첩에는 단기 및 장기 계획, 그리고 매주 혹은 매일 연습해야 할 시간 등을 자세히 기록하고, 매일 연습 내용과 연습량 등의 결과를 자세히 기록으로 남겨서 전체 연습 과정을 알아볼 수 있도록 한다. 이렇게 자신이 무엇을, 그리고 어떻게 하고 있는지 과거와 현재를 알면 미래를 예측하고 계획할 수 있다. 이런 사람은 예배와 어떤 연주에도 적극적인 사람이다. 연습 일기장에 들어갈 내용은 기본적으로 다음과 같다.

① 앞부분: 장기 계획, 단기 계획, 악보 읽는 진도 계획, 하루 연습 시간대, 하루 연습량, 그리고 암보가 필요할 경우 암보 일정까지 계획하여 기록한다. 연주 일정과 관련하여 전체 큰 그림의 스케줄을 작성한다.

② 매일 날짜 아래에 들어갈 내용

연습 시간: 가끔 몇 분씩 조금씩이라도 자세히 기록하는 것이 필요하다. 연습을 중단한 경우 다시 정확히 시간을 기록한다. 하루 연습이 끝나면 하루 전체 연습량을 총 합계한다.

연습 내용: 몇 쪽까지 혹은 어떤 내용의 연습 등을 자세히 기록한다.

연습에서 문제점을 기록한다.

③ 한 주 점검: 한 주 동안 연습한 시간을 총집계하고, 계획한 시간과 내용의 목표와 비교하여 다음 주 연습에 반영한다. 전체 곡의 진도 상황을 기록한다.

④ 음색: 꼭 기록한다. 악보에 기록할 수도 있다.

위의 기록 내용 외에도 개인에 따라 필요한 것을 기록한다. 예를 들면 현재 연습하고 있는 곡이 걸리는 시간을 쓰고 다음 날이나 일주일 후에 비교해 볼 수 있다. 연습과 연주에 필요한 것을 기록하는 습관은 연습을 효율적으로 하는데 아주 중요한 역할을 한다. 아무런 계획이나 다짐 없이 불쑥불쑥 하는 연습은 전체 연습에 효율적이지도 않으며 개인의 성장에 크게 도움을 주지 못한다. 계획에 따른 꾸준한 연습 습관을 통해 연주자는 성장하게 된다.

그리고 곡의 음색은 최근 오르간의 경우 음색 메모리 시스템이 잘 되어 있어 대부분 오르간에 음색을 저장해 놓고 연습하기 때문에 따로 음색을 적을 필요가 적기는 하다. 예전 오르간에는 이런 음색 저장 기능도 없었을 뿐만 아니라, 기능이 생긴 후에도 저장 용량이 적어 연주자마다 음색을 다 저장할 수 없어 대부분의 경우 음색을 따로 기록하였었다. 하지만 최근에 설치되는 오르간은 음색 저장 용량이 많아 대부분의 경우, 연주자가 연습할 때 자신의 음색을 저장하면 연주 때까지 사용할 수 있다. 예를 들면 계명대학교 아담스 채플의 음색 저장 용량은 8,000개로서 한 시간 독주회에서 사용하는 음색이 최대로 약200개라고 가정하더라도 40명의 독주자 음색을 입력하여 저장할 수 있다는 결론이다. 그래서 지금은 음색 저장에서 불편함이 없지만 그럼에도 불구하고 자신이 준비하고 연습하는 곡의 음색을 알고 기억하는 것은 중요하다.

연주할 곡의 음색을 일기장에 적어 놓고 가끔은 어떤 음색인지 눈으로 보는 것도 많은 공부가 된다. 그리고 음색을 적음으로써 연주자는 자신이 공부하는 곡의 음색을 머리에 입력하는 계기도 되며 이런 습관을 오래 가지게 되면 오르간 스탑의 이름과 독특한 음색 등 기본적인 오르간의 음색에 대해서 많은 지식을 가지게 될 것이다. 그래서 다른 오르간에서 그 곡을 연주하게 되더라도 그 기본 음색을 기억하고 어렵지 않게 음색을 만들 수 있는 것이다. 뿐만 아니라 혹 음색을 기억하지 못하더라도 연습 일기장에 적혀 있는 음색을 응용해서 다른 오르간에서도 큰 불편함 없이 그 오르간에 맞게 곡의 음색을 만들 수도 있다.

오르가니스트 중에는 부끄럽게도 오르간 스탑 이름 철자를 제대로 쓰지 못하는 사람이 가끔 있다. 이것은 이런 습관이 없었기 때문이다. 자신의 곡의 음색 혹은 소리 칼라(*color*, 색채감)를 기억하는 것은 중요하며, 오르가니스트로서 오르간 스탑의 이름을 제대로 쓸 수 있어야 제대로 된 오르가니스트라고 할 수 있지 않을까? 학교에서 학생들이 자신의 연주곡 음색을 기록할 때 스탑에 붙어 있는 번호를 쓰는 것을 볼 때 안타깝다. 그 번호라는 것은 오르간마다 다 다른 것으로 도대체 무슨 음색인지 전혀 아이디어가 없는 숫자이기 때문이다. 사정이 여의치 않으면 적어도 "prin., fl., reed" 정도의 약어로 표기할 수 있으며 그 외의 8', 4' 표기 또한 중요한 것으로서 특히 16'은 매우 중요하다. 또한 현 음색과 맥놀이 음색, 믹스츄어와 뮤테이션 음색은 특수한 음색으로 다 기입해야 한다.

오르간의 음색에 자신이 없는 사람이면 음색을 적는 일은 더욱 중요하다. 적어도 자기가 연주한 곡의 음색만큼은 독주곡, 성가대 반주, 기악 독주와 독창 반주 그리고 앙상블 반주 등 이들의 음색을 기록하여 정확히 기억하는 것이다. 그리고 이런 습관이 몇 년 지속되면 음색에 대해서는 자신을 가질 수 있다. 이 음색은 연습 일기장에 기록하지 않고 악보에 기록할 수도 있다. 어느 쪽이든 연주곡의 음색을 기록하는 습관은 오르가니스트로서 필수 사항이다.

2) 오르간 관리를 위한 것

(1) 온도계와 습도계

오르간은 온도와 습도에 아주 민감한 악기이다. 이것은 물론 파이프 오르간의 경우이다. 전자 오르간은 파이프 오르간의 금속과 나무 및 가죽 등과는 무관하기 때문에 이런 제약을 받지 않는다. 파이프 오르간의 금속 파이프뿐만 아니라 나무 파이프, 그리고 오르간의 많은 재질들은 온도에 영향을 받으며 특히 가죽과 나무는 습도에 많은 영향을 받는다.

파이프는 또한 온도에 따라 음정이 달라진다. 이것은 온도에 의해 파이프 안의 바람, 다른 말로 하면 공기의 움직임 즉 진동수가 달라지기 때문이다. 추울 때는 공기의 움직임이 적어져 진동수가 줄어들어 음(*pitch*)이 내려가며 더울 때는 반대로 공기의 움직임이 활발해져서 음이 올라간다. 이렇게 온도에 따른 파이프 피치의 변화는 자연스러운 것으로서 오르간의 파운데이션 스탑의 파이프들은 대체로 함께 피치가 움직이는 편이다. 하지만 리드 파이프 경우에는 이 파운데이션 음색 파이프와 다르게 조율되는 것으로서 파운데이션 스탑에 비하면 음이 잘 변하지 않는다. 그래서 사계절 중 온도가 급격히 올라가는 2, 3월이나 급격히 내려가는 11, 12월이면 이 파운데이션 스탑의 피치는 심하게 변한다. 이때 파이프의 더 많은 부분을 차지하는 파운데이션 스탑의 파이프들을 조율하는 것보다는 적은 수의 리드 파이프를 파운데이션 스탑의 음에 맞추어 조율하는 것이 쉬운 편으로 늘 이렇게 리드를 조율한다. 그리고 참고로, 조율하는 일에서도 리드 스탑은 용이한 편이지만 파운데이션 스탑은 더 까다롭고 어렵다.

그래서 오르가니스트는 연중 이 온도계를 유심히 살펴볼 필요가 있다. 오르간의 가장 적절한 온도는 20-24도이다. 오르간은 제작될 때 대체로 이 온도에서 성음(*voicing*) 되고 튜닝 (*tuning*)되기 때문에 자신의 교회의 온도가 얼마인가에 따라 오르간의 피치는 차이가 난다는 것을 기억해야 한다. 그리고 더 정확히는 오르간 건축사에게 자신의 오르간이 몇 도의 온도에서 성음과 튜닝이 되었는지 확인하는 것이 더 좋다. 계명대학교의 오르간은 겨울이면 A음이 438, 436 이하까지 내려간다. 그리고 여름이면 444를 넘어선다. 이렇기 때문에 오르가니스트는 다른 기악과 연주할 때 이런 상황을 미리 염두에 두어야 한다.

그리고 오르간을 튜닝할 때면 가능한 한 이 20-24도 온도에서 튜닝하는 것이 좋다. 즉 2-3시간 미리 냉방 혹은 난방을 한 후에 튜닝을 하는 것이다. 그리고 난방을 할 경우 갑자기 온도를 높이는 것이 아니라 서서히 온도를 높이는 것이 좋다. 이것은 파이프의 위치상 난방을 직접적으로 그리고 간접적으로 받는 파이프가 있으며, 또한 파이프의 재질에 따라 온도에 영향을 받는 속도가 다르기 때문에 전체 파이프가 다 같이 서서히 함께 온도의 변화를 받는 상황을 만들어 주기 위함이다. 오르간 조율을 위해 이렇게 냉난방을 하는 것은 아무도 없는 예배당이라는 것을 생각하면 낭비라고 할 수 있을지 모르나 예배에서 좋은 음악을 하나님께 드리기 위해서는 기꺼이 해야 할 일이다. 그리고 이런 일은 예배당 스케줄과 오르간 조율 시간을 잘 조정하면 일 년에 한두 번 있을 일이다.

습도계는 또 다른 이유이다. 우리나라 기후는 겨울에는 건조하고 여름에는 습하다. 특히 장마철에는 오르간은 몸살을 한다. 계명대학교 아담스 채플에 오르간이 들어온 후 습도가 가장 최악이었던 경우로 발건반의 몇 음이 내려가면 올라오지 못한 때가 있었다. 당시 필자는 연주를 해야 했었고 발건반의 몇 음이 높은 습도로 나무가 팽창하여 옆의 음과 맞붙어서 제때 올라오지 못하는 경우였다. 이 상황에서 필자의 연주 동안 제자가 옆에서 그 음을 올려주는 해프닝이 있었다. 그때는 오르간이 들어온 지 1-2년 정도 되었던 때로서, 오르간이 설치된 장소의 기후에 덜 적응이 되어 특히 이런 증상이 심했던 것 같다. 그 이후로 지금까지 그 정도의 습도가 있은 적도 있었지만 발건반에서 그런 사고는 다시 일어나지 않았다. 하지만 우기철에는 오르간이 높은 습도로 인해 나무들이 팽창해서 빽빽한 느낌은 오르간을 연주할 때에 느낄 수 있다. 오르간이 사람처럼 자신이 설치된 곳에서 어느 정도 시간이 흐르면 그 장소의 기후 등의 환경에 나름 적응하는 것이 신기하다.

습도는 나무뿐만 아니라 특히 가죽에는 더 안 좋다. 습도가 많을 때는 가죽에 곰팡이가 생길 수도 있고 나중에는 가죽이 허물어져 찢어진다. 높은 습도에서 가죽은 수명도 짧아진다. 오르간 제작사는 오르간을 제작할 때 가장 좋고 오래된 나무와 좋은 가죽에 방수 처리를 하지만 습도가 오래 계속되면 오르간도 버티기 힘들어지는 것은 어쩔 도리가 없다. 그래서 오르가니스트는 이 습도를 몸으로 느낄 수도 있지만 습도계를 통해 정확하게 알고 필요하다면 조치를 해야 한다. 여기에 필요한 것이 제습기와 건조할 때 필요한 가습기가 있다. 참고로 온도계와 습도계가 동시에 되는 것이 있으니 이것을 구입하면 편리할 것이다.

(2) 제습기와 가습기

전자 오르간인 경우에 실내 습도가 악기에 주는 영향은 그리 크지 않지만 파이프 오르간은 실내 습도에 많은 영향을 받는 것을 위에서 언급하였다. 그래서 오랜 장마기간이나 건조한 겨울에는 적절한 조치가 필요하다. 제습기의 위치는 오르간 안의 파이프가 정렬된 복도 사이나 오르간 안의 적절한 빈 공간이 좋다. 계명대학교 아담스 채플의 오르간 안에는 제습기가 두 개 있으며 습도가 많이 높을 때는 하루에 두 제습기에서 나오는 물의 양이 5리터가 넘을 정도로 대단했었다. 최근에는 냉방하는 기회가 자주 있어 나름 제습이 되고 있어 제습기를 많이 사용하지 않고 있지만 오르간 상태는 좋은 편이다.

제습기를 살 경우 제습기에서 소음이나 열이 나는 것은 피해야 한다. 당연히 소음은 오르간 연주에 방해가 되며 열은 근처의 파이프에게 즉 부분적인 파이프만 피치가 올라갈 수 있기 때문에 오르간 전체 튜닝에 안 좋은 영향을 준다. 이것은 오르간의 블로워-모터가 소음과 열이 없어야 하는 이유와 같다.

제습기를 사용할 경우 조심할 것은 제습기의 물이 기계의 오작동으로 혹시라도 물이 넘치는 일이 없도록 자주 점검하는 일이다. 제습기가 정상 작동할 때는 물받이가 어느 선까지 차면 제습기는 자동으로 멈춘다. 하지만 고장인 경우에 계속 기계가 돌아가면 물이 넘치게 되어 오르간 내부에 흘러 대형사고가 날 수도 있다.

이렇게 제습기를 오르간 안에 설치하는 것은 오르간 안의 파이프와 내부 습기를 제거하는 데는 도움이 되지만 바깥에 설치된 파이프는 물론 오르간 전체 구석구석에는 도움이 안 될 수도 있다. 그래서 오르간 전체를 생각하면 홀 자체 냉방을 가끔 하는 것이 좋다. 냉방을 하는 동안 습기가 많이 제거될 수 있기 때문이다. 큰 홀을 냉방하는 것은 전기 등의 에너지 소비가 많기 때문에 습도가 많을 때는 당일에 한두 시간 냉방도 도움이 되며, 이로 인한 냉방비보다 악기의 관리와 수명을 생각하면 오히려 경제적이라 말할 수 있다. 이 냉방을 하는 동안 습도계의 변화를 살펴보는 것은 중요한 일이다.

제습기와 동시에 가습기도 오르간에 필요할 때가 있다. 긴 겨울 동안 난방 장치로 인해 실내는 매우 건조해지기 때문에 오르간의 스프링 등에 영향을 주어 건반이 제대로 작동을 못할 수가 있다. 2008년 계명대학교 오르간 강의실에 수업용 파이프 오르간과, 오르간 연습실에 연습용 파이프 오르간이 들어온 후 처음 몇 해 동안은 가습기가 많이 필요했었다. 가을과 겨울로 들어오면서 실내가 많이 건조할 때 이 가습기는 유용했었다. 강의실과 연습실은 채플에 비해 작은 공간이기 때문에 가습기의 효과가 좀 더 있었다. 유의할 점은 가습기를 설치할 때 파이프에 직접 습기가 분사되지 않도록 할 것이다. 그리고 장시간 사용은 유의해야 한다.

(3) 오르간 사용 일지

오르간 사용 일지는 파이프 오르간이든 전자 오르간이든 상관없이 오르간 주위에 꼭 있어야 하는 기록장이다. 이 오르간 일지는 한 교회에 오르가니스트가 여러 명일 경우는 더욱 필요하다. 오르가니스트는 연습을 하면서 그리고 연습 후 오르간의 이상 유무를 꼭 기록하여야 한다. 이렇게 오르간의 이상을 발견하면 가능한 한 빨리 고쳐서 예배에 지장이 없도록 해야 한다. 오르간 사용 일지의 예는 아래와 같다. 각 교회의 상황에 따라 내용을 추가로 더 넣을 수 있다.

표 9. 오르간 사용 일지

사용 날짜	사용자 이름	소속	연락처	사용 목적	시작 시간	마침 시간	메모리 번호	오르간 상태 혹은 이상 상태	날인

계명대학교 아담스 채플의 오르간 사용 일지는 위의 내용에 추가로 연주대 기입란도 있다. 채플의 슈케 오르간은 강대상 중앙의 기계식 연주대(*console*)와 성가대석 앞의 전기식 연주대로 연주대가 두 개 있기 때문에 어느 연주대를 사용하였는지는 중요하다. 오르간에 이상이 생길 경우 어느 연주대에서 이상이 시작된 것인지는 수리를 할 때 꼭 알아야 할 사항이기 때문이다.

오르간 일지에서 오르간 상태를 정확히 기록하는 것이 중요한 동시에 자신의 음색 저장 번호 기입은 필수이다. 특히 오르가니스트가 한 명 이상인 교회의 경우 이것을 기록하지 않았을 때는 한 사람의 음색 저장에 다른 사람의 음색이 다시 저장되면서 연주자들에게는 혼란을 초래할 것이다.

여기서 필자의 실수를 소개한다. 이 일은 물론 그 교회의 책임도 없는 것은 아니지만 필자가 더 철저하지 못한 것은 더 큰 잘못이다. 필자가 박사 과정 공부를 위해 미국의 컬럼버스에서 달라스로 이사 와서 반주할 교회를 정하기 전에 학교의 오디션을 위해 연습할 오르간이 필요했었다. 학교 교수님은 Park City Baptist Church를 소개해 주었고 그 교회의 오르가니스트는, 성가대 악보를 편집해서 한 번도 넘기지 않으면서 능숙하게 성가대를 반주한 그 뛰어난 오르가니스트, 기꺼이 나의 오르간 연습을 교회에서 하도록 허락해 주었다. 연습은 한 번이었는데 금요일 저녁이였던 것 같다. 오르간 주위에는 사용 일지가 없었으며 연습하러 갔을 때 안내한 사람도 음색 저장에 대한 말을 해주지 않았다. 필자는 당시 학교와 필자의 교회 오르간 외의 다른 오르간에서 연습한 경험이 없던 때였다. 필자의 교회는 필자가 유일한 오르가니스트로서 음색과 일지의 중요성에 대한 생각을 못 가졌었으며 학교 오르간은 지금 계명대학교의 연습실 오르간과 같이 자신의 지정 메모리 번호가 없이 함께 공동으로 사용하는 메모리 시스템이었다. 그런 상황에서 필자는 이런 예민하고도 중차대한 일에 별 생각 없이 음색을 저장하고 연습을 하였다. 음색을 저장하지 않고는 연습이 불가능한 곡들이었기 때문이다. 그리고는 시일이 좀 흘렀다. 얼마나 후인지 기억은 나지 않지만 그 교회에서 오르간 세미나가 있어 필자는 참석하였으며 세미나 후에 그 오르가니스트에게 인사하러 갔을 때 알았던 사실이었다. 필자가 연습하면서 사용한 그 음색 저장 버튼들이 그 오르가니스트가 예배에서 사용하는 음색이었다는 것이다. 그래서 주일 어느 시점에 그것을 알았는지는 정확히 말을 하지 않았지만 당황해서 음색을 다시 바꾸느라 혼났다는 말을 하였다. 필자는 그 말에 너무 죄송했고 또 부끄러웠다. 음색 저장에 관한 것을 물어보고 연습했어야 하는데 물어 보지 않았던 필자의 책임이기 때문이다.

여기서 세 가지 점을 생각해 볼 수 있다. 첫째는 교회 오르간에는 오르간 일지가 꼭 있어야 한다는 것이다. 그 교회는 필자의 경우만이 아니라 가끔 오르간 전공 학생 등 다른 오르가니스트가 연습하기도 한다고 하였다. 그럼에도 불구하고 오르간 일지도 없었으며 음색 저장에 대한 안내를 하지 않았던 것은 사실 그 교회도 조금은 이런 일에 대해 안이하게 대처한 점도 보인다. 두 번째는 자신의 교회가 아닌 다른 곳에서 연습하게 될 경우 오르간을 연습하면서 음색 저장이 필요할 때는 그곳에서 아무 말을 하지 않더라도 먼저 음색 저장 관계에 대해 물어보고 그들의 지시에 따라 음색 저장을 하도록 하는 것이다. 그래서 서로의 불편함이 없도록 해야 하는 것이다. 더구나 이것은 도움을 받는 사람이 도움을 준 사람에게 피해를 주지 않기 위하여 먼저 챙겨야 할 부분이다. 이것을 필자는 하지 못한 것이 지금까지 미안하고 부끄럽게 생각한다. 세 번째는 교회 오르가니스트는 예배 전에 꼭 자신의 음색을 확인하는 일이 필요하다. 오르가니스트가 여러 명이면 실수 내지 착오로 이런 경우가 언제든지 생길 수 있기 때문이다. 그래서 오르가니스트는 주일 아침 성가대 연습 전에 미리 와서 오르간의 모든 것을 점점할 것을 권하며 그 중 음색 점검은 필수이다. 오르간을 점검할 때 가끔은, 토요일 정상이었던 오르간이 주일 아침에 고장이 난 것을 발견하기도 한다. 그러면 예배에 지장이 없도록 이것으로 인한 음색을 다시 변경하고 저장하면서 대비책을 만들어야 한다.

필자의 꼭 이런 실수의 이유만은 아니지만, 필자는 매주 주일 아침 성가대 연습 30분 전에 교회에 와서 예배의 모든 음악을 실제 음색대로 한 번씩 연주해 본다. 연습의 목적도 있지만 음색이 그대로 잘 있는지 확인하기 위함이다. 그러고도 사실 성가대 연습부터 예배 시작하기까지 약 50분 동안 오르간을 비우면서 가끔은 불안해하기도 한다. 음색이 그대로 잘 있는지… 이처럼 오르간은 복잡하고도 어려운 악기라는 것을 늘 기억하고 오르가니스트는 매사에 세심함이 필요하다.

오르간 사용 일지는 매우 중요하다. 필자는 예전 실수를 생각하면 하나님께 죄송하다. 혹시나 다른 음색으로 예배 음악이 이상해졌다면 그 책임은 매우 큰 것이기 때문이다. 그렇다고 그 일을 어떻게 책임질 수도 없는 것이기에 더 죄송한 것이다. 음악은 시간 예술이다. 소리는 나면 다시는 되물릴 수 없다. 오르가니스트는 예배 음악을 책임진 사람으로 모든 면에서 세심하고 철저하기를 권한다.

2. 오르간에 관한 질문

1) 교회 오르간 연습

성도들은 교회 안의 물건을 귀중히 여긴다. 이것은 어디로 보나 좋은 마음이다. 이것은 하나님의 성전을 귀하고 소중히 여긴다는 마음이기 때문이다. 그러나 우리는 지금의 예배당은 구약 시대의 성전과는 다르며 그 예배 또한 다르다는 것을 이해할 필요가 있다. 구약 시대 성전의 예배는 이스라엘 백성들이 희생 제사를 드렸던 예배로서 제사장이 거룩한 예복을 입고 백성을 대신해서 모든 의식을 치렀던 예배였다. 그래서 이때는 백성들은 밖에서 기다리고 지켜보면서 자신의 직접적인 예배 행위는 거의 없는 시대였다. 그리고 “아멘”, “감사합니다”, “할렐루야” 등 짧은 응답송을 할 수 있게 된 것이 구약 시대 예배에서 회중의 역할 전부였다. 성전의 기물들은 다 거룩한(*holy*) 것으로 구별된 것이었으며 순전한(*pure*) 금으로 만들어지거나 금을 입혔다. 그리고 성전에서 레위인이 할 수 있는 일이나 레위인들이 만질 수 있는 물건은 일반 이스라엘 백성에게는 제한되어 있었다.

예수님 이후 현대의 기독교 예배당과 예배 개념은 이스라엘의 성전과 예배와는 다르다. 특히 지금의 개신교는 만인 제사장 개념으로 예배에서 성도 각자가 하나님께 개인적으로 또한 성도 다함께, 즉 공동으로 하나님께 나아가면서 직접 예배를 드린다. 그리고 예배당의 기물은 깨끗하고 좋은 것으로 구별은 하지만 구약 시대의 제사장이나 선별된 레위 지파만이 만질 수 있었던 것이 아니라 이제는 어떤 사람도 만져도 되는 것이다. 그러므로 지금의 예배당 안의 기물은 귀한 것이기는 하지만, 물건 자체가 거룩한 것은 아니라는 의미이다.

예배당 안이든 밖이든 이 세상의 모든 것은 거룩하게 구별되면 하나님께 귀히 쓰일 수 있다. 더구나 예배당 안의 오르간은 하나님을 찬양하기 위해 있는 악기이다. 그렇다면 하나님의 찬양을 위해, 현재의 찬양뿐 아니라 미래의 찬양을 위한 것이라면 오르간은 널리 쓰일 수 있어야 한다. 즉, 교회 오르간은 예배 담당 오르가니스트가 연습하고 또한 젊은 음악인들을 하나님의 귀한 종으로 키우는 일에 사용될 수 있는 것으로, 이것은 하나님을 위해 악기가 쓰이고 있는 것이다.

그런데 많은 교회가 예배 시간 이외에 오르간 연습을 제한하고 있다는 얘기를 종종 듣는다. 심지어 교회의 예배를 반주하는 오르가니스트가 연습하는 것도 허락하지 않는 경우도 있다. 오르간이 교회 악기로서 혹 고장이나 수명에 영향을 줄 것을 우려하여 교회 기물을 아끼는 마음에 그렇게 할 수도 있다. 그렇지만 그 이유는 타당하지 않다. 연습으로 인한 고장이 나거나 수명 단축은 전공자가 아닌 경우, 그리고 과도하게 오르간을 사용했을 경우 고장이 나거나 수명이 줄어들 수는 있다.

하지만 오르간의 경우 앞서 설명하였듯이 교회 오르간은 오르가니스트가 평소 연습하는 오르간과 다르기 때문에 예배 준비를 위해서는 반드시 교회 오르간으로 연습해야 한다. 예배 음악에 필요한 음색 저장은 물론 악기와 친해져야 주일 예배 오르간 연주에서 좋은 연주를 할 수 있기 때문이다. 즉 예배드릴 예배당에서 하는 오르간 연습은 예배에 직접적인 영향을 준다. 예배를 위한 준비를 하지 못하게 하면서 하나님께 좋은 예배를 기대할 수는 없다. 준비가 없는 예배를 예배라 할 수 있겠는가? 목사님이 설교를 준비하듯이 오르가니스트는 예배 악기가 있는 본 예배당에서 예배를 준비해야 한다.

그리고 교회 오르간은 교회 음악인을 키우는 일에 사용될 수 있어야 한다. 오르간은 대체로 피아노보다 비싼 악기기 때문에 개인적으로 오르간이 없는 학생이나 교육상 자신의 오르간보다 더 큰 오르간의 경험이 필요할 때 교회는 교회 음악인을 키우는 차원에서 이 연습을 허락하는 것은 좋은 일이다. 교회는 여러 방법으로 기독교 교육을 하고 있다. 주일 학교를 비롯하여 주 중에도 성도를 위한 각종 교육 프로그램이 열린다. 이런 교육 프로그램은 있으면서 정작 예배에서 하나님을 섬기는 교회 음악인을 교육하는 일에 소극적이 것은 이치에 맞지 않을 뿐만 아니라 하나님 앞에서 죄송한 일이다.

교회 음악인을 키우는 일은 참으로 중요한 것으로, 외국의 경우 그 교회 교인이 아니더라도 오르간을 전공하는 학생인 경우 교회 오르가니스트의 책임 하에 오르간을 연습할 수 있게 한다. 교회의 이런 철학으로 필자도 달라스의 침례 교회에서 학교 오디션을 위해 오르간을 연습할 수 있었다. 학생은 교회에서 오르간을 연습하면서 교회를 배우고 알게 되며, 자연스럽게 교회 음악인으로 자란다. 우리나라 교회는 너무 예배당 문을 닫고 잠구는 편이다. 물론 그럴 만한 사정이 있다 하더라도 가능한 한 사람들이 교회를 더 편안하게 접근할 수 있도록 문을 여는 것이 더 교회답다. 구원은 이 세상 사람 모두를 위한 것인 것과 같이 교회당은 교회 성도 모두의 것일 뿐만 아니라 하나님 나라를 위해 쓰이기 위해 세상 사람들에게 문을 열 때 교회의 사명을 다하는 것이다. 더구나 믿는 성도가 하나님을 더 잘 섬기기 위해 연습하는 것을 격려하는 일은 교회의 미래를 위한 일꾼을 키우는 일로 매우 중요하다.

미국 교회 중에는 오르가니스트가 그 직을 임명받을 때 처음부터 교회 오르간에서 학생 레슨을 허용하는 경우가 가끔 있다. 그런 경우에 학생 레슨비가 오르가니스트에게는 교회에서 허락하는 일종의 수입이 되기 때문에 교회에서 주는 사례를 좀 적게 책정하기도 한다. 이것은 우리나라 교회 직분자들은 이해하기 힘든 부분일 것이다. 어떻게 하나님 예배당 안에서 돈을 받고 레슨을 하느냐는 것이다. 필자도 처음에는 이해되지 않았다. 그러나 서서히 그들의 의도를 알게 되었으며 교회가 무료로 그들을 교육하고 지도하면서 베푼다면 더 좋은 일이겠지만, 경제적으로 넉넉하지 못한 교회라면 그것도 가능할 수 있다고 생각한다. 그들은 그것을 돈을 버는 세상일로 생각하는 것이 아니라 교회 음악인을 키우고 또한 교회 오르가니스트를 후원하는 일로 생각하는 것이다.

이것은 교회에서 학교를 설립하여 학교 예배당에서 학생 채플을 드리는 것과도 비슷한 성격이다. 학교는 학생들의 기독교 교육을 하는 것이지만 학생측에서는 수업료를 내고 거기서 수업을 하는 의미이기도 하기 때문이다. 개신 교회의 예배당은 예배의 장소인 동시에 성도의 교육과도 직접 관계가 있다. 누가 이것을 세속적이라 말할 수 있겠는가? 예배당에서 오르가니스트가 레슨을 하는 일은 우리나라에서 인정을 받기는 시간이 걸릴 수 있다. 그리고 이런 일에는 사실 유의할 점도 있다. 예배당에 대한 경홀한 마음, 교회당에 대한 우리의 자세가 흐트러질 가능성도 없지는 않기 때문에 외국 교회의 이런 경우를 다 좋다고만은 할 수 없다. 하지만 교회 오르간 연습과 교회 음악인을 키우는 일은 같은 일이며 이 일에 대해 적극적이고 열린 자세는 우리나라 성도들에게 더 필요한 것은 틀림이 없다. 하나님의 일꾼을 키우는 일, 특히 오르가니스트를 키우는 일이라면 교회가 나서서 후원해야 할 일이 아니겠는가? 하나님의 악기이니 하나님 일을 위해 쓰는 것은 당연하다.

악기 관리 차원에서도 교회의 오르간 연습은 매우 유익한 것이다. 전자 오르간의 경우 주 중에 연습하면서 악기의 기능을 점검하게 되고 또한 악기가 잘 발휘할 수 있도록 적당하게 사용하는 것은 악기에게도 좋다. 전자 악기이기 때문에 너무 오랜 시간의 사용은 수명에 영향을 줄 수 있지만 일주일 내내 덮어 놓고 주일에만 사용하는 것은 오히려 악기에게도 좋지 않다. 이것에 비해 파이프 오르간인 경우는 더 연습을 해줘야 한다. 파이프라는 악기의 특성상 발건반과 손건반, 그리고 파이프의 소리가 나는 시스템 모두 평소에 적절하게 움직여 주는 것이 오르간의 기능에 더 좋으며 특히 파이프 오르간을 사용하지 않고 그대로 두면 파이프에 먼지가 쌓일 뿐만 아니라 가죽과 나무는 둔해지면서 소리에도 나쁜 영향을 준다. 파이프 오르간은 더더욱 악기를 내버려 두면 좋지 않다. 자주 연습하면서 악기의 기능을 늘 살려주고 부드럽게 할 필요가 있다.

2) 파이프 오르간의 수명과 가격

파이프 오르간은 잘 관리하면 수명은 몇 백 년이 될 수 있다. 파이프 오르간은 여러 가지의 재질로 만들어진 악기이다. 많은 부분 주석과 납의 혼합으로 만들어진 금속 파이프, 목재 파이프, 바람 상자의 나무와 가죽, 그리고 오르간의 세세한 부분들에 필요한 철제품들 중에서 그 자체의 수명이 있기 때문에 시간이 흐르면서 교체해야 하는 부분도 있다. 하지만 가장 중요한 금속 내지 나무 파이프는 잘 관리하면 대체로 몇 백 년 이상 유지될 수 있다. 그러므로 오르간의 수명은 특별한 사고가 없는 한 정규적인 관리에 따라 수명은 충분히 길어질 수 있다.

계명대학교 아담스 채플의 파이프 오르간은 2년마다 독일의 오르간 건축사에서 와서 일주일 동안 오르간을 자세히 점검하고 수리하면서 교체할 것들을 챙긴다. 그리고 평균 15년에서 20년 간격으로 오르간의 모든 부분의 전체 점검이 있으며 계명대학교는 2012년 여름, 오르간이 들어온 지 13년 만에 이 일을 하였다. 이런 전체 점검 경우 처음에는 조금 일찍 하는 것이 오르간과 오르간의 환경을 파악하고, 그리고 앞으로의 관리와 일정을 예측할 수 있어 좋기 때문이었다.

파이프 오르간의 최대의 적은 먼지로서 먼지가 오르간 파이프에 쌓이면 소리를 제대로 낼 수 없을 뿐만 아니라, 오르간의 각 부분에서 먼지로 인한 접촉 불량으로 오르간이 제대로 작동하지 못 할 수가 있다. 그래서 2012년에 이 거대한 공사를 하였다. 당시 공사에서 아담스 채플 오르간의 총 3770개 되는 파이프를 다 분리하여 오르간 밖으로 뺀 다음, 각 파이프 안의 먼지를 털고, 파이프 밖의 먼지를 물로 닦고 심한 얼룩은 금속 클리너(*cleaner*) 액으로 다시 닦아주며, 필요에 따라 적절한 광을 내기도 했다. 가죽은 대체로 교체되었으며, 오랫동안 연주함으로 인해 헐거워진 손건반과 발건반을 다시 적절한 무게로 조아주고, 색이 바랜 건반은 닦고 광을 내어 본래의 색으로 회복시키기도 하였다. 그리고 현대 오르간은 전기와 전자적인 부분이 많아 이런 부품의 점검도 철저히 하였다. 모든 점검과 수리 및 교체 작업이 다 완료된 후 파이프는 다시 제자리로 꽂히고 모든 파이프의 성음(*voicing*)과 튜닝이 최종적으로 이루어졌다. 이렇게 한 오르간은 우리나라 말로 회춘한 오르간으로 새롭게 태어난다 할 수 있다. 그 결과 오르간 소리는 훨씬 더 맑고 밝아진다. 가끔은 새로운 성음에 따라 오르간 소리가 약간 달라질 수도 있다. 이러한 공사는 아담스 채플의 경우 당시 8주가 소요되었었다. 이 8주가 필자에게는 이 책이 있게 된 계기가 되어, 이 공사는 두 배의 축복으로 돌아왔다. 2017년인 올해 이 오르간은 나이가 18살이 된다. 그렇지만 아직도 새 오르간처럼 청청하다. 전자 오르간이라면 이쯤 되면 제대로 된 소리가 나기 쉽지 않다.

오르간은 크기가 다 다르기 때문에 가격 또한 크기에 따라 다르며, 악기 자체가 기본적으로 다른 악기에 비해 크기 때문에 구입 가격이 비싼 편이다. 그리고 큰 오르간이라면 이런 전체 점검의 비용도 상당하다. 큰 악기면 관리비도 더 드는 것이 일반적이다. 오르간의 구입 가격과 관리가 비싼 근본적인 이유는 수명과 관련이 있다. 전자 오르간의 수명은 대체로 10년으로 조금 오래면 15년 정도이다. 그러나 파이프 오르간은 백 년 이상을 가는 악기로서 금속이나 나무, 가죽 등 모든 자재는 최고의 것으로 쓴다. 또한 오르간을 제작하고 건축하는 과정은 하나하나 모두가 사람의 손을 직접 거치는 수작업의 일이다. 전기 부품과 전자 부품은 공장에서 사오기도 하지만 이것을 가지고 오르간이라는 악기로 만드는 과정은 전문적인 고급 인력인 오르겔마이스터(*Orgelmeister*, 오르간 제작 최고 과정을 졸업한 사람)라는 오르간 제작 장인의 직접적인 제작 혹은 건축 과정이 필요하다. 작은 오르간 회사를 제외하면 대부분의 오르간 건축사는 파이프를 직접 자체적으로 만든다. 그리고 연주대를 비롯하여 나무 파이프 등 오르간의 부분부분이 목공일이다. 이런 과정으로 인해 기간이 길어 중간 크기의 파이프 오르간의 경우 약 2년이 걸리며 가격은 비쌀 수밖에 없다.

파이프 오르간은 다 주문 생산이다. 그러기에 이 세상의 파이프 오르간은 같은 것이 하나도 없다고 앞서 말하였다. 오르간은 주문자의 세세한 요구에 따라 제작되는 것으로 같은 회사에서 같은 음색 종류와 음색 수를 주문했다고 하더라도 오르간은 그 제작하는 사람, 혹은 그 제작할 당시의 상황 등 모두 다 오르간 제작자의 손에 의해 좌우되는 악기이다. 그래서 제작 과정에서 많은 변수가 있기 때문에 하나도 같은 오르간이 만들어지지 않는 것이다. 결론적으로 말하면, 파이프 오르간은 몇 백 년의 수명을 전제로 최고의 재질로 모두 수작업을 거치는 것이기에 가격이 비쌀 수밖에 없다. 그래서 오르간은 하나하나를 작품이라는 말을 한다. 아담스 채플의 슈케 오르간은 슈케 회사의 Op. 519, 즉 519번째 작품이다.

여기에다 우리나라 상황으로 오르간 가격을 더 올리는 변수가 있다. 이것은 우리나라 파이프 오르간은 거의 다 수입품이라는 것이다. 그리고 우리나라에서 오르간 기술자라고 흔히들 말하는 오르간 제작자(*Organbuilder*) 혹은 오르겔마이스터는 특별한 능력을 가진 인력으로 특수하면서도 고급의 인력이며, 최고의 자재, 또한 수입하는 과정까지, 결국 우리나라에서는 오르간 가격이 올라갈 수밖에 없는 현실이다. 위에서 기술한 여러 가지 상황을 감안하면 파이프 오르간의 가격을 일률적으로 측정하기는 매우 어렵다. 하지만 현재 국내에 들어와 있는 오르간을 생각하면 한 음색(*stop* 혹은 *register*)당 평균 이천만원이 넘으며 오르간 제작사에 따라 올라갈 가능성이 있다.

국내에는 독일에서 공부하고 자격증을 취득한 오르간 제작 장인이 몇 사람 있지만 오르간을 제작하는 일이 그리 많지는 않아 우리나라 자체 오르간 제작의 길은 아직 초기라 할 수 있다. 그리고 국내에서 제작을 한다고 하더라도 수요가 많지 않다면 가격 또한 내려가기는 쉽지 않다. 앞으로 국내에서 유럽의 경우처럼 오르간이 지속적으로 제작된다면 가격은 내려갈 수 있을 것이다. 이렇게 되기 위해서는 한국 교회의 교회 음악이 우선 달라져야 하며, 이에 따른 파이프 오르간 수요가 생기면서 건축이 늘어나면서 오르간 제작자 또한 더 많이 나온다면 서서히 오르간 가격이 내려가지 않을까 생각한다. 현재 국내 파이프 오르간의 관리는 대부분 국내의 오르간 제작 장인에 의해 이루어지기 때문에 오르간의 관리 경비를 절약하는 효과가 있다.

파이프 오르간은 구입 당시 다른 악기에 비해 고가이며 관리비가 들어가는 것은 사실이나 수명이 짧은 전자 오르간에 비하면 결코 비싼 것만은 아니다. 그러나 이 두 악기의 가격 차이에 비해 소리의 차이는 훨씬 더 크다. 자연 바람에서 나오는 파이프의 소리와 인위적으로 음을 증폭시켜 스피커에서 확성되어 나오는 소리는 완전히 다른 것으로 사람의 몸은 다르게 반응한다. 자연의 바람으로 나오는 파이프의 소리는 사람을 치유하기도 하지만 기계에서 나오는 증폭된 스피커의 소리는 사람의 몸에 스트레스를 줄 때도 있다. 파이프 오르간을 교회에 건축하는 것은 장기적 시각에서 보면 결코 사치가 아니며, 나아가 파이프 오르간은 좋은 음악으로 하나님을 경배하고 성도의 영적 양육에 기여하는 것으로, 교회는 파이프 오르간 건축을 더 적극적으로 고려해야 할 것이다.

3) 파이프 오르간에서 잔향과 소리 세기의 불편함의 상관 관계

사람은 대체로 조용한 소리를 선호한다. 특히 예배 때는 더 그렇다. 대부분의 성도는 교회에 오면 위로와 평안함을 기대한다. 그러다 보니 전자 오르간의 스피커에서 나오는 큰 소리에 불편함을 호소하는 경우가 있다. 현재 우리나라 교회에서 많이 부르는 CCM 찬양은 어떤가? 사실 스피커에서 증폭되어 나오는 소리는 사람의 몸에 좋지 않다. 거기에다 드럼과 전자 기타의 소리는 전자 오르간의 소리와는 또 다른 소리이다. 하지만 하나님께 함께 찬양한다는 점에서 개인적으로는 좋아하지 않지만 전체 예배를 위하여 자신의 불편함을 참는 성도들이 있다.

파이프 오르간은 어떤가? 국내 교회에 설치된 파이프 오르간이 시끄럽다고 하는 교회가 있다면 이것은 오르간의 문제가 아니라 순전히 그 예배당의 잔향 문제이다. 파이프 오르간은 바람으로 인해 파이프에서 나오는 자연의 소리로서 아무리 커도 사람에게 충격을 주지 않는 것이 특징이다. 만약 충격을 받는다고 한다면 그 교회당은 잔향이 적어서 그런 것이다. 파이프 오르간과 잔향은 늘 함께 가야 하는 바늘과 실과 같다. 충분한 잔향은 아무리 큰 소리가 오르간에서 나도 그 충격을 공기 속에서 완화시켜 주기 때문에 사람의 귀에는 불편함이 없다.

유럽 여행을 하면서 교회 연주회 참석이나 예배를 드릴 때 오르가니스트가 *fff*의 곡을 연주하여도 필자는 한 번도 소리가 부정적인 의미에서 크다고 느낀 적이 없다. 세계적으로 아주 큰 파이프 오르간이라도 그렇다. 그 소리는 장엄하고 웅장한 소리로서 귀가 아프다거나 시끄럽다는 느낌은 전혀 들지 않는다. 이것은 필자만이 느끼는 것이 아니라 모든 사람의 반응이라 생각한다. 하지만 만약 이런 크기의 오르간 소리를 한국 교회에서 냈을 경우 모든 사람은 시끄러워, 그리고 귀가 아파 그 자리를 떠날 것 같다. 같은 소리의 음량이지만 이렇게 다르게 느끼는 것은 바로 이 잔향 때문이다.

잔향과 오르간 소리는 아주 밀접한 관계를 가지고 있다. 오르간은 악기 중 연주홀에서 가장 긴 잔향이 필요한 악기이다. 이 잔향이 적을 때는 아무리 좋은 오르간이라 하더라도 그 소리는 좋게 날 수 없다. 오르간은 소리의 특성상 공기 속에서 적절한 울림이 있을 때 제대로 소리가 난다. 그런데 우리나라 교회는 이런 잔향이 없는 것이 큰 문제이다. 그래서 오르간 소리가 큰 정도가 아니라 혹시라도 시끄럽다고 느꼈다면 교회는 먼저 이 짧은 잔향을 길게 만들기 위하여 예배당 내부의 음향 공사를 다시 해야 한다. 이것은 오르간 소리가 크다고 불평할 일이 아니라는 것이다.

계명대학교 아담스 채플의 잔향은 약 4초 정도로 스테인드 글래스(*stained glass*)와 전형적인 기독교의 전통 예배당의 고풍스런 건축 디자인이 어울어져 국내에서 최고의 오르간 연주 홀이다. 2016년 9월에 좋은 잔향을 가진 서울 롯데콘서트홀에 좋은 오르간이 들어왔다. 그러나 여전히 아담스 채플은 오르간 연주에서는 롯데콘서트홀보다 더 좋은 곳임을 필자는 자랑스럽게 말한다. 그럼에도 불구하고 유럽 성당에 비하면 아쉬움이 있다. 특히 프랑스 곡을 연주할 때는 소리가 홀을 덜 채울 뿐만 아니라 잔향 안에서 살아 움직여야 할 음들이 활동이 적어 허전한 느낌을 늘 가진다. 그리고 가끔은 오르간 소리가 독일식의 강한 믹스츄어 스탑으로 인해 거센 느낌을 받기도 한다. 이것은 소리가 부담스러웠다는 의미로 강한 믹스츄어의 원인도 있겠지만 그 곡이 작곡되고 연주된 독일이나 프랑스 성당에 비하면 잔향이 적어 불편하게 들린 것이다.

한국 교회에서 오르간 소리의 세기에 대한 부정적인 반응은 90%가 잔향이 이유이다. 90%라고 한 것은 연주자의 책임도 조금은 있기 때문이다. 음을 누르는 방법이나 그 음이 나오는 전후 관계에서 너무 갑자기 크게 했을 때는 상대적으로 더 크게 들리며 또한 충격이 있을 수 있기 때문이다. 특히 오르간은 기계기 때문에 오르가니스트가 음악에서 세심한 표현이 부족하여 음악적이지 않을 때 그 연주는 기계의 조작으로 되기가 쉬우며, 결국 그 연주는 음악이 아니라 소음이 될 수 있다. 그래서 한국 오르가니스트는 잔향이 좋지 않는 곳에서 연주할 때는 음색뿐만 아니라 볼륨 조절 등에서 세심한 주의가 필요하다.

계명대학교 아담스 채플의 4초 잔향은 우리나라에서는 아주 좋은 것으로 대부분의 교회는 이렇지 않다. 그렇다고 성도들이 오르간 소리가 크다고 하면 오르가니스트는 다 잔향 때문이라고 말하면서 자신의 연주법을 고집하는 것도 좋지 않다. 사실 소리의 크기는 잔향과 무관하다. 큰 소리에서 불편하게 느끼는지 아닌지가 잔향과 관계가 있다는 의미이다. 자신의 예배당의 상황에 맞게 오르간을 연주하는 것은 오르가니스트의 지혜이다. 듣는 사람이 불편함을 호소한다면 그것은 좋은 음악이 되기 힘들며 오히려 오르간에 대한 반감이 생길 수도 있다. 이에 오르가니스트는 너무 갑작스런 큰 소리를 피하면서 오르간 음색의 조합을 많이 연구해야 한다. 어떻게 하면 소리가 크면서도 사람에게 충격적으로 다가가지 않는지 소리를 들어가며 실습하고 연습하는 것이다. 그리고 소리를 크게 할 때 서서히 소리의 세기를 올리는 등 좀 더 섬세한 접근이 필요할 것이다.

교회에 크고 좋은 파이프 오르간을 건축하였을 때 큰 소리가 불편하게 들려 볼륨이나 음색을 작게 연주하기를 요구하는 성도들이 있을 수 있다. 그렇다고 크고 좋은 악기를 50%도 안 되는 소리로 오르간을 연주할 수는 없다. 그런 소리를 원한다면 처음부터 작은 악기를 설치했어야 한다. 크고 좋은 악기를 설치하고서 그에 맞는 잔향이 부족하여 작은 악기 소리로 내어달라고 하는 것은 넌센스이며 예산의 낭비이다. 이것은 결국 하나님께 드리는 음악이 최고의 것이 아니라 대충해서 드리는 것으로 전락될 수 있다. 오르가니스트는 오르간을 작게 연주하면 마음이 편하다. 악기를 큰 소리로 연주하는 것이 얼마나 부담스러운 일인지 오르가니스트 외에는 누가 알겠는가? 이 모든 요구에서 오르간을 적절하게 크게도, 작게도 연주하는 일은 오르가니스트에게 또 하나의 스트레스다. 하지만 불가능한 일은 아니기 때문에 오르간은 여전히 당당하면서도 섬세한 악기가 될 수 있다.

4) 피아노는 교회 악기인가? – 음악의 성격에 의해 결정되는 악기

악기는 중성이다. 악기의 정체성과 대표성은 악기의 쓰임에 의해 결정된다. 이 정체성과 대표성은 크게는 사회가 만드는 것이다. 예를 들면 예전에 우리나라 교회에서 연주되는 것을 허용하지 않았던 기타(*guitar*)는 이 악기가 국민들의 생활 악기로 되어 있는 나라들의 교회에서는 쓰이기도 하는 악기였다. 오케스트라 악기는 클래식 음악의 악기로서 세계 어디든 거의 공통적인 이미지와 성격을 가지고 있다. 하지만 그 외의 악기는 그 나라와 지역의 독특한 문화와 전통이 악기의 대표성과 정체성을 만들기도 한다. 그 나라의 민속적이고도 전통적인 악기의 경우는 더욱 그렇다.

피아노는 전통적으로 기독교 국가인 유럽이나 미국에서 교회 악기가 아닌 것이 일반적이다. 물론 미국의 침례 교회나 오순절 교회 등 CCM이나 복음 성가를 많이 부르는 교단에서는 1900년대 후반부터 교회에서 오르간과 함께 피아노를 사용하기도 하였다. 하지만 이것은 미국 전체 기독교 교단에서 보면 한 부분일 뿐이다. 지금도 유럽 대부분의 교회와 미국의 더 많은 교회에서는 피아노를 예배에서 사용하지 않는다.

피아노의 사용 유무는 그 교회에서 사용하는 음악의 종류에 따른 것이다. 즉 음악의 유형이 악기를 결정짓는다. 유럽이나 미국의 많은 교회는 교회 음악이 경건하고 클래식하며 오래된 교회의 전통을 따르는 음악이다. 그래서 파이프 오르간으로 천 년 이상 예배드리고 있다. 하지만 우리나라의 경우는 기독교 역사가 130년이 이제 넘었으며, 교회 음악의 뿌리는 제대로 만들어지지 못한 가운데 교회 음악의 전통과 본질에 대한 연구와 이해는 매우 미흡하다.

우리나라의 교회 악기는 초창기 풍금에서 서서히 피아노로 전환되었으며 전자 오르간이 1960년대에 들어오기 시작하면서 파이프 오르간은 1980년대에 겨우 교회로 들어와 하나둘씩 건축되기 시작하였다. 그리고 2017년 현재 우리나라에는 100대가 넘는 파이프 오르간이 설치되어 있는 상황이다. 하지만 파이프 오르간이 건축된 교회인 경우에도 오르간으로만 예배를 드리는 교회는 얼마 되지 않는다. 파이프 오르간이 있음에도 불구하고 피아노와 함께 혹은 피아노와 오케스트라와 함께 예배 음악을 이끌어 가고 있는 교회도 있다. 그리고 파이프 오르간이 없는 경우 전자 오르간이 예배에 더 적합한 악기임에도 불구하고 피아노가 예배의 주 악기로서 역할을 하고 있다.

교회 목회자의 교회 음악에 대한 지식과 인식의 부족함과 예배 음악의 대중 음악 스타일의 영향으로 교회 악기로서 오르간의 설 자리를 더 어렵게 하고 있으며, 이런 곡에 어울리는 피아노는 더 중요하게 자리를 차지하게 되었다. 우리나라의 교회 음악이 제대로 발전하지 못하고 지금의 모습을 지속한다면 국내 교회에 파이프 오르간이 더 많이 설치되는 데는 한계가 있을 것이다. 어떤 교회 음악이냐에 따라 악기가 결정되는 것이기 때문이다.

피아노의 본연 모습은 실내악 악기다. 궁전이나 큰 저택의 홀에서 몇몇 사람들이 피아니스트 바로 옆에 모여 앉아 연주하는 것을 열심히 지켜보고 즐기는 그런 악기가 피아노이다. 피아노가 많은 대중을 위한 악기로 변모한 것은 현대 피아노의 발전과 연주 회장의 발전이 큰 기여를 하였다, 즉 피아노는 소리가 더 커지면서 다이내믹이 더 다양해졌다. 그럼에도 불구하고 피아노는 여전히 작은 사적인 모임을 위한 연주 악기(*Chamber Instrument*) 혹은 여흥 악기라고 할 수 있다. 그래서 피아노 연주는 대체로 큰 연주 홀인 콘서트 홀(*concert hall*)이 아니라 작은 리사이틀 홀(*recital hall*)이나 실내악 홀(*chamber hall*)에서 이루어진다. 그렇다고 이런 실내악 악기가 교회에서 사용될 수 없다는 것은 아니다. 그 악기가 교회에서 어떻게 사용되는 것인가가 더 중요할 수 있다. 현재 한국 교회는 대중 음악 악기가 예배에서 사용되고 있다. 신시사이저, 전자 기타, 드럼 등 이런 악기가 교회에 들어올 것을 1970년대에는 누구도 상상하지 못했을 것이다.

이것에 비하면 피아노는 클래식 악기로서 교회 악기가 되지 못할 이유는 더더욱 없다. 예배에서 어떤 음악이냐에 따라서 피아노의 사용은 가능하다. 피아노에서 주는 독특한 감성은 가끔은 인간적이기는 하지만 좋은 예술적인 예배 음악이 되기도 한다. 다만 한국 교회의 오래된 선입견으로 피아노가 오르간보다 예배 음악에 더 적합하다는 것은 잘못된 고정 관념으로 수정되어야 한다. 또한 우리나라의 예배 음악도 바뀌어야 한다. 더 경건하고 예배다운 음악이 되어야 하며 놀이 음악으로 예배를 채우는 현재의 이런 심각한 사태는 빨리 고쳐져야 한다.

교회 음악의 역사는 크게는 오르간 음악과 교회 합창의 역사이다. 클래식 교회 음악은 오케스트라와 성악이 아닌 경우 오르간과 성악으로 작곡되어 있다. 이런 곡들은 모두 수준 높은 클래식 음악으로, 한국 교회는 스스로 이것을 포기하고 놀이 음악으로 교회를 채우고 있다. 이런 음악에는 피아노도 사실 어울리지 않는다. 그래서 최근에는 클래식 피아노보다는 신시사이저에 들어 있는 피아노 음색을 사용하든지 전자 피아노를 사용하기도 한다. 음악이 악기를 결정한다. 우리나라 교회 음악은 달라져야 한다. 피아노의 특징에 관한 내용은 이 글의 50쪽부터 자세한 설명이 있으므로 창조하기 바란다.

5) 오르간 암보 연주와 연주를 도와주는 사람

피아니스트를 비롯해 많은 사람들에게서 자주 듣는 말이 있다. 오르가니스트는 왜 암보를 하지 않는가이다. 오르가니스트는 피아니스트보다 머리가 나빠서인가? 이런 말을 유럽의 오르가니스트에게 했다가는 크게 부끄러움을 당할 것이다. 모든 악기는 그 역사와 전통이 각기 다르다. 피아노는 그 시작부터 연주회용 악기이다. 특히 피아니스트가 암보 연주를 하게 된 역사적인 과정을 보면 리스트(*Franz Liszt, 1811-1886*)에서 드러난다. 리스트는 기교적인 피아니스트로서 큰 저택의 작은 홀에서 귀족이나 음악 애호가들이 피아노 주위에 둘러 앉아 있는 상태에서 베토벤의 피아노 소나타를 외워서(*recite from memory*) 연주함으로 당시의 음악계를 뒤흔들었다. 이것이 리사이틀(*recital*, 독주회)의 개념이다. 그리고는 피아노는 지금까지 독주로 하는 공 연주(*public performance*)에서는 암보로 연주한다.

그럼 오르간은 어떤가? 전통적으로 오르간은 연주회용 악기가 아니다. 오르가니스트는 오르간이 교회 악기로 들어온 후부터 지금까지 교회의 2층 발코니 내지 예배당의 보이지 않는 곳에서 파이프, 즉 악기는 보이지만 연주자는 보이지 않는 곳에서 연주를 해왔다. 오르가니스트는 오랫동안 예배에서 유일한 기악 연주자로서 예배에서 많은 음악을 연주하지만 사람에게는 결코 보이지 않는 사람이었다. 이런 오르간이 19세기 중반으로 들어오면서 연주회용 악기로도 발전하게 되었지만 대부분의 오르간이 교회에 설치되어 있었기 때문에 오르가니스트들은 여전히 보이지 않는 곳에 위치하였다.

오르간이 연주회장에 설치될 때는 교회의 위치와 다르게 무대 정면(롯데콘서트홀, 일본 산토리홀, 비엔나 심포니홀, 보스턴 심포니홀 등) 혹은 무대 앞쪽의 옆면(세종문화회관, 베를린 심포니홀 등)에 주로 위치한다. 그럼 오르간이 피아노처럼 연주회용 악기로서 연주할 경우라면 피아노처럼 암보 연주를 해야 하지 않는가라고 질문할 수 있다. 오르간이 있는 연주회장이 늘어나고 있기는 하지만 대부분의 오르간 연주는 교회 오르간에서 이루어지고 있다. 이것을 수적으로 정확하게 추산하기는 어려우나 파이프 오르간의 10%가 안 되는 정도가 연주회장의 오르간일 것이다. 거기에다 연주회장에서 오르간 연주를 하기에는 청중석이 너무 큰 것이 연주자에게 부담이 되며, 비싼 대관료와 리허설 스케줄을 정하는 것은 더 큰 난제이다. 그래서 연주회장에서의 오르간 연주는 봉헌 연주나 특별 기획을 제외하고는 오케스트라와 협연 혹은 합창과 함께 하는 경우가 대부분이며, 개인적으로 독주회를 가지는 경우는 드물다.

그러면 오르가니스트는 그 독주회가 연주회장이든 교회든 왜 암보를 하지 않는 것인가? 오르가니스트는 대체로 청중에게 보이지 않는다. 보이지 않는 연주자인 경우에 암보를 한다는 의미는 무엇인가? 무엇 때문에 암보를 하는가? 리스트가 암보 연주를 한 것은 어쩌면 자기 과시였을 가능성이 높다. 당시 그에게는 경쟁자였던 쇼팽(*Fryderyk F. Chopin, 1810-1849*, 폴란드)이 있었으며, 특히 당시 리스트는 이런 외향적인 것에 능숙한 사람으로 자신의 피아노 곡 스타일에서도 기교를 보여주기 위한 부분이 상당이 많은 편이다. 이런 상황에서 시작된 암보 연주가 좋든 싫든 전문 피아노 연주자에게는 이상과 모델이 되었으며 하나의 정체성으로 자리를 잡게 되었다.

암보 연주가 어떻게 시작되었던 암보 연주는 전문 연주가로서는 매우 중요한 것이며 연주자의 자존심이기도 하고 이상이기도 하다. 암보를 한다는 것은 악보에서 자유로울 수 있다는 것이 가장 의미가 있다. 또한 이 암보를 위하여서는 많은 연습과 인내가 필수적이다. 그래서 암보 연주자에게는 하나의 큰 시련이기도 하다. 이 시련을 통과할 때의 성취감과 예술적 보상은 또한 대단하다.

하지만 오르가니스트는 우선, 연주하는 오르간 음악이 교회 음악이 아니라 연주회용 음악이라 하더라도 암보할 필요성을 느끼지 못한다. 암보를 함으로써 얻는 것이 자신의 연주 능력을 인정받는 것이라면, 오르간 경우에는 보이지 않는 연주이기 때문에, 보여줄 수가 없기 때문에 할 이유도 없다. 그러면 연주자가 청중에게 보이는 것과 상관 없이 외울 수 있지 않느냐고 할 수 있다. 사람이 보는 것이 뭐가 중요하냐고. 자신과의 일이니 피아니스트처럼 외울 수 있지 않느냐고 반문할 수 있다. 이 질문에는 일리가 있기는 하다. 암보를 하려면 그만큼 더 많이 그 곡을 연습해야 한다. 암보 연주는 악보를 보고 연주하는 것보다 준비에서 훨씬 더 많은 시간이 든다. 그런데 이 암보에서 오르간에는 피아노에 없는 과제들이 많다. 그 과제라는 부분을 설명하겠다.

이 세상의 오르간은 다 다르다. 하지만 피아노는 다 똑같다. 이 같다는 것은 외향을 말하는 것이다. 물론 피아노도 악기마다 터치(*touch*)나 여러 예민한 부분에서 다른 점이 있다. 하지만 생긴 것은 다 같다는 의미이다. 오르간은 생긴 것이 다 다르다. 한 손건반의 음 수도 다른 경우가 많다. 어떤 오르간은 한 건반의 음 수가 61음(5옥타브)에서, 60음, 59음, 58음, 56음까지 오르간마다 다를 때가 많다. 그리고 피아노는 한 손건반이지만 오르간은 건반이 하나인 경우는 드물며 대부분이 두 건반에서 5-6건반의 대형도 있다. 건반 수만 다른 것이 아니다. 건반의 위치까지도 많이 다르다. 예를 들면 주 건반이 맨 아래 건반인 오르간이 있는 반면 아래에서 두 번째 건반인 경우도 있다. 음색은 또 어떠한가? 오르간마다 음색 혹은 스탑(*stop*)이 위치해 있는 모양이 다르다. 자주 사용하는 프린시펄(*principal*) 스탑의 위치가 건반에 따라 그리고 오르간의 디자인에 따라 위치가 다르다. 그런데 스탑은 하나만 있는 것이 아니라 연주회용 오르간인 경우 적어도 40이상의 스탑이 있다. 아담스 채플의 오르간은 49개이다. 그래서 이 스탑의 위치를 파악하는 것만도 시간이 걸린다. 그리고 오르간 음악 연주에서 필수적인 음색 변경을 위한 음색 저장의 전자적 시스템은 또 천차만별이다. 저장번호가 알파벳 사용부터 숫자로 8번까지인 오르간에서 10번, 혹은 20번 등등 저장번호 시스템을 익히는 것도 오르간 연주에서는 큰 과제이다. 이 외에도 오르가니스트는 악보에 표시하든지 기억해야 할 일이 다른 어떤 악기보다 더 많다. 스웰 박스의 위치와 사용법, 음색 변경하는 방법, 시퀀서(*sequencer*)가 있다면 어느 위치에 있는지 등등 많은 것들이 오르간마다 다르다.

이런 오르간의 상황에서 오르가니스트가 자신의 교회가 아닌 다른 곳에서 오르간을 연주할 때는 자신이 연습한 상황과 아주 달라지는 것이 일반적이다. 이 정도면 그래도 다행인 것이 아예 음색 저장이 불가능한 오르간이 유럽에 가면 아직도 많이 있다. 그래서 음색을 변경할 때는 그 순간순간에 스탑을 손으로 빼야 한다. 이런 상황에서는 연주자의 암보는 말할 것도 없이, 두 사람이 오르가니스트 양 옆에 서서 양 쪽의 스탑들을 연주자가 원하는 순간에 맞추어 빼주고 넣어주고 해야 한다. 음색의 변경은 낭만 이후의 곡에는 필수적인 것으로 10분 정도 길이의 낭만곡인 경우 작곡가에 따라 차이는 있을 수 있지만 적어도 20번 이상의 음색 변경이 필요할 것이다. 이 정도가 되면 오르가니스트가 음색을 스스로 넣고 빼고 하면서 곡의 흐름에 지장이 없이 한 곡을 연주하는 것이 가능하겠는가? 사람으로서는 도저히 불가능하다!!

그러면 그런 오르간에는 암보가 불가능하더라도 음색 저장 시스템이 잘 되어있으면 암보가 가능한 것이 아닌가 질문할 것이다. 하지만 여전히 위에서 언급한 대로 연습했을 때와 모든 것이 다른 오르간에서 암보하면서 건반 변경, 볼륨 조정, 음색 변경을 연주에 아무 문제없이 해 내는 일은, 연주가로서 평생 세계적으로 여행을 다니며 다양한 오르간의 경험이 많은 오르가니스트에게는 가능하기는 하다. 그래서 오르간 전문 연주자(*Concert Organist*) 중 대략적인 수치로 말하면 1-2%에 해당하는 오르가니스트는 세계를 두루 다니면서 암보 연주를 한다. 대표적인 오르가니스트가 프랑스의 대가 기유(*Jean Guillou, 1930-*)와 몇 년 전에 작고한 알랭(*Marie-Claire Alain, 1926-2013*)이다. 그리고 젊은 오르가니스트로서 미국의 카펜터(*Taylor Carmeron Carpenter, 1981-*)가 있다. 이 오르가니스트들은 "악보 없이 연주 여행"(*Travel without music*)을 다니는 분으로 유명하다. 이 말은 대부분의 오르가니스트는 위에서 설명한 여러 이유로 악보를 보면대에 두고 연주한다는 의미이다.

여기서 악보를 "보고" 연주한다고 하지 않고 악보를 보면대에 "두고" 연주한다는 뜻은 대부분의 오르가니스트는 자신이 연주하는 곡을 암보한 상태라는 의미이다. 단지 연주하는 악기가 다름으로 인해 악보에 표시해 놓은 것들이 많고, 혹은 그렇지 않더라도 오르간 연주를 위해서 기억할 것들이 그리고 오르간의 기계적인 기능을 조작해야 하는 것이 많아 그 표시를 잊지 않고 확인하면서 연주하기 위하여 악보를 펴놓는 경우이다. 이것은 오르간 연주는 피아노 곡처럼 악보만 외우면 되는 연주가 아니기 때문이다. 오르간 연주에서는 기계적인 조작 기능이 손가락과 발로 음을 연주하는 만큼이나 중요하고 많기 때문이다.

그러면 자신의 교회 오르간 혹은 익숙한 오르간에서 하는 연주는 암보로 해야 하는 것이 아닌가 할 수 있다. 특히 음색 변경이 거의 없는 바흐의 곡은 더욱 그렇게 말할 수 있다. 여기서 피아노 곡과 오르간 곡의 차이점을 설명한다. 피아노 곡은 일부 제목이 푸가 등의 제목으로 다성 음악(*polyphonic*)인 경우를 제외하면 대부분 단성부 음악(*homophonic*)이다. 오르간 곡은 많은 곡이 다성 음악이며 그런 곡이 아니더라도 두 손건반과 발건반까지 독립적으로 움직일 때가 많은, 음악의 성부 구조(*texture*)면에서 피아노보다 훨씬 복잡한 음악이다.

필자의 대학 시절 전공은 피아노이다. 그리고 석사와 박사 과정에서 8년 반 동안 오르간을 공부한 사람으로 오르간 곡을 암보하는 것이 피아노 곡보다도 훨씬 시간이 많이 걸렸다. 이것은 오르간의 음색 변경, 건반 변경 등의 복잡한 구조 때문도 있으나 곡의 스타일에서 훨씬 난해한 곡이기 때문이었다. 미국에는 오르간 전공은 암보를 필수로 하는 학교가 많이 있다. 필자의 석사 과정이 그랬으며 박사 과정 또한 그랬다. 석사 과정에서 실기 시험과 독주회는 암보가 필수였다. 그리고 박사 과정에서는 실기 시험의 한 곡은 암보였으며, 한 시간 연주의 독주회에서는 1/3이 암보가 필수였다. 하지만 유럽의 경우는 대체로 암보를 하지 않는다. 건반과 음색의 변경이 없는 바흐 곡일 경우에도 그렇다. 그리고 계명대학교는 학생들에게 바흐 곡을 매학기 실기 시험에서 암보를 필수로 하고 있다.

결론적으로, 암보는 왜 하는지, 어떻게 하게 되었는지가 중요하다. 암보의 의미가 있는 것이라면 시간이 많이 걸리더라도 할 수도 있다. 시간이 많이 걸린다는 의미는 암보 때문에 더 공부할 수 있는 곡을 못한다는 의미도 된다. 필자의 경험으로 오르간 곡을 암보할 때는 피아노 곡 암보의 1.5배 이상의 시간이 소요되는 편이었다. 그래서 오르가니스트는 결정을 해야 할 때가 있다. 곡을 적게 배우더라도 암보를 해야 할 때는 해야 할 것이다. 하지만 암보 자체에만 목적을 두고 암보를 한다는 것은 더 많은 것을 포기해야 하기 때문에, 오르가니스트는 때에 따라 보다 더 의미 있는 쪽을 선택할 수 밖에 없다. 그리고 어떻게 하는 것이 가장 좋은 음악을 만들 수 있는가를 늘 고민한다.

그러나 오르가니스트에게 함정은 있다. 암보를 안 해도 된다는 상황이 오르가니스트를 게으르게도 만들 수 있다는 것이다. 덜 연습해도 악보가 보면대에 있으니 보고 친다고 생각하고 연주에 대해 경솔한 마음을 가질 수도 있다. 이런 것 때문에 오르가니스트가 피아니스트보다 뒤떨어지는 연주자가 된다면 스스로 함정으로 들어가는 것과 똑같다. 암보를 하기 위해서는 더 많이 반복해서 연습하기 때문에 음악은 더 익숙할 수 있고 또 악보가 없음으로 인해 정신은 더 자유로울 수 있다. 악보를 보면대에 두더라도 악보에 매이지 않고 자유롭게 음악과 오르간을 조정하는 것을 넘나들면서 연주하는 것이 오르가니스트의 목표이다. 음악과 악기에 자유로운 사람이 되는 것이다.

오르가니스트는 스스로 더 많이 연습하고 더 많이 음악을 공부함으로써 암보의 의미를 뛰어넘는 연주를 할 수 있어야 한다. 암보 여부를 떠나서 음악에서 피아니스트에 비해 부족해 보이는 점이 있다면 그것은 하나님께 죄송한 일이다. 어떤 전공이, 어떤 악기가 더 좋고, 또한 더 좋아 보이고가 중요한 것이 아니라 어떤 자세로, 어떤 마음과 음악적 수준으로 연주에 임하느냐는 것이 중요하다.

6) 오르간의 위치는 어떤 곳이 좋은가?

연주회장의 오르간은 대부분 정면에 위치한다. 그리고 교회 오르간은 전통적으로 2층 발코니에 위치해 있다. 그리고 파이프는 예배당 뒤쪽 높은 곳에 위치한다. 물론 독일 교회의 경우 Rückpositiv[108] 건반의 파이프는 2층 발코니 난간에 위치하여 성도들과 가까운 경우도 있다. 하지만 이 모두는 사람에게 보이지 않는 위치이다. 미국 교회의 경우 현대 교회로 들어오면서 오르간은 예배당 앞쪽 정면에 위치하는 경우가 조금 늘어나기는 하지만 여전히 많은 경우 예배당 뒤쪽 위에 있다. 이에 비해 우리나라 개신교 교회에 설치된 파이프 오르간은 99%가 정면 혹은 회중이 보이는 강대상 옆에 있을 것이다. 여기서 99%라고 한 것은 필자가 모든 교회 오르간을 다 돌아보지 못했기 때문이다.

그러면 교회당은 무엇인가? 연주 홀인가? 교회당은 예배당이다. 예배당에서 사람은 예배할 때 자신이 없어지는 때이다. 그리고 찬양은 살아나야 한다. 그래서 회중과 함께 찬양하는 악기로서 오르간을 앞쪽에 둔다는 논리는 가능할지도 모른다. 하지만

108 | Rückpositiv: 독일 오르간의 한 건반으로 파이프가 연주자의 뒤편에 위치해 있다고 해서 Rück(뒤) positiv라고 한다. 연주자 뒤편 즉 2층 발코니 난간에 제비집처럼 파이프가 붙어서 설치되어 있다. 이 건반은 연주자 앞쪽 위에 위치해 있는 나머지 건반의 파이프에 비해 회중석에서 가까운 파이프이기 때문에 회중 찬송가 전주로 많이 사용되는 건반이다. 이 건반의 작은 파이프들은 주 건반의 많은 파이프들과 에코(echo) 연주로도 활용이 가능하다.

이런 논리로 악기를 앞에 두는지 아니면 세상적 과시로 앞에 두는지 솔직할 필요가 있다. 국내 교회의 경우 파이프는 앞에 있어도 연주대가 옆에 혹은 회중석 앞이나 성가대석에 있으면서 연주자가 보이지 않는 경우가 있기는 하다. 하지만 연주대까지 강대상 중앙에 있는 경우도 있다. 구약 시대의 성전과 현대 특히 개신교 교회의 예배당은 성격적으로 많이 다르지만 예배라는 본질은 변하지 않는다.

하나님께 드리는 예배라는 것에는 변함이 없지만 어떻게 예배하는가는 각 교회 담임 목사의 목회 철학에 따라 다를 수 있다. 현대에 들어와서 성가대를 없애고 성도 전체가 다 함께 제사장이 되고 성가대가 되어 회중 찬송가만으로 예배 드리는 교회가 있듯이 파이프 오르간이 예배당 중앙 정면에 올 수도 있다. 모든 것은 그 정신이 중요하다. 하지만 현대 사회의 물질만능주의와 개교회의 이기주의적인 모습은 현대 교회를 병들게 하고 있다. 세속주의의 영향으로 교회가 본래의 경건하고 순수한 모습을 잃어가고 있을 때 교회 음악은 중요하다. 세상이 줄 수 없는, 교회만이 줄 수 있는 영혼의 소리를 교회는 주어야 한다. 그런데 오르간이 또 하나의 눈에 보이는 인간의 자랑으로 앞에 있다면 이것은 좋은 음악을 주기 이전에 기본이 잘못된 것임에는 틀림이 없다. 눈에 보이는 것을 중시하는 이 세상에서 보이지 않는 진리를 찾는 성도들에게 파이프 오르간은 세상적 자랑이 아니라 하나님의 귀한 음악을 들려주는 것이어야 한다.

파이프가 앞에서 소리가 나는 것과 뒤에서 소리가 나는 것은 차이가 있으나, 눈으로 보이는 악기에서 소리가 나는 것과 보이지 않는 곳에서 나는 소리에 대한 사람의 반응과 느낌은 더 큰 차이가 있다. 사람에게 가장 예민한 것은 눈이다. 사람은 보는 것에 영향을 가장 많이 받는다. 보지 않을 때는 귀가 더 예민해지고 머리를 더 많이 사용하며 생각을(묵상을) 더 많이 한다. 오르간 음악은 전통적으로 귀로 듣고 생각하는 음악이다. 보는 음악이 아니다. 지금까지 오르간 음악은 거의 모두가 이런 개념에서 작곡되고 연주된 곡이다. 유럽에서 오르간 연주를 참석하면 사람은 귀로만 듣는다. 그리고 보이는 것이 없기 때문에 생각하고 묵상하고, 그러면서 눈을 감는다. 교회에 들어오면 눈을 감음으로 하나님을 볼 수 있게 될 것이다.

교회당에 들어오면 성도는 이 세상에 눈을 감아야 한다. 그래야 영이신 하나님을 볼 수 있다. 교회는 하나님께 향하는데 방해가 되는, 성도들 앞에 놓여 있는 많은 장애물을 치워야 한다. 그리고 세상에서는 아름답게 보일지 모르는 것들이라도 영의 눈으로 보면 쓰레기인 경우가 허다하다.

제7장

오르가니스트의 소명

–오르가니스트를 위한 제언

-오르가니스트를 위한 제언

제7장

오르가니스트의 소명
-오르가니스트를 위한 제언

찬송은 하나님께 드리는 심각한 예배이다. 예배는 아무렇게 할 수 없는, 아무렇게 해서 안 되는 것으로 전심으로, 성심으로 드리는 것이 예배이며 찬송이다. 하나님을 사랑하면 사랑하는 만큼 찬양을 귀하게 드린다. 입으로만 아니라 우리 전체 삶으로, 정성을 다해 드린다. 전주곡을 비롯하여 예배 중에 오르간으로 드리는 모든 음악과 후주곡은 그 음악 자체가 예배이며 찬송이다. 오르가니스트는 오르간 연주의 매순간 깨어 있으면서 영적으로 또한 예술적으로 하나님께 온전한 오르간 찬양을 드리기 위해 늘 연구하고 연습하면서 더 나은 오르간 찬송이 되도록 힘써야 한다. 예배가 귀하게 여겨지면 마음과 시간을 더 투자하기 마련이다. 하나님을 사랑한다고 하면서 예배 준비에 소홀하다면 그것은 거짓이다. 자신이 예배를 준비하는 시간은 하나님을 사랑하는 마음의 정도와 비례한다. 사랑하는 것은 생각하는 것이라고 한다. 하나님을 사랑하는 만큼 하나님을 생각하고, 하나님을 생각하면 오르가니스트는 하나님의 예배를 생각하면서 그 예배를 준비한다.

우리나라에서 교회 오르가니스트는 일주일 동안 전임(*full time*)으로 사역하는 외국의 교회 음악인과 다르기 때문에 평일에는 다른 직장 혹은 다른 일을 하는 사람이 대부분이다. 이런 생활에서 주일의 예배를 일주일 내내 생각하는 것은 예사로운 일이 아니다. 하지만 여기서 오르가니스트에게 권하고 싶은 말이 있다. 하나님을 사랑하면서, 오르간을 좋아하기를 바라는 것이다. 하나님을 사랑하는 마음에서 열심히 연습하고 준비하는 것에, 오르간을 좋아하는 마음까지 있으면 더 감사할 일이다. 오르간은 정말 좋은 악기이다. 어려운 악기이지만 꾸준한 연습을 통해, 조금씩 발전하는 과정을 통해 오르간과 좋은 시간을 가지기를 권한다. 자신이 하는 일이 좋아야 더 열심히 하게 되고, 하는 일이 발전하는 것은 말할 필요가 없다.

좋아하는 감정은 억지로 생기지 않는다. 알게 되면 좋아한다는 말이 있듯이 오르간에 익숙해지고 오르간을 잘 치게 되면 더 좋아하게 된다. 자신이 스스로 오르간을 잘 치지 못한다고 생각하면 좋아하기는 참으로 어려울 것이다. 좋아하기보다는 오히려 스트레스로 느낄 수 있기 때문이다. 연주자는 누구나 자신의 악기에 대해 기본적인 스트레스는 다 가지고 있다. 하지만 좋아하는 마음이 스트레스를 받는 것보다 훨씬 많기 때문에 그 악기를 연주하는 것이다. 그리고 이때의 스트레스는 건강한 스트레스로서 좋은 연주자가 되는데 긍정적인 역할을 한다.

자신의 일을 즐기는 것은, 그리고 자신의 일을 좋아하는 것은 하나님께서 우리에게 원하시는 것이다. 하나님은 우리가 하는 일을 기쁘고 즐겁게 그리고 재미있게 하는 것을 좋아하신다. 할 수 없어서 억지로 책임감만으로 일을 하는 것을 하나님께서 보실 때 얼마나 안타까우실까. 하나님은 우리의 아버지로서 우리가 잘 사는 것을 보시기 원하신다. 마찬가지로 오르간을 즐겁게, 좋아서 하고 있는 것은 오르가니스트 스스로에게도, 하나님께도, 성도에게도 다 귀한 것이 될 것이다.

필자는 우리나라에서 오르가니스트라는 직은 선교사와 같은 것이라고 종종 말한다. 하나님의 음악, 교회 오르간이 알려지지 않은 곳에서, 그리고 오르간에 대한 편견과 인간적인 욕심이 통하는 세속적 가치가 들어와 있는 교회에서 새로운 역사(*ministry*)를 이루기는 험난하기만 하다. 아예 아무것도 모르는 곳이라면 오히려 나을 수 있다. 그런데 모르기도 하지만 더 심각한 것은 편견과 인간적인 욕심에 의한 고집이 있는 교회는 더 어렵다. 하나하나 씨를 뿌리고 물을 주고 기다릴 줄 아는 오르가니스트는 그 열매를 자신이 볼 수 없더라도 실망하지 않는다. 열매는 하나님께서 맺히게 하실 것이고 우리는 열심히 심고 열심히 키우는 것이다. 그렇다고 그 과정이 험난하기만 한 것은 아니다. 오르간 소리는 사람에게 무한한 위로와 평안을 주는 소리이다. 그래서 오르가니스트는 이미 하나님께로부터 늘 축복을 받고 사는 사람이다.

필자는 오르간을 연습할 때마다 하나님께서 주시는 마음의 위로와 평안을 늘 받는다. 이렇게 좋은 음악이 이 세상에 다시 없다고 생각한다. 이것은 자기 도취에서 나온 감상적인 것이 아니다. 우리가 연주하는 음악이 하늘의 음악이고 그 악기가 하늘의 악기이기 때문이다. 그래서 필자는 권한다. 교회 오르간에서 주일 예배를 준비하면서 이런 귀한 순간을 늘 가지기를 바란다. 찬송가를 연주하면서 먼저 은혜 받고 먼저 찬양하는 것이다. 오르간에 앉을 때마다 하나님께서 주시는 그 음악을 감사하고 소중히 여기기를 바란다. 교회 오르가니스트로서 하나님 앞에서 하나님과 사람을 사랑하고, 자신이 하는 오르간 연주를 좋아하면서, 하나님 섬기는 일을 귀하게 여기는 오르가니스트에게는 세상이 알지 못하는 기쁨과 감사가 있다. 이 기쁨과 감사를 하나님께 오르간 찬양으로 다시 돌려드리는 것이다.

Deo Gratias

글을 마치면서

나는 매주일 예배를 위해 기본적인 연습 이외에 하는 일이 있다. 주일 예배 전에 금요일, 혹은 토요일에 주일에 드릴 예배 순서에 따라 모든 음악을 다 넣어서 예배를 먼저 점검하고 각 순서를 가능한 한 실제로 해본다. 교독문과 성경을 읽고, 찬송가를 연주할 때는 직접 찬송가를 소리내어 불러 보기도 한다. 부분적으로 각 순서를 다 연습한 후에 전주곡부터 성가대 축도송까지 순서대로 연주를 한다.

후주곡은 현재 대체로 예배 중의 찬송가나 성가대 음악의 선율을 가지고 짧은 즉흥 연주 형태로 하기 때문에 따로 연습은 하지 않는 편이지만 이 글을 쓰면서 오르간 작품으로 후주곡을 해 볼 것도 생각하고 있다. 계명대학교 대학교회의 주일 예배는 12시 정도에 마치지만 한 달에 두 주 정도는 예배 후에 남녀선교회 모임이 예배당에서 이어서 있기 때문에 큰 소리의 후주곡이 불가능한 것도 필자가 후주곡으로 연주곡을 연주하지 못하는 이유이기도 하다. 예전에 이렇게 연주했을 때면 소리를 많이 줄이든지 이제 그만 연주했으면 하는 분위기였었다. 그래서 후주곡은 필자의 과제이다. 모임이 없는 주일과 있는 주일 각기 다르게 할 수 있을 것이다.

주일 이전에 주보를 먼저 점검하고 모든 곡을 연습하고 또 실제 예배처럼 순서에 따라 연주해 보는 것은 매우 중요하다. 이렇게 한 후 주일 예배를 맞이하면 마음이 매우 편안하고 안정되어 예배에 집중할 수 있다. 필자는 이것을 모든 교회 오르가니스트에게 권하고 싶다. 교회에서 주보가 준비되든 준비되지 않든, 마음이 있으면 예배 순서 전체에 대한 내용을 알 수 있다.

오르가니스트는 예배에서 섬기는 사람이다. 드러나지 않으면서 오르간에서 하나님을 섬기고 성도를 섬기는 것이다. 유럽 교회에서 예배를 드리면 이것을 늘 확인할 수 있다. 가장 최근인 2016년 여름, 노르웨이 트론헤임(*Trondheim*)의 니다로스(*Nidaros*) 교회 예배에서 오르가니스트의 존재는 필자가 지금까지 보아왔던 오르가니스트 중에서 가장 의미 있고 그 책임이 막중하였다. 예배의 시작인 전주곡부터 후주곡까지 예배 중에 오르간은 늘 계속해서 연주되었다. 목사님은 모든 기도를 챤트 형태로 노래("*in tone*", 음송 혹은 음창)[109] 하였으며 이 음송까지도 오르간이 반주를 하였다. 예배 중 회중의 짧은 응답송과 찬송가는 여러 번 있었다. 유일하게 오르간이 쉬는 부분이 성경봉독과 설교였다. 오르간은 자연스럽게 크기도 작기도 하면서 예배 부분부분에서 늘 함께 하고 있었다. 더 놀라운 것은 찬송 중에 선창자의 노래가 있는 곡은 오르가니스트가 오르간을 연주하면서 노래도 함께 부르며 선창을 하고 있었다는 점이다. 그는 교회 오르가니스트로서 전문가 중에 전문가라는 느낌을 필자는 받으면서 이런 모습에 매우 도전을 받았다.

그런데 여기서 유의할 것은, 자신과 오르간이 없으면 예배가 될 수 없다는 것도 사실은 교만이다. 자기가 없으면 또 다른 오르가니스트가 연주할 것이고, 오르간이 아니면 피아노, 아니면 다른 어떤 악기로, 그것도 아니면 악기 없이 무반주로도, 우리의 마음만 있으면 얼마든지 하나님께 예배할 수 있다. 오르간은 하나님을 찬양하는 악기로 가장 좋은 악기이지만, 그럼에도 불구하고 하나님은 악기의 소리를 원하시는 것이 아니라는 것을 기억해야 한다. 하나님은 찬양과 경배, 즉 예배만을 귀하게 보신다. 사람의 외형이 아니라 중심을 보시는 하나님이시다.

나는 주일이 가까워 오면 늘 묵상하면서 드리는 기도가 있다. "오늘도 제가 유혹에 들지 말게 하옵시며"(*And lead us not into temptation*, 주기도문 중에서). 오르간은 조용한 악기일 수도 있지만 엄청난 파워를 낼 수도 있는 악기이다. 오르간의 크기에 따라 그 소리의 세기는 다르지만, 중간 규모의 오르간이라면 100여명의 오케스트라가 풀(*full*) 소리로 연주할 때를 능가할 만큼 큰 소리를 낼 수 있는 것이 오르간이다. 그리고 전자 오르간인 경우에도 볼륨 조정으로 소리를 크게 하려면 얼마든지 크게 가능하다. 그렇기 때문에 자칫 감정이나 교만에 빠지면 오르간을 파워로 밀어붙일 수가 있다. 그렇다고 늘 조용조용한 소리로만 오르간을 연주하라는 것은 물론 아니다. 장

109 | 전통적인 예배식에서 집례자가 기도문 등을 낭독(speach) 하지 않고 한 음정(pitch)을 넣어서, 많은 경우 G음, 말하듯이 노래하는 것을 음송 혹은 톤(tone)으로 한다고 함

엄한 부분에서는 장대한 소리가 나야 한다. 그러나 음악적이고 영적인 상황에서 자신을 비우고 순전히 성령의 인도하심을 받을 때의 소리와 자신의 욕심이 들어간 소리는 다를 것이다.

사람은 우리 오르가니스트의 노력을 모른다. 오르간을 모르며 오르가니스트의 힘든 과정을 모르기에 혹평이나 상식적이지 않는 말로 우리를 좌절시키는 경우가 많다. 하지만 사람은 모르지만 하나님은 아신다. 이와 반대로 사람은 우리를 칭찬할 수 있지만 하나님의 생각은 다를 수 있다. 그런 때면 그 예배를 위해 준비한 오르가니스트의 수고는 허사가 되고 마는 것이다. 하지만 사랑이 풍성하신 아버지 하나님은 우리의 수고를 허사로 돌리시지 않으신다. 우리의 마음이 있는 한은, 우리가 노력하는 한은, 우리가 부족해도 사랑하시고 격려하시고 후원하시는 분이 하나님이시다. 그래서 우리는 또 일어서는 것이다.

잠깐이라도 마음을 해이하게 가지면, 언제인지 욕심이 내 한 가운데 딱 앉아있는 것을 보면서 나는 깜짝 놀라곤 한다. 오늘도 나는 하나님 앞에서 부족한 모습으로 다가갈 수 밖에 없음을 인정한다. 그러나 이러한 것 또한 하나님께서 아심을 감사하면서, 부족하기에 더 은혜를 사모하면서 이 일을 할 수 있어 오히려 감사하다.

5년 전 2012년 여름 방학 8주 동안 채플 오르간 전체 점검이 있을 때 쓰기를 시작한 이 책은 두서너 해를 지나면서 많이 진전을 하지 못했다. 큰 윤곽은 잡았지만 결론은 물론 세세한 것을 다 챙기지 못하고 있었다. 4년 후인 2016년 여름 방학 6주 동안 채플에서 또 다른 공사, 냉난방기기 교체 공사가 진행되면서 이 책을 다시 펼쳐져 글을 이을 수 있게 되어 하나님께 감사드린다. 이번에는 책을 완성해야지 하면서 각오를 다졌다. 책을 쓰는 일은 늘 두 번째로 밀려 있었다. 나는 가르치는 선생이고 연주자로서 연주를 꾸준히 해야 하기에 겨울 방학을 늘 독주회 준비로 다 보냈고, 여름 방학은 학기 중에 집중적으로 할 수 없는 교회 곡 연습을 비롯해 책 읽기, 가족 일과 개인적인 일에 시간을 주로 보냈다. 그리고 이번 여름에 이렇게 채플 공사 일로 다시 책을 쓸 수 있게 되어 하나님께서 주시는 기회라 생각하고 감사함으로 오르간 의자가 아닌 작은 책상 의자에 앉아 열심히 글을 썼다.

이 책은 나의 2016년 여름 방학을 다 차지하고 또 가을 학기 동안 나를 데리고 다녔다. 그리고 2017년 겨울 방학 동안 최종 점검을 하였다. 글을 쓰기 위해 이 주제에 집중하는 동시에 하나님의 지혜를 얻기 위해 말씀을 늘 들었던 것은 기쁨과 위로라는 축복으로 되돌아 왔다. 이 책은 지식과 테크닉만 다루는 책이 아니다. 이 책의 내용들이 살아서 교회 오르가니스트와 성가대 지휘자, 목회자의 심령에 움직임을 주는 것은 결국 하나님이시라는 것을 고백하며, 부족하지만 이 과정을 걷게 하신 하나님 아버지께 감사와 영광을 돌린다.

2017. 5. 7.
마지막 교정을 하면서,
글쓴이

"분에 넘는 복 주심에 무한한 감사 드립니다"

로시의 "하늘의 주" 에서

Reference

참고문헌

〈성경〉

개역성경, 대한성서공회, 1981.

표준새번역(개정판), 대한성서공회, 2001

King James Version

New International Version

〈찬송가〉

가톨릭성가, 한국천주교주교회의: 한국천주교중앙위원회, 2013.

대한성공회 성가 1990, 대한성공회출판부, 1991.

찬송가, 한국찬송가위원회: 대한기독교서회, 1967.

찬송가, 한국찬송가공회: 생명의말씀사, 1984.

찬송가, 한국찬송가공회: 예장출판사, 2006.

Evangelisches Gegangbuch, Leipzig: Evangelische Verlangsanstalt GmbH, 1995.

Lutheran Book of Worship, Augsburg Publishing House, USA, 2002.

The Hymnal 1982, The Church Pension Fund, USA, 1985.

The Hymnbook, The Division of Christian Education of the National Council of Churches, USA, 1955.

The Singing Church, Hope Publishing Company, USA, 1985.

〈국내도서〉

김문환 역편, 20세기 기독교와 예술, 서울: 대한기독교서회, 1974.

김미애, 서양의 교회음악, 서울: 음악도서 삼호출판사, 1990.

델라뭉, 빅, 교회와 음악목회, 김두완 역, 서울: 아가페 음악 선교원, 1989.

볼프, 크리스토프, 요한 세바스찬 바흐 1, 2, The Learned Musician, 변혜련 옮김, 서울: 한양대학교 출판부, 2000.

스콰이어, 럿셀 N., 교회음악사, 이귀자 역, 서울: 호산나음악사, 1992.

양동복, 새로운 대중음악 CCM, Contemporary Christian Music, 서울: 참빛미디어, 1995.

에모토 마사루, 물은 답을 알고 있다 1, 2, 양억관 옮김, 서울: 나무심는사람, 2001, 2003.

오영걸, 성경에서 비쳐 본 교회음악개론, 서울: 도서출판 작은우리, 2000.

이만열, 한국 기독교사 특강, 서울: 성경읽기사, 1987

이상열, 기독교와 예술, 서울: 도서출판 한글, 1993.

최시원, 오직 하나님의 영광을 위하여, 서울: 도서출판 엠마오, 1991.

포르켈, J. N., 바흐의 생애와 예술 그리고 작품, 강해근 옮김, 서울: 한양대학교 출판부, 2005.

홍세원, 교회음악의 역사, 서울: 연세대학교 출판부, 1999.

Garlock, Frank and Kurt Woetzel, 위험에 처한 교회음악, 홍성수 옮김, 서울: 도서출판 두풍, 1997.

Rookmaaker, Hans R., 기독교와 현대 예술, 김헌수 옮김, 서울: 한국기독학생회출판부 (IVP), 1989.

Schaeffer, Edith, 최고의 예술가이신 하나님, 이상미 옮김, 서울: 두란노, 1991.

Schaeffer, Francis A., 예술과 성경, 김진홍 역, 서울: 생명의 말씀사, 1995.

Seebaβ, Friedrich, 요한 세바스찬 바흐, 삶과 음악의 종교적 뿌리, 김영재 옮김, 서울: 예솔, 2011.

Veith, Gene E., "예술에 대해 성도가 가져야 할 태도" 기독교와 예술(3), 서울: 나침반사, 1992.

〈외국도서〉

Arnold, Corliss R., Organ Literature, New York: The Scarecrow Press Inc., 1973.

Best, Harold M., Music through the Eyes of Faith, Washington, DC: Christian College Coalition, 1993.

Brown, Frank B., Religious Aesthetics, A Theological Study of Making and Meaning, Princeton, New Jersey: Princeton University Press, 1989.

Dawn, Marva J., Keeping the Sabbath Wholly, Grand Rapids, MI: William B. Eerdmans Publishing Company, 1989.

Erwin, Gayle D. The Jesus Style, Waco, Texas: Word Books Publishers, 1983.

Frame, John M., Contemporary Worship Music, A Biblical Defense, Phillipsburg, New Jersey: Presbyterian and Reformed Publishing Company, 1997.

Gardiner, John Elliot, Music in the Castle of Heaven, A Portrait of Johann Sebastian Bach, London: Penguin Books, 2013.

Graham, Billy, Unto the Hills, Waco, Texas: Word Books Publisher, 1986.

Hatchett, Marion J., A Manual for Clergy and Church Musicians, New York: The Church Hymnal Corporation, 1980.

Hustad, Donald P., Jubilate II, Church Music in Worship and Renewal, Carol Stream, IL: Hope Publishing Company, 1993.

Lawrence, Joy E. and John A., Ferguson, A Musician's Guide to Church Music, New York: The Pilgrim Press, 1981.

Lovelace, Austin C. and William C. Rice, Music and Worship in the Church, Nashville, Tennessee: Abingdon Press, 1981.

Maxwell, William D., An Outline of Christian Worship, Its Developments and Forms, London: Oxford University Press, 1963.

Mitchell, Robert H., Ministry and Music, Philadelphia: The Westminster Press, 1973.

Osbeck, Kenneth W., Amazing Grace, 366 Inspiring Hymn Stories for Daily Devotions, Grand Rapids, MI: Kregel Publications, 1990.

Reynolds, William J. A., Joyful Sound, Christian Hymnody, New York: Holt, Rinehart and Winston, 1978.

Routley, Erik, Church Music and the Christian Faith, Carol Stream, IL: Agape, 1978.

______________, Music Leadership in the Church, Nashville, Tennessee: Abingdon Press, 1978.

Ryken, Leland, The Liberated Imagination: Thinking Christianity About the Arts, Wheaton, IL: Harold Shaw Publishers, 1989.

Sallee, James E., A History of Evangelistic Hymnody, Grand Rapids, MI: Baker Book House, 1978.

Sproul, R. C., The Holiness of God, Wheaton, IL: Tyndale House Publishers Inc., 1985.

Veith Jr., Gene E., Postmodern Times: A Christian Guide to Contemporary Thought and Culture, Wheaton, IL: Good News Publishers, 1994.

_________, State of the Arts: From Bezalel to Mapplethorpe, Wheaton, IL: Good News Publishers, 1991.

Webber, Robert E., Worship is a Verb. Waco, Texas: Word Books Publisher, 1985.

〈악보 및 기타〉

교회합창(명성가편 1), 기독교음악사, 1981

김춘해, 찬송가 편곡(찬송가 선율에 의한 전주곡, 2014, 2016, 2017)

김춘해, 찬송가 편곡 1(사순절기 찬송가 40곡), 회중 찬송가 인도를 위해 변화를 준 반주, 대구: 민들레출판사, 2017.

김춘해, 찬송가 편곡 2(부활절기와 오순절기 찬송가 40곡), 회중 찬송가 인도를 위해 변화를 준 반주, 대구: 민들레출판사, 2017.

전우용, "현대를 만든 물건들", 한겨레신문, 2016. 10. 8.

G. F. Handel, Messiah, 여러 이디션(edition)들

Norman Dello Joio, Five Lyric Pieces, Edward B. Marks Music Corporation, 1975

John Rutter, The Lord bless you and keep you, Oxford University Press, 1981.

youtube.com, 하용조 로마서 강해

오르간 작품: Bach, Böhm, Brahms, Buxtehude, Couperin, Distler, Dupré, Franck,

Frescobaldi, Gabrieli, de Grigny, Guilmant, Handel, Held, Hindemith, Hustad, Langlais, Liszt, Manz, Mendelssohn, Messiaen, Mozart, Pachelbel, Pepping, Purcell, Reger, Rheinberger, Schumann, Stanley, Sweelinck, Tournemire, Vaughan Williams, Vierne, Walther, Widor, Young

Index

찾아보기

〈성경 구절 및 내용〉

〈용어 설명〉

〈인명〉

부록

계명대학교 아담스 채플과 다섯 대의 파이프 오르간

아담스 채플 외부 전경

아담스 채플 내부

아담스 채플 외부 전경, 성탄 장식

아담스 채플 내부 천정과 슈케 파이프 오르간

아담스 채플의 색유리창
– 계명대학교 본관 문양

아담스 채플 파이프 오르간 정면
슈케 파이프 오르간
(1999, 49 stops, 3 manuals & pedal)

아담스 채플 슈케 파이프 오르간 내부

아담스 채플 슈케 파이프 오르간 내부

강대상 중앙의 슈케 파이프 오르간 기계식 연주대

강대상 중앙의 슈케 파이프 오르간 기계식 연주대

성가대석의 슈케 파이프 오르간 전기식 연주대

아담스 채플 3층 중 예배실 파이프 오르간
구영갑 파이프 오르간
(1992, 8 stops, 2 manuals & pedal)

음악공연예술대학 144호 오르간 강의실 파이프 오르간
예거 & 브로머 파이프 오르간
(2008, 5 stops, 3 manuals & pedal)

음악공연예술대학 222호 오르간 연습실
독일 파이프 오르간
(1985, 6 stops, 2 manuals & pedal)

음악공연예술대학 144호 Chamber 파이프 오르간
슈케 파이프 오르간
(1999, 3 stops, 1 manual only)